개혁신학과 교육 시리즈 (5)

개혁교회의 예배·예전 및 직제 I

개혁교회의 예배 · 예전 전통과 타 교파들의 예배 · 예전 전통

총회교육자원부 편

한국장로교출판사

개혁교회의 예배·예전 및 직제 Ⅰ
: 개혁교회의 예배·예전 전통과 타 교파들의 예배·예전 전통

초판발행   2015년 3월 20일
2쇄발행   2016년 12월 27일

편   찬   대한예수교장로회총회교육자원부
편 집 인   총무 김 치 성
주   소   03128 / 서울 종로구 대학로3길 29
전   화   (02) 741-4356 / 팩스 741-3477
홈페이지   www.edupck.net

펴 낸 이   채 형 욱
펴 낸 곳   한국장로교출판사
주   소   03128 / 서울 종로구 대학로3길 29 한국교회100주년기념관(별관)
전   화   (02) 741-4381 / 팩스 741-7886
영 업 국   (031) 944-4340 / 팩스 944-2623
등록번호   No. 1-84(1951. 8. 3.)
ISBN 978-89-398-4105-5 / 978-89-398-3675-4(세트) / Printed in Korea

값 22,000원

※ 이 출판물은 저작권법에 의해 보호를 받는 저작물이므로 무단전재와 무단복제를 할 수 없습니다.

머리말

　총회교육자원부가 제5권「개혁교회의 예배·예전 및 직제Ⅰ: 개혁교회의 예배·예전 전통과 타 교파들의 예배·예전 전통」이라는 제목으로 개혁신학과 교육에 관한 책을 내놓게 된 것을 하나님께 기쁨으로 감사드리며, 성원해 주신 여러분들에게 감사를 드린다.

　제86회 총회(2002년 9월)는 종교개혁 500주년을 앞두고 종교개혁자들의 신앙과 신학, 사상과 정신을 재조명하고 오늘 이 시대에 어떻게 교육하고 실천하도록 하며, 21세기를 맞이한 오늘의 교회와 교육지도자들과 평신도 그리스도인들에게 기독교 가치관과 도덕관을 재정립케 하고 종교적 혼란으로 사회가 혼탁한 이 시대에 개혁교회의 정체성을 회복하는 데 기여할 수 있는 책을 만들 것을 결의하고, 그 업무를 총회교육자원부가 주관하여 수행하도록 했다.

　120년의 역사를 가진 오늘의 한국교회는 수많은 교파로 분열되었고 개혁교회, 특히 장로교회는 개혁신학의 좋은 전통과 교회성이 있음에도 불구하고 가톨릭적 요소와 의식을 선별·선호·인용하려는 경우가 있음을 보게 된다. 개혁교회는 가톨릭의 부패와 잘못을 지적·시정·촉구하는 교회로서 개혁교회의 역사와 신앙의 뿌리와 신학의 정통성을 가지고 가톨릭을 리드하고 개혁한 교회이다.

　21세기를 맞이한 한국교회, 특히 우리 장로교회는 장로교회로서의 종교개혁 정신과 신학과 신앙의 전통을 되새기면서 신앙을 재확립하고, 개혁된 교회로서 잘못되어 가고 있는 교회를 재개혁하고 사회를 이끌어 갈 수 있는 저력과 신앙적, 영적 능력을 갖추어야 할 것이다.

금번에 만드는 이 시리즈는 총 7권의 책으로 편집·발간되며, 교회학교 교사와 교회학교 및 기독교학교 교육지도자와 남선교회와 여전도회 지도자와 평신도 여러분들이 쉽게 읽을 수 있도록 만든 책이다. 그러나 역사적 사건과 신학적 인물들의 사상을 설명하기 위해 조금 어려운 용어들도 기록되었음을 이해하기 바란다.

본 서를 집필하고 좋은 책을 만들기 위해 바쁘신 가운데서도 수차례 회의를 가지면서 좋은 글을 써 주신 전문위원장 이형기 박사를 비롯하여, 마지막까지 원고를 살펴봐 주신 최윤배 박사 등 집필자 분들께 깊은 감사를 드린다. 편집을 위해 수고하신 총회교육자원부 과장 서가영 목사, 한국장로교출판사 사장 채형욱 목사와 직원 여러분에게도 감사를 드린다.

2015년 2월 25일
대한예수교장로회 총회교육자원부
총무 **김치성**

서 문

　대한예수교장로회(통합) 제86회 총회(2002년 9월)는 종교개혁 500주년을 앞두고 종교개혁자들의 신앙과 신학을 재조명하고 오늘 시대에 적용하고 실천하며, 개혁교회의 정체성을 확립하기 위한 책을 집필하기로 하고, 그 업무를 총회교육자원부가 수행하도록 하여 「개혁신학과 교육 시리즈」를 발간하기로 결정하였다. 이에 응답하여 2003년을 시작으로 그 동안 다섯 권의 책이 이미 출판되었다. 제1권은 「16세기 종교개혁과 개혁교회의 유산」(2003), 제2권은 「개혁교회의 역사와 신학」(2004), 제3권은 「개혁교회의 종말론 : 하나님 나라와 교회」(2005), 제4권은 「개혁교회의 신앙고백」(2007), 제6권은 「개혁신학과 기독교교육」(2007)이었다.
　그리고 이번에 출판될 책은 시리즈 마지막 책에 해당되는 제5권 「개혁교회의 예배·예전 및 직제」인데, 편집위원회는 제5권을 두 권으로 나누어 내기로 하고, 제5-1권을 「개혁교회의 예배·예전 전통과 타 교파들의 예배·예전 전통」으로, 그리고 제5-2권을 「개혁교회의 직제 전통과 타 교파들의 직제 전통」으로 출판하기로 하였다.
　본 저서의 의도와 목적은 츠빙글리, 마틴 부처, 칼빈의 예배, 프랑스 개혁교회, 네덜란드 개혁교회, 스코틀랜드 개혁교회, 미국장로교회의 예배, 그리고 한국장로교회의 예배와 같은 개혁교회 전통의 예배를 로마가톨릭교회, 정교회, 성공회, 루터교회, 침례교회 등과 같은 타 교파들의 예배와 비교하여 세계 교회 예배의 다양성 속에서 통일성과 코이노니아를 추구하는 데 있다. 그리하여 본 저서는 '결론' 부분('에큐메니컬 운동에 나타난 예배·예전에 비추어 본 한국장로교회의 예배·예전')을 통해 에큐메니컬 운동의 예배·예전을 추구하면서도 '개혁교회'의 정체성과 고유성, 독특성을 부각시키려 하였다. 우리는 '신앙과 직제' 운동의 반세기 동안의 열매인 '세례, 성만찬, 사역'(Baptism, Eucharist, and Ministry=BEM) 텍스트에 근거한 예전을 가지고 에큐메니컬 예배·예전을 드림으로써 타 교회/교파들과의 코이노니아를 추구하게 하고('신앙과 직제' 운동), 인류 사회의 공동체성 회복과 창조 세계에 대한 보살핌('삶과 봉사' 운동)에 헌신하게 하며, 복음 전도와 하나님의 선교('세계선교와 복음 전도' 운동)에 동참해야 할 것이다. 동시에 우리는 에큐메니컬 차원의 예배만이 아니라, 개별 교회(교파별)의 예배의 경우에는 교파적 특색을 살려서, 개혁교회전통의 예배를 드려야 할 것이다.

오늘날 우리는 글로벌화와 로컬화(global and local=glocal)의 긴장 속에서 살고 있다. 정치, 경제, 사회, 문화가 한없이 글로벌화되고 있지만 동시에 우리는 하나의 민족국가로서의 정치, 경제, 사회 문화의 로컬화를 요청받고 있다. 교회 역시 마찬가지이다. 사도행전 이래로 글로벌화해 온 세계 교회들은 그럼에도 불구하고 지역별 교회들과 교파 전통별 교회들의 로컬화를 경험하고 있다. 때문에 우리는 오늘의 시대정신에 부응하여 예배·예전들의 글로벌화와 동시에 로컬화의 긴장에 주목하면서, 세계 선교와 정의, 평화, 창조의 보전(Justice, Peace, Intergrity of Creation=JPIC) 등 인류 사회에 대한 봉사와 창조 세계의 보전에 힘써야 할 것이다. 우리는 예배·예전이 결코 이 세상 속에서의 삼위일체 하나님의 선교로부터 동떨어진 외딴섬의 독백이 되는 것을 허용해서는 안 될 것이다. 예배·예전과 '사회윤리'(삶과 봉사)는 불가분리의 관계에 있다. 인종차별, 성차별, 남북 분단, '신자유주의'로 인한 빈익빈 부익부, 그리고 환경 파괴의 상황에서 우리의 예배·예전은 '하나의 하나님 나라 복음' 이야기를 회상하며 선포하는 가운데 '새 하늘과 새 땅'을 희망하고, 믿음과 사랑 속에서 '도덕 형성'(moral formation), '도덕적 분별력'(moral discernment), 그리고 '사회윤리'로 나아가야 할 것이다. 아니, 우리의 '예배·예전'은 그것을 생산하는 원천이 되어야 할 것이다.

2015년 2월
집필위원장 **이형기**
(Ph. D., 장로회신학대학교 명예교수·공적신학연구소 소장)

● 공동 집필자 소개 ●

이형기(장로회신학대학교 명예교수, 공적신학연구소 소장)
강치원(모새골교회, 역사신학)
김경진(장로회신학대학교 교수, 예배·설교학)
김세광(서울장신대학교 교수, 예배·설교학)
김운용(장로회신학대학교 교수, 예배·설교학)
유정우(전 평택대학교 부총장, 역사신학)
주승중(주안장로교회, 예배·설교학)
최윤배(장로회신학대학교 교수, 조직신학)
랄프 쿤츠(Ralph Kunz, 스위스 취리히 대학교, 신학부)

차례 | Contents

개혁교회의 예배·예전 및 직제 Ⅰ
: 개혁교회의 예배 · 예전 전통과 타 교파들의 예배 · 예전 전통

제1장 | 개혁교회의 예배·예전 전통 ——————— 11

1. 츠빙글리와 취리히 개혁교회의 예배 / 12
2. 부처의 예배 / 34
3. 깔뱅의 예배 / 57
4. 프랑스 개혁교회의 예배 / 100
5. 네덜란드 개혁교회의 예배 / 109
6. 스코틀랜드 장로교회와 청교도의 예배 / 124
7. 한국장로교회의 예배 / 150
8. 미국장로교회의 예배 / 178

제2장 | 타 교파들의 예배 · 예전 전통 ─────── 203

1. 로마가톨릭교회의 예배 / 204
2. 동방정교회의 예배 / 220
3. 성공회의 예배 / 242
4. 루터교회의 예배 / 272
5. 감리교회의 예배 / 299
6. 침례교회/회중교회/오순절교회(하나님의 성회)/그리스도의 제자의 교회/그리스도의 교회의 예배 / 316

결론
에큐메니컬 운동에 나타난 예배 · 예전에 비추어 본 한국장로교회의 예배 · 예전 / 342

제 1 장
개혁교회의 예배 · 예전 전통

1. 츠빙글리와 취리히 개혁교회의 예배 / 12
2. 부처의 예배 / 34
3. 깔뱅의 예배 / 57
4. 프랑스 개혁교회의 예배 / 100
5. 네덜란드 개혁교회의 예배 / 109
6. 스코틀랜드 장로교회와 청교도의 예배 / 124
7. 한국장로교회의 예배 / 150
8. 미국장로교회의 예배 / 178

1

츠빙글리와 취리히 개혁교회의 예배

글 : 랄프 쿤츠 교수(Ralph Kunz, 스위스 취리히 대학교, 신학부)
번역 : 강치원 교수(모새골교회, 역사신학)

1. 근원으로(Ad fontes)

이 글을 통해 우리는 개혁교회 예배의 근원이 16세기 스위스 취리히 종교개혁자 츠빙글리(Huldrych Zwingli)에게서 비롯되었다고 주장하려 한다. 그런데 이 주장에는 설득력 있는 근거가 제시되어야 할 것이다.

스위스의 개혁교회가 발전해 간 여러 지역, 즉 성 갈렌(St. Gallen)에서는 바디안(Vadian)이, 바젤(Basel)에서는 외콜람파드(Oekolampad)가, 남부 뷔르템베르크(Württemberg)에서는 에크(Eck)와 블라러(Blarer)가, 스트라스부르(Strassburg)에서는 부처(Bucer)가, 취리히(Zürich)에서는 츠빙글리의 후임자 불링거(Heinrich Bullinger)가 일했다. 이 지역의 종교개혁은 지역 내(內) 다양한 전통들이 서로 어울리며 발전되었다.[1] 이

---

1. 현재 오버루츠빌(Oberuzwil)의 알프레드 에렌스페르거(Alfred Ehrensperger) 박사가 다양한 지역 전통에 대해 연구하고 있는데 여기에 대한 연구가 요청되는

것이 예배에도 영향을 주었다. 때문에 스위스 개혁교회 예배의 특징 가운데 하나는 다양성이다. 요한 밥티스트 오트(Johann Baptist Ott)는 1702년에 스위스 개혁교회를 '꽃이 만발한 정원에 비유'했다. 이 정원에는 단일 종류의 꽃만이 아니라 다양한 종류의 꽃이 피어 있는데, "그것들의 색깔, 크기, 모양과 향기가 형형색색 참으로 다채롭다." 이것이야말로 스위스 개혁교회들이 "겉으로 보기에 완전한 자유를 누리고 있다"[2]는 증거다.

스위스 개혁교회 제2세대에 이르자 형형색색의 다양한 그룹들을 하나의 신앙고백 아래로 묶어야 한다는 시대적 요청이 있었는데, 이를 위해 불링거가 탁월한 지도력을 발휘했다.[3] 그러므로 취리히의 전통 속에서 발전한 개혁교회의 예배에 관한 연구를 불링거의 생애와 사상 연구에서 시작할 수도 있다. 그는 무려 44년 동안(1531-1575)이나 취리히에서 교역했다. 더욱이 그는 1535년에「취리히 교회의 기독교적 규정과 관례」(Christenlich Ordnung und Brüch der Kilchen Zürich)라는 제목으로 전례서(典禮書)를 지었다.[4] 스위스 제네바(Genève)에서도 역시 이런 일이 있었다. 이곳에서 교회 개혁을 주도한 칼뱅(J. Calvin)도 불링거처럼 예배와 예전을 정립했는데, 그중 무엇보다도 그의 시편 찬송이 전 세계 개혁교회에 두루 영향을 끼쳤다고 본다.[5]

그런데 다시 한번 개혁교회 예배의 근원을 짚어 보려 한다면, 불링거

주제이다.
2. Lavater, *Die Gebräuche und Einrichtung der Zürcher Kirche*, p. 9. ; 라바터는 장인인 하인리히 불링거의 지시에 의해 1559년에 소책자인「스위스 교회의 예식과 규정에 대해」(*De ritibus et institutis ecclesiae Tigurinae*)를 썼다.
3. Locher, *Zwinglische Reformation*, pp. 653-664.
4. Jenny, *Bullinger als Liturg*, p. 219 ; Koch, *Die Grundzüge der Liturgik Heinrich Bullingers*, pp. 22-34. ; 2009년 취리히 대학에서 통과된 롤란트 디트헬름(Roland Diethelm)의 박사학위 논문인 "Bullingers Gottesdienst"도 언급될 수 있다. 이 논문은 조만간 출판될 예정이다.
5. *Der Genfer Psalter : eine Entdeckungsreise* / hrsg. von Peter Ernst Bernoulli und Frieder Furler.-Zürich : TVZ, 2001.

의 전례나 칼뱅의 시편 찬송이 아니라 츠빙글리의 예배 개혁부터 자세히 살펴보아야 한다. 츠빙글리가 시도했던 개혁교회의 예전은 그 예전의 특성과 함께 여러 문제점도 드러났는데, 이 모든 것이 취리히 종교개혁의 초기 단계에서 발현되고 형성되었다. 종교개혁의 초기 단계에서는 사회의 '변혁상황'(Umbruchssituation)에서 나타나는 특징이 뚜렷하게 나타났는데, 그것은 시대를 선도(先導)하는 도약이었다.[6] '종교개혁'이라는 말은 '예수 그리스도의 복음'을 찾는 것을 뜻했다.[7] 여기로부터 예배의 형성에 반드시 필요한 개신교의 기본 원칙이 도출되었는데, 그 것은 오늘날의 개혁교회 예배신학의 원리와도 일치하는 것인바, "형식에는 자유하고 복음에는 철두철미하고 성실하라."는 원칙이다.[8] 루터(M. Luther)와 마찬가지로, 츠빙글리는 — 인문주의에 영향을 입은 종교개혁자로서 — 스콜라(scholar) 신학과 충돌했다. 그러나 그는 루터보다 더욱 철저하게 고대(Antike) 교회의 유산에 주입되어 있었다. 그래서 츠빙글리 종교개혁의 유산 가운데 하나가 '근원'으로(ad fontes) 돌아가자는 것이다.[9] 근원으로 돌아가자는 것은 '경건함과 거룩함으로 충만한' 이상적인 모습의 황금시기를 그리는 것이 아니고,[10] 기독교 경건의 '원전'(Quellen)과 씨름하되 건설적인 비판을 하며 토론하자는 것이다. 그

---

6. 개혁(Reformation)이란, 아스만(Assmann, *Kulturelles Gedächtnis*, p. 34)의 말로 표현하면 '단절을 넘어 소급해 가는 것'이다. 즉, 과거를 재구성하는 것이며, 동시에 특정한 형태를 잊고 밀어내는 것을 의미한다.
7. Leuenberger, "Huldrych Zwinglis Weg und Wirken als Anfrage an unsere Zeit", in *Erwogenes oder Gewagtes*, pp. 13-20.
8. 개혁교회 예배의 국제적인 비교를 위해서는 *Christian worship in Reformed Churches past and present*, edited by Lucas Vischer(Grand Rapids, Mich. : Eerdmans, 2003)을 보라.
9. 쉰들러(Schindler, *Kirchenväter*, p. 78.)의 말 : "그러므로 스콜라신학에 대한 종교개혁자들의 격렬한 투쟁과 성경과 성경에 대한 더 좋은 주석가로서의 초대 교부들에게로 돌아가는 것" 로허(Locher, *Reformatorische Katholizität*, p. 3)도 비슷하게 말한다 : 츠빙글리의 방법은 은밀하게 에큐메니컬적인 신뢰를 가지고 있다. "균열은 마지막까지 갔다. 그러나 근본에까지는 아니다."
10. 비블리안더(Bibliander)가 말하는 것이다. Büsser, *Zwingli*, p. 43에서 재인용.

원전은 성경과 교부들의 글이다.[11] 이렇게 근원으로 돌아가자는 종교개혁 원리에 입각하여 이 글을 전개하고자 한다. 그리고 이 글의 후반부에서는 직제 규정에 관한 문제를 다루고자 하는데, 이 문제를 예배 개혁과 밀접하게 연계하여 살펴보고자 한다.

2. 예배의 이론과 실천에 관한 츠빙글리의 신학

츠빙글리의 예배신학은 그 무엇보다도 그가 구상했던 성만찬예배에서 발견할 수 있을 것이다.[12] 슈테펜스(Stephens)는 그 당시 취리히에서 새로 만든 예배와 실천이 '츠빙글리의 신학을 반영하는 거울'이라고 주장하는데,[13] 이 주장은 조금 지나친 과장이다. '거울'이라는 은유적 표현은 츠빙글리가 예배에 관한 이론을 만든 다음에 이것을 직접 실천으로 옮겼다는 오해를 심어 줄 수가 있다. 우리가 알고 있는 모든 지식을 총동원하여 살펴보건대, 츠빙글리는 루터처럼 기본 원칙을 충실하게 따르는 실용주의자다. 그는 예배의 형식을 종교개혁의 원리에 따라 구상했다.

그러하기에 오늘날 우리가 '예전'이라고 하는 것은 그 당시의 상황 속에서 만들어진 저작물이었고 종종 아주 급하게, 그리고 정치적으로 급박한 상황 속에서 만들어졌는데, 이 점은 그리 놀랄 만한 일이 아니다.[14] 그래서 종교개혁자의 예배신학의 이론이 무엇인지 살피려는 일은 아마도 시대착오적인 구상일 수가 있다.[15] 그러나 다른 한편으로, 츠빙글리의 성만찬 규정을 살펴보면 예전을 위한 분명한 감각이 담겨 있다. 그러

---

11. Locher, *Geist und Wahrheit*, p. 31.
12. Stephens, *Zwingli*, p. 129.
13. Ibid.
14. 중세후기 사회가 구두 문화에서 기록 문화로 넘어가는 과도기에 있었다는 사실을 잊어서는 안 된다. Scribner, *For the Sake of the Simple Folk* Cambridge 1981. ; Scribner, *Oral Culture and the Diffusion of reformations Ideas*, pp. 49-69.
15. Ehrensperger, *Gottesdienst*, p. 135.

므로 우리는 츠빙글리의 활동에서 나타난 두 개의 중심축을 포착할 수 있는데, 이 둘이 따로 분리되지 않으면서 서로 영향을 주고받는다. 첫 번째 중심축은 그가 만든 예전 문헌들 속에 잘 나타나 있다.[16] 예를 들어 "미사규정"(Kanonversuch), "주님의 만찬의 실행과 단절"(Action und bruch des nachtmahl), "취리히 교회법"(Zürcher Kirchenordnung) 등에[17] 나타나 있다. 두 번째 중심축은 예배에 대한 그의 관점인데 이것은 그의 설교와 편지글, 그리고 다른 문서들을 정독하면서 파악할 수 있다.[18]

1) 설교예배

종교개혁은 '변혁의 시기'였다. 종교개혁이 시작된 지 몇 년 사이에 구원을 중재하고 대리해 오던 미사 중심의 중세시대 기독교 체계(system)는 더 이상 유지되지 못했다. 더 나아가서 중세시대 일상의 삶, 문화, 경건, 그리고 경제 기반에 이르기까지 사회 전반의 체제가 더 이상 지탱되지 못했다.[19] 그러나 종교개혁이 그 이전 시대의 흐름과 항상 단절되었던 것은 아니었다. 오히려 그 이전 시대의 흐름과 연속된 점도 적지 않았다. 예컨대, 종교개혁운동은 인문주의 사상에 연계되었고, 또 중세 후반기에 일어났던 경건 운동인 '근대 경건운동'(devotio moderna)과도 연계되었다.[20] 전통과 충돌하여 단절된 것이 아니라 양자(兩者)가 한 줄

---

16. 개블러(Gäbler, *Forschungsbericht*, p. 99)에 의하면 종교개혁의 첫 번째 단계 시기의 예배 개혁과 관련해 '어느 정도 믿을 수 있는 결과'가 존재한다.
17. Schmidt-Clausing, *Zwinglis liturgische Formulare*, pp. 50-65. "Epichereisis"(CR 89, 552-608)와 "Action oder bruch"(CR 91, 1-24)의 원전 텍스트는 뷔르키(Bürki)에 의해 새로운 판으로 출판되었다. Bürki, "Das Abendmahl nach den Zürcher Ordnungen", in Pahl, *Coena Domini*, pp. 181-199.
18. 일반적으로 다음의 판에 따라 인용한다. *Schriften. Huldrych Zwingli I-IV*, hrsg. von Brunnschweiler und Lutz u.a., Zürich 1995 [축약 : ZW I-IV]. 또한 다른 원전들, 예를 들어 인쇄된 설교나 팸플릿들의 겉표지에 인쇄된 동시대의 목판 인쇄들도 유익하다. 이에 대해서는 Wandel, *Envisioning God*, pp. 21-40을 참고하라.
19. Cornehl, *Gottesdienst*, p. 59.

기의 '연속선상'에 있었다는 점을 깨닫게 한다.[21] 그렇다면 중세 가톨릭교회와 충돌하고 단절한 것은 프로테스탄트들이 아니라 트리엔트(Trient) 교회법을 만든 사람들일 수가 있다.[22]

예배의 내용과 관련하여 취리히에서는 실제로 무언가 새로움이 생성되면서 가톨릭적 요소와 프로테스탄트적 요소가 서로 결합되었다.[23] 예를 들면, 독일 남부지역과 스위스에서는 설교예배와 성만찬예배가 나란히 함께 공존하고 있었다. 이렇게 '예배에서 나란히 공존하는 궤적'은[24] 한편으로 종교개혁 이전 시대에 말씀예배가 성찬예배에서 분리되어 나간 점이 그 역사적 배경이다. 미사와 프로나오스(Pronaus, 역자주 : 원래는 고대의 신전 건축에서 볼 수 있는 성소 앞의 문간방을 의미하는데, 여기서는 미사의 앞부분을 의미함.)의 상호 병존, 즉 성례전적 축제로서 미사와 설교와 가르침을 겨냥한 프로나오스가 나란히 병존하면서 예전의 독립적 독자성을 발전시킬 수 있었다.[25] 또 다른 한편, 미사 없이 드리는 예배의 근원이 유대교의 '회당예배'로 거슬러 올라가고, 또한 고대 기독교 시대의 교회에서도 수도원과 대성당에서 드리는 '낮 예배'에서는 설교와 성만찬이 없었다. 그러므로 예배에서 성례적인 차원이 분리되어 떨어져 나간 점은 종교개혁으로 말미암아 생성된 변혁으로만 간주할 수는 없으며, 다양한 예배 형태와 그 다양성이 각기 독자적으로 자리 잡아 가는 역사적 과정에서 파악될 수가 있다.[26] 개혁교회의 신학자들은 설교예배

---

20. Pollet, *Huldrych Zwingli*, p. 84.
21. Schärli, *Wer ist Christi Kilch?*, p. 15 : "역사 연구에서는 종교개혁이 세계사적으로 전환점을 이루었다기보다는 일반적인 발전선상에 있었다는 것이 오래 전에 분명하게 되었다. 종교개혁은 서유럽 대부분의 지역에서 제국과 교회라는 보편적으로 이해된 중세의 지배 제도를 상당히 독자적인 교회 통치권을 가진, 지역적으로 제한된 군주 국가들로 바뀌게 하였다."
22. Locher, *Die reformatorische Katholizität Huldrych Zwingli*, p. 2.
23. Ziegler, *Zwingli-katholisch gesehen, ökumenisch befragt*, pp. 33-47.
24. Schindler, *Kirchenväter*, p. 60.
25. Ehrensperger, *Zwinglis Abendmahlsgottesdienst*, pp. 164ff.
26. 이 점에서 나는 슈바이처(Schweizer, *Ordnung*, pp. 11f.)에게 반대한다.

에 대한 평가와 관련해서만 나름대로 관심을 가지는데, 즉 설교예배인 말씀예전의 역사적 유래와 미래의 전망에 관하여 가끔 질문한다.[27]

2) 취리히에서 발전된 것

츠빙글리는 그가 받은 인문주의 교육을 통해 전통을 비판적으로 파악했으며, 인문주의의 영향 아래에서 1516년부터 성경을 깊이 연구하기 시작했다.[28] 아인지델른(Einsiedeln)에서 복음서를 주석하기 시작했고, 1518년에 취리히 그로스뮌스터 교회의 교구사제로 부임한 다음에도 이 작업을 계속했다.[29] 그는 미사를 집례하면서 말씀예전을 높이 평가하며 성경과 설교를 존중했는데, 이것이 그를 — 미사를 폐지한 — 종교개혁자로 평가할 만한 근거는 결코 아니고, 다만 그가 '설교를 통해 미사를 개혁하려는' 시도였다고 본다.[30] 물론 아주 중요하고 새로운 예배 개혁이 1519년 새해 첫 날에 일어났는데, 설교와 미사의 연관성을 따로 떼어내어 분리시킨 것이다. 이때부터 츠빙글리는 '렉시오 콘티누아'(lectio continua), 즉 (성경본문을 그 순서대로 강해하는) 체계적인 강해설교를 진행하기 시작했다. 그는 교회력에 따라 본문이 이미 정해져 있는 설교규

---

27. Büsser, *Zwingli*, pp. 35ff. 로허(*Reformatorische Katholizität*, pp. 4f.)는 '보편적인 것'(Katholizität)에 대해 실로 개신교적인 정의를 한다 : 보편적인 것이란 '소유'가 아니라, '은총의 선사'로, '정적(靜的)인 것'이 아니라, '움직이는 역동성'으로 이해되어야 한다.
28. Farner, *Huldrych Zwingli*, Bd. 2, pp. 139, 143 ; Fugel, *Taufe*, pp. 16-23.
29. 파르너(Farner, Ibid., p. 266.)는 츠빙글리의 자기 증언을 신뢰하여 초기 츠빙글리를 이상적으로 기술한다. 이와는 달리 쾰러(Köhler, *Huldrich Zwingli*, p. 66)는 이것에 이의를 제기한다. 츠빙글리는 1516년에는 여전히 에라스무스적 복음서를 설교하였다. 오늘날 대부분의 연구가들은 츠빙글리의 '종교개혁적 전환'을 이렇게 이르게 잡는 것을 거절한다.
30. 성경과 설교를 이름을 들어 강조하는 것은, 피스터(Pfister, *Kirchengeschichte der Schweiz* I, pp. 447-449.)가 보여 주는 바와 같이, 라인강 상류 엘자스 지역의 개혁 지향적인 초기 인문주의의 개혁사상을 지시한다. 츠빙글리가 자신이 활동하는 초기 단계를(*Apologeticgus Archeteles*, Z I 249-327, 특히 p. 271.) 일종의 황금시대라고 추측하는 것은 완전히 인문주의적 시대정신에 맞는 것이다.

정을 더 이상 따르지 않고, 미사와 교회력의 연계를 폐지했다.[31] 츠빙글리가 추진했던 교회개혁은 따라서 예전(예배)에서 시작된 것이 아니라 ― 1519년 중반부터 ― 미사 예전에서 '설교를 따로 떼어 낸 것'에서 시작되었다.[32] 이제부터는 츠빙글리가 프로나오스의 범주 안에서 '교역활동의 중심 영역이 무엇인지 파악했음'이 분명하다. 왜냐하면 그에게 페리코프의 방해를 받지 않고, 교회 회중들과 '독일어로 대화할 수 있도록' 허락되었기 때문이다.[33]

츠빙글리의 설교는 그 무엇보다도 정치적으로도 영향을 끼쳤다.[34] 시의회는 1519, 1520년에 모든 교구신부들과 사제들과 설교자들에게 "그들이 동일한 방법으로 자유롭게 복음서와 서신(편지글)을 하나님의 영과 신구약성경에 따라 설교해야 한다."는[35] 훈령을 내렸다. 시의회는 1522년

---

31. 로허(Geist und Wahrheit, p. 7)는 교회 규정과의 단절에서 취리히 도시를 변화시켰던 종교개혁의 시작으로 본다. 왜냐하면 성경 자체의 살아 있는 연관성이 본문을 계속 이어서 강해하는 설교에서 또다시 효력이 발생했기 때문이다. 에렌스페르거(Ehrensperger, Gottesdienstreform, p. 3.)는 '렉시오 콘티누아 설교 방식'을 '개혁교회적인 예전 의식을 점차적으로 위축'시키는 데 기여한 것으로 평가한다.
32. Ehrensperger, Stellung Zwinglis, p. 19.; Halaski, Die Zwinglische Gottesdienstordnung, p. 317.; Schmidt-Clausing, Zwingli als Liturgiker, p. 35.
33. Jenny, Einheit, pp. 33-35. 슈미트-클라우징(Schmidt-Clausing, Zwingli als Liturgiker, p. 35)이 이 설교활동을 통해 츠빙글리가 개혁가에서 종교개혁자로 전환된 것을 이해하고자 했다면, 그에게 동의할 수 있다.
34. 쾰러(Köhler, Luther und Zwingli, p. 458.)는 "츠빙글리에게는 자명했던 것, 즉 목적이 분명한 교회 정치가 루터에게는 낯선 것이었다. 그것은 그에게 가장 거룩한 것을 더럽히는 것이었다."라고 말한다. 이와 비슷한 견해를 다음의 사람들도 가지고 있다. Locher, Geist und Wahrheit, pp. 8f.; Haas, Huldrich Zwingli und seine Zeit, pp. 86-93.; Dietrich, Die Stadt Zürich und ihre Landgemeinden während der Bauernunruhen von 1489 bis 1525, pp. 126f.
35. Farner, Huldrych Zwingli, Bd. 3, pp. 206ff. 불링거(Reformationsgeschichte, p. 32)는 "하나님의 말씀을 갈망하는 모든 사람들이 지금부터 쉬지 않고 매우 훌륭하게 계속 나아갔다."고 전한다(Farner, Huldrych Zwingli, Bd. 2, p. 383에서 재인용). 1522년에 시의회에 법을 만드는 역할을 부여하는 불링거의 시각에 대해

에 츠빙글리를 미사집전의 의무가 있는 사제직에서 해방시키고, 설교자의 직분에 임명했다. 그럼에도 츠빙글리는 아직은 옛 미사 예전을 공격하지 않았다. 그는 여전히 미사를 허용했고, 자신의 설교가 영향력을 발휘하는 때가 오기를 기다렸다.[36] 그러다가 시의회가 미사를 폐지하기로 결정을 내린 다음에야 비로소 그의 설교는 예전적으로 영향력을 가지게 되었다. 개혁교회의 설교예배가 프로나오스로부터 생성되었던 것이다. 다시 말해, 형태가 바뀐 것이 아니라 '기능'이 바뀌었다.[37] 종교개혁적 설교는 설교예배의 예전적인 틀 속에서 하나의 규정을 발견했는데, 그것은 교리문답적·교육적인 목표에 기여하고 개혁의 목적과 일치하는 규정이었다.[38] 츠빙글리는 이제 더 이상 페리코프 규정에 얽매이지 않기에, 복음서를 '매 주일 잘게 쪼개어 나누지' 않고 하나의 큰 덩어리로 보았다. 이것은 그의 주된 관심이 예전에 초점을 두지 않고 복음을 해명하고 설명하는 데 두었다는 점을 보여 준 것이다.[39]

요약하면 다음과 같다. 취리히에 설교예배가 도입되었다는 사실보다는 병존예배(미사와 설교가 병존)에서 중심예배(설교중심예배)로 옮겨졌다는 사실이 취리히의 예배 개혁에서 나타난 새로움과 특징이다.[40]

개블러는 의심을 표한다. Gäbler, *Forschungsbericht*, pp. 94-95와 *Huldrych Zwinglis reformatorische Wende*, pp. 120-135.
36. Schmidt-Clausing, *Zwingli als Liturgiker*, p. 40. 이러한 츠빙글리의 특색 있게 일하는 방법에 대해서는 Stephens, *Zwingli*, pp. 184-185를 참고하라.
37. 슐츠(Schulz, *Katholische Einflüsse*, p. 136.)는 실용적인 원인들이 '민족 언어를 사용하는 중세 후기의 설교단예배'(Kanzelgottesdienst)를 새로운 가르침의 그릇으로 사용하도록 결정하게 했다고 정당하게 강조한다.
38. Kellerhals, *Sündenbekenntnis und Gnadenzuspruch im reformierten Predigtgottesdienst*, p. 13.
39. Bullinger, *Reformationsgeschichte*, p. 12(Schindler, *Kirchenväter*, p. 61에서 재인용). 종교적인 기관들을 정치적으로 통제하고자 한 시의회의 의도는 츠빙글리의 개혁 노력과 일치하였다. 이에 대해서는 Goertz, *Pfaffenhass und gross Geschrei*, pp. 146-147을 비교하라.
40. 베르네트(Bernet, *Struktur des Predigtgottesdienstes*, pp. 23f.)도 비슷한 입장을 취한다.

3) 단순함 : 바람직한 예전

설교중심예배는 수백 년 동안 쌓아 온 미학적인 건축물이나 예술 작품이 아니라 설교예배의 예전으로서, 매우 역동적이고 실용 지향적이며 대중 속으로 깊숙이 뿌리를 내렸다. 이 예배의 뿌리는 중세시대 초기보다도 훨씬 이전 시대의 회당예배에까지 거슬러 올라간다.[41] 이렇게 옛것을 되살린 예배는 이 예배형태가 역동적이라는 것을 증명한다.

미사가 없는 설교예배의 '구조'에서 아주 중요한 것은 매일의 일상적 예배를 위한 준비에서 나타나는 특성이다. 에렌스페르거(Ehrensperger)는 불링거가 생각하고 실천한 이 예전의 의미와 기능을 다음과 같이 말했다.

> "초창기 개혁교회가 설교예배를 통해 걸어간 노선은 두 가지 점에서 (삶과 생활을) 준비하게 하는 성격을 지녔다. 함께 한자리에 모이는 교회 공동체는 의혹에 시달리고 미혹으로 혼미한 교인들을 중보기도를 통해 위로하고 용기를 얻게 했다. 그리고 그 다음엔 주기도문의 앞부분으로 고요히 기도드리는 가운데서 설교를 듣는 데 집중했다. 설교의 아남네시스적(anamnetisch, 회상) 성격은 죽은 자에 대한 공고를 통해 계속 이어졌다. 설교의 다음 계속되는 죄의 고백, 아베 마리아, 십계명, 봉헌 및 중보기도, 축도, 파송의 말씀 등의 순서는 일상의 삶에 대한 준비에 도움이 되었다. 즉, 바른 삶을 준비하게 하고 일상 속에서 예배의 삶을 살도록 준비시켰다. 이것이 실질적인 예배이고 또 이것이 취리히 종교개혁자들에게 그 무엇보다도 대단히 중요했다. 교회에서 드리는 주일예배는 오로지 하나님의 말씀 아래에서 (일상의 삶을) 준비하는 것(Zurüstung)으로 파악했다."[42]

이렇듯 설교예배는 준비하고, 훈계하고, 가르치는 일에 우선하였다. 성화의 과정 속에 있는 인간에게 날마다 세월을 따라 구원의 확신이 심

---

41. 이것은 또한 뷔르키(Bürki, *Gottesdienst im reformierten Kontext*, p. 163.) 에 의하면 미사 밖에서 실행되던 교구성찬에도 적용된다.
42. Ehrensperger, *Die Gottesdienstreform*, p. 11.

화되도록 했던 것이다. 츠리히 종교개혁은 — 교육으로 인간의 변화를 실현하려는 에라스무스의 낙관론을 츠빙글리가 포기한 뒤에도 — 여전히 교육적인 동시에 목회적인 개혁 프로그램을 고수했는데, 이 프로그램으로 본질적인 것에 집중하고자 가지치기를 했다. 츠빙글리는 자신이 새로이 만든 예식서와 관련하여, 곧 예배인도서와 성만찬 예식서와 관련지어서 신학적으로 두 가지 규범을 언급했다 : 1. '성경과 일치'되는 원리, 2. '오직 믿음'(sola fide)의 칭의신학 원리. 이 규범은 통사론적으로나 의미론적으로 중요한 것이 아니라 '실용적'으로도 매우 중요하다.

성만찬예배가 모든 예배에 적용되어야 한다. 이 예배는 '겉치레와 허튼 마음 없이'[43] 드려야 한다. 츠리히 예배형식에서 '단순함'의 원리는 미학적인 핵심 원리라고 말할 수 있다.[44] 첫 번째로, 츠빙글리는 교회 공동체의 예배 참여가 '내적인(역자주 : 진실된 마음으로) 참여'가 되기를 기대했다.[45] 두 번째로, 그는 '단순화된 사람들'이 단순화된 예배를 통해 더 잘 배우게 했다.[46] 예배의 '미학'이란 이 두 가지 목적을 표현한 것이다. 구체적으로, 예배 분위기는 맑고 밝아야 한다. 교회 내부의 벽은 깨끗하고 희게 비어 있어야 하고, 축제는 노래와 음악(역자주 : 잡음)이 없어야 하며, 기도는 길게 빼는 연도가 되어서는 아니 되고, 오로지 하나님만 향해야 하며, 설교는 이제 더 이상 페리코프 규정을 따르지 말아야 한다. 왜냐하면 페리코프가 무엇인지는 예배를 집례하는 성직자만 알고

---

43. 1535년의 「츠리히 교회법」에 있는 "성만찬 예식서"(nachtmahl)의 서문에서 (Bürki, *Abendmahl*, p. 189에서 재인용).
44. Pollet, *Huldrych Zwingli*, p. 81. '간소함'과 '단순함'과 '순수함'은 역사가 지나면서 교회와 예식의 개혁을 계속해서 고취한 예언자적인 제의 비판과 일치한다. 이에 대해서는 Josuttis, *Gottesdienstreform im Katholizismus*, p. 77을 참고하라.
45. Cornehl, *Gottesdienst*, p. 57 (herv. R. K.) 또한 불링거는 균형 잡힌 것, 조화로운 것, 단순한 것, 장식이 없는 것, 순수한 것을 예전의 이상이라고 부른다 (Confessio Helvetica Posterior, *Artikel*, pp. 118-122).
46. Schmidt-Clausing, *Zwingli als Liturgiker*, p. 35.

있기 때문이다. 이제부터는 렉시오 콘티누아(lectio continua)를 따라야 한다. 이제부터는 성만찬 식탁에 오직 미사용으로 만든 거룩한 빵(聖餠)을 올려놓지 말고 일상의 식탁에 오르는 빵을 놓아야 한다. 방델(Wandel)은 「주의 만찬 시행」의 겉장에 있는 목판 인쇄를 해석하면서 다음과 같이 말했다 : "평신도에게 친밀한 것, 곧 일반 가정에서 항상 볼 수 있는 것이 새로이 시행된 성만찬의 중심에 있었다."[47] 단순함의 원리가 취리히 교회의 예배에 얼마나 깊숙이 각인되어 있는지 잘 알 수 있는데, 그것은 개혁교회 예배의 역사 속에서 단순함에 대한 찬양의 흔적을 발견하게 될 때이다.[48]

4) 주님의 만찬의 시행과 단절

"루터는 제거하고, 츠빙글리는 성취하였다!"는 슈미트-클라우징(Schmidt-Clausing)의 격언은 성만찬에 대한 츠빙글리의 두 번째 구상에 적용된다. 예배서식서 개정에 실패한 취리히(츠빙글리)는 비텐베르크(루터)와 다른 길을 모색했다.[49] 그 과정을 매우 짧게 요약하면, 루터처럼 츠빙글리 역시 예전에 대한 권한(ius liturgicum)을 교회 공동체에게 넘겨주기를 원했다.[50] 규범제정에 관하여서는 츠빙글리가 자기의 소관 아래 두기를 요구했다. 그러나 개혁의 추종자들이 미사를 폐지하도록 촉구했을 때, 츠빙글리는

---

47. Wandel, *Envisioning God*, p. 33. 방델은 츠빙글리의 성만찬에 있어서 역사적으로 중요한 것은 그리스도의 행위와 말씀의 단순성과 직접성을 회복하고자 하는 시도였다고 강조한다(p. 36).
48. 계몽주의 예전과의 유사성이 놀랍다. 이에 대해서는 Ehrensperger, "Liturgische Gestaltung unter dem Gesichtspunkt der Einfachheit und Volkstümlichkeit", in *Aufklärung*, pp. 197-204를 참고하라.
49. Schmidt-Clausing, *Zwingli als Liturgiker*, p. 51.
50. 츠빙글리에 대해서 *Schlussreden*에 있는 말이 알려져 있다 : "횡크(Höngg)와 퀴스나흐트(Küsnacht) 지역이 모든 주교와 교황의 무리보다 더 확실한 교회이다"(Schmidt-Clausing, *Kanonversuch*, p. 96에서 재인용). 교회 공동체 원리에 대해서는 Farner, *Die Lehre von Kirche und Staat bei Zwingli*, pp. 9ff를 참고하라.

이 문제를 결정하는 공개 토론회 개최를 허락하지 않았다. 그는 또한 미사에 관하여 논의하는 공개 협의회도 거절하였다. 단지, 시의회만이 이 문제를 다루는 권한을 갖고 있으며, 일반 백성은 설교를 통해 미사의 폐지를 대비할 수 있어야 할 것으로 보았다.[51] 그러나 압박이 증가되었고, 취리히의 그로스뮌스터(Grossmünster) 성당 사제들은 '하나님의 도살자'가 되기를 원치 않는다고 선언했다.[52] 격렬한 논쟁과 불안정한 시기가 한바탕 지나갔고, 1525년 봄에 츠빙글리와 유드(Jud), 엥겔하르트(Engelhart), 뮈코니우스(Mykonius)와 그로스만(Grossmann)이 미사를 폐지하였고, 그 대신에 성만찬을 도입하라는 제안서를 시의회 앞으로 제출했다. 때마침 시의회는 재세례파 사람들이 은밀한 비밀집회를 갖고 또 성서의 문자적 이해에 바탕한 성만찬을 주장하자,[53] 여기에 대한 대응책 마련에 골몰하고 있었다. 그래서 시의회는 '거룩한 것을 둘러싸고 있는 것'(ius circa sacra)뿐만 아니라 '거룩한 것 안에 있는 것'(ius in sacris)에 대한 사안도 의회의 권한 속으로 편입시켰다.[54] 시의회는 가까스로 과반수를 넘기는 찬성을 얻어 미사를 모든 교회에서 완전히 폐지시

---

51. Kellerhals, *Geschichte*, p. 45.
52. Farner, *Huldrych Zwingli*, Bd. 3, pp. 468-470.
53. 할라스키(Halaski, *Die Zwinglische Gottesdienstordnung*, p. 318)처럼 츠빙글리를 성서주의자라고 무분별하게 평가하는 견해에 많은 반대가 있다.
54. 개블러(Gäbler, *Forschungsbericht*, pp. 94f.)는 국가와 교회 권력이 복잡하게 뒤섞이게 된 것에 대해 다음과 같이 말한다 : "기대와는 달리 시의회는 직무상으로 — 교회 공동체의 동의를 가지고가 아니라 — 미사의 폐지를 지시하였고, 새로운 예전의 도입을 명령하였다. 비록 츠빙글리가 항의하였지만, 시의회는 영적인 권력을 자신들의 것으로 만드는 것을 더욱더 전개하였다. 그래서 교회와 세속적인 영역이 혼합되기 시작했다. 이 과정은 결과적으로 보이는 교회와 국가가 서로 섞이게 하였다. 교회 공동체는 종교적이며 영적인 공동체라는 성격을 잃게 되었고, 하나님의 영에 의해 관리되는 기독교적인 공공 조직이 되었다. 다시 말해, 취리히에서 츠빙글리 자신은 말씀을 선포하는 직무를 수행하며 이 관리 기능을 가지고 있었다. 그는 자신을 영의 나팔수라고 이해했다. 종교개혁자는 자신의 종교개혁 과업을 안전하게 완성하기 위해 말씀에 근거한 신정국가의 도움을 받았다."

키기로 결정했다.[55]

예배에 관하여 츠빙글리가 대답한 글인 "1525년 부활절 취리히에서 시작된 그대로의 성만찬, 즉 그리스도를 회상하며 감사하는 주님의 만찬의 시행과 단절"은[56] 옛것과 새것을 잘 조합하여서 독창적인 새로움으로 만든 것이다. 눈길을 끄는 점은 그가 글의 서론에서 언급한 내용인데, 이 글에서 그는 시의회의 저항을 예견하고 있음을 암시했다. 여성들과 남성들이 교대로 교독하도록 했던 영광송과 사도신경, 감사의 기도(시편 113 : 1-9)라는 예배 순서를 암시하면서, 그는 의식(儀式)이 왜 꼭 필요한지 그 이유를 다음과 같이 설명했다.[57] "이 내용이 너무 팍팍하고 무미건조하게 다루어지지 않도록, 또한 인간적인 약함에도 넘어가지 않도록 우리는 그 내용을 돕는 의식들을 제정했다. 우리는 이 의식들이 그리스도의 죽음을 영적으로 기억하고, 신앙이 좋아지며 형제자매의 신뢰가 높아지고, 삶을 변화시키며, 인간 마음에 죄악을 방지하는 데 상당히 유익하고도 적합하다고 생각한다."[58]

성만찬 서식서를 보더라도 츠빙글리에게는 양면이 함께 공존한다는 점을 알 수가 있다. 즉, 그는 예전을 창의적으로 구상함과 동시에 옛 전

---

55. Gäbler, *Forschungsbericht*, p. 97.
56. Pahl, *Coena Domini. 1, Die Abendmahlsliturgien der Reformationskirchen im 16./17. Jahrhundert*, pp. 189-198.
57. 츠빙글리는 '의식들'을 예배에 관한 전 삶으로 이해한다. 그는 그것들 중에서 또한 '관습'(Brauch)을 말할 수도 있다(Halaski, *Die Zwinglischen Gottesdienstordnungen*, p. 318과 Schmidt-Clausing, *Zwingli als Liturgiker*, p. 41). 이것으로부터 이 개념과 연관해 그에게 일어난 상반된 감정의 병존이 설명된다. 그는 한번은 '도움이 되는 의식들'에 말할 수도 있고, 다른 경우에는 경멸적으로 '불쏘시개 공장'(zünselwerck)이라고 말할 수도 있었다. 불쏘시개라는 말은 아마도 감각적으로 쉽게 타오를 수 있으며, 심판의 불을 피하지 못하는 의식의 외형적인 형식을 암시하는 것 같다.
58. 츠빙글리가 의식의 필요성을 '인간론적으로' 설명한다는 사실은 후에 등장하는 계몽주의 예배학과의 어느 정도 유사성을 보여 준다. 계몽주의 예배학은 의식을 '종교적인 감정'을 형성하는 데 도움이 되는 도구로 보았다. 이에 대해서는 Ehrensperger, *Aufklärung*, p. 50을 참고하라.

통도 잘 보존하였다. 한편으로 그는 이미 중세시대에 발전된 구분, 곧 미사와 함께 독자적으로 발전되어 온 설교예전을 구분하는 것을 확립했고,[59] 또 다른 한편으로 그는 말씀예배와 성만찬예배의 새로운 연결을 시도했다. 비록 성만찬이 미사의 구조에 바탕을 두고 있지만, 그러나 그 근본 움직임은 다른 것이다.[60] 마르쿠스 예니(Markus Jenny)는 이 문제를 이렇게 말했다 : "성만찬을 이제 더 이상 교회 공동체'에서'(an der Gemeinde) 일어나는 행위로 이해할 수 없다. 그것은 교회 공동체'의'(der Gemeinde) 행위이다."[61]

5) 그리스도의 몸인 교회 공동체의 변화

하나님 말씀이 설교의 양식으로 선포되어 그것으로도 충분할 터인데, 설교예배와 나란히 성만찬예배가 왜 꼭 있어야 하는지 질문이 제기되었다. 이 질문은 츠빙글리에게서도 실제로 제기되었다. 왜냐하면 성만찬

---

59. 개혁교회 전통에서 말씀과 성만찬의 분리를 유감스럽게 생각하는 슈바이처(Schweizer, *Ordnung*, pp. 11f.)는 주일예배가 "성만찬이 없이도 진행될 수 있다."는 사실에 대해 주의를 환기시킨다.
60. 츠빙글리적 개혁의 출발점이 바로 형식과 내용을 병렬시키는 것을 비판하는 것에서 보여질 수 있는 한, 우리는 새로운 '형식'(Form)이 아니라, 새로운 '기본적인 움직임'(Grundbewegung)에 대해 말하는 것이 더 좋다고 생각한다. 이것은 슈미트-클라우징에 반대하는 것인데, 그는 "츠빙글리는 예배의 내용을 새로 창조한 것이 아니라, 형식을 갱신한 예전이다."라고 말한다(*Zwingli als Liturgiker*, p. 63). 또한 슐츠(Schulz)는 북독일 성만찬 예배를 펜트(Fendt)가 '유스티누스적인 모형'이라고 부른 '기본 구조'를 적법하게 변형한 것이라고 말하는데(Struktur, pp. 91-93), 내 생각에 이것은 역동적인 차이점을 너무 적게 고려하는 것이다.
61. Jenny, *Einheit*, p. 50. ; 다양한 질문들이 아직 해결되지 않고 있다. 많은 것이 사변으로만 머물고 있기 때문에, 원문 자료들을 체계적으로 연구하는 것이 여전히 절실히 요구되고 있다. 1523-1525년 사이의 원문들에 근거해 어떻게 츠빙글리가 그의 「성만찬 예식서」의 중심부분(사도신경, 영광송, 시편 113)을 단지 미사의 말씀예전으로부터만 취하게 되었는지, 그리고 어떻게 그가 대화적인 교독을 정당화하고, 어떤 이유로 영광송을 그렇게 중요한 위치에 두는지가 연구되어야만 할 것이다.

에서는 — 하나님의 행위로 파악하자면 — 본질적으로 설교예배에서와 다른 무엇이 실제로 일어나지 않으며 또 일어날 가능성조차 없다는 것이다. 설교예배는 완전한 예배이다. 왜냐하면 하나님께서 설교 말씀 안에서 스스로를 온전히 말씀하시기 때문이다. 그럼에도 불구하고 종교개혁자와 개혁교회 신학자들이 성만찬예배를 꽉 붙잡은 것은 "이것을 행하여 나를 기념하라!"는 성경 및 주님의 명령에 순종한 데 근거한다.[62] 그것을 유지하는 결정적인 논거는 또한 개혁교회의 성만찬을 이해하는 열쇠이다. 엄밀한 의미에서 개혁교회의 성만찬은 교회 공동체의 행위인데, 풀어서 설명하자면 믿는 자에게 주님이 위탁하신 바를 따라 순종하여 감사함으로 행하며, 이를 통하여 세상 사람들에게 그들의 믿음을 증언하는 그리스도인의 행위이다.[63] 왜냐하면 성만찬예배에서는 설교의 영향과 구별되는 성례표지의 영향이 중요하지 않고, 교회 공동체의 지체들이 그리스도의 몸으로서 서로가 서로에게 주는 표지가 중요하기 때문이다. 이런 점에서 성례가 반드시 필요한데, 그 필수성은 성례의 '요소'에서 비롯된 것이 아니라 교회 공동체의 성례의 '행위'에서 비롯되었다.[64]

츠빙글리를 연구하는 신학자들 가운데는 성만찬의 성례적 행위의 특별함을 또 다시 '성례화시키려' 시도했다. 이와 관련하여서 '교회 공동체의 변화'(Wandlung)가 뜨거운 논쟁점으로 부상했다.[65] 이 논쟁점에 관하

---

62. 로허("Reformatorische Katholizität", p. 11.)에 의하면 바로 여기에 가장 중요한 강조점이 있다.
63. *Liturgie* Bd. Ⅲ, "Abendmahl", pp. 13-55.
64. 이것은 밀가루로 만든 얇은 조각을 빵으로 대체한 것에서 분명히 드러난다. Wandel, *Envisioning God*, p. 29 : "얇은 성병(聖餠)을 빵으로 대체한 것은 츠빙글리가 전개한 성만찬 변형의 중심에 있다. 성찬상의 빵의 실재는 츠빙글리가 예전의 변형을 어떻게 하였는지, 그리고 그것이 무엇을 의미했는지 보도록 도와준다."
65. 이 주장은 다음의 사람들에 의해 대변된다. Schweizer, *Reformierte Abendmahlsgestaltung*, p. 103. ; Locher, *Im Geist und in der Wahrheit*, p. 24. ; Büsser, *Zwingli*, p. 53. ; und Courvoisier, "Vom Abendmahl bei Zwingli",

여 울리히 개블러(Ulrich Gaebler)가 아주 조심스럽게 말하는 것처럼, 교회 공동체의 변화는 종교개혁자(츠빙글리)의 사상과 직접 맞닿아 있지 않는다.[66] 하나님의 행위는 그 행위로 구원받은 인간의 응답인 감사함으로 '증언'하는 것이지, 인간의 행위로 '중재'되는 것이 아니다.[67] 성만찬 축제의 근거는 엄밀하게 보아서 '회상'(回想, Anamnese)으로 이해되어야 한다.

성만찬 축제의 기억을 '적극적 회상'의 관점에서 본다면, 개블러의 생각은 (가톨릭교회의) 화체설에서 주장하는바 성체변질(聖體變質)을 거부하는 입장이다. 은유적으로 해석하면 교회 공동체의 변화는 나름대로 타당성을 갖고 있다.[68] 이 변화는 바울이 영적 예배의 특성이라고 말한 바 영적인 변화의 빛으로 조명할 수 있다. 교회 공동체가 행위의 주체가 되고, 이 공동체의 성만찬이 사건(역자주 : 하나님의 행위로서 계시 사건)의 중심이 되는 것은 개신교의 성만찬 이해에서 가장 중요한 변화이며, 또한 개혁교회의 확고한 전통이다.[69] 명백한 타당성은 교회 공동체의 변

pp. 424f. 반면에 예니(Jenny, *Einhheit*, p. 62)는 매우 조심스러운 입장을 취한다.
66. Gäbler, *Forschungsbericht*, p. 89, 각주 134 : "이 해석은 그러나 거의 맞지 않는다. 왜냐하면 이러한 '변형'은 영의 자유에 대한 츠빙글리의 이해에 모순되고, 종교개혁자에 의해 거절된 '마술적' 말씀 이해로 되돌아가기 때문이다." ; 비슷하게 게리쉬(Gerrish, *Discerning the Body*, p. 389)도 말한다. 또한 켈러할스(Kellerhals, *Geschichte*, p. 56)에게도 '개혁교회 예배에 있어서 미사 중에 성만찬의 요소들이 변형되는 것이 성만찬 축제가 진행되는 동안 성취되는 불가사의한 사건 속에서 일치하는 것을 발견할 수 있는지' 모호하게 나타난다.
67. Schmidt-Lauber, *Zukunft*, pp. 70f.
68. 맥그라스(McGrath, "The Eucharist : Reassessing Zwingli", p. 17)는 '츠빙글리의 예전'에 있어서 '이야기와 상징'의 연결을 통해 교회 공동체에 대한 일종의 '의미 변화'가 일어났다고 강조하는데, 이것은 정당한 것이다 : "성만찬 예전은 기대와 예상의 의미를 환기시키는데, 이로 인해 빵은 그리스도에 대한 기억과 믿음의 공동체를 위한 그의 의미를 나타내고 나르는 것이 된다."
69. Locher, *Reformation*, p. 222. 다음과 같이 바르게 요약하는 뷔르키(Bürki, "Abendmahl", p. 182, kursiv R. K.)도 비슷한 입장이다 : "'하나님의 영'을 통해 주님의 몸이 된 교회 공동체는 자신에게 위탁된 성만찬(그리스도에게 감사

화가 아니라 '의미의 변화'에 관하여 말해야 하는 것이다.

3. 직제 규정에 대한 문제

1) 독일어권 스위스 개혁교회의 직제 규정

오늘날 로마가톨릭교회의 직제 규정과 개신교의 직제 규정은 완전히 서로 다르다. 직제에 관한 신학적 차이들은 유럽과 스위스의 교회뿐만이 아니라 전 세계의 교회에서도 자주 혼란을 불러일으켰다. 그 차이가 예배에도 직접 영향을 끼쳤다. 개신교의 성만찬예배는 이 예배에 함께 참석한 다른 교회·교파의 손님들과 더불어 나누는 축제인데, 로마가톨릭교회는 개혁교회의 직제를 인정하지 않기에 성만찬의 나눔을 인정하지 않는다. 가톨릭의 입장에서는 개혁교회 목사는 사제가 아니며 또한 서품 받은 직제의 지위를 갖고 있지 않다. 그러므로 가톨릭의 입장으로는 개혁교회의 예배는 온전한 예배가 아니다. 여기에서 파생되는 또 다른 인식은 프로테스탄트 교회는 가톨릭의 입장에서 볼 때, 완전한 자격을 갖춘 교회가 아니다. 그런데 개혁교회들 안에서도 직제 규정에 관한 이해에서 크고 작은 차이들이 있다. 물론 공통분모도 있다.[70]

잘 알려져 있듯이, 칼뱅은 사중직(四重職)의 교회 직제를 가르쳤다. 말씀을 전하는 목사(verbi divini minister)와 함께 집사, 장로, 그리고 교사가 있다. 독일어권 스위스에서는 이 사중직의 직제가 관철되지 않았

를 표하는 일)을 수행하고, 하나님에게 복음적인 믿음과 순종을 주시기를 기도한다." 이러한 해석을, 슈미트-클라우징(Schmidt-Clausing, "Zwingli als Liturgiker", p. 137)이 말하는 바와 같이, 성만찬을 시행할 때 성직자가 제정의 말씀과 만찬의 분배 전에 다음과 같이 기도하는 것도 뒷받침해 준다 : "오, 주 전능하신 하나님! 당신은 당신의 영을 통해 신앙의 일치 안에서 우리를 당신의 몸으로 만드셨습니다. 그리고 당신을 찬양하고, 감사하라고 명령하셨습니다."

70. http : //www.uibk.ac.at/theol/leseraum/texte/672.html에 나오는 실비아 헬(Silvia Hell)의 해설을 참고하라.

다. 예배와 관련하여 지난 수십 년 동안 직제 규정에 대한 논의에 불을 지핀 것은 안수 문제였다. 예를 들어 집사도 안수를 받아야 하는가? 현재 스위스 아르가우 지역(Kanton Aargau)의 개혁교회를 제외하면 독일어권 스위스의 개혁교회는 오직 목사만 안수한다. 다른 모든 직제들은 '봉사직'(Dienst)에만 임명되고 안수를 받지 않는다. 이처럼 말씀을 전하는 직제를 강조하는 데는 그 역사적인 근거가 있으며, 또 신학적으로도 중요하다. 신학적 중요성은 방금 앞에서 서술한 예배 이해와 관련되어 있다. 예배와 직제의 연관성을 결론 삼아 설명해야 한다.

2) 목사는 교회 공동체의 목자

1523년 10월 28일, 스위스 취리히 종교개혁이 본격적으로 전개되면서 토론의 논쟁(Disputatio)이 벌어진 마지막 날이었다. 이날 아침 예배에서 츠빙글리가 설교했다. 이 예배에는 교회개혁을 뜨겁게 열망하는 인근의 동료들 대다수가 참석했다.[71] 츠빙글리의 설교는 「목자, 참된 그리스도교 목자를 나쁜 목자와 어떻게 구별할 수 있는지, 그리고 그들을 어떻게 대해야 할지」라는 제목으로 출판된 책(1524년)의 초안이 되었다. 이 책의 제목은 곧 프로그램이었다. 고대 기독교의 문서 "헤르마스의 목자"에 의존한 츠빙글리의 설교는 목사직의 바른 수행과 바른 삶에 대한 성경적 기준을 제시하고자 했다. 바른 목자에 관한 이상(Profil)은 그리스도를 본받는 것이다. 이를 위하여 자기부정과 십자가를 지는 것이 요청된다. 또한 말씀 선포는 불행한 인간이 그 상태에서 화해로 나아가는 영적 변화의 길을 우선적인 주제로 삼으며, 직무를 두려움 없는 사랑과 순종으로 수행하는 것이 요청된다. 츠빙글리는 이 점에 근거하여 바르지 못한 나쁜 목자들을 비판했다.

이러한 이해를 바탕으로 명백한 점은 직제 이해와 예배가 아주 밀접하

---

71. Huldrych Zwingli, "Der Hirte", in *Schriften*, hgg. von Thomas Brunnschweiler und Samuel Lutz, Bd. 1, Zürich 1995, pp. 243-317.

게 결합되어 있다는 것이다. 말씀봉사자에겐 교회 공동체의 목사(Pastor)와 감독(Aufseher)의 과제가 주어져 있다. 말씀봉사자는 회중에게 성경의 훈계를 기억나게 하고, 길을 잘못 든 자를 다시 불러내며, — 츠빙글리가 어느 설교에서 선포한 바 — '진흙탕에 빠진 양들을 다시 일으켜 세우면서'[72] 그 과제를 수행한다. 그러나 목자는 교회 공동체의 '위에서' 군림하거나 교회 공동체의 '맞은편에' 서서 맞서지 말아야 한다. 목자는 그리스도 몸의 한 지체일 뿐 결코 머리가 아니다. 목자는 사제가 아니다. 오로지 그리스도 한 분만이 사제이다. 그러므로 사제직은 — 하나님과 결합되어 — 일반적이든 개별적인 책임에서든 모두 다 폐지된다. 예배에서 목자에게 주어진 중요한 과제는 교회 공동체를 성경과 만나게 하는 것이다. 하나님은 당신의 말씀을 통해 사람을 부르시어 가르치시고, 성숙하게 하시고, 경건한 삶을 살도록 능력을 베푸신다. 오로지 이를 통하여 목자는 교회 공동체성이 드러나게 하는데, 그의 훈계와 위로가 교인들을 일상의 삶 속에서 바른 예배를 드리게 한다.

우리는 이 규정 속에서 볼록렌즈를 통해 특정 문서를 크게 확장해서 읽는 것처럼, 우리 그리스도인들이 예배드리러 모이는 까닭을 다시 한 번 살펴본다면, 예배에서는 말씀을 선포하는 직제 이외에 다른 직제가 필요하지 않다는 점을 깨달아 알게 된다. 왜냐하면 그 밖의 다른 직제들은 엄밀하게 말해서 직제가 아니고 섬김이다. 또한 이 섬김의 직무는 모든 교인들에게 열려 있다.

3) 결론, 그리고 해결되지 않은 질문들

이 글의 마지막에 이르자 개혁교회 직제 규정의 현실성에 관한 질문이 제기되는데, 이 질문은 두 가지 방식으로 제기되는 바 그것의 가치를 인정하면서도 비판적으로 제기된다. 의심의 여지없이 개혁교회의 교회 공동체와 예배에서는 목사의 강력한 지위가 강하게 각인되어 있다. 말

---

72. 위의 책, p. 311.

씀 선포, 곧 설교가 최우선의 자리에 있는 것은 복음 전파의 중요한 의미를 유지하고, 또 예배에서 신앙의 문제를 영적이고도 내면적으로 진지하게 살피도록 하는 것이다. 오직 목사직만 안수를 받는 것은 여타 다른 봉사 직분의 역할과 기능을 과소평가한다는 의미가 아니다. 더욱이 장로회(presbyterian) 제도를 가진 개혁교회에서는 평신도가 목사와 함께 교회 공동체의 지도력을 갖고 있다는 점을 인정하기에, 이것은 종교개혁 시대에 시작된 교회개혁의 중요한 기본 방향이 실현된 것이다.

그러나 종교개혁의 영향사를 살펴보면, 부정적인 흐름도 계속 있었다. 독일어권 스위스의 개혁교회들은 은근히, 때로는 두드러지게 목사 중심주의 때문에 고통을 받고 있다. 목사가 교인들의 모범이라는 점을 훨씬 뛰어넘어 마치 베껴 써야 할 교본처럼 되었다. 목사가 교회를 대표한다. 그리고 그 기능은 세속화된 유럽의 환경 속에서 더욱 강화되었다. 교인들의 자발적인 참여가 츠빙글리의 본래 의도인데, 신학자들이 교회를 지배하고 언권(言權)을 독점함으로써 평신도들을 무력하게 침묵하도록 만들어 버렸다. 볼프강 비트너(Wolfgang Bittner)는 그가 지은 책에서 이 잘못된 점을 '전권 위원'이라는 단어로 날카로이 분석하였다.[73] 스위스의 교회는 불과 몇 사람만의 적극적인 활동으로 운영되고, 대다수 교인들은 그냥 묵묵부답으로 따라간다. 종교개혁의 가르침에 따르면 예배란 복음과 대화하고 토론하는 장소여야 하는데, 지금의 예배는 '전권 위원'의 지위를 공고히 만드는 자리가 되어 버렸다.

그러므로 직제 규정에 대한 질문이 예배와 관련지어서 새롭게 제기되는 것은 결코 우연이 아니다. 교회 공동체의 평신도들이 새롭게 적극 참여해야 한다면, 그들이 말할 수 있는 기회를 가져야 한다. 예컨대 예배 시간에 복음을 증언하는 기회가 주어져야 하고, 또한 교회 공동체가 새로이 신앙고백 공동체로 거듭나야 할 것이다. 그런 점에서 개혁교회는 '항상 개혁되어야 하는 교회'(ecclesia semper reformanda)로 늘 거듭나

---

73. Bittner, *Kirche wo bist Du*, p. 100ff.

야 한다. 이것은 적극적이면서도 창의적으로 예배의 형태를 모색하되, 종교개혁의 신앙고백(Credo)에 충실한 예배 형태를 모색하는 데서 잘 나타날 것이다. 개혁교회의 유산에 충실하는 정신을 개혁교회의 선조들에게서 배울 수 있는데, 이것을 우리는 이상상(理想像, Idealbild)에 대하여 비판적 거리 두기를 통해 연습한다. 다시 말해서, 원전(原典, Quelle)과 건설적이면서도 비판적인 씨름을 통해 연습한다.[74]

---

74. Locher, *Geist und Wahrheit*, p. 31.

2 부처의 예배[1]

최윤배 교수(장로회신학대학교, 조직신학)

I. 예배의 정의

국어사전은 '예배'(禮拜 ; worship ; weorthscipe=worth+ship)를 '① 공경하는 마음으로 경례하고 절함, ② 신(神)이나 부처 앞에 절함, ③ 교회당에서 신자가 기도하는 종교적 의식의 일종, ④ 흠숭(欽崇)하고 기도하는 일'로 정의하고 있다.[2]

---

1. 이현웅, "장로교 예배 모범의 역사와 전망에 관한 연구"(2003, 장로회신학대학교 대학원 미간행 Th. D. 학위논문) ; 정장복, "종교개혁기에 등장한 다양한 예배 전통에 관한 분석," 장로회신학대학교 출판부 편, 「長神論壇」 제19호 (2003), p. 235-265. ; 정장복, 「예배학개론」(서울 : 종로서적출판주식회사, 1985), pp. 45-47, 91-111. ; 정장복, 「예배학개론」(서울 : 예배와 설교 아카데미, 2005), pp. 136-140. ; 주승중, "초기교회 예배를 회복하고자 했던 칼빈의 예배-스트라스부르 예전(1540)을 중심으로-,"「요한 칼빈 탄생 500주년 기념 학술 심포지엄 : 제5분과」(2009. 6. 22.), pp. 75-95. ; 최윤배·주승중 공저, 「교회를 섬기는 청지기의 길(I)」(파주 : 도서출판 성안당, 2008), pp. 116-127. ; John H.

'예배'에 대한 성서 사전적 의미를 간단하게 살펴보면 다음과 같다. 구약성서에서 예배 전체를 표현할 수 있는 한 가지 단어를 찾는 것은 쉽지 않다. 그러나 그중에 대표적인 두 가지 단어는 '아바드'(עבד)와 '샤아'(שחה)이다. 전자는 '섬기다'(serve ; 출 3 : 12 ; 출 4 : 23 ; 출 7 : 16) 등의 의미를 갖고,[3] 후자는 '절하다, 굴복하다'(bow down ; 사 2 : 11, 17 ; 욥 9 : 13) 등의 뜻을 지닌다.[4] '예배'와 관련된 신약성서의 헬라어는 다양하지만($προσκυνέω, λατρεία$ 등),[5] 그중에 대표적 단어가 '프로스쿠네오'인데, '엎드려 경배하다'(fall down and worship) 등의 뜻을 갖는다.[6] 신약성서에서 대개의 경우, 이 단어는 신적인 어떤 것을 대상(對象)

    Leith, *An Introduction to the Reformed Tradition : A Way of Being the Christian Community* (Louisville·London : Westminster John Knox Press, 1981), pp. 174-197.=황승룡·이용원 역, 「개혁교회와 신학」(서울 : 한국장로교출판사, 1989), pp. 208-238. ; Gerrit Jan van de Poll, *Martin Bucer's Liturgical Ideas* (Assen : Van Gorgum & Comp. N. V., Proefschrift, Rijksuniversiteit te Groningen, 1954). ; Frank C. Senn, *Christian Liturgy : Catholic and Evangelical* (Minneapolis : Fortress Press, 1997), pp. 362-370. ; Bard Thompson, Select. & Intro., *Liturgies of the Western Church* (Philadelphia : Fortress Press, 1961/1980), pp. 157-181. ; Lukas Vischer, *Christian Worship in Reformed Churches Past and Present* (Grand Rapids : William B. Eerdmans Publishing Company, 2003).
2. 국어국문학회(감수), 「새로 나온 국어대사전」(용인 : 민중서관, 2007), pp. 1806-1807.
3. F. Brown, S. R. Driver & C. A. Briggs, ed., *Hebrew and English Lexicon of the Old Testament with an Appendix Containing the Biblical Aramaic* (Oxford : Oxford University Press, 1966), pp. 712-713.
4. F. Brown, S. R. Driver & C. A. Briggs, ed., *Hebrew and English Lexicon of the Old Testament with an Appendix Containing the Biblical Aramaic*, pp. 1005-1006.
5. 김세광, "현대 교회에서 예배 정의에 대한 신학적 고찰," 서울장신대학교 편, 「서울長神論壇」 제9집(2001), p. 178.
6. W. F. Arndt & F. W. Gingrich, trans. Walter Bauer, *A Greek-English Lexicon of the New Testament and Other Early Christian Literature* (Chicago/London : The University of Chicago Press, 1979), pp. 716-717.

으로 삼아 사용된다.⁷⁾

김세광은 예배와 관련된 헬라어 여섯 단어들을 분석한 후, "예배는 '경배하다', '엎드려 절하다', '예배하다', '섬기다', '예배', '제사', '봉사하다', '위하는'(worship), '숭배함을 받는', '경배하는', '공경하는', '섬기는', '직무', '직분'(ministry), '일꾼'(minister), '종교', '숭배함', '경건', '모여서' 등으로 번역되어 있다."라고 주장했다.⁸⁾

예배에 대한 성서사전적인 뜻을 기억하면서 예배에 대한 신학적 정의를 살펴보자. 김경진은 '쓰여진 예식서들'(written liturgies)이나 '예식서 또는 예식과 관련한 책들'(liturgical texts)에만 국한시켜 이해된 협의(狹義)의 예배 개념보다는 인간의 다양한 형태의 응답을 포괄할 수 있는 광의(廣義)의 예배 개념이 예배신학 자체를 위해서나 종교개혁자들의 예배 연구를 위해서도 타당성이 있는 것으로 이해했다.⁹⁾

"예배는 하나님 중심적이다. 오락은 인간중심적이며 사람을 즐겁게 하는 것이다."라고 주장한 위어스비(Warren Wiersbe)의 말과 "진정한 예배란 하나님을 높이는 단 하나의 목적을 위해 무한한 광휘에 완전히 잠겨 있다. 그렇지 못한 예배는 우상숭배일 뿐이다."라고 주장한 던(Marva Dawn)의 말에 동의하는 주승중은 '예배는 오직 하나님께만 영광을 돌리는 응답의 행위'라고 설득력 있게 주장했다.¹⁰⁾ 개인에 대한 우상화 등을 통해서 한국 교회의 비성서적, 비신학적 예배 현상을 예리하게 지적한

---

7. G. Friedrich, Hrg. & G. W. Bromiley, trans. & ed., *Theological Dictionary of the New Testament* Volume VI (Grand Rapids : Wm. B. Eerdmans Publishing Company, 1968), pp. 763-765.
8. 김세광, "현대 교회에서 예배 정의에 대한 신학적 고찰," pp. 184-185.
9. 김경진, "종교개혁과 예배," 대한예수교장로회 총회교육부 편, 「교육목회」(2000, 겨울), pp. 105-106. ; 김경진, "칼뱅 장로교 이념의 예배적 적용," 「제4회 한강목회포럼」(2009.6.29), p. 20.
10. 주승중, "21세기 한국 교회 예배를 위한 영성," 장로회신학대학교 연구지원처 편, 「제3회 소망신학포럼 : 21세기 기독교 영성과 교회 : 예배, 교육, 목회」(서울 : 장로회신학대학교 출판부, 2008), pp. 21-22.

김운용은 "기독교 예배는 언제나 '나 드림'(self-giving)의 예배"임을 역설했다.[11]

하나님께서 직접 부르시고, 명령하신 하나님 중심의 예배를 통해 우리는 하나님께 영광을 돌리고, 하나님의 은혜를 받으며, 우리에게 위임된 사명을 올바르게 깨달아 교회 공동체는 물론, 가정을 비롯하여 사회와 세상을 섬기기 위해 그곳으로 파송받을 수 있고, 파송받아야 한다. 이런 의미에서 "교회는 하나님의 현현 속에 자신을 떨어뜨리는 수직적인 움직임(vertical movement)을 가질 뿐만 아니라, 세상을 향해 자신이 경험한 놀라운 하나님에 대한 경험을 드러내는 수평적 움직임(horizontal movement)으로 나타나야 한다."[12] '하나님은 단순히 예배를 받으시는 존재만이 아니라 그 앞에 제단을 쌓고 있는 무리들에게 사명을 부여하시는' 분이시다.[13] "즉, 수직적으로는 인간과 하나님의 만남과 교제가 이루어지고, 동시에 수평적으로는 예배에 참여한 인간과 인간의 만남과 교제가 이루어지는 곳이 바로 예배의 자리였던 것이다. …… 기독교 예배는 보다 통합적인 면에서 이해됨으로써 하나님과 예배자인 인간의 관계를 온전케 하고, 한 몸을 이룬 교회의 구성원 간의 공동체성을 회복하면서, 더 나아가 교회로 하여금 세상과 함께할 수 있는 신학적 기반을 넓혀 갈 수 있어야 할 것이다."[14]

한국장로교회 중에서 한 대표적 교단의 헌법은 '예배'와 관련하여, "1. 예수 그리스도를 통하여 구속의 역사를 펴신 분이 하나님이시며 오늘도 예배를 드리도록 성도들을 부르시는 것도 전적으로 하나님의 주권적인 행사에 속한다. 그러므로 예배를 통하여 주시는 용기와 사랑과 새 힘의 근원도

---

11. 김운용, "돌들로 떡을 만들라! : 현대 소비주의 문화 속에서의 예배의 신학적 이해," 장로회신학대학교 출판부 편, 「교회와 신학」 제64호(2006, 봄), p. 63.
12. 김운용, "예배 부흥과 개혁 : 우리 시대에도 예배는 영광스러워야 한다", 「전통과 해석 : 은성강좌 2004-2006」(김해 : 부산장신대학교 출판부, 2007).
13. 정장복, 「예배학개론」(서울 : 예배와 설교 아케데미, 2003), p. 28.
14. 이현웅, 「21세기에 다시 본 존 칼빈의 설교와 예배」(서울 : 이레서원, 2009), pp. 108-109.

모두 하나님이시다. 2. 그러므로 예배는 하나님을 섬기는 성도들의 응답이며 구체적인 행위이다. 이 예배는 인위적인 행사로 되는 것이 아니며 성경말씀의 증거와 성례전 가운데서 성령의 역사를 통하여 보여 주신 예수 그리스도의 구속의 은총을 깨닫는 믿음 가운데서 이룩되어야 한다."고 규정함으로써, 예배는 주권적인 삼위일체 하나님과 그의 사역에 대하여 교회와 성도들이 마땅히 드려야 할 신앙적 응답과 행위임을 우리에게 가르쳐 주고 있다.[15] 또한 이 교단의 예식서는 "하나님을 예배하는 행위는 교회의 가장 중요한 일이다. 주님이 부활하신 주일에 드리는 예배에서 주의 백성들은 가장 큰 감격을 느낀다. 그 이유는 예배란 하나님의 백성들이 하나님이 주신 창조의 은총과 예수 그리스도를 통하여 주신 구원의 은총을 깨닫고 감격하여 드리는 하나님의 백성들의 응답행위이기 때문이다."라고 서술함으로써, 예배는 교회와 성도들이 마땅히 행해야 하는 가장 중요한 신앙 행위이며, 하나님의 창조와 구속 은총에 대한 그들의 응답의 행위임을 명기하고 있다.[16]

예배의 정의와 관련하여, 김세광은 '예전적 예배', '말씀 중심의 예배', '은사 중심의 예배'로 나누어 정리했는데, 말씀 중심의 예배가 특징으로 나타나는 "개혁교회(장로교회)에서 예배란 하나님의 주권적 은혜로 인간을 죄에서 구원하셨다는 복음을 이해하고, 선포하며, 실행하는 것이다."라고 정의한 후,[17] "예배란 예수 그리스도의 구속사에 나타난 하나님의 성품과 섭리와 은혜의 계시에 대해서 성령의 감동을 받은 회중들이 한 자리에 함께 모여서, 그들의 몸과 감사의 마음과 정성을 다해 찬양과 기도로 응답하는 것인데, 하나님 나라의 완성과 하나님의 보좌에서 드려지는 천상의 잔치를 대망하는 것이다."라고 예배에 대한 총체적 정의를

---

15. 대한예수교장로회총회 편, 「대한예수교장로회 헌법」(서울 : 한국장로교출판사, 1998), p. 246.
16. 총회예식서개정위원회 편, 「대한예수교 장로회 예배·예식서」(서울 : 한국장로교출판사, 2008), p. 24.
17. 김세광, "현대 교회에서 예배 정의에 대한 신학적 고찰," p. 192.

내렸다.[18] 주승중은 "예배란 무엇인가?"라고 질문한 후, "예배에 대한 예배학자들의 정의를 요약하여 표현한다면 '예수 그리스도의 구속 사건 안에 나타난 하나님의 사랑과 은혜에 대한 인간의 응답'이다."라고 간결하면서도 핵심적으로 답했다.[19]

우리는 위에서 논의한 광의적(廣義的)이면서도 통합적(統合的)인 관점에서 이해된 예배와 개혁·장로교회의 예배에 대한 정의를 염두에 두면서 부처, 깔뱅, 네덜란드 개혁교회, 프랑스 개혁교회의 예배·예전을 고찰하도록 한다.

II. 부처의 예배·예전신학

1. 역사적 배경

이현웅은 '칼빈의 예배는 개혁교회의 원조'라고 주장했지만,[20] 역사적 정확성을 기할 경우, '실제적인 개혁교회의 예배의 원조'가 마틴 부처라는 주승중의 주장이 더욱 설득력이 있고, 올바른 주장으로 판단된다. "개혁교회 예배의 기원을 스위스의 취리히(Zürich)와 제네바(Geneva)에서 찾지만, 실제적인 개혁교회 예배의 원조는 스트라스부르(Strasbourg)의 마틴 부처라고 할 수 있다. …… 이 중에서도(깔뱅, 파렐, 부처 : 필자 주) 오늘날 장로교회의 뿌리인 개혁교회 예배의 원조는 바로 스트라스부르의 마틴 부처이다."[21]

---

18. 김세광, "현대 교회에서 예배 정의에 대한 신학적 고찰," p. 194.
19. 주승중, "바람직한 예배의 갱신을 위한 방향과 과제," 대한예수교장로회 총회교육부 편, 「교육목회」(2000, 겨울), p. 192.
20. 이현웅, 「21세기에 다시 본 존 칼빈의 설교와 예배」(서울 : 이레서원, 2009), p. 128.
21. 주승중·최윤배, 「교회를 섬기는 청지기의 길(I)」, p. 116.

보편교회 전통 속에 있던 부처는 보편교회 전통과의 완전한 불연속, 즉 진공상태로부터 예배예식을 만들어 낸 것이 아니라, 중세 로마가톨릭교회 전통과의 연속성과 불연속성을 유지하고, 그 당시 역사적 상황 속에서 호흡하면서, 교부들과 성서 주석 작업 등을 통해 보존적이면서도 창조적으로 그의 예배와 예전신학을 발전시켰다.

디볼트 슈바르츠(Diebold Schwarz ; Theobaldus Niger)는 스트라스부르에서 미사를 개정하여 예식서를 만들었는바, 이 예식서에 따른 예배가 1524년 2월 16일 스트라스부르 성 로렌스(St. Laurence) 교회의 성 요한 채플(John's Chapel)에서 독일어로 처음 드려졌다.[22] "독일어로 된 슈바르츠의 개정본은 1524년 스트라스부르에서 사용되었으며, 마틴 부처에 의해서 인도된 아주 유능한 신학자들의 지도력으로 1539년까지 보존적이면서도 창조적으로 적어도 일곱 번 개정 작업이 계속되었다."[23]

톰슨(B. Thompson)과 맥스웰(W. Maxwell)은 이 시기에 다양한 예식서들이 출판되었으며, 여기에 대한 부처의 영향을 주장한다. "슈바르츠의 미사는 하나의 선례가 되었고, 즉시 출판되었다. 예식서가 다시 만들어진 1539년 이전까지 약 18개의 예식서들이 출판되었고, 이들은 각각 이전 것과 크고 작은 변경된 부분을 가지고 있었다. 특별히 1525년 이후에 예배의 단순화가 이루어졌는데, 이때 마틴 부처가 이 도시에 주재한지 3년이 되었고(부처는 1523년부터 이곳에 주재함, 필자), 부처의 영향이 감지되기 시작했다."[24] 맥스웰에 의하면, 1524년에서 1525년 사이에 스트라스부르에는 9 내지 10가지 종류의 독일 미사예식서들이 출판되었는

---

22. William Maxwell, *A History of Christian Worship : An Outline of Its Development and Forms*, 정장복 역, 「예배의 발전과 그 형태」(서울 : 장로회신학대학교 교회 커뮤니케이션연구원/성지출판사, 1994), pp. 122-125.
23. John H. Leith, *An Introduction to the Reformed Tradition : A Way of Being the Christian Community* (Louisville · London : Westminster John Knox Press, 1981), p. 181.
24. Bard Thompson, Select. & Intro., *Liturgies of the Western Church* (Philadelphia : Fortress Press, 1961/1980), p. 160.

데, 이 당시 이미 부처의 영향력이 나타나기 시작하였으며, 이런 영향력은 부처가 스트라스부르의 감독이 된 1530년 이후에 비해 그렇게 강력한 것은 아니었고, 부처의 예배 개혁은 슈바르츠에 비해 훨씬 폭넓게 추진되었다.[25]

1537년에 개정되기 이전의 예식서의 정보(情報)는 부처의 작품 「근본과 원인」(*Grund und Ursach*, 1524)에서 찾아볼 수 있고,[26] 1537년부터 1539년 사이의 변화는 1539년 판 예식서에서 찾아 볼 수 있다.[27] 부처의 1537년의 「예식서」(*Psalme und geistliche Lieder, Form und gebett, zum eynsegen der EE, den heiligen Tauff Abentmal, besuchung der Krancken und begrebnisz der abgestrobnen*, 1537)와[28] 1539년의 「예식서」(*Psalter mit aller Kirchen□bing ; Psalter with Complete Church Practice*, 1539)에서[29] 미사의 구조와 형태가 여전히 보존되었다. 그리고

---

25. William Maxwell, *A History of Christian Worship : An Outline of Its Development and Forms*, 정장복 역, 「예배의 발전과 그 형태」(서울 : 장로회신학대학교 교회 커뮤니케이션연구원/성지출판사, 1994), p. 125.
26. Robert Stupperich, Hrg., "Grund und Ursach aus gotlicher schrifft der neüwerungn an den nachtmal des herren, so man die Mess nennet, Tauff, Feyrtagen, bildern und gesang in der gemein Christi, wann die zůsammenkompt, durch und auff das wort gottes zů Strasburg fürgenommen 1524," *Martin Bucers Deutsche Schriften Band I : Frürschriften 1520-1524* (Gütersloh : Gütersloher Verlagshaus Gerd Mohn, 1960), S. 246-247(참고, S. 185-278).; William Maxwell, *A History of Christian Worship : An Outline of Its Development and Forms*, 정장복 역, 「예배의 발전과 그 형태」, p. 140.
27. William Maxwell, *A History of Christian Worship : An Outline of Its Development and Forms*, 정장복 역, 「예배의 발전과 그 형태」(서울 : 장로회신학대학교 교회 커뮤니케이션연구원/성지출판사, 1994), pp. 140-153.
28. 주승중·최윤배, 「교회를 섬기는 청지기의 길(Ⅰ)」(파주 : 도서출판 성안당, 2008), pp. 118-119.
29. Bard Thompson, Select. & Intro., *Liturgies of the Western Church* (Philadelphia : Fortress Press, 1961/1980), pp. 167-181.; Fr. Hubert, *Die Strassburger liturgischen Ordnungen im Zeitalter der Reformation*, Göttingen 1900, S. 90-114.

이 두 예식서들 사이에 존재하는 차이점들은 너무나도 근소하여, 우리는 이 두 예식서들을 함께 논의할 수 있다.[30]

부처의 1537년 예식서가 개혁교회 예배 전통에서 매우 중요한 위치를 차지하는 이유는 이 예전으로부터 깔뱅의 예전과 스코틀랜드 교회의 예전이 파생되었기 때문이고, 이 예전은 개혁교회 주일예배의 중요한 모범이 되었기 때문이다.[31] "100년 전 베어드(C. W. Baird)가 개혁교회 예배에 관한 도발적인 작은 책, 「유타키아」(*Eutaxia*)를 출판했을 때, 스트라스부르는 한 장(章)의 가치도 없었다. 오늘날에는 부처의 르네상스와 부처의 예전에 몰두했던 놀라운 학문성을 뒤따라, 스트라스부르는 '예전적인 개혁의 중심'으로서 환호받게 되었고, 이 예전은 '개혁교회 내에서의 주일 아침 예배의 규범'으로 선언되었다."[32]

헤릿 얀 판 드 폴(Gerrit Jan van de Poll)은 부처의 예전이 깔뱅, 파렐과 풀랭(Poullain)의 예전과 연결된 나머지, 개혁·장로교회와의 깊은 영향 관계는 물론,[33] 부처의 예배예전 사상은 개혁·장로교회의 범주를 벗어나서 재세례파와 논쟁하여 재세례파를 개혁교회로 회유한 독일의 헤센(Hessen)의 예식서와[34] 독일 쾰른(Köln)의 로마가톨릭교회,[35] 영국의 성공회와 스코틀랜드 장로교회의 예식서에[36] 직접적으로 끼친 절대적인 영향에 대해서 설득력 있으면서도 심도 깊은 논증을 하였다. 종교개혁에서의 부처의 영향은 예배신학에서도 예외가 아니었다. "스트라스부르가

---

30. Gerrit Jan van de Poll, *Martin Bucer's Liturgical Ideas* (Assen : Van Gorgum & Comp. N. V., Proefschrift, Rijksuniversiteit te Groningen, 1954), p. 32.
31. 주승중·최윤배, 「교회를 섬기는 청지기의 길(Ⅰ)」, pp. 118-119.
32. Bard Thompson, Select. & Intro., *Liturgies of the Western Church* (Philadelphia : Fortress Press, 1961/1980), p. 165.
33. Gerrit Jan van de Poll, *Martin Bucer's Liturgical Ideas* (Assen : van Gorcum & Comp. N. V., 1954), pp. 107-129.
34. Gerrit Jan van de Poll, *Martin Bucer's Liturgical Ideas*, pp. 129-132.
35. Gerrit Jan van de Poll, *Martin Bucer's Liturgical Ideas*, pp. 132-142.
36. Gerrit Jan van de Poll, *Martin Bucer's Liturgical Ideas*, pp. 142-169.

종교개혁의 중심지로 일반적으로 인정된 것은 주로 부처의 활동들과 그의 조직의 은사(재능)에서 기인한다. 그의 가장 위대한 중요성은 주로 다음의 사실에 있다. 즉, 부처는 종교개혁적 교회의 실제적이고 실천적으로 유효한 특징(성격)을 발전시켰다는 점이다."[37]

2. 예배·예전의 구조와 의미

1523년에 라틴어로 「미사예식서」(*Formula Missae*)를 발간한 루터는 1526년까지 「독일 미사」(*Deutsche Messe*)를 출판하기를 망설였다. 그러던 중 일부 목회자들이 그들 자신의 말로 된 예배예식서들을 만드는 모험을 감행했다. 이들 중의 한 사람이 바로 슈바르츠였는데, 그는 젤(Matthew Zell)의 조력자요, 스트라스부르의 종교개혁자로서 1524년 2월 16일 대성당 예배당에서 자신의 독일 미사(Deutsche Messe)를 읽었다, 이것은 로마 의식(儀式)의 보수적인 개작(改作)이었고, '스트라스부르 예전 전통의 신기원'을 수립하였다.[38]

슈바르츠의 예배예식서는 제단의 계단에서 준비(Preparation) → 기원(Invocation), 죄의 고백(Confession of sins), 사죄의 선언(딤전 1:15) → 성경봉송(Scripture Sent) → 인사와 응답(Salutation and response) → 입당문(Introit, said not sung) → 키리에(Kyries) → 영광송(Gloria in excelsis) → 인사와 기도(Salutation and collect) → 서신서 봉독(Epistle) → 복음서 봉독(Gospel) → 니케아신경(조)(Nicene Greed, said) → 성만찬 예전 : 봉헌(Offertory) : 성물 준비(Preparation of Elements), 권면(Exhortation) → 인사와 수르숨 코르다(Salutation and Sursum corda), 예비기원(Preface and proper preface) → 삼성송과 축복송(Sanctus and

---

37. Gerrit Jan van de Poll, *Martin Bucer's Liturgical Ideas*, p. 171.
38. Bard Thompson, Select. & Intro., *Liturgies of the Western Church* (Philadelphia : Fortress Press, 1961/1980), p. 159.

Benedictus) → 세수식(Lavabo) → 미사 전문(Canon, said standing, with upraised hand) : 중보기도(Intercessions), 생명을 구하는 기도(Prayer for quickened life), 성찬제정사(Words of Institution, with elevation), 회상(Anamnesis) → 주기도문(Lord's Prayer) → 평화의 인사(Pax) → 하나님의 어린양(Agnus Dei) → 성찬기도(Communion collect) → 집례자의 성찬(Celebrant's communion) → 배찬 및 회중의 성찬 참여(Delivery and People's communion) → 성찬 후 기도(Two post-communion collects) → 인사와 응답(Salutation and response) → 축복기도(Blessing, Benedicat vos)의 순서로 짜여 있다.[39]

슈바르츠는 전통적 의식(cultus)의 많은 부분, 가령 제의(祭衣)와 성체고양(Elevation)과 같은 것을 보전하였다. 그러나 사람들은 그들의 참여 수단으로서의 의식에 더 이상 종속되지는 않았다. 왜냐하면 독일어가 획일적으로 사용되었기 때문이다. 미사의 친근한 텍스트에 대한 약간의 변경을 통해 미사에 대한 로마가톨릭교회 교리와 관련된 모든 것은 제거되었다. 슈바르츠가 지역 성서일과로부터 채택하고, '공동 신앙고백'(the Common Confession)으로 이름 붙인 콘피테오르(Confiteor)는 회중의 죄의 고백이 됨으로써, 만인제사장직(모든 신자 제사장직, the priesthood of all believers)에 대한 표현이 되었다. 용서(사죄) 선언(Absolution)은 단지 디모데전서 1 : 15만으로 구성되었는데, 집례자는 "하나님께서 우리에게 자비를 베푸시며, 우리를 축복하십니다. 아멘."이라는 말을 이 말씀에 첨가했다. 희생제사의 의미가 강조되어 있는 봉헌(Offertory) 대신, 자기희생에 대한 권면이 로마서 12 : 1로부터 고안되었다.[40]

미사의 나머지 부분을 위하여 슈바르츠는 구조적으로 로마가톨릭교회의 미사 전통에 더욱 가까이 접근하도록 유지했다. 그는 성물 전달자

---

39. William Maxwell, *A History of Christian Worship : An Outline of Its Development and Forms*, 정장복 역, 「예배의 발전과 그 형태」, pp. 123-125.
40. Bard Thompson, Select. & Intro., *Liturgies of the Western Church* (Philadelphia : Fortress Press, 1961/1980), p. 159.

들에게 빵과 포도주를 전달하도록 했다. 어떤 사람도 성배를 주장할 수 없게 되었고, 모든 선택은 성직자의 절대적 특권을 제거하였다. 그러나 두 가지 중요한 복음적 요소들, 즉 설교와 회중 찬송이 슈바르츠의 미사 예식에는 빠져 있다.[41] 슈바르츠의 미사 전문(Canon)도 새롭게 구성되었지만, 감사기도, 중보기도 및 회상(Anamnesis) 순서는 그대로 유지되었다. 성찬기도에는 성찬제정사를 포함시켰으나 축성기도(epiclesis)는 제외되었다.[42]

슈투페리히(R. Stupperich)는 부처의 작품 「근본과 원인」(*Grund und Ursach*, 1524)을 편집하면서 각주에 1524년 당시 '스트라스부르의 예배 순서'(Gang des Straßburger Gottesdienstes)가 죄의 고백(Confiteor) → 용서(사죄) 선언(Absolutio) → 시편 또는 영광송(Psalm oder gloria) → 회중 찬송(von der Gemeinde gesungen) → 기도(Kollekte) → 서신서 강해(Epistel mit Erklärung) → 십계명(Dekalog) → 회중찬송(von der Gemeinde gesungen) → 복음서(Evangelium) → 설교(Predigt) → 사도신경(Credo) → 회중 찬송(von der Gemeinde gesungen) → 일반적인 중보기도(Allg. Fürbittengebet) → 성찬식(Abendmahl) : 권면(Ermahnung) → 성찬제정사(Einsetzungsworte) → 성물 분배(Distributio) → 찬미송(Lobgesang) → 기도 및 축도(Gebet und Segen)의 순서로 진행되었다고 명기했다.[43]

부처는 「근본과 원인」에서 1524년 당시 주일예배 진행 상황을 다음과 같이 일목요연하게 기술했다.

---

41. Bard Thompson, Select. & Intro., *Liturgies of the Western Church* (Philadelphia : Fortress Press, 1961/1980), p. 160.
42. William Maxwell, *A History of Christian Worship : An Outline of Its Development and Forms*, 정장복 역, 「예배의 발전과 그 형태」(서울 : 장로회신학대학교 교회 커뮤니케이션연구원/성지출판사, 1994), p. 125.
43. Robert Stupperich, Hrg., "Grund und Ursach," S. 246의 각주 129.

"그래서 주일(Sonntag)에 회중들이 함께 모이면, 목사(der diener)는 그들에게 자신들의 죄를 고백하고 은혜를 간구하도록 권면하고, 전(全) 회중을 대신하여 회개하며, 은혜를 구하고, 신자들이 죄를 용서받았음을 선언한다. 그 후 전 회중은 짧은 시편이나 찬미송(lobgesang)을 부른다. 목사가 짧게 기도한 후, 사도들의 서신을 읽고 마찬가지로 가장 간단하게 설명한다. 그리고 회중들은 다시 십계명이나 어떤 다른 것들을 노래한다. 그 후에 목사(priester)는 복음(Evangelion)을 선포하되, 올바르게 설교한다. 회중들은 우리의 신앙고백의 조항들, 즉 사도신경으로 노래한다. 그 후에 목사는 정부(oberkeit)와 모든 사람들과 지금 참석하고 있는 회중들을 위하여 기도하되, 회중들의 믿음과 사랑과 은혜가 더욱 충만하여, 경외감으로 그리스도의 죽음에 대한 기억을 유지하도록 기도한다. 그리고 목사는 그와 함께 성찬에 참여하는 모든 사람들이 그리스도를 기념하는 가운데 자신들의 죄에 대하여 죽고, 기쁨으로 자신들이 십자가를 지며, 믿음 안에서 더욱 강건해지도록 권면한다. 또한 십자가 위에서 우리를 위해 자신의 생명과 피를 주신 그리스도의 무한한 은혜와 자비하심을 믿는 마음으로 그 앞에 나오도록 권면한다. 권면이 끝나면 목사는 주님의 만찬이 관계된 복음서의 내용(마 26 : 26-28 ; 막 14 : 22-24 ; 눅 22 : 19-20, 편집자 삽입, 필자)이나 바울의 고린도전서 11장(23-25절, 편집자 삽입, 필자)을 읽는다. 그리고 목사는 회중들 가운데, 그리고 자기 자신과 가장 가까운 데서 주님의 빵과 잔을 분배한다. 그때 회중들은 다시 찬송을 부른다. 그 후 목사는 짧은 기도로 성찬식을 끝맺고, 회중들에게 축도를 하고, 주님의 평화 속에서 그들로 하여금 돌아가게 한다. 이것이 우리가 주일(Sonntag) 그리스도의 성찬 시에 지키는 지식(weiß)이며 용법(brauch)이다."[44]

1537년 부처의 예배의식서는 말씀의 예전은 다음과 같은 순서로 진행되었다:죄의 고백 → 속죄의 말씀(딤전 1 : 15) → 용서(사죄)의 선언 →

---

44. Robert Stupperich, Hrg., "Grund und Ursach," S. 246-247. 참고, William Maxwell, *A History of Christian Worship : An Outline of Its Development and Forms*, 정장복 역, 「예배의 발전과 그 형태」, p. 140. ; Bard Thompson, Select. & Intro., *Liturgies of the Western Church*, pp. 161-162.

시편송, 찬송가 혹은 키리에와 영광송 → 성령 임재를 위한 기도문 → 운율 시편송 → 성경봉독(복음서) → 설교 ; 성찬성례전 : 봉헌 → 성물 준비(이때 사도신경을 노래함) → 중보기도와 성찬기도 → 주기도문 → 권면 → 성찬제정사 → 성체분할 → 분병분잔 → 성찬 참여(시편송이나 찬송을 부름) → 성찬 후 기도 → 아론의 축도 순서.[45]

이미 말했다시피, 부처의 1537년 예식서와 1539년 예식서[46] 사이에 존재하는 차이점들은 너무나도 근소하기 때문에, 우리는 이 두 예식서들을 함께 논의할 수 있다.[47] 1539년 예식순서는 톰슨의 편집과[48] 맥스웰의 작품 속에[49] 상세하게 나타나므로 우리는 여기서 1537년 예식서만 검토하기로 한다.

부처의 1537년 예식서가 개혁교회 예배 전통에서 아주 중요한 위치를 가지는 이유는 앞에서 이미 말했다시피 이 예전으로부터 깔뱅의 예전과 스코틀랜드 교회의 예전이 파생되었기 때문이다. 또한 부처의 예식서는 개혁교회의 울타리를 넘어 독일 헤센에서의 재세례파, 독일 쾰른에서의 로마가톨릭교회, 영국에서의 성공회의 교회론과 예배직제론에 큰 영향을 미쳤기 때문이다. 그러므로 부처의 1537년 독일 예전은 개혁교회 주일예배의 중요한 모범이 되었다. 이 예식서의 특징들 중에 하나는 회중

---

45. 주승중·최윤배, 「교회를 섬기는 청지기의 길(Ⅰ)」, p. 118. ; William Maxwell, *A History of Christian Worship : An Outline of Its Development and Forms*, 정장복 역, 「예배의 발전과 그 형태」, pp. 156-157. ; Frank C. Senn, *Christian Liturgy* (Minneapolis : Fortress Press, 1997), pp. 365-366.
46. Bard Thompson, Select. & Intro., *Liturgies of the Western Church* (Philadelphia : Fortress Press, 1961/1980), pp. 157-181.
47. Gerrit Jan van de Poll, *Martin Bucer's Liturgical Ideas* (Assen : Van Gorgum & Comp. N. V., Proefschrift, Rijksuniversiteit te Groningen, 1954), p. 32.
48. Bard Thompson, Select. & Intro., *Liturgies of the Western Church* (Philadelphia : Fortress Press, 1961/1980), pp. 167-179.
49. William Maxwell, *A History of Christian Worship : An Outline of Its Development and Forms*, 정장복 역, 「예배의 발전과 그 형태」, pp. 141-153.

들이 성물을 받을 때, 이 성찬상 앞으로 나아와, 서서 받거나 무릎을 꿇고 받았다는 점이다.[50]

기도와 관련하여 부처는 니케아신조 대신에 사도신경을 채택하고, 로마가톨릭교회의 삼위일체 축도(고후 13:13) 대신에 아론의 축도(민 6:24-26)를 선택했다. 회중들의 예배 참여도를 높이기 위하여 회중들에게 독일어 운율 시편과 찬송들을 부르게 하였다. 미사(Mass), 사제(priest), 제단(altar)이라는 용어 대신 주의 만찬(Lord's Supper), 목사(minister), 성찬상(聖餐床; Holy Table)이라는 말을 사용하고, 예배 순서의 라틴어 명칭들을 독일어로 바꾸었다. 서신서나 복음서의 본문들이 있는 기존의 성구집 또는 성서일과(lectionary)에 따르도록 했던 것을 없애고, 설교는 예배에서 정규적으로 하도록 하며, 경우에 따라 설교자가 서신서나 복음서를 모두 읽지 않고 한 가지 본문만을 선택하여 읽기도 하였다.

의식을 비교적 단순화함으로써 화려하고 정교한 면들이 사라지게 되었다. 성찬상의 위치도 집례자가 회중을 바라보면서 집례할 수 있도록 하였다. 목사는 예배 시 예복으로 검정색의 단순한 가운을 착용하고, 사제들의 다양한 제의는 사라졌다. 이 기간에 성찬이 매 주일 실행되었고, 1537년부터 매주 시행되던 성찬은 대성당에서만 지켜졌고, 지역 교회들에서는 월 1회로 바뀌었다.[51]

3. 예배·예전의 원리와 실천

스트라스부르 예식의 역사(歷史)에서는 전통의 보존(保存)과 새로운 개정(改訂)이라는 중요한 병렬(並列) 현상이 나타난다. 예식 자체가 미사

---

50. 주승중·최윤배, 「교회를 섬기는 청지기의 길(Ⅰ)」, pp. 118-119.
51. William Maxwell, *A History of Christian Worship : An Outline of Its Development and Forms*, 정장복 역, 「예배의 발전과 그 형태」(서울 : 장로회신학대학교 교회 커뮤니케이션연구원/성지출판사, 1994), p. 126. ; 주승중·최윤배, 「교회를 섬기는 청지기의 길(Ⅰ)」, pp. 117-118.

의 보존주의에서 시작되어 점차적으로 복음주의적으로 되는 동안, 부처는 츠빙글리주의의 예배와 성찬교리에 대한 과격한 입장으로부터 종교개혁 안에서 발표된 가장 창조적인 예전적 아이디어들로 이동함과 동시에 멜랑히톤과 깔뱅의 입장에 가까운 성찬교리로 이동하였다. 슈바르츠가 미사를 근소하게 정화시켰던 해인 1524년에 출판한 「근본과 원인」에서, 부처는 예배·예전에 대한 철저한 형태를 제안했다.[52]

「근본과 원인」의 제11장에서 부처는 총체적인 관점에서 복음적 예배, 즉 성찬, 축제들, 의식들, 찬송가, 기도문을 취급했다. 그는 희생제사라는 로마가톨릭교회의 개념과 복잡한 미사 의식을 공격하고, 예전이 '오래되고, 참되며, 영원한' 형태로의 회복을 위한 여러 가지 제안들을 하였다.[53]

예전 회복의 첫 번째 원리는 성경의 '분명하고도 투명한 진술들'을 고수하는 것인 바, 예를 들면, 우상숭배에 대한 십계명의 강력한 비판과 '육은 무익하다'라는 우리 주님의 규정의 말씀(요 6 : 63)이다. 하나님의 말씀을 인봉하고 있는 성경은 권위적으로 적용되어야 한다. 로마가톨릭교회가 줄곧 그랬듯이, 성경이 '배제될' 수는 없다. 게다가 말씀의 설교는 신적 예배에 구성적인 행위이다. 말씀이 교회에 선포되고 교회가 기도와 찬양으로 그 말씀에 응답할 때, 비로소 참된 예배가 일어난다. 바로 이런 상황 속에서 주님의 영이 회중 가운데서 자신의 일을 하시고, 사람들에게 믿음을 가져다주시며, 그 결과 그들은 그리스도 안에 있는 경건으로 인도된다.[54]

예배 회복의 둘째 원리는 예배의 주도권을 예배의 물리적이고 구조적

---

52. Bard Thompson, Select. & Intro., *Liturgies of the Western Church* (Philadelphia : Fortress Press, 1961/1980), p. 161. ; Robert Stupperich, Hrg., "Grund und Ursach," S. 246-278.
53. Bard Thompson, Select. & Intro., *Liturgies of the Western Church*, p. 162.
54. Bard Thompson, Select. & Intro., *Liturgies of the Western Church*, p. 162.

인 어떤 것들에 부여하는 것이 아니라, 성령의 활동성에 부여하는 것이다. 설교라는 외적 말씀을 하나님의 살아 있는 말씀으로 만들어서 우리의 마음에 감동을 주시는 분, 우리를 회개로 부르시는 분, 우리로 하여금 기도하게 하시며, 우리가 기도 응답을 받았다는 확신을 갖게 하시는 분, 우리가 사랑으로 우리의 이웃을 섬기기 위하여 우리의 상호적 제사장직을 위한 영적 은사(선물)들을 제공하시는 분은 바로 성령이시다. 진지하게 말한다면, 회중 가운데서의 성령의 사역은 외적인 것들에 의존하는 하나님에 대한 '세속적인(sensual) 예배'를 부정하고, '하나님에 대한 비세속적이며, 참된 예배'를 요구하신다.[55]

예배 회복의 세 번째 원리는 기독교적 자유이다. 이 원리는 부분적으로 로마가톨릭교회의 규정된 예전에 대한 부처의 반응으로부터 파생되지만, 일차적으로는 예배하는 사람들 가운데 계시는 성령의 현존성과 성령의 감동에 대한 그의 강조로부터 파생된다.[56] 부처는 "설교를 위한 것 외에 어떤 것도 모인 회중 속에서 명령될 수 없으며, 모든 사람은 제 지당하지 않고, 기도하고 찬양해도 좋다."라고 충고했다.[57]

예배 회복의 네 번째 원리는 사랑의 공동체로서의 교회에 대한 부처의 개념을 함축한다. 회중의 전(全) 삶과 활동은 사랑의 계명에 의해서 추진되어야 한다. 이 십계명은 자기 자신들의 구원을 성취하기 위한 초조한 관심으로부터 해방되어, 자신들의 이웃들이 하나님과의 교제와 상호 간의 교제가 가능하도록 인도하는 부름으로 소명받은 신자들의 제사장직 안에서 주어졌다. 만약 예배가 진정성이 있으려면, 이 부름이 회중 안에서 실천되어야만 한다. "자신의 이웃에 대하여 무관심한 사람이 어

---

55. Bard Thompson, Select. & Intro., *Liturgies of the Western Church*, p. 162.
56. Bard Thompson, Select. & Intro., *Liturgies of the Western Church*, pp. 162-163.
57. Bard Thompson, Select. & Intro., *Liturgies of the Western Church*, p. 163.

떻게 하나님을 찬양할 수 있을까?", "만약 기도하는 것과 일하는 것이 성령의 감동에 의하여 함께 진행되지 않는다면 중보기도는 어떤 효과를 가지겠는가?"라고 부처는 역설적으로 질문하고 대답한다.[58]

부처에게 나타나는 예배 회복의 네 가지 원리를 우리는 다음과 같이 정리할 수 있을 것이다. 첫째, 참된 예배는 성경에 근거한 말씀 선포와 함께, 여기에 대한 응답으로서의 기도와 찬양이 동반되어야 한다. 둘째, 예배는 성령론적으로 규정되어, 성령의 역사를 통해서 참된 영적 예배가 이루어지며, 교회와 성도는 참 자유 가운데서 예배를 드리고, 참 자유 가운데로 인도함을 받는다. 셋째, 예배는 단순히 하나님과의 신비한 만남과 교제일 뿐만 아니라, 하나님에 대한 사랑과 이웃에 대한 사랑을 핵심 내용으로 담고 있는 경건으로 인도되어, 교회 안에서는 물론 교회 밖에서의 사랑의 교제와 실천이 이루어지게 한다. 넷째, 부처의 예배 회복의 원리 속에서 우리는 깔뱅이 예배의 요소들로서 그토록 강조했던 말씀 선포, 성례전, 찬양(기도), 교제(구제와 사랑)이라는 사상이 발견된다.

1524년 이후에, 부처는 「근본과 원인」에서 주장한 원리들에 근거하여 때로는 정교하게 다듬고, 때로는 수정하면서 예전에 대한 그의 사상을 정립시켜 나갔다. 1534년에 부처는 종전에 주장했던 예전의 자유성과 다양성 외에 예전의 통일성을 변호하기 시작했다. 그는 "그리스도의 영이 교회들에게 감동을 주신다."고 여전히 주장하면서도, 자유라는 미명 하에 터무니없는 생각으로부터 만들어진 실천의 '통탄할 만한 차이점들'과 '혐오할 만한 변화들' 때문에 실망하게 되었다. 그의 사고에서 이런 발전은 은혜의 객관적 수단들로서의 교회, 사역, 성례전, 예전에서 발전한 그의 개념과 일치한다.[59]

초기 작품들 속에서 부처는 부분적으로는 로마가톨릭교회의 사제직

---

58. Bard Thompson, Select. & Intro., *Liturgies of the Western Church*, p. 163.
59. Bard Thompson, Select. & Intro., *Liturgies of the Western Church*, p. 163.

에 대한 반응으로, 그리고 주로는 성령의 감동에 대한 그의 강한 신뢰 때문에, 만인제사장직의 관점에서 교회의 교역자직을 소홀히 하는 경향이 가끔 있었다. 그러나 그 후 곧바로 부처는 주님께서 그분의 교회를 확장시키시고 회복시키시기 위하여 특별한 도구로서의 교역자(사역자)를 사용하신다는 사실을 강조하기 시작했다. 그러므로 사역자들은 '하나님의 비밀을 감독하는 자들이며, 배분하는 자들'이다. 청취 가능하며, 가시적인 증표들 안에서 사역자들이 전하는 위임된 말씀을 통하여 하나님께서 영감을 주시며, 신앙을 강화시키시고, 하늘을 열고 닫으시며, 용서하시고, 정죄하신다. 부처에게 처음부터 교회의 표지에 해당되는 치리(권징, disciplina)도 1530년대에 부처의 사고의 뚜렷한 특징이 되었다. 한 지체(회원)가 상호적 제사장직 안에서 다른 지체를 위해 살아야 하는 사랑의 공동체로서의 교회에 대한 부처의 개념은 그와 같은 프로그램을 강력하게 함축하게 되었다. 다시 말하면, 서로에 대한 사랑은 서로에 대한 치리를 내포한다.[60]

  부처는 복음적인 찬송가들을 준비시키는 데 성공함으로써, 회중들은 공동예배에서 찬양과 목소리라는 악기를 가질 수가 있었다. 그리고 부처는 회중 찬송의 방법을 배운 적이 없는 평신도들을 지휘하기 위하여 선창자들, 즉 '특별히 고상하게 노래하는 성악가들'을 임명할 것을 제안했다. 교구들 안에서 발견되는 다양한 찬송가들을 대체하기 위하여 부처 자신의 유명한 「찬송가집」(Gesangbuch)이 1541년에 출판되었다. 부처는 아이들과 어른들을 그리스도에 대한 지식과 참된 경건 속에서 훈련시키기 위한 방법으로서 찬송의 가치를 높이 평가했다.[61]

  1539년의 예전은 부처가 회중 속에서 참된 회개를 가져오게 하는 수단으로 사용했던 죄에 대한 공동 고백과 함께 시작된다. 부처가 '복음적

---

60. Bard Thompson, Select. & Intro., *Liturgies of the Western Church*, p. 163.
61. Bard Thompson, Select. & Intro., *Liturgies of the Western Church*, p. 164.

인 회개'(poenitentia evangelica)라고 불렀던 회개는 통회(contrition) 이상(以上)을 포함하는 바, 이 같은 회개는 예수 그리스도에 대한 신앙을 통한 은혜의 수용을 뜻한다. 그리고 마음은 경건한 순종의 새로운 삶 속에서 성령에 의해 끊임없이 지도받기를 결단한다. 세 가지 형태의 신앙고백이 제공되었는데, 회중을 위하여 부처에 의하여 만들어진 두 번째 형태의 신앙고백은 깔뱅에 의하여 채택된 것이다. 십계명을 개찬(改撰)하여 만들어진 세 번째 형태는 어떤 개혁교회 예전들, 예를 들면, 파렐과 라스코(à Lasco)의 고백문을 우리로 생각나게 한다. 율법은 죄인들에게 죄를 깨닫게 하여 회개토록 하는바, 여기에서 십계명은 직접적으로 신앙고백 바로 앞에 위치하고 있다. 그러나 우리가 주로 부처의 「근본과 원인」에서 볼 수 있듯이, 부처는 율법을 깔뱅이 예배에서 율법을 사용하는 것처럼 사용했다. 다시 말하면, 깔뱅처럼 부처도 율법을 죄인들에게 죄를 깨닫게 하기 위한 율법의 제1용법으로써가 아니라, 율법을 신적인 것으로 그들에게 가르치고, 또 그들이 율법에 순종하도록 권면함으로써 신자들로 하여금 참된 경건에 이르도록 하는 성화의 기능으로서의 율법의 제3용법으로 이해하고, 사용했다.[62]

그 다음에 용서(사죄)의 권위 안에서 확실한 용서의 선언(Absolution)이 뒤따랐다. 용서의 선언은 '우리 주 예수 그리스도의 사역을 통하여' 주어질 때, 그리고 그것이 참된 회개로, 그리고 마음으로 은혜를 갈망하면서 받아들일 때, 용서의 선언은 죄로 괴로워하는 사람들에게 '특별하고도 의심할 여지가 없는 위로와 갱신과, 또한 그 후부터 죄를 피할 수 있는 특별한 힘을' 부여한다. 시편을 찬송한 후에, 사역자는 하나님의 거룩한 말씀이 '온갖 근면과 신앙으로' 참되게 경청될 수 있도록 하기 위하여 성령의 조명을 위한 기도를 했다. 그리고 사역자는 강단(講壇)에 올라가서 그가 바로 지난 주일에 읽다가 남겨 두었던 곳을 가지고 복음서

---

62. Bard Thompson, Select. & Intro., *Liturgies of the Western Church*, p. 164.

를 읽고, 설교했다. 부처는 회중을 향해 설교되어진 '외적' 말씀과, 성령의 조명을 통해서 마음속에 들려지는 '내적' 말씀의 사이를 구별했다.[63] "성령의 작용이 없을 경우 외적 말씀은 아무런 효과를 가져오지 않는다."고 부처는 경고했다. 그러나 말씀의 설교와 성령의 내적 역사는 결코 분리되지 않는다. "하나님은 자신의 사역자들의 외적 교훈 없이 어떤 사람에게도 내적 교훈을 주시지 않는다." 여기서 부처는 생동적 중요성을 복음 설교에 돌리는 동시에, 설교된 말씀을 인간의 마음속에서 살아있고도 효과적이게 만드시면서 위로부터 안으로 흘러 들어오시는 성령의 우위성을 여전히 인정했다. 이런 성령의 내적 증거 내지 조명이 없이는 사람들을 설득시키지 못한 채 그대로 있는 외적 말씀과 죽이는 문자에 집착하게 된다.[64]

거룩한 성찬이 계획되었을 때, 사역자는 그의 설교에 네 가지 관점이 담긴 권면을 첨가했다. 이 내용들은 부처가 완성했던 성찬론의 단순한 관점에서 제시되었다. 부처의 성찬론은 깔뱅의 성찬론처럼 그리스도의 영적이면서 실제적으로 참된 현존성을 내포했다. "주님께서 교회의 사역자를 통해서 빵과 포도주의 가시적인 것들을 가지고 성찬 속에서 그의 거룩하고도 거룩하게 하시는 몸과 피를 우리에게 제공하신다." 설교 후에 사람들은 말씀으로부터 성례전으로의 이동을 보여 주는 사도신경을 노래했다. 부처에 의해서 제안된 것처럼, 사도신경은 신앙의 참된 고백이었다. 그러므로 사도신경은 하나님의 말씀에 대한 참된 응답인 동시에 성찬식에서 참된 참여를 위해 본질적으로 기독교적인 새로워짐과 의무(사명)에 대한 표현이었다. 이런 의미를 표현하기 위하여 사도신경이 불러지는 동안 성물들이 성찬상으로 운반되었다.[65]

---

63. Bard Thompson, Select. & Intro., *Liturgies of the Western Church*, p. 164.
64. Bard Thompson, Select. & Intro., *Liturgies of the Western Church*, p. 164.
65. Bard Thompson, Select. & Intro., *Liturgies of the Western Church*, p.

그 후에 로마가톨릭교회의 미사 전문을 대신했던 주기도가 따랐다. 기도 끝에 기도의 한 부분으로서 정확하게 성물들의 축성(consecration)이 아니라, 교제하고자 하는 사람들의 축성이 있었다. 주기도 후에 곧바로 사역자는 성찬 시행을 위한 보증으로서 성체분할과 분병분잔 이전에 곧바로 미사 전문과 지금은 별개로 떨어져 있는 성찬제정의 말씀을 읽었다. 성찬 참여자들이 성찬을 받기 위하여 앞으로 나아와 무릎을 꿇는 동안, 시편이 불러졌다.[66] 부처는 설교말씀, 세례식, 성찬식을 비롯하여 특별히 입교식(confirmation)을 강조하였다.[67]

Ⅲ. 결론

우리는 예배에 대한 사전적, 예배신학적 정의를 내림으로써 본고를 시작했다. 그 다음 우리는 크게 세 가지 문제, 즉 부처의 예배·예전 이해에서 역사적 배경, 예식서의 구조와 의미, 그리고 예배예전의 원리와 실천에 대하여 논의했다.

종교개혁, 특히 부처의 예배는 예전을 중심한 교회 안에서 드려지는 협의의 예배의 차원을 넘어서서 그리스도인과 교회의 전(全) 삶을 포함하는 광의의 예배의 차원에까지 나아가는 것으로 이해된다.

부처의 예배는 무로부터나 진공상태로부터 창조된 것이 아니라, 로마가톨릭교회와의 연속성과 불연속성 가운데, 당대의 역사적 상황과 대화를 하면서, 성서 주석과 교부 연구 등을 통하여 발전되었다. 개혁교회의 예배신학의 원조로 불리는 부처는 슈바르츠의 미사로부터 큰 영향을 받

164.
66. Bard Thompson, Select. & Intro., *Liturgies of the Western Church*, p. 164.
67. Gerrit Jan van de Poll, *Martin Bucer's Liturgical Ideas*, pp. 99-106.

앉고, 깔뱅을 비롯하여 개혁 장로교회의 예배 이해에 절대적인 영향을 끼쳤을 뿐만 아니라, 16세기 당시 재세례파(헤센)와 로마가톨릭교회(쾰른), 영국성공회의 예배·예전에도 큰 영향을 미쳤다.

부처의 예배 사상은 시대에 따라 발전하였는데, 특히 후대로 갈수록 초기에 주장한 성령의 우위성을 그대로 유지하면서도 은혜의 수단으로서의 교회라는 사상이 더욱 강하게 나타난다. 부처의 초기 예식서는 「근본과 원인」에 나타나고, 그의 대표적 예식서는 1537년의 예식서이며, 1539년 예식서와 대동소이하다. 부처의 예배 회복의 원리는 주로 성경과 설교말씀의 중심의 원리, 성령 중심의 원리, 사랑의 교제의 원리, 자유와 통일성의 원리이다. 그는 성례전이 자주 시행될 것과 회중 찬송과 치리를 통한 사랑의 공동체를 강조하였다. 깔뱅과 같이 성화의 기능으로서 율법의 제3사용을 강조하여 성도와 교회의 거룩성을 강조하면서도, 깔뱅과는 달리 치리를 교회의 표지(notae ecclesiae)로 간주하였다. 특히 그는 입교식(confirmation)을 중요시하였다.

3

깔뱅의 예배[1]

최윤배 교수(장로회신학대학교, 조직신학)

I. 서 론

맥키(A. E. McKee)에 의하면, 예배의 개념이 종종 기록된 예식서에만 제한하는 협의로 이해되어 모호한 점이 없지는 않지만, "예배의 개혁은 16세기 개신교 종교개혁의 중심이었으며, …… 여기에서(그녀의 글, 필자) 의도하는 예배의 의미는 우리가 취할 수 있는 모든 형태들 속에서 하나님에 대한 인간의 근본적인 숭앙(崇仰)과, 하나님을 하나님으로 경외하는 인정과, 하나님을 하나님으로 예배하는 것이다."라고 적절하게

---

1. 김경진, "칼뱅 장로교 이념의 예배적 적용," 「제4회 한강목회포럼」(2009. 6. 29.), pp. 20-38. ; 김경진, "종교개혁과 예배," 대한예수교장로회 총회교육부 편, 「교육목회」(서울 : 한국장로교출판사, 2000 겨울), pp. 105-113. ; 주도홍, "제네바 예배 모범(1542)," 주승중, "초기교회 예배를 회복하고자 했던 칼빈의 예배-스트라스부르 예전(1540)을 중심으로-," 김세광, "칼빈과 한국교회 예배갱신," in : 「요한 칼빈 탄생 500주년 기념 학술 심포지엄 : 제5분과」(2009. 6. 22.) ;

말했다.[2)]

본고에서 우리는 깔뱅의 예배신학의 역사적 배경, 예배의 주요 구성요소들, 예배신학의 특징과 깔뱅의 1545년 스트라스부르 예배의식서를 중심으로 예배·예전의 의미와 실천에 대하여 다루고자 한다.

깔뱅의 예배신학에 대한 분석과 관련하여 깔뱅의 제1차 문헌을 개괄하면 다음과 같다. 깔뱅의 예배신학이 이미 그의 「기독교 강요」 초판(1536)이나[3)] 깔뱅 자신이 이 초판을 근거로부터 발췌한 요약본인 「제네바 교회

이정숙, "칼빈과 예배," 백석대학교 신학대학원 편, 「백석신학저널」 제16권(2009), pp. 31-52.=「요한 칼빈 탄생 500주년 기념 학술 심포지엄 : 제6분과」(2009. 6. 22.), pp. 55-67. ; 이신열, "칼빈의 창조론을 통해 살펴본 그의 예배 본질 이해," 「요한 칼빈 탄생 500주년 기념 학술 심포지엄 : 제4분과」(2009. 6. 22.), pp. 135-145. ; 이현웅, "장로교 예배 모범의 역사와 전망에 관한 연구,"(2003, 장로회신학대학교 대학원 미간행 Th. D. 학위논문). ; 이현웅, 「21세기에 다시 본 존 칼빈의 설교와 예배」(서울 : 도서출판 이레서원, 2009). ; 정장복, "종교개혁기에 등장한 다양한 예배 전통에 관한 분석," 장로회신학대학교 출판부 편, 「長神論壇」 제19호(2003), pp. 235-265. ; 정장복, 「예배학개론」(서울 : 종로서적, 1985), pp. 45-47, 91-111. ; 최윤배·주승중 공저, 「교회를 섬기는 청지기의 길(Ⅰ)」(파주 : 도서출판 성안당, 2008), pp. 116-127. ; T. Brienen, *De Liturgie bij Johannes Calvijn* (Kampen : Uitgeverij De Groot Goudriaan, 1987). ; John H. Leith, *An Introduction to the Reformed Tradition : A Way of Being the Christian Community* (Louisville·London : Westminster John Knox Press, 1981), pp. 174-197.=황승룡·이용원 역, 「개혁교회와 신학」(서울 : 한국장로교출판사, 1989), pp. 208-238. ; Carlos M. N. Eire, *War against the Idols : The Reformation of Worship from Erasmus to Calvin* (Cambridge : Cambridge University Press, 1986). ; Pamela Ann Moeller, "Worship of John Calvin's 1559 'Institutes' with a View to Contemporary Liturgical Renewal," (U.M.I., Diss. Emory University, 1988). ; Frank C. Senn, *Christian Liturgy : Catholic and Evangelical* (Minnwapolis : Fortress Press, 1997), pp. 362-370. ; Bard Thompson, Select. & Intro., *Liturgies of the Western Church* (Philadelphia : Fortress Press, 1961/1980), pp. 183-224.

2. Elsie Anne Mckee, "Context, Contours, Contents : Toward a Description of the Classical Reformed Teaching on Worship," in : *The Princeton Seminary Bulletin* Vol. XVI, Number 2, New Series 1995), p. 173.

가 사용하는 신앙훈련과 고백」(Instruction et confession de Foy don't on use en l'É glise de Genève, 1537),[4]「목회자들에 의해서 시의회에 제안된 제네바에 있는 교회의 조직과 예배에 관한 조항들」(Articles concernnant L'organisation de l'Église et du Culte a Genève, proposés au Conseil par les misnisters Le 16. Janvier 1537)에서[5] 부분적으로 나타났다.

그러나 스트라스부르와 제네바에서 개정판을 거듭한「고대 교회의 관습에 따라 성례전집례와 결혼의식의 방법과 함께 있는 교회 기도와 찬송의 형태」(La Forme des Prieres ey Chantz ecclesiastiques, auec la maniere d'administrer les sacramens, et consacrer le Mariage : selon la constume de l'Eglise abcienne. 1542)에는 그의 예배신학이 더욱 분명하게 발견된다.[6] 그런데 이「고대교회의 관습에 따라……」의 초판(1539년 또는 1540년, 필자)은 분실되었고, 재판은 깔뱅의 후계자인 피에르 브룰리(Pierre Brully)에 의해 1542년에 출판되었고, 깔뱅 자신에 의하여 편집된 제3판(1545, 필자)은 스트라스부르에서 출판되었다.[7]

---

3. OS I, 19-283. ; John Calvin, 양낙흥 역,「기독교 강요(초판)」(서울 : 크리스챤다이제스트, 2002).
4. CR 50, pp. 32-74. ; John Calvin, 한인수 역,「깔뱅의 요리문답」(서울 : 도서출판 경건, 1995), pp. 25-98. ; John Calvin, 이형기 역,「기독교 강요 요약」(고양 : 크리스챤다이제스트, 2008), pp. 16-74.
5. P. Barth, ed, OS I, 369-377(=CR Xa, 5-14).
6. Calvini Opera VI, 173-184(=OS II, 11-58 ; Bard Thompson, Select. & Intro., Liturgies of the Western Church (Philadelphia : Fortress Press, 1961/1980), pp. 197-210.
7. Bard Thompson, Select. & Intro., Liturgies of the Western Church (Philadelphia : Fortress Press, 1961/1980), p. 189. 분실된 초판의 연대는 1539년 또는 1540년으로 추측되며, 프랑스어로 된 1542년 스트라스부르판의 서문(골 3 : 16)과 1542년 제네바판의 서문(시 150편)도 다르다. 주도홍, "제네바 예배 모범(1542)"「요한 칼빈 탄생 500주년 기념 학술 심포지엄 : 제5분과」(2009. 6. 22.), pp. 19-23. ; 주승중·최윤배,「교회를 섬기는 청지기의 길(Ⅰ)」(파주 : 도서출판 성안당, 2008), p. 123. ; 맥스웰은 초판 예식서가 1539년 말이나 1540년 초에 출판되었다고 주장하면서 여러 개정판들의 내용은 거의 유사하며, 그 구조가 비슷한 1537년~1539년 부처의 스트라스부르의 예배의식과, 1540년,

위의 작품 외에도 우리는 「교회법안」(1541, Project d'ordonnances ecclésiastical Ordinances)과[8] 「제네바 교회의 교리문답」(1541/1542, Le Catéchisme de L'Église de Genéve),[9] 「제네바 교회의 직제」(1561, Les ordonnances ecclésiastiques)와[10] 특별히 「기독교 강요」 최종판(1559)이 우리의 연구를 위하여 매우 중요한 자료다.[11]

II. 깔뱅의 예배신학의 역사적 배경 : "중간의 길" (via media)

깔뱅의 예배신학의 역사적 배경과 관련하여, 우리는 여러 가지 관점들을 고찰할 수 있겠지만, 크게 세 가지를 언급할 수 있을 것이다.

첫째, 16세기 종교개혁시대에 깔뱅은 로마가톨릭교회의 반동종교개혁과 '급진적' 종교개혁의 중간에, 그리고 루터와 츠빙글리 중간에 서 있

1542년, 1545년의 스트라스부르에서 발간된 깔뱅의 예식과 1542년, 1547년에 제네바에서 발간된 깔뱅의 예배의식을 비교, 소개하고 있다. William Maxwell, *A History of Christian Worship : An Outline of Its Development and Forms*, 정장복 역, 「예배의 발전과 그 형태」(서울 : 장로회신학대학교 교회 커뮤니케이션연구원/성지출판사, 1994), pp. 155-157.
8. CR 10a, 15-38. ; OS II, 328-361. ; LCC XXII, pp. 36-72.
9. CO VI, 1-134. ; John Calvin, 한인수 역, 「깔뱅의 요리문답」, pp. 99-219. ; 최윤배 공저, 「개혁교회의 신앙고백」(서울:한국장로교출판사, 2007), pp. 146-186. ; 박위근·조용석 편저, 「요하네스 칼빈의 제네바 교회의 교리문답」(서울 : 한들출판사, 2010).
10. CO 10a, 91-124. ; D. W. Hall & J. H. Hall, ed., *Paradigma in Polity : Classical Readings in Reformed and Presbyterian Church Government* (Grand Rapids : William B. Eerdmans Publishing Company, 1994), pp. 140-155.
11. P. Barth, ed., OS III-V. ; LCC XX-XXI. ; 한글판 「기독교 강요」(1559) (크리스챤다이제스트, 생명의 말씀사 등).

었다. 반동종교개혁과 급진적 종교개혁에 대한 깔뱅의 태도는 루터와 츠빙글리에 대한 태도보다 더욱 비판적이고, 더욱 변증적이었다. 개신교 종교개혁 운동 안팎에서 벌어졌던 16세기의 성찬론 논쟁이 곧 예배신학에 대한 논쟁이라는 도식은 비약된 결론일지라도, 성찬론을 중심으로 16세기 로마가톨릭교회의 반동종교개혁과 개신교 종교개혁자들(루터, 츠빙글리, 부처, 파렐, 멜랑히톤, 깔뱅, 불링거 등)이 취했던 입장은 예배에 대한 그들의 입장과 어느 정도 맥을 같이하고 있다고 말해도 큰 무리는 없을 것이다.

먼저 개신교 종교개혁 밖의 반동종교개혁과 토마스 뮌처와 재세례파를 비롯한 급진적 종교개혁 운동을 개신교 종교개혁자들과 비교해 볼 때, 화체설을 주장한 로마가톨릭교회는 예배의식(儀式) 자체를 어떤 면에서는 절대화할 정도로 매우 강조하였다면, 급진적 종교개혁 운동은 예배의식을 지나칠 정도로 무시하고, 폐기하는 쪽으로 진행되었고, 개신교 종교개혁자들은 양자의 중간에 위치했다고 볼 수 있다. 또한 개신교 종교개혁 안에서 종교개혁자들을 상호 비교해 볼 때, 공재설을 주장한 루터가 로마가톨릭교회의 예배의식의 상당 부분을 그대로 답습했다면, 기념설 내지 상징설을 주장한 츠빙글리는 예배 의식, 특별히 성찬론 부분을 약화시켰지만, 영적 임재설(성령론적 임재설)을 주장한 부처와 깔뱅은 양자의 중간에 서 있었다고 볼 수 있다.

바로 이점에서 맥키(A. E. McKee)는 정당하게도 '개혁파'(reformed)라는 용어를 츠빙글리와 부처·깔뱅 양 진영에 동시에 적용시키면서도, 양자를 다음과 같이 구별한다. "부처·깔뱅 또는 스트라스부르·제네바의 조류(潮流)는 마르틴 루터와 츠빙글리로부터 흘러나왔지만, 그것은 '칼빈주의' 개혁파(Reformed)라고 불리게 되었다. 왜냐하면 가르침과 실천에 대한 깔뱅의 체계적 형성은 이후 세기들에 거쳐 가장 강력하게 영향을 미쳤기 때문이다."[12]

---

12. Alsie Anne McKee, "Context, Contours, Contents : Towards a Description

"부처는 아직도 복잡한 루터의 예배와 너무나도 간단한 츠빙글리 예배의 중간 지점에서 개혁교회 예배의 기틀을 마련하였다."[13] "1530년 부처(Bucer)가 그 지역의 책임을 맡으면서부터 독자적인 개혁 노선을 걷는 도시로 등장하게 되었다. 그때 부처는 지금껏 루터계의 바탕 위에 있던 예배 속에 츠빙글리의 사상을 도입하기 시작했다. 그 결과, 스트라스부르에서 사용된 독일어 미사는 루터와 츠빙글리의 중간적 성격을 띠게 되는 양상을 가져왔다."[14] "칼빈의 예배에 관한 입장은 루터와 츠빙글리의 중간 정도로 보면 정확할 것이다."[15]

둘째, 깔뱅은 파렐과 부처, 특히 부처로부터 긍정적인 큰 영향을 받았다. 주승중은 깔뱅의 '예배의 두 스승'으로서 파렐과 부처를 손꼽는다. "1531년 츠빙글리의 사망 후에 개혁파 전통의 창조적인 예봉은 취리히에서 스트라스부르로 이동했다. 과격했던 츠빙글리의 사후에 개혁교회는 두 번째 국면을 맞이하게 되었는데, 그 국면을 지배한 사람은 장 칼뱅과 그의 예배의 두 스승이라고 할 수 있는 윌리엄 파렐(Willam Farel, 1489-1565)과 마틴 부처이다."[16] "장 깔뱅이 제네바에 처음 도착했을 때, 예배는 윌리엄 파렐이 1524년에 츠빙글리의 노선(路線 ; lines)에 따라 작업했던 예전에 의해 진행되고 있었다. 예전은 본질적으로 설교를 하는 예배였고, 주님의 성찬은 가끔씩 집례되었을 뿐이다."[17]

---

of the Classical Reformed Teaching on Worship," *The Princeton Seminary Bulletin* (Volume XVI Number2 New Series 1995), p. 172, Footnote 1. 참고, pp. 172-201.

13. 주승중·최윤배, 「교회를 섬기는 청지기의 길(Ⅰ)」(파주 : 도서출판 성안당, 2008), p. 117.
14. 정장복, 「예배학개론」(서울 : 예배와 설교 아카데미, 2003), p. 136
15. 이현웅, 「21세기에 본 존 칼빈의 설교와 예배」(서울 : 이레서원, 2009), p. 115.
16. 주승중·최윤배, 「교회를 섬기는 청지기의 길(Ⅰ)」(파주 : 도서출판 성안당, 2008), p. 120. 참고, 정장복, "종교개혁기에 등장한 다양한 예배 전통에 관한 분석," 장로회신학대학교 출판부 편, 「長神論壇」제19호(2003), pp. 255-256.
17. John H. Leith, *An Introduction to the Reformed Tradition : A Way of Being the Christian Community* (Louisville·London : Westminster John

깔뱅은 제1차 제네바 시절(1536-1538)에 파렐이 직접 작성한 예배서인 「백성들이 하나님의 말씀을 듣기 위하여 모였을 때, 설교 시(時) 준수되어야 할 방법」(*La maniere et Fasson quon tient ······ es lieux que Dieu de sa grace a visites*, 1524 ; Jenny의 설명과 복사로 1538년 재판)을 직접 경험하고,[18] 파렐을 비롯하여 다른 목회자들과 함께 「목회자들에 의해서 시의회에 제안된 제네바에 있는 교회의 조직과 예배에 관한 조항들」(*Articles concernnant L'organisation de l'Église et du Culte a Genève, proposés au Conseil par les misnisters Le 16. Janvier 1537.*)을 제네바 시의회에 제출했다.[19]

디볼트 슈바르츠(Diebold Schwarz)는 스트라스부르에서 미사를 개정하여 예식서를 만들었는바, 이것은 1524년 2월 16일 스트라스부르 성 로렌스(St. Laurence) 교회의 성 요한 채플(John's Chapel)에서 독일어로 처음 집례되었다.[20] "독일어로 된 슈바르츠의 개정본은 1524년 스트라스부르에서 사용되었으며, 마틴 부처에 의해서 인도된 아주 유능한 신학자들의 지도력으로 1539년까지 보존적이면서도 창조적으로 적어도 일곱 번 개정 작업이 계속되었다."[21] 1537년에 개정되기 이전의 정보(情報)는 부처의 작품 「근본과 원인」(*Grund und Ursach*, 1524)에서 찾아볼 수 있고,[22] 1537년부터 1539년 사이의 변화는 1539년 판에서 찾아볼 수

Knox Press, 1981), p. 188.
18. "La manier et Fasson"(1524, The Manner Observed in Preaching When the People Are Assembled to Hear the Word of God), in Bard Thompson, Select. & Intro., *Liturgies of the Western Church* (Philadelphia : Fortress Press, 1961/1980), pp. 216-218.
19. P. Barth, ed., OS I, 369-377(=CR Xa, 5-14). ; LCC XXII, pp. 48-55.
20. William Maxwell, *A History of Christian Worship : An Outline of Its Development and Forms*, 정장복 역, 「예배의 발전과 그 형태」(서울 : 장로회신학대학교 교회 커뮤니케이션연구원/성지출판사, 1994), pp. 122-125.
21. John H. Leith, *An Introduction to the Reformed Tradition : A Way of Being the Christian Community* (Louisville·London : Westminster John Knox Press, 1981), p. 181.

있다.[23] 부처의 1537년의 「예식서」(*Psalme und geistliche Lieder, Form und gebett, zum eynsegen der EE, den heiligen Tauff Abentmal, besuchung der Krancken und begrebnisz der abgestrobnen*, 1537)와[24] 그의 1539년의 「예식서」(*Psalter mit aller Kirchenübing*, 1539)에서는[25] 미사의 구조와 형태가 여전히 보존되었다. 그리고 "이 두 예식서들 사이에 존재하는 차이점들은 너무나도 근소하여, 우리는 이 두 예식서들을 함께 논의할 수 있다."[26]

또한 깔뱅은 스트라스부르 시절(1538-1541)에 부처의 예배의식도 직접 경험했다. 비록 스트라스부르의 예식서가 미사로부터 파생되었을지라도, 깔뱅은 슈바르츠와 부처의 작품이 초대교회(primitive church)의 실천들을 따르고 있는 것이라고 믿었다. "이 모든 것들에 대한 관점에서 대부분의 학자들은 깔뱅이 십계명과 같은 것을 추가하고, 많은 다양한 부분들을 축소시키면서, 여기저기에서 부처의 작품을 고쳤을 뿐이라고 말했다."[27] "스트라스버그(스트라스부르, 필자)에서의 예배 개혁은 칼빈

---

22. Robert Stupperich, Hrg., "Grund und Ursach aus gotlicher schrifft der neüwerungn an den nachtmal des herren, so man die Mess nennet, Tauff, Feyrtagen, bildern und gesang in der gemein Christi, wann die zůsammenkompt, durch und auff das wort gottes zů Strasburg fürgenommen 1524," *Martin Bucers Deutsche Schriften Band I : Frürschriften 1520-1524* (Gütersloh : Gütersloher Verlagshaus Gerd Mohn, 1960), S. 185-278.
23. William Maxwell, *A History of Christian Worship : An Outline of Its Development and Forms*, 정장복 역, 「예배의 발전과 그 형태」(서울 : 장로회신학대학교 교회 커뮤니케이션연구원/성지출판사, 1994), pp. 140-153.
24. 주승중·최윤배, 「교회를 섬기는 청지기의 길(I)」(파주 : 도서출판 성안당, 2008), pp. 118-119.
25. Bard Thompson, Select. & Intro., *Liturgies of the Western Church* (Philadelphia : Fortress Press, 1961/1980), pp. 167-181. ; Fr. Hubert, *Die Strassburger liturgischen Ordnungen im Zeitalter der Reformation*, Göttingen 1900, S. 90-114.
26. Gerrit Jan van de Poll, *Martin Bucer's Liturgical Ideas* (Assen : Van Gorgum & Comp. N. V., Proefschrift, Rijksuniversiteit te Groningen, 1954), p. 32.

이 이곳에 망명 와 불어권 회중들을 목회하면서 완전한 정착을 가져왔다. 부처의 환영을 받으면서 이곳에서 1541년 제네바로 다시 돌아가기까지 약 3년 동안 지내면서 칼빈은 부처의 예배 개혁에 많은 영향을 받게 된다. 그에게 있어서 부처가 작성한 예배 모범(Service book)은 매우 중요했다. 그가 이곳에서 예배 인도자로서 활동하는 동안 부처의 예배 모범을 사용하였고, 나중에도 약간의 수정을 가한 예배 모범을 발전시켰을 뿐이었다."[28]

셋째, 깔뱅의 예배신학은 반동종교개혁과 급진적 종교개혁 운동과의 변증적인 상황, 루터와 츠빙글리와의 긍정적 또는 부정적 영향, 그리고 파렐과 부처로부터 상당한 긍정적인 영향 속에서도 형성되었지만, 이것이 다가 아니다. "물론 칼빈의 예배가 스트라스부르의 개혁자 마틴 부처의 영향을 크게 받은 것은 사실이지만, 칼빈은 그런 배경 속에서 나름대로 자신의 예배를 개발할 수 있었다."[29] "전체적으로 볼 때 칼빈의 예배가 갖는 특징은 자신의 독창적인 것보다는 마틴 부처의 영향이 컸음을 알 수 있다. …… 칼빈 자신도 '주일에 드리는 예배에 있어서 나는 스트라스부르 예배를 따랐으며, 많은 부분들을 거기에서 빌려왔다.'라고 말하였다. …… 그럼에도 불구하고 칼빈은 나름대로 자신의 독자적인 예배를 만들어 나가게 되었다. 그는 무엇보다도 초대교회에서 이루어졌던 성찬 예전의 단순성을 회복하려고 힘썼다."[30] 깔뱅은 특별히 성서에 근거한 초대교회의 예배 회복이라는 신학사상과 방법으로 인해 성서 주석으로부터 큰 영향을 받았음에 틀림없다. 위에서 언급한 세 가지 외에도 교부 사상이나 명료성과 경건의 실천을 강조한 기독교 인문주의의 등으로부터 받은

---

27. Bard Thompson, Select. & Intro., *Liturgies of the Western Church* (Philadelphia : Fortress Press, 1961/1980), p. 189.
28. 정장복, "종교개혁기에 등장한 다양한 예배 전통에 관한 분석," 장로회신학대학교출판부 편, 「長神論壇」 제19호(2003), p. 256.
29. 이현웅, 「21세기에 본 존 칼빈의 설교와 예배」(서울 : 이레서원, 2009), p. 115.
30. 이현웅, 「21세기에 본 존 칼빈의 설교와 예배」, p. 134.

깔뱅의 영향에 대하여 우리는 얼마든지 논의할 수 있을 것이다.

Ⅲ. 예배의 주요 구성 요소들

어떤 깔뱅 연구가들은 깔뱅의 「예배 모범서」(1542)에 근거하여 그가 주장한 예배 요소를 세 가지, 즉 말씀선포, 공적 기도, 성례전 집례라고 주장한다.[31] 깔뱅이 실제로 그의 예배 모범서의 '독자에게 주는 서신'(Epistre au Lecteur)에서 예배의 주요한 세 가지 요소를 언급하고 있는 것은 사실이다. "지금, 우리 주님께서 우리의 영적인 모임들 가운데서 받아들이기를 명령하셨던 것이 총체적으로 세 가지가 있다. 알아 두어야 할 세 가지는 곧, 주님의 말씀의 선포와 공적이고도 엄숙한 기도, 주님의 성례전의 시행이다."[32]

그러나 우리가 깔뱅의 예배신학 자체를 세부적으로 들여다보면, 그의 초기 사상에 해당되는 「기독교 강요」 초판(1536)에서 예배의 주된 세 가지 요소에다가 교제(구제)의 요소를 이미 포함시키고 있음이 발견된다. 깔뱅은 「기독교 강요」 초판(1536)에서 교회의 표지(ecclesiae notae)를 두 가지로 주장한다. "우리는 아직 하나님의 판단에 대하여 확실하게 알지 못하는 가운데 있다. 비록 어떤 사람들이 교회에 속했는지 아닌지를 개인적으로 구별하는 것이 우리에게 허락되어 있지 않을지라도, 하나님의 말씀이 순수하게 선포되어지고 들려지는 것을 우리가 보는 곳과 그리스도의 제정에 따라 성례전이 시행되는 것을 우리가 보는 곳에 하나님의

---

31. 주도홍, "제네바 예배 모범(1542)," 「요한 칼빈 탄생 500주년 기념 학술 심포지엄:제5분과」(2009. 6. 22.), p. 22.
32. OS Ⅱ, 13 : "Or, il y a en somme trois choses, que nostre Seigneur nous a commandé d'observer en noz assemblees spirituelles Assavoir, la predication de sa parolle : les oraisond publiques et sonnelles : et l'administration des ses Sacremens."

교회가 존재한다는 사실은 의심의 여지가 없다."[33] 두 가지 표지를 가진 교회에서 예배 시(時)마다 말씀이 선포되어지고 성례전이 시행되어야 함을 깔뱅은 우리에게 가르쳐 준다.

또한 깔뱅은 주기도문의 각 구절에 대한 구체적인 해설 이전에 먼저 기도에 대한 일반적인 원리를 설명하는 바, 비록 우리는 항상 어디서든지 언제든지 '신령과 진정으로' 예배드릴 수 있고, 예배드려야 하지만, 예배드리기 위해서는 정해진 공적인 장소가 필요하다. 왜냐하면 신자들의 모임으로서 교회는 공적인 장소에서 기도하고, 말씀을 듣고, 성례전에 참여하기 때문이다. "그러므로 우리가 '성전들'이라 부르는 공적인 장소들이 정해져 왔다. 그러나 성전들의 어떤 비밀스런 거룩함으로 인해 기도를 더 거룩하게 만들거나, 그들의 기도가 하나님께 더 잘 상달(上達)되는 원인을 만드는 것은 아니다. 기도하고, 말씀을 들으며, 동시에 성례전에 참여하기 위하여 신자들이 모일 때, 신자들의 모임을 보다 더 편리하게 받아들이기 위한 목적으로 성전들이 의도되었다."[34]

깔뱅에 의하면, 공중 기도를 할 때, 자국어로 해야 하는 이유는 서로 알아들음으로써 하나님께 영광을 돌리고, 신앙고백 등을 통한 성도의 교제가 가능하기 때문이다. "왜냐하면 이 혀는 하나님을 칭송하고, 하나님의 칭송을 선포하기 위하여 분명히 창조되었다. 그러나 혀의 주된 용도는 신자들의 모임에서 진행되는 공중 기도에서 사용되는 것이다. 우리가 한 영과 동일한 신앙으로 예배드림으로써, 신자들의 모임에 의해서 공통된 한목소리를 가지고, 말하자면, 동일한 입으로 우리 모두 다 함께 하나님께 영광을 돌린다. 그리고 모든 사람들은 한 형제로부터 다

---

33. OS I, 91 : "Quanquam autem, dum adhuc, incertum est nobis Dei iudicium, censere singulatim non licet, qui ad eccelsiam pertineant nec ne, ubi tamen cunque verbum Dei sincere praedicari atque audiri, ubi sacramenta ex Christi institutio administrari videmus."

34. OS I, 102 : "……sed quae fidelium congregationem commodius accipiant, dum ad orandum, ad audiendam verbi praedicationem, ad sacramneta suscipienda simul coveniunt."

른 형제에게 상호적으로 신앙고백을 받아들일 수가 있고, 그의 공중 기도의 모범을 통하여 초대되는 일을 우리는 공개적으로 한다."[35] 또한 깔뱅이 이해하는 기도는 매우 포괄적이어서 '찬양'도 기도에 포함된다. "(우리가 이 기도라는 용어를 잘 이해하고 있는 것처럼) 기도는 두 부분, 곧 간구와 감사의 행위(petitio et gratiarum actio)로 구성되어 있다. 첫째, 간구를 통해 우리는 먼저 오직 그의 영광을 위해 사용되는 그의 선(善)으로부터 구하면서, 하나님 앞에 우리의 마음의 소원을 드리고, 둘째, 역시 우리의 용도에 필요한 것을 구하는 것이다(딤전 2 : 1). 감사함으로써 우리에게 주신 그의 유익들을 인정하며, 찬양으로 그것들을 고백하며, 그것들이 무엇이든지 간에 모든 선한 것들을 그의 선과 관련시킨다."[36]

「기독교 강요」 초판에서 깔뱅은 예배의 구성 요소인 성도의 교제 속에 구제를 포함시켰다는 사실을 그가 주장한 집사직을 통하여 충분히 추론할 수 있을 것이다. 어원적으로 볼 때, 로마가톨릭교회가 이해하고 있는 부제품(diaconi)이나 깔뱅이 이해하고 있는 집사(diaconus)나 집사직(diaconatus)은 같으나 그 신학적 의미와 기능은 전적으로 다르다. 로마가톨릭교회가 이해한 '부제'의 직책은 사제들을 도우는 보조 직분이거나 사제가 되기 위한 예비 과정에 있는 견습 직분에 불과하다.[37] 그러나 깔뱅은 사도행전 6장과 디모데전서 3장에 대한 주석을 근거로 집사직의 참된 의미와 직무에 대하여 다음과 같이 주장한다. "이것이 가난한 자들을 돌아보고 그들의 구제를 관리하는 집사의 직임이며, 이로부터 집사직의 명칭이 생겼다."[38]

깔뱅의 「사도행전 주석」(1554)이나 「기독교 강요」 최종판(1559)에는

---

35. OS I, 103.
36. OS I, 101.
37. OS I, 219.
38. OS I, 219 : "En diaconorum officium : pauperum cura gerere illisque ministrare ; unde nomen habent ; sic enim vocantur, quasi ministri."

예배의 네 가지 요소가 더욱 분명하게 나타난다. 사도행전 2 : 42에 대한 주석에서 깔뱅은 '질서가 잘 잡힌 교회의 상태'를 설명할 수 있는 네 가지 관점 내지 교회의 참되고 진정정이 있는 모습을 구별시켜 줄 수 있는 네 가지 표지들을 '사도의 가르침', '교제', '떡을 떼는 것', 그리고 '기도'라고 지적한다.

> "누가는 신앙과 헌신 속에 있는 그들의 항구성(恒久性)을 칭찬할 뿐만 아니라, 신앙을 강화시킬 수 있는 이 같은 훈련들에 자신들을 계속적으로 몰두시켰다는 점도 말하고 있다. 다시 말하면, 사도들의 말씀의 경청을 통하여 자신을 증진시키기 위하여 의식적으로 공부하였고, 자신들을 많은 기도에 몰두시켰고, 교제와 떡을 떼는 실천을 유지하는 데 주의를 기울였다."[39]

여기서 주석의 내용과 관련하여 깔뱅은 '사도의 가르침'과 '기도'의 의미는 분명하지만, '교제'와 '떡을 떼는 것'에 대한 다양한 해석들을 소개한 후, 다음과 같이 주장한다. "그러므로 나는 '교제'(κοινωνία)라는 것은 상호 연합, 구제, 그리고 형제애적인(자매애적인, 필자) 연합을 위한 다른 의무들과 관련시킨다. 내가 여기서 떡을 떼는 것을 주님의 성찬으로 이해하는 이유는 누가가 공적인 눈에 가시적인 교회의 형태를 구성하는 그와 같은 것들을 기록하고 있기 때문이다. 사도 누가는 참으로 참되고 진정성이 있는 교회의 모습이 구별될 수 있는 네 가지 표지들을 정의하고 있다."[40]

---

39. John Calvin, 「사도행전 주석」, 행 2 : 42.
40. Ibid. : "Nam κοινωνία sine adiecto nusquam hoc sensu invenitur. Ego igitur ad mutuam coniunctionem, eleemosynas, aliaque fraternae coniunctionis officia potius refero. Cur Fractionem panis hoc loco de Coena Dominica interpretari malim, haec ratio est, quod Lucas ea commemorat quibus publicus Eccleiae status continetur. Imo hic quatuor notas exprimit, ex quibus vera et genuina Ecclesiam facies diiudicari queat."

깔뱅은 예배의 네 가지 요소 중에서 다른 세 가지 요소들을 말씀 선포의 열매들과 효과들로 간주함으로써, 예배의 다른 요소들보다도 말씀 선포에 더 큰 비중을 두고 있는 것으로 판단된다.

"'서로 교제하고'라는 부분과 '떡을 떼며 오로지 기도하기를 힘쓰니라'라는 부분은 '사도의 가르침을 받아'의 열매들이나 효과들로서, '사도의 가르침을 받아'로부터 나온다. 왜냐하면 교리는 우리 가운데 있는 형제애적(자매애적, 필자) 교제의 끈이며, 또한 교리는 우리가 하나님을 부를 수 있는, 하나님께 이르는 문을 우리에게 열어 준다. 그리고 성찬은 교리에 대한 확증으로서 첨가되었다. 그러므로 누가는 질서가 잘 잡힌 교회의 상태를 우리에게 보여 주기 위하여 네 가지 관점들을 모임 가운데서 정당화시켰다. 만약 우리가 진정으로 하나님과 천사들 앞에 서 있는 교회로 판단받고, 사람들 앞에서 교회의 텅 빈 이름으로 자랑하지 않으려면, 우리는 이 질서를 지키려고 노력해야만 한다. 누가는 공적인 기도에 관하여 말하고 있는 것이 확실하다."[41)]

깔뱅은 「기독교 강요」(1559)에서 예배의 네 가지 요소는 사도적 교회의 실천이었으며, 교회의 어떤 모임에서도 불변의 규칙이 되어야 함을 다음과 같이 역설한다.

"누가가 사도행전에서 신자들이 '사도의 가르침을 받아 서로 교제하고 떡을 떼며 오로지 기도하기를 힘쓰니라'라고 말할 때, 그는 이것이 사도적 교회의 실천이었다는 사실을 관계시킨다. 그러므로 교회의 어떤 모임도 말씀(vervo), 기도(orationibus), 성찬 참여(participatione Coenae), 그리고 구제(eleemosynis) 없이는 진행되지 않는다는 사실은 불변의 규칙이 되었다."[42)]

---

41. John Calvin, 「사도행전 주석」, 행 2 : 42.
42. John Calvin, 「기독교 강요」(1559), IV xvii 44(= OS V, p. 410).

Ⅳ. 깔뱅의 예배신학의 특징

깔뱅 연구가들은 다양한 관점에서 깔뱅의 예배신학의 특징을 언급하고 있다. 이정숙은 '칼빈의 예배신학은 하나님을 순전하게 예배하기 위하여 이해 가능한 예배, 우상숭배와 미신적 신앙 행위의 가능성을 배제하는 단순한 예배, 삶의 변화를 촉발하는 예배'로 요약하고,[43] 리스(J. H. Leith)는 깔뱅의 예전은 규범적(canonical)이지 않다는 점, 말씀과 성례전을 통하여 주어지는 하나님의 말씀을 믿음으로 받아들이는 것을 강조한 점, 시편을 찬양하는 점, 말씀에 성례를 추가시킨 점을 깔뱅의 예전의 특징으로 간주한다.[44]

이현웅은 깔뱅의 예배신학에서 하나님의 영광에 대한 강조, 인간의 죄성과 하나님의 은혜의 밀접한 상응 관계, 성서에 근거한 예배 사상이 집중적으로 나타나고, 예배신학에서 중요한 지침은 성서와 초대교회의 예배 원리라고 주장한다.[45] 김세광은 깔뱅의 예배 원리의 모델로서 고대교회, 예배 변형에 대한 신중성, 단순하고도 이해 가능한 명료성, 말씀과 성찬의 균형, 그리스도의 성육신의 신비 보존, 종말론적 긴장감을 주장한다.[46] 주승중은 깔뱅의 예배 의식의 특징으로서 초대교회의 예배와 예전을 회복하려 한 것, 성만찬에 대한 강조, 신앙과 삶의 규범으로서 설교(성경)에 대한 강조, 기타 예배 요소들(성령의 역사, 시편 찬송 강조,

---

43. 이정숙, "칼빈과 예배," 백석대학교 신학대학원 편, 「백석신학저널」 제16권 (2009), p. 37.
44. John H. Leith, *An Introduction to the Reformed Tradition : A Way of Being the Christian Community* (Louisville·London : Westminster John Knox Press, 1981), pp. 182-188.
45. 이현웅, 「21세기에 본 존 칼빈의 설교와 예배」(서울 : 이레서원, 2009), pp. 114-124.
46. 김세광, "칼빈과 한국 교회 예배 갱신," in 「요한 칼빈 탄생 500주년 기념 학술 심포지엄 : 제5분과」(2009. 6. 22.), pp. 105-107. ; 참고, 「서울 長神論壇」 제13집(2005).

유아세례의 회중적 행사화)을 지적했다.[47] 김경진에 의하면, 깔뱅의 예배 신학은 희생제사와 인간의 중보를 반대하는 예배신학, 이해를 추구하는 예배신학, 성서에 표준을 두는 예배신학, 삶을 강조하는 예배신학이다.[48] 브리넌(T. Brienen)은 현대 상황에서 본 깔뱅의 예전의 특징을 열세 가지로 언급했다. 곧, 예전에서 로마가톨릭교회적인 경향에 대한 거부, 기독교회의 올바른 예배의 전형화, 칼빈주의적 예전의 성경 적절성, 의식들과 관계한 예전적 자유, 하나님의 영광과 예배 참여자들의 구원의 예전, 예전의 교회 규범의 구축, 예전의 단순성, 예전의 이해 가능성, 예전의 품위(品位), 예전의 성령론적인 동기, 종교개혁의 초대교회 예전과의 연속성, 예전의 코이노니아적 관점, 예전의 그리스도인의 일상적인 삶에 대한 지향성이다.[49]

이상의 다양한 주장들을 참고하면서, 깔뱅의 예배신학의 특징을 고찰해 보자.

첫째, 깔뱅의 예배신학은 성서에 표준을 두어 초대교회와의 연속성을 강조하는 특징을 갖는다. 중세 로마가톨릭교회가 '기도의 법칙을 통하여 신앙의 법칙'(Lex orandi, lex credendi)을 추구하는 원리와는 정반대로, 종교개혁자들, 특히 깔뱅은 '신앙의 법칙을 통하여 기도의 법칙'(Lex credendi, lex orandi)을 추구하는 원리를 따랐다. 즉, '올바른 신앙이 우선'이며, 그 신앙에 근거하여 기도를 포함한 예배와 실천을 만들어 가야 한다는 것이다. "그렇다면 올바른 신앙의 표준은 무엇인가? 종교개혁자들은 그 표준을 '성경'(Bible)이라고 말한다."[50] "칼빈의 예배신학에 있어

---

47. 주승중·최윤배, 「교회를 섬기는 청지기의 길(Ⅰ)」(파주: 도서출판 성안당, 2008), pp. 124-127.
48. 김경진, "종교개혁과 예배," 대한예수교장로회총회교육부 편, 「교육목회」(서울: 한국장로교출판사, 2000 겨울), pp. 107-113.
49. T. Brienen, *De Liturgie bij Johannes Calvijn* (Kampen: Uitgeverij De Groot Goudriaan, 1987), pp. 143-176.
50. 김경진, "종교개혁과 예배," 대한예수교장로회 총회교육부 편, 「교육목회」(서울: 한국장로교출판사, 2000 겨울), p. 111.

서 가장 중요한 두 가지 지침은 성서의 원리(biblical principles)와 초대교회의 예배(early church practice)를 들 수 있다."[51]

깔뱅에 의하면, '신적 예배의 규칙'은 오직 하나님의 말씀에서만 찾아야하는데, 16세기 로마가톨릭교회의 '교황주의자들'의 예배의 규칙은 인간이 고안한 미신들로 구성되어 있다.

> "하나님의 말씀으로부터만 찾아져야 하는 신적 예배의 규칙은 교황주의자들 가운데서 인간들이 만들어 낸 미신적인 고안물로만 구성되어 있을 뿐이다. 그들은 오직 그리스도에게만 기초를 두어야만 하는 구원의 소망을 선행의 공로들로 바꾸어 버렸다. 하나님께 드리는 간구가 수없이 많은 신성모독적인 헛소리들에 의하여 완전히 오염되었다. 교황주의자들 가운데 들려오는 것은 무엇이든지 사도적 가르침에 대한 왜곡이나 여기에 대한 전도(顚倒)이다."[52]

"'하나님은 영이다.'라는 말씀은 하나님의 바로 그 본성으로부터 비롯된 확증이다. 인간들은 육신적이기 때문에 인간들이 그들의 본성과 일치하는 것을 즐거워한다는 사실은 놀만한 일이 아니다. …… 우리는 하나님의 높이까지 올라 갈 수 없기 때문에 우리는 우리를 인도해 줄 법칙으로서의 하나님의 말씀으로부터 추구해야만 한다."[53]

깔뱅은 1542년 예식서(La Manye) 서문에서 '이 모든 것은 우리 주님의 말씀에 따른 것'이라고 말하고,[54] 동일한 예식서(La Forme des prieres et Chantz ecclesiastiques) 서문에서 '고대교회의 관습에 따라' 제정된 것이라고 말함으로써[55] 예식서에 적용되는 원리가 성서 원리와 초대교회 원리임을 밝히고 있다. 깔뱅은 특별히 1545년 예식서 서문에

---

51. 이현웅, 「21세기에 본 존 칼빈의 설교와 예배」(서울 : 이레서원, 2009), p. 122.
52. John Calvin, 「사도행전 주석」, 행 2 : 42.
53. John Calvin, 「요한복음 주석」, 요 4 : 23.
54. P. Barth, OS II, p. 11 : "Le tout selon la parolle de nostre seigneur."
55. P. Barth, OS II, p. 11 : "selon la coustume de l'Eglise ancienne."

서 "이러한 절차와 방법으로 우리는 예배를 진행하는데, 이것은 사도와 교부들 시대의 고대교회와 일치되는 것이다."라고 말함으로써, 성서에 근거한 고대교회의 예배의 회복을 간절히 원했던 것으로 판단된다.[56] "마치 과거 시대에는 예전(禮典)에 아무것도 존재하지 않았던 것처럼, 종교개혁과 깔뱅 역시 새 시대의 텅 빈 공백 속에서 예전의 작업을 시작했던 것이 아니다. 그들은 과거의 것을 과격하게 또는 혁명적으로 거부하지 않았고, 기록되지 않은 한 쪽 정도의 분량만 가지고 전적으로 새롭게 작성하지도 않았다. …… 종교개혁의 예전에서 연속성의 원리에 대해서 말하는 것은 타당하다."[57] "칼빈의 예배 모델은 고대교회, 즉 교황 제도 이전의 교회이다."[58]

둘째, 깔뱅의 예배신학은 하나님의 영광과 은혜를 강조하는 동시에, 예배 참여자들의 죄성과 구원을 강조하는 특징을 갖는다. "먼저 칼빈은 예배에 있어서도 가장 중요한 것은 '하나님의 영광'(the Glory of God)이어야 한다고 보았다. 예배 이전에 칼빈 신학의 모든 핵심은 '하나님의 영광'에 있었다."[59] "인간의 삶의 참된 목적은 하나님께 영광을 돌리는 데 있다. 이런 진리에 대한 인식은 깔뱅의 모든 교육과 그의 인생관과 세계관을 형성하는 중심 사상이다. 이런 사상은 역시 깔뱅의 예전 신학을 규정한다."[60]

---

56. William Maxwell, *A History of Christian Worship : An Outline of Its Development and Forms*, 정장복 역, 「예배의 발전과 그 형태」(서울 : 장로회신학대학교 교회 커뮤니케이션연구원/성지출판사, 1994), p. 158 ; 주승중·최윤배, 「교회를 섬기는 청지기의 길(Ⅰ)」(파주 : 도서출판 성안당, 2008), p. 124.
57. T. Brienen, *De Liturgie bij Johannes Calvijn* (Kampen : Uitgeverij De Groot Goudriaan, 1987), pp. 170-171.
58. 김세광, "칼빈과 한국 교회 예배 갱신," 서울장신대학교 교무처 편, 「서울장신논단」 제13집(광주 : 유일인쇄사, 2005), p. 141.
59. 이현웅, 「21세기에 본 존 칼빈의 설교와 예배」(서울 : 이레서원, 2009), p. 115.
60. T. Brienen, *De Liturgie bij Johannes Calvijn* (Kampen : Uitgeverij De Groot Goudriaan, 1987), pp. 159-160.

깔뱅은 「제네바 교회의 교리문답」(1541/1542)의 첫째 질문인 "인생의 주된 목적이 무엇입니까?"에 대해, "하나님을 아는 것입니다."로 답하고, 여섯째 질문인 "그러면 하나님께 대한 참된 지식(인식)은 무엇입니까?"에 대해, "하나님께 영광을 돌릴 목적으로 하나님을 아는 것입니다."로 답하며, 일곱째 질문인 "하나님께 영광을 잘 돌리기 위해 어떤 방법이 있습니까?"에 대해, "우리가 하나님을 전적으로 신뢰하며, 그의 뜻에 복종함으로 하나님을 섬기고, 우리의 모든 곤경 중에서도 하나님께 도움을 구하며, 하나님 안에 구원과 모든 선을 구하고, 모든 선이 하나님으로부터 나온다는 것을 마음과 입으로 시인하는 것입니다."라고 답한다.[61] 또한 깔뱅은 그의 「기독교 강요」 최종판(1559)을 "하나님을 찬양하라."(LAUS DEO.)로 마치고 있다.[62] 깔뱅은 한 편지에서 "우리가 있는 곳에서는 어디에서든지 우리의 몸과 영혼으로 하나님께 영광을 돌리는 계명을 가지고 있습니다."라고 썼다.[63] "만약 우리의 삶이 원래 목적한 바대로 영위되려면, 우리가 항상 이 주된 목적, 즉 세상에서 하나님께 영광을 돌리는 목적을 가져야 한다는 사실은 참으로 확실하다."[64] "하나님께서 제정하셨던 의식들은 그에게 예배를 드리고, 그의 이름을 영예롭게 하는 것이다."[65] 결국 깔뱅에게서 예전은 인간을 섬기는 것이 목적이 아니라, 하나님을 섬기는 것이 목적이다.

또한 깔뱅의 예배 이해에서 절대적인 비중을 차지하는 하나님의 영광

---

61. 최윤배 공저, 「개혁교회의 신앙고백」(서울 : 한국장로교출판사, 2007), p. 150. ; 한인수 역, 「깔뱅의 요리문답」(서울 : 도서출판 경건, 1995), pp. 101-102. ; 박위근·조용석 편역, 「요하네스 칼빈의 제네바 교회의 교리문답」(서울 : 한들출판사, 2010), pp. 45-47.
62. P. Barth, ed., OS V, p. 502(=Inst., IV xx 32).
63. CR XXXIX, 630(1543년 10월 14일).
64. CR LXIII, 566(사38 : 18-22) : "Il est bien certain que si nostre vie estoit reglee comme elle doit nous aurions tousiours ce but principal, cependant que nous somme au monde d'honorer Dieu."
65. CR XXXIV, 581 : "les ceremonies que Dieu a institue soyent exercises en son service en honneur de son nom."

과 은혜에 대한 사상은 인간의 죄성과 구원과 밀접한 상관관계를 가지고 있는 바, 이런 사상은 깔뱅의 로마서 12 : 1에 대한 그의 주석에서 잘 나타난다. 하나님에 대한 참된 예배는 우리를 구원하신 하나님의 자비와 은혜에 대한 올바른 지식과 인식, 묵상에서부터 출발한다.

> "바울은 간절한 부탁을 통해 우리에게 다음의 사실을 가르친다. 인간들은 자신들이 하나님의 자비에 얼마나 큰 빚을 지고 있는지 그 사실을 올바르게 이해하기 전에는 결코 신실한 마음으로 하나님을 예배하기를 원하지 않거나, 충분한 열심을 가지고 하나님을 경외하고 그에게 복종하고자 분발하지도 않는다. …… 경건한 마음으로 하나님께 순종하고자 하는 것은 하나님의 명령이나 규정에 의해서 형성되는 것이 아니라, 하나님의 은혜 안에서만 존재하는 인간의 구원에 대한 하나님의 선하심을 진지하게 묵상하는 것으로부터 형성된다."[66]

드 크룬(M. J. J. de Kroon)은 깔뱅의 「기독교 강요」 최종판(1559)에 나타난 '하나님 영광과 인간의 구원의 밀접한 상관관계성'을 탁월하게 논증한 바 있다. "하나님의 영광과 인간의 구원은 조화 속에 있다. — 신앙을 통한 칭의에서도 동일하다. — 하나가 다른 것을 전제한다."[67] 하나님의 영광을 지향하는 예배는 하나님의 손 안에서 신앙으로 우리 영혼을 보살피고, 양육하며, 하나님과의 교제를 가능하게 하는 수단이 된다. 우리는 하나님께서 무능한 우리를 보살피시는 것을 알기에 우리는 신실한 마음으로 하나님에 대한 예배에 참여한다.

하나님의 영광과 인간의 구원의 상관관계성은 깔뱅의 계시론 또는 인

---

66. John Calvin, 「로마서 주석」, 롬 12 : 1.
67. Marijn Josephus Johannes Petrus De Kroon, *De eer van God en het heil van de mens : Bijdrage tot het vertaan van de theologie van Johannes Calvijn naar zijn Institutie* (Roermond : J. J. Romen & Zonen Roermond, 1968), p. 182 : "L'honneur de Dieu et le salut de l'homme y sont en harmonie-de mé me que dnas la justification par la foi-l'un suppose l'autre."

식론이나 경건(pietas)에 대한 이해나 십계명에 대한 이해에서도 분명하게 나타난다. "하나님에 대한 지식(cognitio)과 우리에 대한 지식은 연결되어 있는데, 어떻게 서로 연결되어 있는가? 우리가 갖고 있는 거의 모든 지혜, 곧 참되고도 견고한 지혜는 두 부분, 곧 하나님에 대한 지식과 우리에 대한 지식으로 구성되어 있다. 그러나 이 두 지식은 수많은 끈들로 연결되어 있어서, 어느 쪽이 다른 쪽을 선행하고, 어느 쪽이 다른 쪽을 산출(産出)하는지를 구별하는 것은 쉬운 일이 아니다."[68] "우리는 깔뱅이 경건과 긴밀히 연관시키는 것들로서 '하나님에 대한 두려움', '하나님 경외', '하나님께 복종' 등을 볼 수 있다."[69]

하나님에 대한 올바른 경건은 결국 그리스도인의 삶 속에서 의와 사랑의 실천으로 나아간다. "여기에서(사도행전 10 : 2에 대한 그의 주석, 필자) 깔뱅이 힘주어 밝히려고 한 것은 첫째로 사람을 향한 사랑이나 의나 기타 여러 가지 덕목이 참되고 가치 있는 것이 되기 위해서는 참된 신앙과 경건에 기초하고 그것으로부터 오는 것이어야 하며, 둘째로 참된 경건은 반드시 인간을 향한 의와 사랑의 봉사로 나아가며 그것을 통해 증명되는 것이고, 그렇지 않을 때 경건한 자의 온전함은 있을 수 없다는 것이다."[70] "(도덕법으로 먼저 시작하면) 도덕법에는 두 부분이 있다. 한 부분은 순수한 믿음과 경건으로 하나님을 경배하라고 우리에게 명령하고, 또 한 부분은 진실한 사랑으로 사람을 포옹하라고 순전하게 명령한다."[71]

셋째, 깔뱅의 예배신학 속에는 균형과 조화의 원리가 작용한다. 로마가톨릭교회는 미사(성찬) 중심과 예전 중심의 예배를 드리고, 츠빙글리는 말씀 중심의 예배를 통해 예전을 상당히 무시하는 예배를 주장했다. 우리가 깔뱅의 예배의 요소에서 살펴보았다시피, 비록 깔뱅에게서 말씀 선포가 중요하지만, 깔뱅은 말씀 선포와 함께 성례전과 기도(찬양), 그리

---

68. P. Barth, ed., OS III, 31(=Inst., I i 1).
69. 이수영, 「개혁신학과 경건」(서울 : 장로회신학대학교출판부, 2006), p. 271.
70. 이수영, 「개혁신학과 경건」(서울 : 장로회신학대학교출판부, 2006), pp. 283-284.
71. P. Barth, ed., OS V, 487(=Inst., IV xx 15).

고 교제(구제)도 중요하게 생각하여, 예배의 네 요소들 사이의 균형을 유지하려 애썼다.

일 년에 한 번 베풀어지는 성찬 시행 관습에 대하여 깔뱅은 강하게 비판하면서, 성찬은 자주 베풀어져야 한다고 주장하고, 고대교회 예배에서 성찬과 함께 말씀 선포와 기도와 교제(구제)가 병행되었음을 역설한다. "우리로 하여금 일 년에 한 번만 성찬에 참여하라는 이런 관습은 누가 그것을 도입하여 시행했든지, 진정으로 마귀의 고안물임이 분명하다."[72]

> "성찬에 대하여 지금까지 우리가 언급한 내용으로 볼 때, 성찬은 일 년에 한 번만 시행하도록 제정된 것이 아니고, 지금 통례가 그런 것처럼 형식적으로 시행할 것도 아니라는 것이 너무나도 분명하다. 오히려 성찬은 모든 그리스도인들이 자주 시행하도록 그렇게 제정된 것이다. …… 누가가 사도행전에서 신자들이 '사도의 가르침을 받아 서로 교제하고 떡을 떼며 오로지 기도하기를 힘쓰니라'라고 말할 때, 그는 이것이 사도적 교회의 실천이었다는 사실을 관계시킨다. 그러므로 교회의 어떤 모임도 말씀(vervo), 기도(orationibus), 성찬 참여(participatione Coenae), 그리고 구제(eleemosynis) 없이는 진행되지 않는다는 사실은 불변의 규칙이 되었다."[73]

1년에 네 번 성찬을 시행하는 츠빙글리 전통에 찬성하는 제네바 시회의의 반대로 깔뱅은 자신의 예배신학과 성찬신학의 원리를 완전히 시행하지는 못했을지라도, 깔뱅은 말씀과 성례전의 균형, 모든 예배 요소들의 균형과 조화를 추구하려 애썼다.

또한 깔뱅은 기도의 범주에 속하는 찬양을 중요하게 생각했고, 특히 시편을 좋아했다. "깔뱅 자신도 1539년의 시편집을 위하여 시편의 몇몇 시를 번역하였지만, 그는 훨씬 시적 재능이 많았던 마로(Clement Marot)

---

72. P. Barth, ed., OS V, p. 412(=Inst., IV xvii 46).
73. P. Barth, ed., OS V, p. 410(=Inst., IV xvii 44).

와 베자(Theodore Beza)를 이용하였다. 1539년에 나온 깔뱅의 첫 시편집에는 19편의 시편이 실렸다. 그리고 그것은 1562년에 베자의 손에 의해 완성되었다. 메로와 베자의 손으로 프랑스 가락이 붙여지고, 부르조아(Louis Bourgeois)와 구디멜(Claude Goudimel)에 의해 곡이 붙여진 이 시편들은 종교개혁이 낳은 위대한 책들 가운데 하나가 되었다."[74]

예전의 의식과 형식의 자유는 우리가 앞에서 언급한 성서의 원리나 초대교회의 원리와 결코 상충되지 않는다. 깔뱅은 예전의 형식의 자유를 그리스도 안에서의 자유 속에서 이해했다. "깔뱅의 예전에 관한 첫 번째 주목할 만한 사실은 그것이 규범적(canonical)이 아니라는 것이다. 깔뱅은 제네바와 스트라스부르에서 실제로 예전을 응용해 보았다. 물론 그가 매우 좋아하던 면들이 있었음은 사실이나 예전의 다양한 변화를 용인한 점으로 미루어 볼 때 그는 하나님을 예배하는 데 어느 한 가지 특별히 권위 있는 형식을 고집하지 않았다."[75]

그러므로 깔뱅은 인간의 특정한 규정이나 의식을 절대화하는 로마가톨릭교회의 형식주의 내지 율법주의를 비판할 수밖에 없었다. "의식들 안에서의 자유는 그리스도 안에서의 자유에 뿌리를 두고 있다. 왜냐하면 우리 주님은 그의 신자들의 의식들에 자유를 주셨기 때문이다. 각각의 의식과 제도적 질서는 이런 자유에 봉사하고, 계속적으로 완성과 풍성함으로 인도되어야 한다."[76] 로마가톨릭교회의 형식주의에 반대한 깔뱅은 한 걸음 더 나아가 사회와 교회 공동체 속에서 필요한 법규나 질서 자체를 경시하거나 전적으로 무시하는 열광주의자들도 비판한다.

---

74. John H. Leith, *An Introduction to the Reformed Tradition : A Way of Being the Christian Community* (Louisville·London : Westminster John Knox Press, 1981), p. 185.
75. John H. Leith, *An Introduction to the Reformed Tradition : A Way of Being the Christian Community*, p. 185.
76. T. Brienen, *De Liturgie bij Johannes Calvijn* (Kampen : Uitgeverij De Groot Goudriaan, 1987), p. 155.

"이제 교회의 권세의 두 번째 부분이 이어진다. 로마교회주의자들은 이 권세가 법을 제정하는 데 있다고 보는데, 바로 이 근원에서 무수한 인간의 전통들이 생겨나 비참한 영혼들에게 올가미를 씌우게 된 것이다. …… 하나님을 예배하는 문제에 관하여 하나님의 말씀과 관계없이 사람들이 만들어 놓은 모든 법령들을 가리켜 '인간의 전통'이라고 부르는 것이 이미 관행이 되어 버렸다. 우리는 교회의 질서나 정직함이나 평화를 보존하도록 해 주는 거룩하고도 유용한 교회의 제도를 반대하는 것이 아니라, 바로 이 인간의 전통들을 반대하는 것이다."[77]

율법주의적인 로마가톨릭교회와 율법 폐기론적인 재세례파에 대한 깔뱅의 비판은 이미 그의 「기독교 강요」 초판을 헌정받은 프랑스의 왕 프랑수아 I 세에게 보낸 「헌정사」(1535)에 이미 나타난다.[78]

이상에서 살펴 본 바와 같이, 잘못된 인간의 전통주의와 올바른 법과 의식을 전적으로 거부하는 열광주의적 반(反)예전주의를 동시에 비판한 깔뱅은 말씀의 규범성, 예전의 적절성을 그리스도 안에 있는 예전의 자유를 통해 조화를 이루고, 균형이 잡힌 예배신학을 제시했다고 볼 수 있다.

넷째, 깔뱅의 예배신학은 단순하고, 이해 가능하다는 특징을 가지고 있다. 깔뱅의 예배의 특징 중에 하나가 '단순성'(單純性 ; simplicitas)이라고 규정할 때, 그 의미가 무엇인가? 그것은 미학적이거나 심리학적이거나 교육학적인 성격을 가지는가? 깔뱅은 예배의 단순성을 신학적으로 이해하는 바, 구속사적(救贖史的)으로 이해한다. 즉, 하나님께서는 구약시대의 하나님의 백성이 그리스도를 통하여 구원을 얻게 하셨지만, 구약시대에는 하나님을 예배하는 방법으로써 많은 의식들을 사용하게 하셨다. 그러나 그리스도가 오신 이후로 우리에게 '영과 진리'로 하나님께 예배하는 길이 열렸다. 바로 이 점에서 아직도 구약적 의식들을 절대화하여 성도의 양심을 얽어매고, 그리스도를 분명하게 드러내기는커녕, 도리어 그리스도를 감추는 로마가톨릭교회의 의식주의(儀式主義)를 깔

---

77. P. Barth, ed., OS V, 164(=Inst., IV x 1).
78. P. Barth, ed., OS I, 31-33.

뱅은 강하게 비판한다. 깔뱅 자신이 예배의식 자체를 완전히 부정하는 것으로 오해하는 사람에게 그는 최소한의 의식의 필요성을 당연히 인정한다고 반박한다.

"오늘날 인간적 제도들 안에 있는 이런 독재를 우리가 비난하는 것은 정당하다. 인간적 제도들에 의해 불쌍한 양심들이 수많은 규정들과 가혹한 강요로 인해 놀랄 만할 정도로 고통을 당하는 지경에 이르렀다. 나는 어디에서인가 치리(권징)에 속하는 법규들에 대하여 언급했다. 그리스도를 절반이나 파묻어 버리고, 우리로 하여금 유대주의의 상징들로 돌아가게 만드는 의식들에 관하여 나는 무엇이라고 말해야 할까? 아우구스티누스는 '우리 주 예수 그리스도께서는 새 백성들의 모임을 성례들로써 하나로 묶어 주셨는데, 그 성례들은 숫자도 매우 적을 뿐만 아니라, 그 의미도 탁월하고, 지키기도 쉽다.'라고 말한다. 오늘날 교회를 온통 얽어매고 있는 그 수많은 의식들이 이 단순성(simplicitate)으로부터 얼마나 거리가 멀리 있는지 이루 다 말할 수가 없다. …… 그리스도께서는 옛 백성과 새 백성 사이에 유의하셔서 '아버지께 참되게 예배하는 자들은 영과 진리로 예배할 때가' 오리라고 사마리아 여인에게 말씀하셨다. …… 당신은 경험이 없는 무지한 사람들을 도울 만한 의식을 전혀 주지 않는다는 말이냐고 물을 것이다. 그렇지 않다. 나는 그런 도움이 매우 필요하다고 주장한다. 그러므로 하나님께서 전혀 어렵지 않는 몇 가지 의식들을 우리에게 주셔서 임재하신 그리스도를 나타내게 하셨다."[79]

의식들로 가득 찬 예배가 부패하고도 타락한 속죄 희생제사로 변질되었다고 깔뱅은 지적한다. "여기서 나는 세상 사람들이 이미 감염되어 있는 치명적인 견해를 말하고 싶지 않다. 그 견해는, 의식은 곧 제사(祭祀)로서 그 제사에 의해 하나님의 진노를 충분히 풀고, 죄를 깨끗이 씻으며, 의와 구원을 얻는다고 하는 것이다."[80] 이같이 부패하고도 타락한 예배는 깔뱅이 그토록 강력하게 비판했던 우상숭배로 귀결될 수밖에 없다.[81]

---
79. P. Barth, ed., OS V, 175-176(=Inst., IV x 14).
80. P. Barth, ed., OS V, 177(=Inst., IV x 15).

우리가 방금 논의한 예배의 단순성은 예배의 이해(intellectio) 가능성과 밀접하게 연결되어 있다. 예배의 이해 가능성의 특징으로 인해, 깔뱅주의적 예배가 지나치게 교리적이고, 변증적이고, 합리적으로 나아갔다는 비판과는 관계없이, 깔뱅의 경우 교회의 모든 모임들은 최소한 누구든지 알아들을 수 있고 이해 가능한 언어와 내용으로 진행되어야 한다는 사실이 중요하다. 깔뱅은 교회에서 일상적인 언어로 기도할 것을 주장하면서 로마가톨릭교회가 아무도 알아들을 수 없는 장황한 라틴어를 예배에서 사용한다고 비판한다. "그러므로 공중 기도도 종래의 관습같이 라틴 사람들 사이에서는 헬라어로, 프랑스나 영국 사람들 사이에서는 라틴어로 드릴 것이 아니라, 온 회중이 자국어를 사용해야 한다는 것은 명백하다. 온 교회의 덕을 세우기 위해서 이렇게 하는 것이 당연하다. 이해하지 못하는(non intellecto) 말은 교회에 아무 유익도 주지 못한다. …… 이렇게 사도께서 분명하게 외치고 있는데도 불구하고, 자기들이 한 마디도 알지 못하는 외국어로 장황한 기도를 늘어놓으면서 다른 사람이 그것을 이해하기를 바라지도 않는(nec alios intelligere) 교황주의자들의 그 무분별하고 방자한 행동이라니, 도대체 이런 행동을 보고 놀라지 않을 사람이 어디 있겠는가?"[82]

깔뱅은 교회의 정치 질서와 예배 질서를 예절과 사랑과 양심의 자유의 관점에서 이해하고 제정하여, 단순성과 이해 가능성의 정신에 맞게 실천할 것을 촉구하고 있다.[83]

다섯째, 깔뱅의 예배신학은 그리스도의 삶과 세상을 올바로 바라보게 하는 지향성을 가지고 있다. 하나님의 영광이 깔뱅의 지식과 경건, 도덕법 이해와 너무나도 밀접하게 연관되어 있음을 살펴보았다. 깔뱅의 예

---

81. Carlos M. N. Eire, *War against the Idols : The Reformation of Worship from Erasmus to Calvin* (Cambridge · New York · New Rochelle · Melbourne · Sydney : Cambridge University Press, 1986), pp. 195-233.
82. P. Barth, ed., OS IV, 343(=Inst., III xx 33).
83. P. Barth, ed., OS V, 189-194(=Inst., IV x 27-32).

배 이해에서는 '제물'(祭物)로서의 '우리의 몸'에 대한 이해가 대단히 중요하다. 깔뱅은 바울 사도가 사용하고 있는 '우리의 몸'을 우리의 영혼과 육체를 포함하는 전인(全人)으로 이해하고, 전인으로서의 우리가 하나님에 대한 올바른 지식을 가짐은 물론, 일상적이고도 전체적인 삶 속에서 하나님의 율법에 따라 그에게 전적으로 순종함으로써, 올바른 윤리적 행위를 하는 우리 자신은 물론 우리의 삶 전체를 가리킨다.

"'몸'이라는 말을 통하여 바울은 우리의 피부와 뼈뿐만 아니라, 우리를 구성하고 있는 모든 것의 전체성을 가리킨다. 바울은 제유법적으로 우리의 모든 부분들을 표현하기 위하여 이 단어를 사용했다. 왜냐하면 몸의 지체들은 우리의 행동들을 수행하는 도구들이기 때문이다."[84]

깔뱅은 '우리의 몸'이 '거룩한 산 제물'이 되었다는 의미를 성별(聖別)을 통한 소유됨과 거룩성을 중심으로 설명하면서, 영적인 예배는 우리의 정직하고도 거룩한 전체의 삶과 직접적으로 결부되고 있다는 사실을 역설한다.

"그러므로 우리가 주님에 의해 성별되었다는 사실을 아는 것은 선행에 도달하기 위한 참된 과정의 시작이다. 우리가 우리 삶의 모든 행위들을 통하여 하나님께 예배(봉사)하는 데 헌신하기 위해서는 우리 자신을 위해 사는 것을 중단하는 일이 따라와야 한다. 그때 두 가지 관점들이 고려되어야 한다. 첫째, 우리는 주님의 것이며, 둘째, 우리는 바로 이 영적인 예배를 위하여 거룩해야 한다. 왜냐하면 먼저 성별되지 않았던 어떤 것을 하나님께 바치는 것은 하나님의 거룩성을 모욕하는 것이기 때문이다. …… 바울은 우리의 몸이 하나님께 제물로 바쳐졌다는 사실을 진술한다. 이것의 의미는 우리가 더 이상 우리 자신의 힘에 의해서 살지 아니하고, 우리가 완전히 하나님의 능력으로 넘겨졌다는 것이다. 바울이 의도하는 살아 있는 제물이라는 뜻은 다음과 같다. 우리의 이전 생명이 우리 안에서 파괴되고, 우리가 새 생명 안으로 부활하기

---

84. John Calvin, 「로마서 주석」, 롬 12 : 1.

위하여 우리가 주님께 희생으로 바쳐졌다. 거룩한 제물이라는 말을 통하여 바울은 우리가 앞에서 언급한 것처럼, 희생적인 행동에 대한 참된 본질을 나타냈다. 희생으로 바쳐진 제물이 산 제물이 될 수 있는 경우는 오직 그것이 먼저 거룩하게 되었을 때뿐이다. '산'이라는 형용사는 우리로 하여금 다음의 사실을 생각나게 한다. 우리가 우리 자신의 희생 제물을 하나님의 뜻(의지)에 일치되게 맞추었을 때, 우리의 삶이 올바른 질서를 유지하게 된다. 이것은 또한 우리에게 평범한 위로(慰勞) 정도만을 주는 것이 아니다. 왜냐하면 그것은 우리에게 다음의 사실을 교훈하기 때문이다. 우리가 우리 자신을 정직성과 거룩성에 몰두시킬 때, 우리의 수고들을 하나님께서 기뻐하시며, 우리의 수고들은 그에게 받을 만한 것이 된다."[85]

이상에서 바울이 설명한 대로 예배를 이해한 깔뱅은 바른 예배 생활을 하는 '영적인 예배자'들과 '불경건한 사람들', '위선자들', '교황주의자들' 속에서 발견되는 '거짓 예배자들'을 그 당시 상황에서 변증적으로 상호 대조시킨다.

"'영적 예배'라는 구절의 말씀은 내 생각에 앞선 권면의 말씀에 대한 더 나은 설명과 확증을 주기 위하여 첨가되었다. 이 구절은 마치 바울이 '만약 여러분들이 하나님께 예배드리기를 원한다면, 여러분 자신들을 희생제물로 드리십시오. 그리고 만약 어떤 부분이라도 그것으로부터 떨어져 나가면, 그들은 거짓 예배자들입니다.'라고 말했던 것처럼 보인다."[86]

깔뱅의 「요한복음 주석」의 요한복음 4 : 20~26에 대한 주석에서 그가 이해한 예배의 본질과 예배자의 바른 자세가 발견된다. 구약시대에서나 예수님 당시의 유대인들이나 사마리아인들에게서, 깔뱅 당시 로마 가톨릭교회와 터키인들의 모하메드교 속에서 하나님의 예배의 본질과 예배자의 태도에 대한 완전히 잘못된 이해가 존재했다. 그러나 깔뱅에

---

85. John Calvin, 「로마서 주석」, 롬 12 : 1.
86. John Clavin, 「요한복음 주석」, 요 4 : 21.

의하면, 율법하에 있던 구약시대조차도 예배의 형식은 다를 수가 있지만 예배의 본질은 항상 동일했다는 것이다. 다시 말하면, 하나님께서 받으시기를 원하는 예배는 '영적'이어야 하며, 하나님의 말씀에 근거한 진리 안에서 드려지는 예배이며, 신앙과 기도와 감사와 마음의 청결은 물론 생활의 순결성에 의해서 드려지는 예배이다.

> "조상들(구약의 족장들, 필자)은 율법하에서 영적으로 예배드렸는가? 나는 다음과 같이 대답한다. 하나님은 항상 자기 자신에 대하여 참되시기 때문에, 세계의 시작 때부터 하나님의 본성에 일치하는 영적인 예배 이외의 어떤 다른 예배를 허가(인정)하지 않으셨다. 이런 사실은 모세에 의해서 충분히 입증된다. 모세는 많은 곳에서 율법의 유일한 목적이 백성들로 하여금 신앙 안에서, 그리고 순전한 양심으로 하나님께 충실하게 붙어 있게 하는 것이라고 했다. …… 우리는 지금 유대인들이 우리와 공통적인 것을 가지고 있으면서도, 어떤 방법에서는 우리와 다른 것을 보고 있다. 모든 시대에 하나님은 신앙과 기도와 감사와 마음의 청결성과 생활의 순결성에 의해 예배받으시기를 원하셨다. 율법 속에 다양한 첨가물들이 있어서 성령과 진리가 덮개들 밑에 숨어 있었을지라도, 하나님은 어떤 다른 희생제물들을 결코 기뻐하시지 않으셨다."[87]

여섯째, 깔뱅의 예배신학은 교회론적, 그리스도론적, 성령론적, 종말론적 특징을 가지고 있다.

비록 우리가 본고를 시작하면서 깔뱅이 이해한 예배를 광의의 관점에서 이해했지만, 광의의 관점에서의 예배는 협의의 관점에서의 예배를 포함한다. 그러므로 깔뱅의 예배신학은 우리의 전(全) 삶을 포괄하면서도 예배에 대한 깔뱅의 주된 논의는 교회 안에서의 공적 예배와 예전과 밀접하게 관련되어 있다. 그러므로 깔뱅의 예배신학은 교회론적인 특징을 가지고 있다. 그리스도인 각자가 언제나 어디서나 성경을 읽고 묵상

---

87. John Calvin, 「요한복음 주석」, 요 4 : 23.

할 수 있으나, 그리스도인은 교회의 공적 예배에서 목회자의 말씀 선포를 경청해야 하며, 목회자에 의해서 집례되는 성례전에 참여해야 하고, 개인기도 외에도 교회의 공적 기도에 참여해야 하며, 구제 등을 통하여 성도의 교제에 참여해야 한다. 그러므로 교회의 필요성과 관련하여 깔뱅은 우리의 무지(ruditas)와 태만(segnities)으로 말미암아 하나님께서 '외적 보조수단들'(externis subsidiis) 또는 '유익한 보조수단들'(utila adiumenta)로서의 교회를 제정하셨으며, 특히 하나님께서 목사들(pastores)과 교사들(doctores)을 교회에 허락하심을 강조한다.[88]

이 같은 맥락에서 깔뱅은 이미 「목회자들에 의해서 시의회에 제안된 제네바에 있는 교회의 조직과 예배에 관한 조항들」에서 교회는 하나님의 말씀에 대한 순종, 주님의 성찬 집례, 출교의 시행, 어린이 교육 등을 통하여 '잘 정돈되고 규제된'(bien ordonnee et reiglee) 교회가 되어야 할 것을 주장했다.[89] 그리고 설교, 성례전, 성도의 교제, 구제와 훈련 및 교육 등을 수행하는 통합적 목회를 수행하기 위하여 목회자가 매우 중요하기 때문에, 깔뱅은 목회자의 자질과 선발 과정을 엄격하게 규정할 것을 원했다.[90]

예배의 교회론적 차원에 대한 신학적인 입장을 중심으로 깔뱅은 로마가톨릭교회와, 재세례파들을 비롯한 열광주의자들의 입장과 충돌한다. 다시 말하면, 로마가톨릭교회의 예배에서 베풀어지는 성례전, 특히 미사에서는 사효론(事效論 ; ex opere operato)적 이해로 인해 미사의 내용과 효과가 사제(司祭 ; priest)에게 종속되는 문제가 발생한다. 미사 집례에서 하나님의 말씀과 예수 그리스도와 성령의 도구로서의 사제는 교

---

88. P. Barth, ed., OS V, 1(=Inst. IV i 1).
89. P. Barth, ed., OS I, 369 : "Nous tres honnores seigneurs, Il est certain que une esglise ne peut estre dicte bien ordonnee et reiglee synon en la quelle la saincte Cene de nostre Seigneur est souuentefoys celebree et frequentee." 참고, OS I, 369-377(= CR Xa, 5-14). ; LCC XX, 48-55.
90. P. Barth, ed., OS V, 36-57(=Inst. IV iii 5-16).

회론적인 직제의 차원을 넘어서서 하나님의 말씀과 예수 그리스도와 성령을 지배하는 차원에까지 나아간다. 미사는 희생제사로 전락하여 유일한 중보자이신 예수 그리스도의 대제사장직과 그의 속죄 희생이 교회의 사제직과 미사에 의해 대체(代替)되어 그리스도론에 큰 타격을 가져오게 된다. 또한 성례전의 효과는 결정적으로 성령께 달렸는데도 불구하고, 로마가톨릭교회의 성례전에서는 성령이 교회의 사제직에 종속되어 있다. 여기에는 교회 직제의 절대화의 문제가 발견된다.

또한 열광주의자들은 만인제사장직(모든 신자 제사장직, the priesthood of all believers)에 입각하여 교회의 직제를 전적으로 무시함으로써, 예수 그리스도와 성령께서 하나님의 도구로 선택하시고, 세우셔서 사용하시는 교회의 직분자들을 필요 없게 만듦으로써 교회 직제 무용론의 문제에 직면하게 된다.

이 두 진영에 반대하여 깔뱅은 교회의 예배 시에 필요한 설교자와 기도자를 비롯한 모든 예배순서 맡은 자들, 그리고 정해진 예전 순서들은 하나님의 말씀에 따라 예수 그리스도와 성령의 도구로 사용되는 것으로 이해한다. 깔뱅의 초기 작품부터 말기 작품에 이르기까지 계속적으로 발견되는 로마가톨릭교회의 미사예전에 대한 강한 비판은 거의 그리스도론적으로 정향되어 있다. 우리가 잘 알다시피 「기독교 강요」 초판(1536)은 십계명, 사도신경, 주기도문 해설을 주로 담고 있으면서도, 올바른 성례전과 거짓 성례전에 대하여 독립적으로 두 장(章)을 할애하는 바 성례전 논의에서의 초점은 그리스도의 속죄 희생의 완전성과 영원성, 그리스도의 중보자직과 대제제사직의 유일성에 집중되어 있다.[91]

심지어 깔뱅은 기도의 방법에 대한 논의에서도 기도는 대언자이시며 유일한 중보자이신 그리스도 중심적으로 이해되고 실천될 것을 촉구한다. 어느 누구도 하나님 앞에 자신을 내어 놓고 또 그분 앞에 나올 수 있을 만큼 가치 있는 사람은 없기 때문에, 하늘의 아버지께서 우리의 곤

---

91. P. Barth, ed., OS I, 118-223.

궁을 없애 주기 위해 하나님의 아들이신 우리의 주 예수 그리스도를 우리의 '대언자'(advocatus ; 요일 2 : 1)와 '중보자'(mediator ; 딤전 2 : 5 ; 참고 히 8 : 6 ; 히 9 : 15)로 보내 주셨다.[92] 바로 이런 맥락에서 김경진은 종교개혁신학은 '희생제사와 인간의 중보를 반대하는 예배신학'이라는 제하에 로마가톨릭교회의 잘못된 인간 중심적이고도 우상숭배적인 예배에 대하여 날카롭게 비판하면서, 다음과 같이 종교개혁의 예배신학의 특징을 올바르게 제시하고 있다. "그러므로 예배 형식과 관련하여 종교개혁자들 사이에 약간의 다른 의견이 있었음에도 불구하고, 종교개혁자들은 '올바른 예배가 무엇인가?'라는 근본적인 질문에 대하여서는 하나같이 같은 대답을 하였다. '인간의 공로만으로는 하나님께 다가갈 수 없으며, 그리스도를 통하지 않고는 하나님께 나아갈 수 없다.'는 것이다."[93]

또한 예배에 대한 깔뱅의 이해와 관련하여 우리는 그리스도의 교회의 모임들 속에서 성령의 사역에 관하여 질문해야 한다. 왜냐하면 교회의 모임들은 성령의 사역을 통해서 가능해지기 때문이다. 우리는 이것을 예배에서 성령론적 모티브라고 부를 수 있을 것이다. 우리가 예배를 드릴 때, 우리를 만나기를 원하시는 하나님은 누구이시며, 우리에게 하나님에 대한 예배를 가져오시는 하나님의 행위가 무엇인지를 알아야 한다. 깔뱅은 「호세아 주석」에서 "하나님에 대한 참된 지식이 없는 곳에는 역시 종교도 없다."라고 말한다.[94] 그러나 우리는 어떻게 하나님을 바로 알 수 있는가? '성령의 신학자'인 깔뱅의 경우,[95] 우리는 성령을 통해서만

---

92. P. Barth, ed., OS I, 98, 참고, 최윤배, "깔뱅의 기도 이해,"「칼빈연구 제6집」 (서울 : 한국장로교출판사, 2009), p. 66.
93. 김경진, "종교개혁과 예배," 대한예수교장로회 총회교육부 편,「교육목회」(2000 겨울), pp. 107-109.
94. CR LXX, 331 : "ubi nulla est Dei cognitio certa, nulla est etiam religio."
95. Yoon-Bae Choi, *De verhouding tussen Pneumatologie en Christologie bij Martin Bucer en Johannes Calvijn* (Leiden : Uitgeverij J. J. Groen en Zoon, 1996), p. 9.

하나님을 바로 알 수가 있다고 한다. 바로 이 점에서 깔뱅이 이해한 영적인 예배는 성령론적으로 이해된 예배이며, 하나님의 본성에 일치하는 예배이다. "성령이 없이는 참된 예전이란 존재하지 않는다! '합법적인 예배'(cultus legitimus)는 성령의 차원을 가질 뿐이다."[96]

"게다가 하나님께서 예루살렘이나 그리심산에서 예배받으시기를 원하지 않으신다는 사실을 보여 주기 위하여 예수님은 보다 높은 원리를 원하신다. 즉, 그 원리는 하나님에 대한 참된 예배는 성령 안에 존재한다는 사실이다. 그러므로 이 사실로부터 하나님은 모든 장소에서 예배받으실 수 있다는 사실이 연역된다. 그러나 여기서 우리는 먼저 왜, 그리고 어떤 의미에서 하나님에 대한 예배가 영적이라고 불리어야 하는가를 질문해야 한다. 이것을 이해하기 위하여 우리는 그림자와 본질 사이의 대조는 성령과 외적인 모양(상징들) 사이의 대조를 의미함을 알아야 한다. 하나님에 대한 예배는 성령 안에 존재한다고 말해져야 한다. 왜냐하면 우리가 하나님에 대한 거룩한 희생제물로서 굴복하는 기도와 양심의 순전성과 자기 부인을 만들어 내는 것은 오로지 마음의 내적 신앙뿐이기 때문이다."[97]

"깔뱅은 말씀과 성례에 있어서 성령의 역사를 강조하였다. 그의 성찬신학은 그리스도의 식사에 초대하여 기운을 북돋아 주시는 성령의 역사를 강조한다. 그래서 성찬을 받기 전에 성령 임재를 위한 기도(epiclesis) 또는 성경봉독 전에 성령의 조명을 위한 기도(Prayer for illumination)는 아주 중요한 요소를 차지하고 있었다. 그리고 이 기도들은 개혁교회의 예배에서 중요한 위치를 차지하게 되었다."[98]

성서와 말씀 선포에 근거하는 성례전으로서의 세례와 성찬의 내용은

---

96. T. Brienen, *De Liturgie bij Johannes Calvijn* (Kampen : Uitgeverij De Groot Goudriaan, 1987), p. 170.
97. John Calvin, 「요한복음 주석」, 요 4 : 23.
98. 주승중·최윤배, 「교회를 섬기는 청지기의 길(Ⅰ)」(파주 : 도서출판 성안당, 2008), p. 127.

그리스도 자신이며, 성례전의 효과의 주체는 성령이라는 깔뱅의 주장을 미루어 볼 때,[99] 깔뱅의 예배와 예전에서 그리스론적 차원과 성령론적 차원은 결코 무시할 수 없는 중요한 차원이다.

깔뱅의 예배 이해에서 교회론적, 그리스도론적, 성령론적 차원은 종말론적 차원에서 서로 아울리어 만나게 된다. 깔뱅에게서 하나님의 나라의 전조(前兆)로서의 교회의 목적과 기능은 하나님 나라의 실현에 있다.[100] 그리스도께서 말씀과 성령으로 자신의 몸인 교회 안에 거하시고, 교회를 다스리신다.[101] 특별히 깔뱅의 사도신경의 뒤쪽 부분인 예수 그리스도의 부활과 승천과 하나님 보좌 우편에 앉으심과 최후 심판에 대한 해설에서 종말론이 교회론적, 그리스도론적, 성령론적 관점과 밀접하게 결부되어 나타난다.[102] "깔뱅은 성도의 부활을 기독론적 차원과 성령론적 차원, 교회론적 차원과 구원론적 차원을 포함하는 종말론적 관점에서 파악하고 있다."[103]

바르트가 "우리는 교의(敎義)를 '종말론적 개념'으로 부를 수 있다."고 말했듯이,[104] 깔뱅의 예배 이해에서는 예배를 궁극적으로 종말론적 개념으로 규정해도 무리가 없을 것이다. "칼빈의 또 다른 강조는 예배의 종말론적 이해인데, 이것은 다른 개혁자들보다 더욱 뚜렷하다."[105] 특별히 '여러분의 마음을 위로 들어올려'(sursum corda ; Lift up your hearts)와 관련된 부분과 깔뱅의 성찬 권면의 마지막 구절에 성찬의 종말론적 차원이 강하게 나타난다.

---

99. 최윤배 공저, 「16세기 종교개혁과 개혁교회의 유산」(서울 : 한국장로교출판사, 2003), p. 292.
100. 최윤배 공저, 「교회론」(서울 : 대한기독교서회, 2009), pp. 122-123.
101. 최윤배 공저, 「교회론」, pp. 125-126.
102. P. Barth, ed., OS III, 499-506 (=Inst. II xvi 13-18).
103. 최윤배 공저, 「개혁교회의 종말론 : 하나님의 나라와 교회」(서울 : 한국장로교출판사, 2005), p. 153.
104. KD I/1, S. 284 : "Insofern kann man ⋯⋯ das Dogma einen 'eschatologische Begriff' nennen."
105. 김세광, "칼빈과 한국교회 예배 갱신," p. 143.

"그렇게 하기 위하여 우리는 우리의 영과 우리의 마음을 높이 들어 그리스도께서 그의 아버지의 영광 속에 계시는 곳, 그리고 우리의 구원이 이루어지는 그곳을 바라봅시다. 그리스도께서 빵과 포도주에 계시는 것처럼 거기에서 찾기 위하여 우리가 눈으로 보고 손으로 만지는 땅에 있는 썩어질 요소들에게 매혹되지 맙시다. 왜냐하면 이것들(빵과 포도주, 필자)이 세상의 모든 것들 위로 올려 질 때, 우리의 영혼은 그리스도의 본성(substance에 의하여 양육되고, 생명을 얻어 하늘에까지 이르며, 하나님께서 계시는 그의 왕국(Royaulme)에까지 들어가기 때문입니다. 그러므로 우리가 찾고 있는 하나님의 약속의 말씀이 있는 진리를 영적으로 추구하면서 표징들(signes)과 증거들(temoignages)을 위하여 빵과 포도주를 가지는 것으로 우리는 만족합시다."[106]

깔뱅은 「로마서 주석」의 로마서 6：3~6에서 세례를 성령과 신앙을 통한 그리스도의 몸과의 연합으로 이해하는 바, 그리스도의 죽음과 연합하여 우리의 옛 사람이 죽고, 그리스도의 부활과 연합하여 새로운 피조물이 되어, 마지막 때에 이루어지는 생명의 부활에 참여하는 것이다. 깔뱅의 다음의 진술 속에서 세례에 대한 종말론적 차원이 발견된다.

"비록 바울이 아직까지 세례에 대해 완전한 설명을 하고 있지 않을지라도, 바울은 지금 그리스도의 죽음으로 들어가는 우리의 세례의 의미가 무엇이지를 보여 주기 시작한다. 세례는 새 피조물이 되기 위하여 우리 자신에 대하여 죽는 것을 의미한다. 바울은 올바르게도 그리스도의 죽음의 교제로부터 그리스도의 생명으로의 참여로 나아간다. 왜냐하면 이 두 가지가 불가분리적으로 연결되어 있기 때문에, 그리스도의 부활이 우리의 의를 회복시키고, 우리를 새로운 피조물로 만들기 위하여 옛 사람은 그리스도의 죽음에 의하여 멸해진다. 그리고 그리스도께서 우리에게 생명을 주셨기 때문에, 만약 더 나은 삶으로 다시 부활하지 않는다면, 왜 우리는 그리스도와 함께 죽어야만 하겠는가? 그러므로 그리스도께서 우리에게 생명을 회복시키시기 위하여 우리 안에 있는 죽을 운명의 모든 것을 죽여 버리신다."[107]

---

106. OS II, 48.

로마가톨릭교회는 물론 종교개혁 안에서도 치열한 논쟁이 벌어지고, 서로 결별하는 안타까운 상황으로 귀결시켰던 성찬 시(時) 그리스도의 임재 방법 문제에서 줄곧 깔뱅이 성령론적 관점에서 그리스도의 몸과 유익의 실제적 임재와 영적 임재와 현존을 주장한 가운데서 성찬의 종말론적 측면이 상당히 발견된다.[108] 깔뱅은 「고린도전서 주석」의 고린도전서 11 : 23 주석에서 성찬을 단순한 기념 차원을 넘어 감사함으로 지키고, 마음에 새기며, 공적으로 하나님을 찬양하고, 하나님의 임재를 깨달으며, 주님의 재림 시까지 주님의 은혜를 깨달아 사람들에게 증거하는 것으로써 주님께서 제정하신 것이라도 말한다.

"우리가 이 세상에 살아 있는 동안 우리는 이와 같은 도움의 필요에 항상 직면하기 때문에, 그리스도께서 심판을 위하여 나타나실 때까지 이 같은 회상(recordationem)의 행위에 우리가 맡겨졌음을 바울은 지적한다. 왜냐하면 그리스도께서 가시적인 형태로 우리와 함께 현존하시지 않는다는 사실에 비추어 볼 때, 우리의 정신을 지배하는 그와 같은 그리스도의 영적 현존에 대한 어떤 상징을 가질 필요가 있기 때문이다."[109]

V. 예배·예전의 의미와 실천

깔뱅의 1540년(또는 1539년)의 스트라스부르의 프랑스의 예배의식서는 말씀의 예전 : 성구낭송(예배의 부름 ; 시 124 : 8) → 죄의 고백 → 속죄(용서)의 말씀 → 용서(사죄)의 선언 → 키리에와 함께 운율에 맞춘 십계명 찬송 → 성경봉독 → 설교 ; 성만찬예전 : (헌금) → 중보기도 → 주

---

107. John Calvin, 「로마서 주석」, 롬 6 : 4.
108. P. Barth, ed., OS V, 342-471(=Inst. IV xvii-xix).
109. John Calvin, 「고린도전서 주석」, 고전 11 : 26.

기도문 해설 기도 → 성물 준비(사도신경을 노래함.) → 성찬기도 → 주기도문 → 성찬제정사 → 권면 → 성체분할 → (분병분잔) → 성찬 참여(시편송을 부름.) → 성찬 후 기도 → 시므온의 찬미(Nunc Dimittis) → 아론의 축도 순서로 되어 있고,[110] 깔뱅의 1542년 제네바 예배의식서「고대교회의 관습에 따라 성례전집례와 결혼의식의 방법과 함께 있는 교회 기도와 찬송의 형태」는 말씀의 예전 : 성구낭송(예배의 부름 ; 시 124 : 8) → 죄의 고백 → 속죄를 위한 기도 → 시편송(운율에 맞춤.) → 성령의 임재를 위한 기도 → 성경봉독 → 설교 ; 성만찬 예전 : (구제헌금) → 중보기도 → 주기도문 해설 기도 → 성물 준비(사도신경을 노래함.) → 성찬제정사 → 권면 → 성찬기도(성령 임재를 위한) → 성체분할 → (분병분잔) → 성찬 참여(시편 혹은 성경말씀 봉독) → 성찬 후 기도 → 아론의 축도 순서로 되어 있다.[111]

그리고 깔뱅의 1545년 스트라스부르의 예배의식서는 성구낭송(예배의 부름 ; 시 124 : 8) → 죄의 고백 → 성구낭송(용서의 말씀) → 용서(사

---

110. 주승중·최윤배,「교회를 섬기는 청지기의 길(Ⅰ)」, p. 123. ; William Maxwell, *A History of Christian Worship : An Outline of Its Development and Forms*, 정장복 역,「예배의 발전과 그 형태」, pp. 156-157. ; 주승중, "초기교회 예배를 회복하고자 했던 칼빈의 예배-스트라스부르 예전(1540)을 중심으로-," in :「요한 칼빈 탄생 500주년 기념 학술 심포지엄 : 제5분과」(2009. 6. 22), pp. 75-95.
111. 1542년 제네바에서 발간된 예식은 1542년 스트라스부르에서 발간된 예식과 동일하다(William Maxwell, *A History of Christian Worship : An Outline of Its Development and Forms*, 정장복 역,「예배의 발전과 그 형태」, p. 155.) ; *Calvini Opera* VI, 173-184(=OS II, 11-58. ; Bard Thompson, Select. & Intro., *Liturgies of the Western Church* (Philadelphia : Fortress Press, 1961/1980), pp. 197-210. 참고, 주승중·최윤배,「교회를 섬기는 청지기의 길(Ⅰ)」, p. 123 ; William Maxwell, *A History of Christian Worship : An Outline of Its Development and Forms*, 정장복 역,「예배의 발전과 그 형태」, pp. 156-157. ; 이현웅,「21세기에 본 존 칼빈의 설교와 예배」, pp. 189-231. ; 주도홍, "제네바 예배모범"(1542),「요한 칼빈 탄생 500주년 기념 학술 심포지엄 : 제5분과」(2009. 6. 22.), pp. 19-23.

죄)의 선언 → 십계명(첫째 돌판) → 기도 → 십계명(둘째 돌판, 스트라스부르 예식에서는 구절 뒤에 키리에 엘레이손을 부름 ; 제네바 예식서에서는 시편 낭송) → 성령의 조명을 위한 기도 → 성경봉독과 설교 → 중보기도와 주기도 해설 기도 → 사도신경(신앙고백)과 떡과 포도주(성물) 준비 → 주기도로 마치는 성찬(수찬, 受餐) 기도 → 성찬제정사 → 권면(성찬상 정리) → 배찬(분병, 분잔의 말씀)과 성찬 참여 → 시편 낭송 → 감사의 기도 → 시므온의 찬미(Nunc Dimittis) → 아론의 축도 순서로 되어 있다.[112]

제네바 예배 의식을 살펴보면, 그 구조가 더욱 간소화된 것을 볼 수 있는데, 그 이유는 예배의식은 가능하면 간단해야 한다고 주장한 제네바 행정관들의 극단적인 입장에 의한 것이라고 볼 수 있다. 그러므로 우리는 깔뱅의 입장이 잘 반영된 예배의식은 제네바에서 만들어진 예배의식보다는 스트라스부르에서 만들어진 예배의식으로 볼 수 있을 것이다.[113] "깔뱅의 1545년 예배의식서는 용서(사죄)의 선언과 같이 제네바에서 허락되지 않는 몇 가지 행위들을 내포하고 있지만, 이런 이유 때문에, 이 예식서는 예배를 위한 깔뱅의 의도에 대한 가장 완전한 진술로 간주될 수 있다."[114] 지면 관계상 우리는 깔뱅의 여러 개정 예배의식서에 대한 상호 비교 검토 작업은 생략하고, 그의 1545년 스트라스부르의 예배의식서를 선택하여 각 순서에 대한 예배신학적 의미와 실천을 간단하게 고찰하고자 한다.[115]

---

112. *Calvini Opera* VI, 173-184(= OS II, 11-58). ; Bard Thompson, Select. & Intro., *Liturgies of the Western Church* (Philadelphia : Fortress Press, 1961/1980), pp. 197-210. 참고, John H. Leith, *An Introduction to the Reformed Tradition : A Way of Being the Christian Community*, p. 182. ; 이현웅, 「21세기에 다시 본 존 칼빈의 설교와 예배」, pp. 134-157, 189-231.
113. William Maxwell, *A History of Christian Worship : An Outline of Its Development and Forms*, 정장복 역, 「예배의 발전과 그 형태」, p. 158.
114. John H. Leith, *An Introduction to the Reformed Tradition : A Way of Being the Christian Community*, p. 181.
115. 1537년 스트라스부르의 독일어 예배순서와 1540년 스트라스부르의 프랑스 예배순서, 1542년 제네바 예배순서의 비교 도표를 위해 다음을 참고하시오 :

'성구낭독'("우리의 도움은 천지를 지으신 여호와의 이름에 있도다"〈시 124 : 8〉. 아멘.)은 '예배의 부름'으로서 예배를 시작하면서 인사를 나누는 순서였다. 스트라스부르에서는 목사가 성찬대에서, 제네바에서는 강단에 서서 하였을 것이다.

'죄의 고백'을 하는 동안 성도들은 무릎을 꿇는데, 전통적으로 로마가톨릭교회에서는 개인적으로 사제에게 가서 고해성사를 했지만, 한 몸으로서의 교회 공동체가 죄인으로서 자신들의 죄를 하나님께 고백하고, 용서받음으로써 하나님께 나아갈 수 있다고 깔뱅은 생각했다.

"성구 낭송(용서의 말씀)과 용서(사죄)의 선언"에서 깔뱅은 몇 가지 사용 성구들을 안내하고, 부처는 몇 가지 성구들(요 3 : 16,35-36 ; 딤전 2 : 1-2)을 제시한다. 깔뱅의 경우, 죄의 용서의 능력은 특별한 사람에게 있는 것이 아니라 복음의 말씀과 약속 자체에 있다고 믿고 시행하였지만, 제네바 행정관들은 이것을 로마가톨릭교회의 사제들에 의한 사죄 선언과 연관시켰기 때문에 강한 거부감을 가진 것으로 보인다.[116]

'십계명송'은 전반부(하나님 경배와 사랑)과 후반부(이웃 사랑)로 나뉘어 불러졌는데, 각 구절이 끝날 때마다 '키리에 엘레이손'(kirye eleison ; 주여 불쌍히 여기소서)이 함께 불러졌다. 깔뱅의 경우, 십계명은 죄의 고백과 사죄의 선언 뒤에 위치하고 있는데, 그 이유는 죄 사함 받은 그리스도인은 감사와 감격으로 율법의 제3사용을 통해 성화의 삶으로 부름

William Maxwell, *A History of Christian Worship : An Outline of Its Development and Forms*, 정장복 역, 「예배의 발전과 그 형태」, pp. 156-157. ; 1540년 스트라스부르의 프랑스 예배순서와 1542년 제네바 예배순서의 비교 도표를 위해 다음을 참고하시오 : 주승중·최윤배, 「교회를 섬기는 청지기의 길(Ⅰ)」, p. 123. ; 1540년 스트라스부르의 프랑스 예배순서에 대한 설명을 위하여 다음을 참고하시오 : 주승중, "초기교회 예배를 회복하고자 했던 칼빈의 예배-스트라스부르 예전(1540)을 중심으로-," in 「요한 칼빈 탄생 500주년 기념 학술 심포지엄 : 제5분과」(2009. 6. 22.), pp. 79-94. ; 깔뱅의 1545년 스트라스부르 예배순서에 대한 해설은 다음을 참고하시오 : 이현웅, 「21세기에 다시 본 존 칼빈의 설교와 예배」, pp. 135-169.

116. Bard Thompson, Select. & Intro., *Liturgies of the Western Church*, p. 190.

받기 때문이다.

 '성령의 조명을 구하는 기도'는 회중이 십계명 후반부를 부르는 동안 강단으로 올라간 목사에 의해서 행해졌다. 성경봉독과 설교 전에 이루어진 이 기도는 목사의 재량에 따라 진행되었는데, 깔뱅은 몇 가지 예를 제시하여 활용토록 했다.

 '성경봉독과 설교'와 관련하여 부처는 몇 가지 지침을 제시하지만, 깔뱅은 그렇지 않다. 종교개혁자들은 로마가톨릭교회가 매 주일 설교에서 사용토록 선택한 성구가 담긴 책인 '성서일과'(lectionary)를 사용하지 않고, 성서 전체를 읽기 위하여 '연속적 읽기'(lectio continua) 방법을 택하여 설교에 적용하였다. 깔뱅은 지난 번 설교 본문의 다음 몇 구절을 선택하여 읽고, 주로 한 시간 가량 강해설교를 했다. 주일 아침에는 주로 복음서, 가끔 서신서를, 그리고 주일 오후에는 주로 서신서나 시편을, 주중에는 주로 구약을 설교했다. 종교개혁에 찬성한 도시에서는 주중에 설교예배가 며칠 또는 매일 있었다.

 '중보기도'에서 목회자는 모든 행정관들, 모든 목회자들, 모든 교회들, 세상의 모든 사람들, 그리고 가난, 투옥, 질병, 추방 중에 있는 자들과 영육으로 고통을 당하며 십자가의 고난과 시련 속에 있는 자들 및 모인 회중을 위해 기도했다. 그리고 연이어 '주기도문 해설'에서 주기도문의 여섯 가지 단락의 내용에 대해 해설하는 식으로 기도가 진행되었다.

 성만찬이 없는 주일예배는 시편송을 부르고, 목사의 축도와 함께 폐회했다. 성만찬이 있는 경우, 일주일 전에 회중들에게 몇 가지 주의사항이 주어졌다. 스트라스부르 예전에서는 성만찬 예전은 성만찬의 의미와 특성, 예배 전체와 '구제헌금'에 대한 설명으로 시작된다. 깔뱅은 교제와 사랑(교회 안과 밖)이 예배에서 꼭 필요한 것으로 생각하였고, 구제헌금을 통해 세상의 가난한 자들에 대한 사랑을 실천했다. 깔뱅의 예전에는 구제헌금 순서가 기록되어 있지 않지만, 여러 가지 정황을 통해 볼 때, 틀림없이 구제헌금이 성물 준비 전에 드려졌을 것이다.

'성물(빵과 포도주) 준비' 순서에서 목사는 성찬상 위에 성물, 즉 빵과 포도주를 준비한다. 목사가 빵과 포도주를 준비할 때, 회중은 '사도신경'으로 노래를 부르면서 '신앙고백'을 한다.

'성찬기도'에서 성물 준비를 마친 목사는 성찬기도를 하는데, 주기도문으로 마친다. 이 기도에서 목사는 주님의 몸과 피에 대한 실제적 교통과 유익을 강조하며, 깔뱅이 이해한 성만찬은 로마가톨릭교회가 이해하는 희생제사가 아니라, 하나님께서 교회에 주시는 선물이다.

'성찬제정사'가 목사에 의해서 제네바 예전에서는 고린도전서 11 : 23~29이, 스트라스부르에서는 고린도전서 11 : 23~26이 읽혀졌다.

'권면'에 대해 1542년 스트라스부르 예전 규정은 그 지침을 제시하고 있다. 깔뱅의 권면의 내용은 부도덕한 자의 성찬 참여에 대한 경고와 함께 하나님에 대한 신앙과 이웃 사랑을 독려하고, 하나님의 자비에 근거한 성찬 참여로의 초대의 내용을 담고 있다.

'배찬과 성찬 참여'에서 1542년 제네바 예전에서는 목사들이 회중들에게 빵과 잔을 나눈 것으로 언급하고, 다른 자료들에서는 목사가 다른 집사(deacon)나 장로의 도움을 받은 것으로 나타난다. 1542년 스트라스부르와 제네바 예전에서는 목사나 집사가 배찬을 하면서 하는 말(목사-"받으라. 먹으라. 이는 너희를 위하여 죽으신 예수님의 몸이라.", 집사-"이것은 너희를 위해서 흘리신 예수님의 피로 맺은 새 언약의 잔이라.")이 발견되지 않는다. 집사는 가난한 자와 병든 자를 돌보고, 헌금 수집을 담당하고, 성찬에서 목사를 돕는 역할을 한다. 지금도 네덜란드 개혁교회에서는 집사는 깔뱅 당시와 동일한 직무를 수행하고 있다.

'시편송'에서 성찬을 받는 동안 회중은 시편으로 찬양한다. '찬양과 감사'는 시편 138편을 노래한 것이다. 제네바에서는 성찬이 진행되는 동안 모두 시편을 부르거나 성서의 적당한 부분을 낭독하였다.

'성찬 후 감사기도'는 예배의 핵심으로서, 감사는 하나님께 드리는 제사라는 것이 깔뱅과 그의 계승자들의 주요 사상이다. 감사기도 후 "시므온의 찬미"(Nunc Dimittis ; Maintenant Seigneur Dieu!=지금, 주 하나님 이시여! ; 눅 2 : 29-32)가 불렸는데, 이 시므온의 찬미는 1549년까지 제네바 예전에서는 나타나지 않았다. '축도'는 주일예배 시 아론의 축도(민 6 : 24-26)로 폐회되었다.

VI. 결 론

깔뱅의 예배신학의 역사적 배경과 관련하여 우리는 종교개혁 안과 밖에서 로마가톨릭교회, 재세례파들을 비롯한 과격파 종교개혁, 루터, 츠빙글리, 파렐, 부처 등을 언급하였다. 특히 부처로부터 받은 영향이 깔뱅에게서 두드러지게 나타났다. 그러나 깔뱅은 성서 주석과 교부 문헌을 통한 자신의 독자적인 길도 개척하였다.

깔뱅이 주장한 예배의 네 가지 주된 요소는 말씀 선포, 성례전 집례, 기도(찬양), 교제(구제)이다. 이 네 가지 요소의 균형을 유지하려고 깔뱅은 힘썼지만, 뒤의 세 가지 요소들은 말씀 선포의 결과와 영향이라는 점에서 말씀 선포의 우위성이 발견된다.

깔뱅의 예배신학의 특징에서 다양한 측면들이 발견되었지만, 우리는 그것을 주로 여섯 가지 범주에서 서술해 보았다. 깔뱅의 예배신학은 성서에 표준을 두어 초대교회와의 연속성을 강조하고, 하나님의 은혜와 영광과 예배자들의 죄성과 구원의 상관성을 중요시하였다. 또한 그의 예배신학에서는 균형과 조화의 원리가 적용되고, 단순성과 이해 가능성이 중요시되었다. 그의 예배신학은 그리스도인의 삶으로의 지향성이 중요시되고, 교회론적이며, 그리스도론적이고, 성령론적이며, 종말론적인 특징을 강하게 띠고 있다.

깔뱅의 예배신학의 성경 주석적인 근거는 오늘날의 주석적 관점에서도 여전히 유효하다는 사실에 우리는 다시 한 번 그의 예배신학의의 탁월성에 놀라움을 금치 못한다.

> "초대교회의 예배의 특징은 다음 네 가지로 요약될 수 있다. 첫째, 예수 그리스도 중심성, 둘째, 종말 지향성, 셋째, 교회 중심성, 넷째, 세상 지향성이다. …… 초대교회는 무에서 유를 창조하시고 죽은 자를 살려내시는 하나님의 거룩한 영이 충만히 역사하였던 성령의 공동체였다. 이 최초의 기독교인들의 공동체는 예수 부활의 기쁨으로 충만해 있었고, 공동체 속에 성령으로 현존하고 계시는 주님에 대한 사랑과 감사로 넘쳐 있었으며, 기도와 찬양과 말씀 선포, 그리고 전도와 구제와 성례전 속에서 성령께서 뜨겁게 살아 역사했던 '성령 주도적 예배 공동체'였다."[117]

특별히 깔뱅의 예배신학에 특징적으로 나타난 하나님에 대한 영광과 우리의 죄성과 구원에 대한 상관성은 후대 개혁교회의 신앙고백서인「웨스트민스터신앙고백」(1648)이나[118] 독일고백교회의「바르멘 신학 선언」(1934) 속에서 이어지고 있다. "교회의 자유의 근거가 되는 교회의 임무(Auftrag)는 그리스도를 대신하여, 또한 그리스도 자신의 말씀과 사역에 봉사하기 위하여 설교와 성례전을 통해 하나님의 자유로운 은혜의 메시지를 모든 백성(민족)에게 전파하는 것에 있다. 교회가 인간적 자기 영광(榮光) 속에서 주님의 말씀과 사역을 자신이 선택한 어떤 욕망들과 목적들과 계획들을 위해 사용할 수 있는 거짓된 교리를 우리는 거부한다."[119]

---

117. 성종현,「신약성서의 중심 주제들」(서울 : 장로회신학대학교 출판부, 1998), pp. 148-149.
118. "웨스트민스터 소요리문답서"(The Westminster Shorter Catechism), 〈문 1과 답〉, in 대한예수교장로회 총회 편,「대한예수교장로회헌법」(서울 : 한국장로교출판사, 1998), p. 246. ; 이형기 편역,「세계개혁교회의 신앙고백서」(서울 : 한국장로교출판사, 2003), p. 330. ; 최윤배 공저,「개혁교회의 신앙고백」(서울 : 한국장로교출판사, 2007), p. 348.
119. W. Niesel, Hrg., *Bekenntisschriften und Kirchen Ordnungen der nach Gottes Wort reformierten Kirche* (Zollikon-Zürich : Evangelischer Verlag A. G., 1938³), S. 336-337. ; *Theologische Erklärung zur gegenwärtigen Lage der Deutschen Evangelischen Kirche*, 29(31). Mai 1934.

4

프랑스 개혁교회의 예배

최윤배 교수(장로회신학대학교, 조직신학)

Ⅰ. 초기 프랑스 개혁교회 예배

프랑스 개혁교회 목사들은 「프랑스 신앙고백」(1559)과[1] 「교회 치리에 관하여」(교회치리법, *Quant a la discipline ecclesastique*, 1559. 5. 25.)에[2] 서명하였다. 프랑스 초기 개혁교회 예배를 고찰하기 위하여 이 두

---

1. 최윤배 공저, 「개혁교회의 신앙고백」(서울 : 한국장로교출판사, 2007), pp. 250-265. ; W. Niesel, Hrg., *Bekenntnisschriften und Kirchenordnungen der nach Gottes Wort reformierten Kirche*, pp. 66-75. ; Arthur C. Cochrane, ed., *Reformed Confessions of Sixteenth Century*, pp. 137-158. ; David W. Hall & Joseph H. Hall, ed., *Paradigms in Polity : Classic Readings in Reformed and Presbyterian Church Government*, pp. 156-158. ; 이형기, 「장로교의 장로직과 직제론」, pp. 145-146. ; Paul Jacobs, *Theologie reformierter Bekenntnisschriften in Gründzügen* (Neukirchen Kreis Moers : Neukirchener Verlag, 1959), pp. 39-42. ; 이장식 편, 「기독교신조사 제1집」(서울 : 컨콜디아사, 1979), pp. 205-219.
2. W. Niesel, Hrg., *Bekenntnisschriften und Kirchenordnungen der nach*

문서에 집중한 후, 우리는 최근 프랑스 개혁교회의 예배에 대하여 논의할 것이다.

「프랑스 신앙고백」(1559)의 제21조는 성령의 은사로서 신앙을 선물로 받은 그리스도인은 하나님께 감사드릴 수밖에 없음을 고백한다.

> "우리는 다음의 사실을 믿는다. 우리는 성령의 신비한 능력에 의해서 신앙 안에서 조명되었는데, 그것은 하나님께서 자신이 원하시는 자에게 허락하시는 하나님의 은혜로우신 특별한 은사이기 때문에, 선택된 자들이 영광을 받을 이유가 전혀 없고 다만 자신들이 다른 사람들보다 더 낫게 여김을 받은 데 대하여 갑절의 감사를 드릴 수밖에 없다."[3]

제23조는 예수 그리스도가 오심으로써 율법의 본질이 그리스도 안에서 성취되었기 때문에 율법의 상징들이 폐기되었다고 말하면서도, 우리의 삶을 위하여 복음적 관점에서의 규칙이 여전히 필요함을 주장한다.

> "예수 그리스도의 강림으로 율법의 모든 상징들(toutes figures de la Loy)은 끝이 났다. 그러나 비록 의식(儀式 ; les ceremonies)들은 더 이상 사용되지 않을지라도, 율법의 본질과 진리는 예수 그리스도의 위격 안에 남아 있다. 왜냐하면 예수 그리스도 안에서 의식들이 성취되었기 때문이다. 게다가 복음의 약속이 확증되게 하기 위해서뿐만 아니라 우리의 삶을 규제하기 위하여 우리는 율법과 예언들로부터 도움을 찾아야만 한다."[4]

Gottes Wort reformierten Kirche, pp. 75-79. ; David W. Hall & Joseph H. Hall, ed., Paradigms in Polity : Classic Readings in Reformed and Presbyterian Church Government, pp. 134-139. ; 이형기, 「장로교의 장로직과 직제론」, pp. 143-145.
3. W. Niesel, Hrg., Bekenntnisschriften und Kirchenordnungen der nach Gottes Wort reformierten Kirche, p. 71.
4. W. Niesel, Hrg., Bekenntnisschriften und Kirchenordnungen der nach Gottes Wort reformierten Kirche, p. 71.

「프랑스 신앙고백」의 제24조는 로마가톨릭교회의 예배를 타락시키는 각종 잘못된 의식들과 습관들에 대하여 비판하면서, 하나님의 말씀이 가르치는 것과 일치된 기도와 예배를 드릴 것을 강조한다.

"우리는 다음의 사실을 믿는다. 예수 그리스도는 우리의 유일한 변호자이며, 우리에게 그분의 이름으로 아버지께 간구하도록 명령하셨기 때문에, 하나님께서 하나님의 말씀에 따라 우리에게 가르쳐 주신 방법에 일치하는 것 외에 다른 것으로 우리가 기도하는 것은 불법이다. 죽은 성도들의 중보와 관계된 인간의 모든 상상은 인간을 기도의 올바른 방법 또는 형태(la forme de bien prier)로부터 이탈하게 하는 사탄의 오용과 고안물이다. 또한 우리는 인간이 자신을 하나님 앞에서 구원하려고 예수 그리스도의 희생과 고난을 훼손시키는 그와 같은 모든 수단과 방법을 거부한다. 마지막으로, 우리는 연옥은 똑같은 곳으로부터 나오는 환상으로 간주한다. 또한 이 연옥으로부터 수도원서약, 순례, 결혼과 육식금지, 특정 축제일의 준수, 고해성사, 면죄부, 용서와 구원의 공로를 얻고자 하는 모든 것들이 나온다. 우리가 이 모든 것들을 거부하는 이유는 그것들과 연결되어 있는 공로의 거짓 사상 때문일 뿐만 아니라, 그것들이 양심에 멍에를 씌우는 인간의 발명품들이기 때문이다."[5]

신앙고백 제25조는 그리스도의 권위에 의해서 세워진 신성불가침의 교회 질서를 유지하기 위해 복음을 설교하는 목사의 말씀 선포와 성례전의 사역이 필수불가결함을 강조한다.

"지금 우리는 오직 복음을 통해서만 그리스도를 향유한다(iouissons). 우리는 다음의 사실을 믿는다. 그리스도의 권위에 의해 세워진 교회의 질서는 신성불가침한 것이 되어야 하며, 그러므로 교회는 교훈하는 목사(des pasteurs)가 없이는 존재할 수가 없다. 그들이 정당하게 부름 받았고, 신실하게 그들의 직무를 수행할 때 우리는 그들을 존경하고,

---

5. W. Niesel, Hrg., *Bekenntnisschriften und Kirchenordnungen der nach Gottes Wort reformierten Kirche*, pp. 71-72.

그들의 교훈을 경청해야 한다. 하나님께서 그와 같은 도움과 부차적인 수단들에 묶여 계시기 때문이 아니라, 그와 같은 강제 수단들을 통해서 우리를 다스리시기를 기뻐하시기 때문이다. 이 점에서 우리는 말씀 선포와 성례전의 직무(le ministere de la predication de la parole et des Sacremens)를 파괴하기 위해서 자신들의 힘이 닿는 데까지 행동하기를 좋아하는 모든 공상가들을 혐오한다."[6]

제27조는 신자들의 모임으로서의 참된 교회는 하나님의 말씀에 일치하는 예배를 드리도록 부름 받았음을 역설하고 있다.

"우리는 다음의 사실을 믿는다. 어떤 것이 참된 교회인지 구별하기 위해서 주의와 신중을 기하는 것이 중요하다. 왜냐하면 참된 교회라는 용어는 많이 오용되어 왔기 때문이다. 하나님의 말씀에 따라 우리는 다음과 같이 말한다. 하나님의 말씀을 따르기로 동의하고, 하나님의 말씀이 가르치는 순수한 종교를 따르기로 동의하며, 성장과 발전의 부족함을 느낄 때마다 하나님의 말씀과 종교 안에서 자신들의 모든 삶을 발전시키고, 하나님 경외(敬畏 ; la crainte de Dieu)를 더욱 높여 가는 신자들의 모임(la compagnie des fideles)이 참된 교회이다."[7]

제28조는 참된 교회는 하나님의 말씀과 하나님의 말씀에 일치하는 신앙고백과 성례전이 드려지는 곳이기 때문에, 하나님의 순수한 말씀이 없고 부패한 성례전으로 가득 찬 로마가톨릭교회 속에는 참된 예배에 정반대되는 모든 미신들과 우상숭배들이 있다고 주장한다.

"하나님의 말씀이 받아들여지지 않거나 신앙고백이 하나님의 말씀에 종속되지 않거나 성례전이 사용되지 않는 곳에는 교회가 있을 수가 없다. 그러므로 우리는 교황의 집회를 정죄한다. 왜냐하면 그곳에서는 하나님

---

6. W. Niesel, Hrg., *Bekenntnisschriften und Kirchenordnungen der nach Gottes Wort reformierten Kirche*, p. 72.
7. W. Niesel, Hrg., *Bekenntnisschriften und Kirchenordnungen der nach Gottes Wort reformierten Kirche*, p. 72.

의 순수한 말씀이 사라졌으며, 그들의 성례들은 부패하였거나 거짓되었거나 훼손되었고, 모든 미신들과 우상들(toutes superstitions et idolatries)이 그곳에 있기 때문이다."[8]

참된 교회는 그리스도께서 세우신 질서로서의 목사와 장로와 집사직을 통해 통치되어야 하며, 교리 보전, 거룩한 삶의 실천, 구제와 돌봄을 통한 사랑의 교제를 하며, 모든 예배 모임은 하나님의 이름으로 모이며(제29조), 그리스도께서 유일한 감독이시기 때문에 모든 교회는 그리스도 밑에서 동등한 권위와 힘을 갖는다(제30조).

"XXIX. 참된 교회와 관련해서 우리는 다음의 사실을 믿는다. 참된 교회는 주 예수 그리스도에 의해서 세워진 질서에 따라 통치되어야 한다. 참된 교회에는 목사(des Pateurs)와 장로(des Surveillans)와 집사(Diacres)가 있어야 한다. 그래서 참된 교리가 유지되고, 잘못이 교정되며, 감독되고, 가난한 자들과 고통 가운데 있는 자들이 그들의 필요에 따라 도움을 받아야 한다. 집회들은 하나님의 이름으로 모여야 하며, 성인과 어린이 모두 교육받아 교화되어야 한다. XXX. 우리는 다음의 사실을 믿는다. 어디에 있든지 간에 모든 참된 목사들은 한 머리시며 주권적이고 우주적인 유일한 감독이 되시는 예수 그리스도 밑에서 동일한 권위와 동등한 힘을 갖는다. 그러므로 어떤 교회도 어떤 다른 교회에 대한 어떤 권위를 주장하거나 지배권을 가져서는 안 된다."[9]

초기 프랑스 개혁교회의 예배 이해를 위하여 「교회치리에 관하여」(교회치리법)를 검토하기로 하자. 이 교회치리법은 주로 당회(Consistoire ; le senat de l'Eglise), 노회(Concile Provincial), 총회(Synod)를 중심으로 교회의 세 직분자들, 즉 목사(les Ministres), 장로(Les Anciens), 집사

---

8. W. Niesel, Hrg., *Bekenntnisschriften und Kirchenordnungen der nach Gottes Wort reformierten Kirche*, pp. 72-73.
9. W. Niesel, Hrg., *Bekenntnisschriften und Kirchenordnungen der nach Gottes Wort reformierten Kirche*, p. 73.

(Diacres)의 임명이나 제명 등에 관한 내용이 대부분을 차지한다. 우리가 검토한 결과, 직제에 관련된 내용이 대부분이고, 우리의 주제인 예배와 관련된 내용은 거의 전무했다.[10]

Ⅱ. 오늘날의 프랑스개혁교회의 예배[11]

1533년 뇌샤텔(Neuchâtel)에서 인쇄된 「예식서」(*La manière et fasson*), 깔뱅의 초기예식서와 1542년 제네바 예식서를 비롯한 프랑스 개혁교회 예식서의 역사(歷史)에 대한 자세한 언급의 필요성을 우리는 느끼지 못한다.[12] 오늘날 프랑스 개혁교회의 「예식서」(*Liturgie*)는 서문에서 예식서의 역사를 다음과 같이 간략하게 기술하고 있다. 이 예식서는 깔뱅 등을 비롯하여 프랑스 개혁교회에서 발간된 예식서들과 똑같지는 않지만, 여러 차례의 개정작업의 과정을 경험했다. 곧, "이 예식서는 깔뱅의 예식서, 1659년 총회의 개정(à Conrart par le synode de Loudun), 1896년

---

10. W. Niesel, Hrg., *Bekenntnisschriften und Kirchenordnungen der nach Gottes Wort reformierten Kirche*, pp. 75-79. ; David W. Hall & Joseph H. Hall, ed., *Paradigms in Polity : Classic Readings in Reformed and Presbyterian Church Government*, pp. 134-139. ; 이형기, 「장로교의 장로직과 직제론」, pp. 143-145.
11. Eugène Bersier, *Project de Révision de la Liturgie des Église Réfomées de France* (Paris : Librairie G. Fischbacher, 1888). ; REGLISE REFORMEE DE FRANCE "Discipline et Règlement général d'application d'articles de la Disciple" (www.eglise-reformee.fr.org). ; Église Réformée de France, ed., *Liturgie* (Pars : Éditions Bergre-Levrault, 1955). ; Église Réformée de France, ed., *Le conseil presbytéral : Un ministère aux mille facettes* (Paris : Cordination Edifier & Former, 2009). ; Église Réformée de France, ed., *Ministères : Ministères dans l'Église Réformée de France* (Paris : Cordination Edifier & Former, 2009).
12. Eugène Bersier, *Project de Révision de la Liturgie des Église Réfomées de France* (Paris : Librairie G. Fischbacher, 1888), pp. VII-LVI(7-56).

의 개정을 거치고, 그 후 베르지어(Eugène Bersier)의 예식서, 1946년 이래 여러 번 개정작업을 거쳤고, 다시 1950년에 편집된 그르노블(Grenoble) 총회에서 수정되어 결정판이 나오게 되었다."[13]

이 예식서는 '예비노트'(note préliminaire) 부분에서 "본 예식서는 성찬에 초대교회(l'Église primitive)와 종교개혁자들의 사상 속에서 가졌던 위치를 부여한다."라고 시작함으로써 프랑스 개혁교회의 예배와 예전이 초대교회와 종교개혁 전통에 서 있음을 밝힌다.[14] 이 예식서를 사용하는 자세에서 성서와 종교개혁 정신을 강조하고, 성찬, 자유기도, 주기도, 묵도, 음악과 찬양에 대하여 간략하게 언급한다(*Liturgie*, pp. 9-11).

세례와 성찬식이 있는 주일예배로서 4부(部)로 구성된 예배를 살펴보자(*Liturgie*, pp. 13-45).

제1부 : (타종 소리가 끝난다.) 예배 시작을 위하여 정해진 정확한 시간, 즉 오르간 연주 끝에 집례자는 성찬상(聖餐床)으로 접근한다. → 인사(salutation) → 예배의 부름(invocation) → 경배(Adoration) → 시편 또는 찬송(Psaume ou cantique) → (회중은 앉는다.) → 하나님의 율법(loi de Dieu) → 죄의 고백(confession des péchés) → 용서(사죄) 선언(déclaration de pardon) → 은혜에 대한 감사기도(action de graces) → 사도신경으로 신앙고백(confession de la loi) → 제2부 : (집례자는 강단에 올라간다.) → 조명을 위한 기도(prière d'illumination) → 성경봉독(lecture de la Bible) → 설교(prédiction) → 찬송 또는 시편(cantique ou psaume) → 알림(annonces) → 헌금봉헌(offrande) → 세례(baptême) → 중보기도(prière d'intercession) → 주기도(oraison Dominicale) → 제3부 : (집례자는 강단에서 내려와 성찬상 뒤로 가서, 빵과 포도주를 덮어둔 상보〈床褓〉를 벗긴다.) → 예비기원(préface) → 성찬제정사(institution) → 기도(prière) → 초대(invitation) → 성체분할(fraction) → 성찬참여(communion) → 은혜에 대한 감사기도(action

---

13. Église Réformée de France, ed., *Liturgie* (Pars : Éditions Bergre-Levrault, 1955), "Avant-propos."
14. Église Réformée de France, ed., *Liturgie*, p. 9.

de graces) → 제4부 : 권면(exhortation) → 삼위일체 축도(bénédiction)

축약된 예배예식을 살펴보면 다음과 같다(*Liturgie*, pp. 13-45).

(타종 소리가 끝난다.) 예배 시작을 위하여 정해진 정확한 시간, 즉 오르간 연주 끝에 집례자는 성찬상으로 접근한다. → 인사(salutation) → 예배의 부름(invocation) → 경배(Adoration) → 시편 또는 찬송(Psaume ou cantique) → (회중은 앉는다.) → 율법의 요약(sommaire de la loi) → 죄의 고백(confession des péchés) → 용서(사죄) 선언(déclaration de pardon) → 사도신경으로 신앙고백(confession de la foi) → 조명을 위한 기도(prière d'illumination) → 성경봉독(lecture de la Bible) → 찬송 또는 시편(cantique ou psaume) → 설교(prédiction) → 찬송 또는 시편(cantique ou psaume) → 알림(annonces) → 봉헌(offrande) → 중보기도(prière d'intercession) → 주기도(oraison Dominicale)

또한 이 예식서는 교회력에 따른 절기로서 성탄절기(주현절, 성탄일, 성탄 후 주일), 고난절기, 부활절기, 승천일, 성령강림 절기에 대한 예식 순서가 자세하게 제시되어 있다(*Liturgie*, pp. 66-98). 심지어 이 예식서는 노회나 총회의 예식서까지 규정하고 있다(*Liturgie*, pp. 185-191).

III. 결 론

프랑스 개혁교회는 깔뱅의 예배의 영향을 강하게 받아 전형적인 개혁교회의 예배의 형태를 보여 주고 있다. 시편 찬송가와 성례전이 예배에 강하게 반영되어 있고, 성도와 거룩한 삶을 유지하기 위한 율법, 즉 십계명 낭독이 예배에 포함되어 있으며, 특별히 봉헌을 통한 사랑과 구제의 요소를 잘 간직하고 있다. 예배 집례자가 성찬상 앞에서 예배를 인도하다가 설교 시 강단에 올라간 후, 다시 성찬상으로 내려오는 등 깔뱅 당시 제네바의 예배 진행과 거의 대동소이하다. 오늘날 프랑스 개혁교회는 시편 찬송가 외에도 예배 중에 일반 찬송가도 병행하여 사용하고 있다.[15]

---

15. Olivétan, ed., *Alléluia : Avec le Christ, dépasser les frontières* (Lyon : Editions Olivétan, 2005).

5

네덜란드 개혁교회의 예배

최윤배 교수(장로회신학대학교, 조직신학)

I. 서 론

네덜란드 개혁교회는 분열되어 크게 다섯 교단 이상으로 존재하고 있다. 우리가 여기서 모든 교단들의 예배신학을 다루는 것은 글의 분량상 불가능하고, 본서의 목적상 불필요하다. 그러므로 우리는 초기 네덜란드 개혁교회의 예배 연구를 위하여 네덜란드 개혁교회가 공유하고 있는 세 가지 신앙고백들, 즉 '네덜란드 신앙고백'(1561), '하이델베르크 신앙고백'(1563), '도르트 신조'(1618-1619)를 중점적으로 분석하기로 하고, 후기 네덜란드 개혁교회의 예배 연구를 위하여 국가개혁교회였던 국가 '네덜란드 개혁교회'(H. K. N.=De Hervormde Kerk in Nederland ; the Netherlands Reformed Church)와 자유교회의 형태를 취한 여러 네덜란드 개혁교회의 대표 교단들 중에 하나인 자유 '네덜란드 기독교 개혁교회'(C. G. K. N.=De Christelijke Gereformeerde Kerken in Nederland ;

the Christian Reformed Churches in the Netherlands)를 선택하여 논의하기로 한다.

II. 네덜란드 개혁교회의 초기 예배

1540년에 라스코(à Lasco, 1499-1560)는 오스트프리슬란트(OostFriesland)인 엠덴(Emden)에 도착했다. "교회조직과 예전을 위하여 라스코와 미크론(Micron)이 엠덴에서의 경험들과 스트라스부르와 제네바의 자료들을 가지고 작업했다. 풀랭(Valérand Poullain)은 부처와 깔뱅의 도시들 쪽으로 더욱 더 강하게 향했다. 그는 글라스톤베리(Glastonbury ; Somerset)의 프랑스어를 사용하는 프랑스 이민교회의 지도자였고, 그의 책「거룩한 예전」(Liturgia Sacra)에서 종교개혁적 예배에 대하여 기술하였다."[1]

부처와 깔뱅 전통의 예배예전의 영향을 절대적으로 받은 네덜란드 개혁교회는 1574년 도르트총회에서 예전양식(Forme)을 갖추었고, 1618~1619년의 도르트 총회는 예전서에 세례와 기도 양식들을 첨가하였다.[2] 이후에도 계속적인 개정 작업이 이루어졌다.[3] 비록 지금은 예배 중에 시편 찬송가(Psalmen) 외에 일반 찬송가(Gezangen)도 사용되지만, 1777년의 구(舊) 시편 찬송가나 그 이후 개정 시편 찬송가가 예배 중에 반드시 사용되고, 일반 찬송가도 사용되는데, 이 시편 찬송가는 거의 스트라스부르와 제네바의 시편 찬송가에 그 기원을 두고 있다.[4]

---

1. J. de Jong, *Nederlandse Kerk Geschiedenis* (Nijkerk : Uitgeverij G. F. Callenbach, 1985), p. 105.
2. E. van der Schoot, *Hervormde Eredienst : De liturgische ontwikkeling van de Ned. Herv. Kerk* ('s-Gravenhage : Boekencentrum N. V., 1950), p. 92.
3. 참고, E. van der Schoot, *Hervormde Eredienst : De liturgische ontwikkeling van de Ned. Herv. Kerk.*, ; A. J. Rasker, *De Nederlandse Hervormde Kerk vanaf 1795* (Kampen : Uitgeversmaatschappij J. H. Kok, 1986), pp. 37-41.
4. Interkerkelijke Stichting voor het Kerklied, ed. *Liedboek voor de Kerken*

'벨기에 신앙고백'(Confessio Belgica ; the Belgic Confession of Faith)으로 널리 알려진 「네덜란드 신앙고백」을 작성한 사람은 순교한 구이도 드 브레스(Guido 또는 Guy de Brès, 1522-1567)이다. 그 당시에는 오늘날의 벨기에와 네덜란드가 분리되지 않은 한 나라로서 벨기에라고 불렸다. 여러 가지 이유, 특히 정치적, 종교적 이유로 벨기에와 네덜란드가 갈라지게 되었지만, 오늘날도 라틴어로 네덜란드 국가를 부르는 칭호는 벨기카(Belgica)이다. 그러므로 신앙고백의 제목을 직역할 경우 '벨기에 신앙고백'이 맞지만, 현재의 나라를 기준으로 할 경우 '네덜란드 신앙고백'으로 번역하는 것이 올바르다고 생각되어, 필자는 여기서 후자로 번역하여 사용하기로 한다.[5]

'네덜란드 신앙고백'의 제8조는 삼위일체 하나님을 고백하고,[6] 예수 그리스도는 "참되고, 영원하고, 전능한 하나님이시며, 우리는 그분에게 간구하고(aenroepen ; invoke), 그분을 예배하고(aenbidden ; worship), 섬긴다(dienen ; serve)"(제9조)라고 고백함으로써 하나님에 대한 예배를 강조하고 있다(van den Brink, p. 87). 또한 제21조는 유일한 대제사

('s-Gravenhage : ISK, 1973.) ; 최윤배(공편), 「시편 찬송가」(서울 : 한국기독교교육교역연구원, 2010), p. 1.
5. J. N. Bakhuizen van den Brink, *De Nederlandse Belijdenisgeschriften* (Amsterdam : Uitgeverij Ton Bolland, 1976^2) ; W. Niesel, W. Niesel, Hrg., *Bekenntnisschriften und Kirchenordnungen der nach Gottes Wort reformierten Kirche* (Zürich : Evangelischer Verlag A. G., 1938^3), S. 119-136. ; Société Commerciale d'Edition et de Librairie, ed., *Le catéchisme de Jean Calvin*(Éditions «JE SERS» : Paris, 1934), pp. 177-239. ; Arthur C. Cochrane, ed., *Reformed Confessions of Sixteenth Century* (Westerminster John Knox Press : Louisville · London, 2003), pp. 185-219. ; L. Doekes, *Credo : Handboek voor de Gereformeerde symboliek* (Ton Bolland : Amsterdam, 1975), pp. 54-62. ; 이장식 편역, 「기독교 신조사」 I (서울 : 컨콜디아사, 1979), pp. 243-270.
6. J. N. Bakhuizen van den Brink, *De Nederlandse Belijdenisgeschriften*, p. 81. ; Arthur C. Cochrane, ed., *Reformed Confessions of Sixteenth Century*, pp. 192-193.

장이신 예수 그리스도께서 십자가에서 바친 희생 제물과 보혈로 인해 하나님께 완전한 만족을 드리고, 우리의 죄를 도말하셨다고 고백한다(van den Brink, p. 105).

율법의 의식들과 상징들, 즉 의식법(儀式法)은 예수 그리스도의 오심으로 폐지되었지만 우리는 "복음의 교리를 확신하고, 하나님의 뜻에 따라 우리의 삶을 하나님의 영광(Gods eere)에 매우 알맞게 맞추기 위해 우리는 율법과 예언자들로부터 취하여 낸 증거들을 지금도 여전히 사용한다."고 제25조는 고백함으로써 성경에 근거한 하나님의 예배와 복음의 관점에서 이해된 하나님의 예배의 현재적 필요성과 유용성을 표현해 주고 있다(van den Brink, p. 117).

신자들의 모임으로서의 하나의 보편적인 교회는 세계의 시작부터 존재해 왔고 세계의 마지막까지 존재할 것인바, 심한 박해 때도 "주님은 바알에게 무릎 꿇지 않았던(hare knien voor Baal niet gebogen) 7천 명을 보존해 주셨다."고 제27조는 고백함으로써, 하나의 보편 교회는 바알에게 무릎 꿇는 교회가 아니라, 하나님께 무릎 꿇어 기도하고 예배드리는 교회임을 보여 주고 있다(van den Brink, p. 123). 그러므로 목숨이 위태로운 순간에도 "모든 신자들은 하나님의 말씀에 따라 교회에 속하지 않는 사람들로부터 자신들을 분리시키고, 하나님께서 세우신 이 회중에 동참할 의무를 가진다."고 제28조는 고백함으로써, 회중 예배에 의무적으로 참여할 것을 촉구하고 있다(van den Brink, p. 123).

'네덜란드 신앙고백'은 참된 교회의 세 가지 표지, 즉 말씀 선포, 성례전 집행, 치리 시행을 규정하고, 교회 행정과 질서유지를 위하여 목사와 장로, 구제와 간호를 담당하는 집사의 직분이 있어야 할 것을 강조하고(제29조-32조, van den Brink, pp. 125-131.) 성례전으로서 성찬과 세례의 의미에 관하여 상세하게 기술하는 바(제33조-35조), 세례에 대한 언급에서는 유아세례를 부정한 재세례파에 대한 변증과 성찬에 대한 언급에서는 7성례를 주장한 로마가톨릭교회에 대한 변증이 나타난다(van den Brink, pp. 131-141).

특별히 '네덜란드 신앙고백'의 제36조는 국가 또는 행정관료에게 시민의 안녕과 복지에 대한 의무뿐만 아니라 교회의 목회 사역과 하나님에 대한 참된 예배 보호의 의무를 강조하고, 국가나 정부 자체를 부정한 재세례파에 대한 변증이 나타난다.

> "우리의 은혜로우신 하나님께서 인류의 타락 때문에 왕과 군주와 행정 관료를 임명하셔서 세계가 어떤 법률과 정책에 의해서 통치되기를 원하셨다는 사실을 우리는 믿는다. 그 결과 사람들의 방종이 제어되고 모든 것이 선한 질서와 고상함으로 그들 가운데서 이루어진다. 이 목적을 위해 하나님께서 무기(武器)를 행정관료에게 주셨으니, 악행자들을 처벌하고, 선행자에게는 상을 주시기 위함이다. 그들의 직무는 시민정부의 복지를 중시하고, 지켜 줄 뿐만 아니라, 거룩한 목회 사역을 보호하여, 모든 우상과 거짓된 예배를 제거하고, 방지하기 위함이다. 그 결과 적그리스도의 나라가 파괴되고, 그리스도의 나라가 증진하게 되기 위함이다. 그러므로 행정관료는 복음의 말씀의 설교에 호의를 보여, 하나님께서 그의 말씀 안에서 명령하신 대로 하나님이 어디서든지 모든 사람에 의해서 영화롭게 되고, 예배되도록 해야 한다. …… 그러므로 우리는 재세례파들과 다른 선동적인 사람들과 높은 권세와 행정관료를 일반적으로 거부하고, 공의를 파괴하며, 종파적 신앙공산사회를 창출하고, 하나님께서 사람들 가운데 세우셨던 고상함과 선한 질서를 어지럽히는 자들의 과오를 몹시 싫어한다."[7]

'도르트 신앙고백(신조)'(1618-1619)에서는 예배라는 우리의 주제와 관련된 내용이 거의 발견되지 않는다. 다만, 이 신조에는 하나님의 선택과 하나님의 주권, 하나님의 영광에 대한 사상이 깊이 깔려 있다.[8] 하나님

---

7. J. N. Bakhuizen van den Brink, *De Nederlandse Belijdenisgeschriften*, pp. 141-143.; Arthur C. Cochrane, ed., *Reformed Confessions of Sixteenth Century*, pp. 217-218.
8. 다음 책으로부터 번역했다. J. N. Bakhuizen van den Brink, *De Nederlandse Belijdenisgeschriften* (Amsterdam : Uitgeverij Ton Bolland, 1976²),

은 특별히 말씀 선포와 성례전을 통해 일하시며, 교회는 이것을 통해 하나님께 영광을 돌려야 함을 언급하고, 이 신조는 삼위일체 하나님에 대한 송영과 아멘으로 마치고 있다.

> "XIV. 하나님은 오늘날 복음의 선포(설교)를 시작하심으로써 은혜에 대한 자신의 사역을 기뻐하셨던 것처럼, 그것을 굳게 붙잡으셔서 복음을 들음과 읽음과 묵상을 통해서, 경책과 경고와 약속을 통해서, 심지어 성례전의 사용을 통해서 그분의 사역을 계속하시고, 완성하신다. XV. 하나님께서 그분 이름의 영광을 위하여, 그리고 경건한 영혼들의 위로를 위하여 말씀 안에서 아주 풍성하게 계시하시고, 신자들의 마음 속에 새기셨던 이 교리와 교리의 확실성, 다시 말하면, 신자들과 성도들의 이 견인교리와 이 교리의 확실성은 참으로 자연인(自然人)에 의해서는 이해되지 않으며, 사탄에 의해서는 미움을 받고, 세상에 의해서는 조롱을 당하고, 경험하지 못한 자들과 위선자들에 의해서는 오용되며, 이단자들에 의해서는 싸움의 대상이 된다. 그러나 그리스도의 신부는 이 교리를 항상 헤아릴 수 없는 가치를 가진 보물로서 내적으로 사랑하고, 확고부동하게 옹호했다. 어떤 계획도 하나님으로 하여금 성취시키게 할 수가 없고, 어떤 대항세력도 하나님에 대해서 일어날 수 없기 때문에, 그리스도의 신부가 장래에도 그것을 하도록 하나님은 돌보아 주실 것이다. 그분, 유일하신 하나님, 아버지와 아들과 성령께 영광과 영화가 영원히 있을지어다. 아멘."[9]

'하이델베르크 신앙고백(교리문답)'(1563)에 대한 배경이나 해설은 본서의 시리즈 제4권에 해당되는「개혁교회의 신앙고백」을 참고하면 될 것이다.[10] 이 신앙고백은 하나님에 대한 감사를 매우 강조하고 있는바,

---

pp. 224-293. ; De Generale Synode van NHK, CGKN, GKN, ed., *De Nederlandse Belijdenisgeschriften* (Zoetermeer : Uitgeverij Boekencentrum B. V., 1992), pp. 80-121. ; 참고, 이장식 편역, 「기독교 신조사」 II (서울 : 컨콜디아사, 1983), pp. 11-28.

9. J. N. Bakhuizen van den Brink, *De Nederlandse Belijdenisgeschriften*, p. 271.

10. 홍지훈 공저, 「개혁교회의 신앙고백」(서울 : 한국장로교출판사, 2007), pp.

하나님의 은혜와 예수 그리스도의 보혈과 성령으로 구원받은 그리스도인이 하나님께 마땅히 해야 할 일은 하나님께 대한 감사를 통해 하나님을 예배하고 하나님께 영광을 돌리는 것이라고 말한다. 하나님에 대한 예배의 근거와 모티브는 삼위일체 하나님의 은혜에 대한 감사이다.[11] 그리스도인이 위로받으며 살고, 행복하게 죽을 수 있기 위해서 반드시 알아야 할 세 가지 지식 중에서 세 번째 지식은 하나님께 어떻게 감사해야 할(danckbar) 것인가이다(문답 2, Niesel, S. 150).

인간은 원래 하나님의 의롭고도 거룩한 하나님의 형상으로 창조되어 창조주 하나님을 바로 알고, 하나님을 사랑하고, 찬양하며, 하나님의 영광을 위하여 축복 가운데 살고 있었다(문답 6, Niesel, S. 150). 그러나 인간은 타락하여 하나님에 대한 올바른 예배를 드릴 수 있는 길이 막혀버렸다. 타락한 인간은 신앙으로 그리스도의 지체가 되고, 성령으로 기름 부음을 받아 그리스도인이 되어 비로소 그리스도의 이름을 고백하고, 자신의 몸을 감사의 산 제물로 바치게 된다(문답 32, Niesel, S. 157). 옛 사람이 십자가에 못 박힌다는 것은 자신을 감사의 제물로 삼아 그리스도께 드린다는 뜻이다(문답 42, Niesel, S. 159). 비록 하나님의 은혜로 구원받은 우리가 실천하는 선행은 가치가 없을지라도, 우리가 방종하지 않는 이유는 참 신앙으로 그리스도에게 접붙임 받은 그리스도인은 감사의 열매를 맺지 않을 수 없기 때문이다(문답 64, Niesel, S. 164).

성찬과 관련하여 신자들은 교역자(사역자)의 손으로부터(auß der hand des Dieners) 떡과 잔을 받아서 그리스도의 몸과 피를 그의 영혼으로 영적으로 먹고 마셔 영생에 이르게 된다(문답 75, Niesel, S. 167). '하이델베르크 신앙고백'은 사제(司祭)가 지금도 죽은 자와 산 자를 위하여 집례

199-218.
11. W. Niesel, Hrg., *Bekenntnisschriften und Kirchen Ordnungen der nach Gottes reformierten Kirche*, S. 148-181. ; Arthur C. Cochrane, ed., *Reformed Confessions of Sixteenth Century*, pp. 305-331. ; 이장식 편, 「기독교신조사 제1집」(서울 : 컨콜디아사, 1979), pp. 105-128.

하는 미사를 다음과 같이 비판한다. "그러므로 미사는 근본적으로 예수 그리스도께서 단번에 드린 모든 희생에 대한 완전한 부인(否認)이며, 저주받아야 할 우상숭배와 조금도 다를 바가 없다"(문답 80).[12]

III. '네덜란드 기독교 개혁교회'(C. G. K. N.)의 예배

'네덜란드 기독교 개혁교회'(C. G. K. N.)의 교회법 제1조에서는 "그리스도의 교회 안에서 필요한 질서에 따라 살기 위하여 요구된 예배, 집회, 교리와 성례와 의식(儀式)과 기독교 치리(권징)에 대한 감독이 필요하며, 이 모든 내용이 앞으로 나오는 조항들 속에서 취급될 것이다."라고 규정함으로써 그리스도의 교회 안에 질서와 이를 위한 감독의 필요성을 강조하고,[13] 제2조에서는 마르틴 부처가 주장하고 깔뱅이 수용한 전형적인 개혁·장로교회의 4중직(quadruplex), 즉 목사, 교사, 장로, 집사를 규정하고 있다(Selderhuis, p. 9).

교회의 세 가지 표지(말씀, 성례, 권징)를 통해 참된 교회와 하나님의 나라를 이룩하기 위하여 특히 네 직분자들은 자신이 맡은 임무를 성실히 수행해야 한다. 이를 위해 이 교회법은 교리, 교리교육, 세례식, 성찬식, 예배, 축일, 찬송가, 결혼식, 구제, 그리고 치리 등에 관하여 핵심적으로 규정하고 있다(Selderhuis, pp. 43-60).

교리를 책임지고 있는 목사와 교사는 세 가지 신앙고백에 서명하고, 하나님의 말씀과 세 가지 신앙고백에 일치하는 교리를 가르쳐야 하며(제52조), 장로와 집사도 이 세 가지 신앙고백에 서명해야 하고, 자녀들의

---

12. W. Niesel, Hrg., *Bekenntnisschriften und Kirchen Ordnungen der nach Gottes reformierten Kirche*, S. 169.
13. H. J. Selderhuis, etc., red., *Kerkorde van de Christelijke Gereformeerde Kerken in Nederland* (Amsterdam : Buiten & Schipperheijn, 1999), p. 9.

유아세례 시에 약속한 대로 그들을 하나님의 말씀과 세 가지 신앙고백에 일치하게 교육해야 한다(제53조-제54조). 그리고 모든 직분자들은 교리, 설교, 교리교육, 심방에서 기독교의 순전한 삶과 반대되는 것에 대하여 경고해야 한다(제55조).

말씀의 사역자는 세례 양식에 따라 신자들과 그 자녀들에게 세례를 준다(제56조-제60조). 성찬식은 적어도 세 달에 1회 이상 실시해야 하며, 세례받은 성도나 입교한 성도 중에서 경건한 삶을 사는 사람에게 허락된다(제61-제63조).

주일에는 말씀의 선포 가운데 교회는 적어도 두 번 예배해야 하며, 일하는 평일의 모임은 당회에 위임된다(제64조). 교회는 주일을 하나님의 말씀에 따라 지키고, 인정된 기독교 축일에는 하나님의 말씀의 예배를 위해서 모이되, 각 절기의 축일 준수는 교회의 자유에 맡긴다(제67조). 말씀의 사역자는 매 주일 한 번 '하이델베르크 교리문답'에 근거한 말씀 설교를 해야 한다(제68조). 예배 시에는 총회가 정한 운율로 된 성경구절들과 같은 150개의 시편 찬송가를 불러야 한다(제69조).

시민법에 의한 처벌과는 별도로 교회에서 시행되는 치리는 성도와 교회의 경건한 삶을 위하여 영적인 성격을 가지며(제71조), 집사들을 통해서 가난한 자들과 약한 자들이 보살펴진다(제83조). '네덜란드 기독교 개혁교회'의 각종 예전 양식은 「예전 양식들」(*Liturgische formulieren*) 속에 상세하게 규정되어 있다.[14]

'네덜란드 기독교 개혁교회'에 속한 아펠도른(Apeldoorn)에 있는 '안드레아 교회'(Andreaskerk)의 성찬식이 있는 2010년 6월 6일 오전 9시 30분 주일 낮예배와 오후 4시 30분 주일 오후예배 순서는 다음과 같다.

---

14. De Generale Synode van de Christelijke Gereformeerde Kerken in Nederland (vastgesteld), *Liturgische formulieren* (1968/1969 en 1971/1972).

9시 30분 주일오전예배

환영과 광고(Welkom en medelingen) → 축복송 217장(Zingende Gezegend) → 묵도(Stil gebed) → 신뢰의 말씀(Woord van vetrouwen) → 하나님의 이름으로 인사(Groet namens God) → 시편찬송 139:1, 2, 3(Psalm 139:1, 2 en 3) → 기도(Gebed) → 하나님의 율법(De wet van God) → 시편 찬송 139:14(Psalm 139:14) → 유소년들은 자신들 예배로 감(kinderen verlaten de dienst). → 성경봉독 : 사도행전 2 : 41~47(Lezing : Handelingen 2 : 41-47) → 말씀 선포 : "성령께서 신뢰하게 하신다."(Verkondiging : De Geest maakt trouw) → 시편 찬송 133(Psalm 133) → 성찬식에 들어감(Inleiding op de avondmaalsviering). → 기도(gebed) → 초청(Uitnodiging) : 찬송집 SB 26 : 1, 2 → 제1성찬 그룹 : 찬송집 SB 26 : 3 ; 제2성찬 그룹 : 찬송집 SB 26 : 4 ; 제3성찬 그룹 : 찬송집 SB 26 : 5 → 유소년들이 예배로 돌아옴(kinderen komen trug in de dienst). → 제4성찬 그룹 : 사도신경으로 신앙고백(Geloofsbelijdenis) → 기도(gebeden) → 헌금 봉헌(collecte) → 영·유아들을 데리고 올 수 있다. → 찬송 : 찬송가 259장(Lofprijzing : Lied 259) → 삼위일체축도(Zegen) → 아멘 3회(Amen 3x)

4시 30분 주일오후예배

환영과 광고 → 시편송 122 : 1, 3 → 묵도 → 신뢰의 말씀 → 하나님의 이름으로 인사 → 축복송 212장 → 기도 → 초청 : 찬송가 360장 → 성찬식을 마침 → 찬송 : 시편 찬송 118 : 10 → 성경봉독 : 사도행전 5 : 17~42 → 시편 찬송 68 : 7, 9 → 말씀선포 : '하나님의 사역은 방해 받을 수 없다.' → 찬송가 305 : 3 → 기도 → 헌금 봉헌 → 영유아들을 데리고 올 수 있다. → 시편 찬송 96 : 1, 4 → 사도신경으로 신앙고백 → 시편 찬송 96 : 6, 7 → 아론의 축도 → 아멘 3회

위의 예배 순서에서 볼 수 있다시피, 150개의 시편 찬송가(*Psalmen*) 외에 일반 찬송가(*Gezangen*) 및 복음성가(SB)도 사용되고 있음이 발견된다. 적어도 3달에 한 번 이상 성찬식이 시행되어야 하고, 예배 중에 말씀 선포, 찬양, 성례전을 비롯하여 구제헌금이 드려지고 있다. 목회자의 축도 이후에 회중은 아멘 삼창송을 한다. 예배 시 축도는 삼위일체

축도나 아론의 축도를 특별한 규정 없이 교회가 자유롭게 선택하여 사용되고 있다. 보통 주일 오전예배에는 삼위일체 축도를, 주일 오후예배에는 아론의 축도가 사용되는 경향이 있다.

Ⅳ. 국가교회인 '네덜란드 개혁교회'(H. K. N.)의 예배

본고에서는 국가교회인 '네덜란드 개혁교회'(H. K. N.)에 대해 자세하게 다룰 수 없지만[15] 이 교회의 교회법인 '네덜란드 개혁교회의 교회법'(Kerkorde der Nederlandse Hervormde Kerk)을 중심으로 예배에 대하여 간략하게 다루고자 한다.[16]

제1조는 교회의 삶과 사역과 관련된 질서로서 하나님의 말씀 선포, 성례전 집례, 기도사역, 구제사역, 하나님의 이름에 대한 공적 신앙고백, 선교, 정부와 백성에 대한 증언, 이방인들에 대한 교회의 복음 선포, 교리교육, 목회적 돌봄, 감독, 말씀 사역자들의 교육, 교회의 신학적 작업, 동산과 부동산 모금을 통한 구제사역과 기독교회의 일치를 위한 부름 등에 대해 규정하고 있다(Kerkorde, p. 7). 제4조에는 교회의 직분을 크게 세 가지, 즉 말씀의 사역자, 장로, 집사로 나누고, 말씀의 사역자는 다시 목사, 교사, 선교목사, 복음전도목사로 나뉘어 있다(Kerkorde, p. 8).

제1조 1항은 교회의 예배의 구성요소들을 네 가지, 즉 말씀 선포, 성

---

15. 국가 '네덜란드개혁교회'의 예배에 대한 자세한 논의를 위하여 다음을 참고 하시오 : E. van der Schoot, *Hervormde Eredienst : De liturgische ontwikkeling van de Ned. Herv. Kerk* ('s-Gravenhage : Boekencentrum N. V., 1950). ; J. de Jong, *Nederlandse Kerk Geschiedenis* (Nijkerk : Uitgeverij G. F. Callenbach, 1985). ; A. J. Raker, *De Nederlandse Hervormde Kerk : Vanaf 1795* (Kampen : J. H. Kok, 1986).
16. G. de Ru(praeses)/E. Emmen(scriba), red., *Kerkorde der Nederlandse Hervormde Kerk*('s-Gravenhage : Boekencentrum N. V., 1956).

례전, 기도, 구제로 규정하고 있다. "교회 예배들 속에서 교회는 말씀의 섬김, 성례전의 섬김, 기도의 섬김, 그리고 사랑(barmhartigheid)의 섬김을 위해 함께 모인다"(Kerkorde, p. 13). 제11조 2항은 설교를 위하여 성경본문을 선택할 때 교회절기가 고려되며, 교리공부를 위하여 신앙고백들, 특별히 「하이델베르크 신앙고백」이 고려되어야 함을 말하고, 제11조 3항은 예배는 교회법이 규정한 순서, 당회와 의논하여 규정한 순서, 교회의 예배책의 규정 순서를 고려해야 함을 말하고, 제11조 4항은 교회 안에서는 교회책(Kerkboek ; the Book of Church)에 실린 노래들만을 찬양할 것을 규정한다(Kerkorde, p. 13). 제12조는 교회는 주일을 지켜야 하며, 특별한 절기로서 성탄절, 성금요일, 부활절, 승천일, 오순절을 지킬 것이며, 또한 종교개혁일, 송구영신, 신년, 회개와 기도와 감사일을 지킬 것을 규정한다(Kerkorde, p. 14). 교회책은 시편과 찬송가책, 예배 순서, 예전 양식, 기도와 환자 위로를 포함하는 예배책, 신앙고백, 교리와 교회법을 포함시켜 한 권으로 묶여 있다(제13조). 제14조부터 제20조는 말씀 사역자들의 교육, 세례, 교리교육, 공적 신앙고백, 성찬, 구제, 목회적 돌봄과 감독 등에 대하여 언급하고 있다(Kerkorde, pp. 14-17).

국가개혁교회인 '네덜란드 개혁교회'에서 보통 사용되는 성찬식이 없는 주일예배와 성찬식이 있는 주일예배 순서를 기술해 보고자 한다.

성찬식이 없는 주일예배

준비(Voorbereiding) → 예배의 부름(Votum : 시 124 : 8) → 인사(Groet) → 찬송(Lied) → 주님의 율법(Wet des Heren) → 참회와 죄고백(Verootmoediging en schuldbelijdenis) → 찬송(Lied) → 하나님의 은혜의 선포 → 찬송(Lied) → 성령의 조명을 위한 기도(Gebed om verlichting met de Heilige Gesst) → 성경봉독 → 헌금봉헌(Inzameling der gaven) → 찬송(Lied) → 설교 → 찬송(Lied) → 축도 → 목회자나 교회가 아멘[17]

성찬식이 있는 주일예배

(설교까지는 위와 같음.) 준비(Voorbereiding) → 예배의 부름(Votum : 시 124 : 8) → 인사(Groet) → 찬송(Lied) → 주님의 율법(Wet des Heren) → 참회와 죄 고백(Verootmoediging en schuldbelijdenis) → 찬송(Lied) → 하나님의 은혜의 선포 → 찬송(Lied) → 성령의 조명을 위한 기도(Gebed om verlichting met de Heiliege Gesst) → 성경봉독 → 찬송(Lied) → 설교 → 설교 후 기도(Gebed na de prediking) → 찬송(목회자는 가능한 한 성찬상 뒤에 위치를 잡는다) → 성찬식 시작(Inzetting) → 그리스도에 대한 회상(Gedachtenis van Christus) → 사도신경으로 신앙고백(Geloofsbelijdenis) → 기도들(성찬기도, 중보기도, 주기도) → 헌금봉헌(Inzameling der gaven) → 찬송(Lied) → 성찬상 준비(Toebereiding van de Tafel) → 초청(Uitnodiging) → 마음을 고양시킴(Verheft de harten ; sursum corda) → 분병분잔과 참여(Uitdeling en Communie) →감사(찬양과 감사기도) → 축도[18]

참고적으로 '네덜란드 개신교회'의 교회법을 간략히 살펴보고자 한다. '네덜란드 개신교회'는 네덜란드 개혁교회와는 다른 교단으로서 루터교, 침례교 등의 연합으로 연합개신교단을 형성하고 있다. 이 교회의 교회법 제7조는 "주님에 의해서 부름받은 교회는 성경봉독, 복음 설교, 세례와 성찬 집례, 찬양과 기도의 섬김 및 사랑과 정의의 섬김으로 함께 나아간다."라고 말함으로써 예배의 네 가지 요소를 언급하고, 주일을 지키며, 특별한 날로 그리스도의 오심, 탄생, 공생애 출현, 고난, 죽으심, 부활, 승천, 성령 강림과 관계된 날과 삼위일체주일을 지키고, 종교개혁을 기념할 것을 규정한다.[19]

---

17. E. van der Schoot, *Hervormde Eredienst : De liturgische ontwikkeling van de Ned. Herv. Kerk*, pp. 233-234.
18. E. van der Schoot, *Hervormde Eredienst : De liturgische ontwikkeling van de Ned. Herv. Kerk*, pp. 252-253.
19. Generale Synode van de Protestantse Kerk in Nederland, red., *Kerkorde en ordinaties van de Protestanttse Kerk in Nederland inclusief de overgangsbepalingen* (Zoetermeer : Uitgeverij Boekencentrum, 2003), p. 15.

V. 결론

네덜란드 개혁교회는 초기부터 스트라스부르의 부처와 제네바의 깔뱅의 예배와 예전으로부터 절대적인 영향을 받았고, 오늘날 예배와 예전도 부분적으로 개정되었지만, 전체적인 구조와 내용은 깔뱅의 예배와 예전 전통을 고수하고 있다.

네덜란드 개혁교회가 공유하고 있는 세 가지 신앙고백은 하나님의 절대주권 사상과 하나님의 은혜로 말미암아 주어진 구원에 대한 감사로 인한 만인제사적인 관점에서 세상 어디서든지 하나님을 영화롭게 하고, 하나님께만 영광을 돌려야 한다는 사상이 지배적으로 나타난다. 특히 초기 개혁교회 때의 정부는 복음 설교와 하나님에 대한 예배를 조장하고 보호해야 하는 책임과 임무를 가졌다.

깔뱅의 예배에서 나타나는 예배의 네 가지 요소가 우리가 살펴본 모든 네덜란드 개혁교회 속에서 나타나고, 심지어 네덜란드 개신교회 속에서도 나타났다. 네덜란드 로마가톨릭교회나 네덜란드 개신교회가 대체로 신학적인 면에서 네덜란드 개혁교회로부터 큰 영향을 받았으며, 지금도 받고 있다는 사실은 네덜란드 기독교회에서는 익히 알려진 사실이다. 마치 한국개신교회의 일부 교단이 한국개신교의 상당한 분분을 차지하는 한국장로교회의 직제에 상당한 영향을 받고 있듯이 말이다.

예배에서는 무엇보다도 말씀 선포와 교리교육이 중요하다. 주일 오후 예배에서는 「하이델베르크 교리문답」을 중심으로 목회자가 차례대로 설교해야 함을 교회법이 규정하고 있다. 성도의 거룩한 삶이 중요하기 때문에 예배 중에 하나님의 율법으로서 십계명이 낭독되거나 찬양되고, 사회나 국가의 사회적 처벌과는 전적으로 구별되는 교회의 치리와 권징은 영적인 성격을 가지고 있기 때문에, 그리스도인과 교회는 거룩한 삶으로 부름 받는다. 성찬은 적어도 3개월에 1회 이상이 집례되어야 하고, 시편 찬송가(*Psalmen*)는 필수적으로 불러지며, 일반 찬송가(*Gezangen*)

와 복음성가(SB)도 불리고, 주기도를 비롯하여 많은 기도 순서가 배정되고 있다. 특히 헌금봉헌이 주일 오전예배에도 있지만 주일 오후예배에도 있고, 예배를 마친 후에 나가면서 헌금을 드릴 수 있도록 항상 구제헌금함이 배치되어 있다. 사랑의 구제를 통해서 그리스도인과 교회의 이웃 사랑과 사회적 책임과 정의가 강조된다. 주일 이외의 모임이나 교회절기 준수는 교단마다 조금씩 다르다. 성찬식이 거행될 때 한국장로교회와는 달리 집사도 분병분잔 위원으로 봉사한다.

6 스코틀랜드 장로교회와 청교도의 예배

유정우 교수(전 평택대학교 부총장, 역사신학)

Ⅰ. 역사적 배경

17세기 초까지 대영제국(Great Britain)은 잉글랜드와 스코틀랜드의 두 왕국으로 나누어져 있었다. 두 왕가는 혈연으로 관계되어 있었고, 결국 두 왕국은 연합하게 되었다. 그러나 16세기까지 그들은 적대관계였고 전쟁도 있었기 때문에 두 왕국의 종교개혁은 다른 경로를 통해서 이루어지게 되었다.[1]

16세기 초 잉글랜드는 스페인과 친선 관계에 있었고 스코틀랜드는 프랑스와 동맹 관계에 있었다. 이러한 정치적 상황은 브리티시(British)의 두 왕국에 반영되었다. 그와 같이 다른 정치적 상황에서 잉글랜드는 가톨릭 세력을 차단하고 절충주의적 성격을 띤 잉글랜드 국교회에 반대하

---

1. Justo L. Gonzalez, *The Story of Christianty* (New York : Harper Collins, 1985), p. 70.

는 방향으로 종교개혁이 이루어졌다.[2] 메리 튜더(1553-1558) 여왕 시대에 잉글랜드의 종교박해로 인하여 스위스로 피난하여 거기에 머물던 신학자들이 스위스 제네바 개혁교회에 감명을 받아, 잉글랜드로 돌아온 뒤 잉글랜드 장로교회의 토대를 놓게 되었다. 잉글랜드에서 예배를 개혁하여 잉글랜드의 국교회인 성공회를 새롭게 하려고 한 사람들이 나타났다. 이들이 '퓨리탄'(Puritan)이다.

스코틀랜드에서는 엘리자베스 여왕이 잉글랜드를 통치하는 시기에 존 낙스(John Knox, ca. 1514-1572)의 활동으로 종교개혁이 진행되었다. 오늘날 전 세계의 장로교회, 미국장로교회는 물론 19~20세기 동안 영미 계통의 복음 선교를 받은 '전 세계'의 교회들은 잉글랜드의 청교도와 스코틀랜드장로교회로부터 시작되었다.[3]

영국의 종교개혁사를 간단히 살펴보면, 잉글랜드의 경우 튜더 왕가의 헨리 8세가 결혼 문제로 로마 교황의 권력과 대립하게 되자 수장령(首長令)을 통해 잉글랜드 왕의 우위권을 확보하여 로마 교황의 세력을 차단하였고, 결국 잉글랜드 국교회(the Church of England)를 세우게 되었으며 종교개혁을 단행하였다.[4] 그 후 에드워드 6세의 종교개혁의 발전은 예배 지침서를 마련하게 했다. 그 지침서는 「영국교회의 조례에 따른 교회의 예전과 의식과 성례의 집행과 공동기도서」(*The Boke of the Common Praier and Administration of the Sacramentes and other Rites and Ceremonies of the Church after the use of the Churche of England*, 1549)이다. 이것은 일반적으로 「에드워드 6세의 제1기도서」(*The First Prayer-Book of King Edward VI*)라고 불린다. 이 기도서는 종교의식의 통일령(Act of Uniformity)과도 연결되었다.[5] 이 기도서의 출판은 에드

---

2. Karl Heussi, *Kompendium der Kirchengeschichte* 13. Auflage(Tuebingen : J. C. B. MOHR, 1971), p. 341.
3. Justo L. Gonzalez, *A History of Christian Thought*,(Nashville : Abongdon Press, 1987), p. 291.
4. Justo L. Gonzalez, *The Story of Christianity*, pp. 72, 74.

워드 통치시대의 제1단계 종교개혁이 끝났다는 것이고, 헨리 8세가 입안했던 것을 변화시킨 것이었다.[6] 이 기도서는 개정되어 「영국교회의 예전과 의식과 성례의 집행과 공동기도서」(*The Boke of Common Praier and Administration of the Sacramentes and others Rites and Ceremonies in Churche of England*, 1552)로 출판되었다. 이 책을 「에드워드 6세의 제2기도서」(*The Second Prayer-Book of King Edward VI*)라고 부른다. 에드워드의 종교개혁은 영국교회의 예배가 대륙 개혁자들의 예배와 조화를 이루기 위해 각종 예배 의식을 정비하려는 것이었다.[7] 「에드워드 6세의 제1기도서」와 「제2기도서」의 차이점은 성찬예배에 있었고, 중재적인 미사에 관한 모든 사상을 제거시키는 데 있었다.[8] 이 기도서에서 많은 가톨릭적인 요소가 제거되었다.[9] 특별히 「에드워드 6세의 제2기도서」는 영어로 쓰여진 것으로, 스코틀랜드에서 사용된 예배의식서였다.[10] 에드워드 6세의 사후 잉글랜드는 다시 가톨릭으로 회귀하게 되는데, 메리 튜더 여왕이 가톨릭교회를 부활시키기 위하여 개신교를 박해했기 때문이었다. 그 뒤를 이은 엘리자베스 1세는 메리의 개신교 탄압으로부터 수장령을 의회에서 통과시켜 로마가톨릭의 세력을 배제하였고 잉글랜드의 국교회인 성공회를 확립시켰다.[11]

영국국교회의 개혁에 불만을 가지고 더 철저한 개혁을 원했던 청교도들은 영국국교회 내의 모든 비성경적인 신앙과 실천이 정결케 되기를 원하였다. 이들은 국교회를 무너뜨리는 것을 목표로 하지 않았다. 그리고

---

5. 토마스 M. 린제이, 이형기, 차종순 역, 종교개혁사(서울 : 대한예수교장로회 총회출판국, 1991), p. 61.
6. Ibid., p. 62.
7. Ibid., p. 66.
8. Ibid., p. 67.
9. Ibid., pp. 75-76.
10. William D. Maxwell, *An Outline of Christian Worship* (New York : Oxford University Press, 1955), p. 120.
11. Ibid., pp. 78, 80.

또한 국교회적인 교회와 국가의 연합을 파괴하려고 하지 않았다. 또 국교회와 나란히 새로운 교회를 만들려고 하지도 않았다.[12] 다만 영국의 기존 교회를 철저하게 변화시키려고 했던 것이다. 청교도들은 성공회의 감독제도의 교회법을 철저하게 개혁하려고 하였다. 그리고 그들은 제네바의 모델을 따라 교회가 개혁되기를 바랐다.[13] 대륙의 종교개혁의 영향을 받은 이들은 성경의 교훈대로 예배를 개혁하려고 하였으며 개혁교회의 예배의 단순성은 신약성경이 요구하는 것이라고 믿었고, 신약성경의 이론과 실천에 따라 교회가 정화되어야 한다고 믿었다.[14]

엘리자베스 1세가 잉글랜드를 통치하던 시기, 스코틀랜드에서는 존 낙스의 주도 아래 종교개혁이 진행되었다. 이때 신학적으로 칼빈주의가 고전적 장로회주의로 발전하였다.[15]

낙스는 1549년부터 1554년까지 잉글랜드에 머물렀고, 1554년부터 1559년까지는 외국에 머물렀다. 그는 1555년에 제네바에서 칼빈에게 신학을 배웠다. 그리고 그는 메리 1세의 박해를 피하여 제네바에 피난 온 영국인을 위한 교회를 세워 목회를 하였다. 그는 1559년에 스코틀랜드로 돌아와 스코틀랜드 교회 개혁에 헌신하며 로마가톨릭교회의 잔재를 청산하기 위해 투쟁하였다. 그의 손으로 작성되었다고 보는 1560년의 「스코틀랜드의 신앙고백」(*Scottish Confession*)은 훨씬 더 많이 알려진 「웨스트민스터신앙고백」(*Westminster Confession*)보다도 칼빈의 본래적 사상에 더 가깝다고 할 수 있다.[16]

---

12. Justo L. Gonzalez, *A History of Christian Thought*, p. 293.
13. James Hasting (by Ed.), *Encyclopaedia Of Religion and Ethics*, Vol. 10 (New York : T. & T. CLARK, 1980), p. 507.
14. Justo L. Gonzalez, *A History of Christian Thought*, p. 194.
15. Ibid., p. 195.
16. Ibid., p. 292.

II. 스코틀랜드의 예배

1. 예 배

스코틀랜드 교회의 예배 개혁은 매우 급진적이었다. 이제 예배에서 사용되는 언어는 라틴어가 아니라 자국어였다. 회중은 이제 자국어를 분명하게 들을 수 있게 되었다. 귀가 눈을 대체하여 회중은 더 이상 의식(儀式)을 바라보지 않아도 되었다. 이제 그들은 들을 수 있었고, 들은 것을 이해할 수 있었다. 그것은 그들이 이해할 수 있는 살아 있는 방언이기 때문이다.[17]

라틴어가 아닌 자국어로 예배드리게 됨으로 사람들은 예배에 능동적으로 참여하게 되었다. 예배드리는 자들은 더 이상 수동적인 관찰자가 아니었다. 예배는 단체의 행위가 되었고, 쉽게 학습할 수 있게 되었다.[18]

성경 역시 자국어로 번역되어 많은 사람들이 하나님의 말씀을 쉽게 접할 수 있었다. 이제 설교는 예배에서 중요한 위치를 차지하였다. 설교는 정상적으로 한 시간의 길이로 하였다.[19]

스코틀랜드에서 성찬은 자주 있지 않았다. 도시에서는 1년에 4번 정도, 시골 교구에서는 1년에 2번 정도 있었다. 성찬이 자주 있어야 하는데 자주 행해지지는 않았지만 이웃 교구에서 하는 성찬에 참석하는 것이 유행하여 자주 참석하게 되었다.[20] 성찬은 자주 해야 한다는 주장과 함께 설교와 강해를 강조하였다.[21]

신경들(Creeds)은 신앙의 중심이었다. 모든 예배에서 가르쳤고, 또 모

---

17. William D. Maxwell, *A History of Worship in the Curch of Scotland* (New York : Oxford University Press, 1955), p. 49.
18. Ibid., p. 50.
19. Ibid., pp. 50-51.
20. Ibid., p. 52.
21. Ibid., p. 58.

든 가정예배에서도 가르쳤다. 스코틀랜드의 개혁자들은 십계명과 사도신경, 주기도를 가장 중요한 것으로 생각하였기 때문에 세례 받는 어린이들과 결혼하는 사람들은 반드시 배워야 했다.[22]

예배는 상당히 긴 죄의 고백으로 시작하였고 광범위한 기도가 계속되었다. 그리고 송영으로 끝내는 '모은'(gathering) 시편[23]으로 계속 진행하였다. 운율 구절(Metrical versions)은 시편들의 구절뿐만 아니라 마리아 송가(Magnificat)도 허락되었다. 시므온의 노래(Nunc Dimittis, 눅 2 : 29-32과 관련이 있는 송영으로서 "주재여 이제는 말씀하신 대로 종을 평안히 놓아 주시는도다"로 시작되는 송영), 사도신경과 주기도(산문판도 정상적으로 사용되었다.), 십계명, 그리고 Veni, Creator Spiritus("오소서, 창조 성령이시여!"라고 하는 송영)가 허락되었다. 스코틀랜드 예배에서 사도신경, 주기도, 십계명, 송영은 중요하였다. 죄의 고백 후에는 다른 시편 또는 다른 시편의 부분이 노래로 불릴 수 있다. 즉석에서 회개의 기도가 있었고 구약과 신약의 순서로 성경 낭독이 이어졌다. 그 후에 설교가 전해진다. 교회 입구에서 구제금이 모아지지 않았으면 설교 후에 헌금이 모아지고, 감사기도와 중보기도가 계속된다. 성찬식이 행해지지 않을 때는 여기에서 주기도와 사도신경이 드려진다. 그리고 예배는 시편(찬송)과 아론의 축도로 끝났다.[24]

응답은 예배에서 삭제되었다. 종교개혁자들은 응답을 싫어하였다. 목사들은 주님의 입이라는 목적으로 하나님으로부터 임명받았기 때문에 회중들이 시끄럽게 말하는 혼란한 중얼거림을 빼 버린 것이다. 공중기

---

22. Ibid.
23. Ibid., p. 59. 'gathering' psalm이란 구절은 읽는 이의 순서(a Reader's service)가 주로 성경을 낭독하는 것으로 이루어지는 이 순서를 정상적으로 진행하였다는 사실에 기인한다. 본 순서로부터 성경 낭독이 빠지게 된 것은 이것 때문이었다. 그리고 목사가 강단에 왔을 때 시편과 기도로 시작하여 곧바로 설교를 하였다. 종교개혁 후 80년 동안 사람들은 두 순서에 참여하는 것을 기대하였다. 그 두 순서는 직무들과 성찬식의 첫 부분의 결합이었다.
24. Ibid., pp. 60-61.

도에서 사람들은 조용하게 하나님께 경외를 돌려야 하고, 마지막에만 아멘이라고 응답하였다. 이것은 초대교회와는 다른 것이다.[25]

예배는 주일날 아침 일찍 시작하였다. 아마도 정상적으로 오전 8시나 9시에 시작하였다. 그리고 성찬식은 오전 3시나 4시에 거행하였다. 그리고 금식을 받아들이는 것이 관습이었다. 보통 예배는 길이가 3시간 정도였다. 그러나 성찬식을 할 때 그 시간은 더 길었다. 참석자의 숫자에 따라 오후까지 계속되었다.[26]

성찬은 성찬 테이블에 앉아서 받았는데, 대단한 경외와 깊은 행위의 단결 의식을 가지고 행해졌다. 사도적 실천으로 생각하여 엄숙하게 행하여졌다. 긴 식탁이 참석자들을 위하여 놓이는데, 자주 T 또는 U형의 모습으로 놓인다. 목사는 성찬이 진행되는 동안 앞자리에 앉아 있고, 기도할 때나 말씀을 전할 때에는 서서 하였다.[27]

"주의 만찬에 대한 규범"(the Order for the Lord's Supper)을 보면, 그것은 「공동예배모범」(the Book of Common Order)에서 설명한 것 같이 일반적 주일 아침 예배가 포함된다. 「공동예배모범」에서는 말씀보다 행위에 강조를 둔다. 스코틀랜드에서는 종교개혁 후 수세기 동안 주의 만찬은 '행위'로서 알려졌다. 대부분의 예전(liturgy)에서 말씀은 적고 4중의 행위("그가 가지시고 …… 감사하시고 …… 깨뜨리시고 …… 그리고 주셨다.")가 로마가톨릭, 루터란, 또는 성공회보다 더 분명하게 두드러진다. 이것은 스코틀랜드 예배에서 전형적인 것이다.[28]

세례는 '회중 앞에서' 아침 예배 때 행하여졌다. 주일이 아닌 경우는 주중의 예배 때에 행하여졌다. 이것은 거의 60년 동안 계속되었고 어떤 교구는 더 오래되었다.[29]

---

25. Ibid., pp. 55-56.
26. Ibid., p. 66.
27. Ibid., pp. 65-66.
28. Ibid., p. 59.
29. Ibid., pp. 66-67.

결혼은 처음에는 주일날 아침에 엄숙하게 행해졌다. 중벌의 책임이 있는 경우를 제외하고는 교회에서 행해졌다. 1579년 총회는 설교가 있는 때에는 평일에 하도록 허락하였다. 그러나 너무 흥겹게 떠드는 것 때문에 교회 회의는 그 결혼식을 독립된 행위로 취급하기 시작하였다. 17세기 중엽까지는 많은 교구에서 주일에 결혼하는 것을 금지하였다. 언제나 교회에서 결혼식이 엄숙하게 거행되었다. 「웨스트민스터 예배모범」(*Westminster Directory*)이 만들어졌을 때 그 지침서는 결혼을 부끄러운 것으로 생각하여 주일에 행해지는 것을 금지하였다.[30]

죽은 자들을 위한 기도에 대한 반감 때문에 장례식은 지나치게 정화되었다. 무덤 곁에서는 어떤 종류의 예배도 절대로 금지되었다. 그리고 오랫동안 그런 일은 일어나지 않았다. 허락된 것은 매장 전후 교회 안에서의 '상담'뿐이었다. 그러나 어떤 기도도 허용되지 않았다.[31]

공식적으로 교회력은 개혁교회 가운데 스코틀랜드 교회만 포기하였다. 그러나 중요한 교회의 축제는 여전히 여러 곳에서 행하여졌다. 교회 달력은 「공동예배모범」에 판을 이어서 계속 인쇄하였다. 교회는 경우에 따라 꽃과 벨벳(velvet), 융직(damask) 또는 비단걸이(brocade hangings)로 장식하였다. 교회력에 따라 계절을 표시하는 색의 변화는 포기하였다.[32]

몇몇의 시편 찬송을 제외하면 시편 찬송은 거칠고 조야하였다. 곡의 수도 적었다. 몇몇 영어 운율의 시편은 1550년 초까지 개혁 성향을 가진 사람들에 의하여 사용되었다. 완전한 스코틀랜드의 시편 찬송은 1564년에 「공동예배모범」에서 나타났다. 그리고 몇 년 후에 송영들이 첨가되었다. 언어와 운은 서투르고 운율은 고르지 않았다. 훌륭한 곡들이 있었으나 풍부한 다양성을 제공하지는 못하였다. 평범한 곡들이 사용되었고

---

30. Ibid., p. 67.
31. Ibid.
32. Ibid., p. 66.

많은 시편들이 같은 곡으로 불리어졌다. 종교개혁 초기에 시편들이 노래 되었다는 증거가 여러 나라의 지방에 있다. 제창으로 불려졌을 뿐만 아니라 파트로, 즉 테너는 멜로디로 부르고 다른 파트는 조화를 이룸으로 시편이 각 파트로 불렸다. 1635년에는 참으로 위대한 스코틀랜드 시편 찬송이 인쇄되었다.[33]

2. 성 찬

성찬식(Communion)이 거행될 때 중보기도는 사도신경 다음에 계속된다. 그리하여 신경을 헌금찬송과 연결시키고 그 후에 성찬식의 빵과 포도주를 시편 찬송이 불리는 동안에 식탁으로 가져온다. 그때에 목사는 성만찬제정의 말씀(고전 11 : 23-27)을 읽는다. 이어서 권면의 말씀과 함께 식탁을 둘러 울타리를 친다. 성별의 기도가 드려지는데, 창조와 구속에 대한 찬양과 감사, 주님에 대한 회상, 기억으로 이루어진다(실제로는 축성기도⟨epiclesis⟩ 또는 성령의 초대⟨invocation of Holy Spirit⟩이다). 그리고 송영과 주기도가 계속된다. 이제 성물이 주님의 말씀과 함께 전해진다. 성물은 회중보다 목사에게 먼저 주어진다. 회중이 성찬을 받는 동안에는 목사 또는 읽는 자가 지침서에 지시한 대로 주님의 수난의 역사를 읽을 수 있다. 그러나 실제로는 침묵이 자주 행해진다. 성찬 후에는 감사가 칼빈의 것과 비슷하게 드려지고 시편이 노래된다. 이 때 시편은 보통 시편 103편이다. 아론의 축도나 사도의 축도 후에 회중은 떠난다. 주일에 회중은 정해진 대로 성찬식탁에 참여할 수 있었다.[34]

스코틀랜드 성찬식에 대한 설명의 전형적인 것으로 칼데우드(Calderwood)의 설명을 인용하면 다음과 같다. 이것은 1623년에 쓰여진 것으로 당시의 실행과 그 앞서의 실행을 묘사하고 있다. 이것은 스프롯(Sprott)

---

33. Ibid., p. 55.
34. Ibid., pp. 61-62.

박사가 번역한 것이고 예배 2부에 해당되는 것이다.

우리들 가운데 목사는 설교를 끝내고 제정에 대한 말씀을 읽는다. 그리고 나서 짧은 격려와 권면의 말씀을 하고 나서 축복한다. 축복과 감사가 끝나면 목사는 다음과 같이 말한다. "그가 잡히시던 밤에 우리 주님께서 떡을 가지사 축사하시고 떡을 떼어 제자들에게 준 것처럼 우리도 떡을 뗀다"(그때 그는 그것을 오른쪽과 왼쪽 가까이에 앉은 자들에게 건네 준다).
"이것은 나의 몸이다." 등, 그는 그리스도의 말씀에 덧붙이거나 바꾸거나 빼지 않는다. 그때 옆에 있는 사람은 큰 빵 덩어리에서 한 조각을 떼어 내고, 가까이 앉아 있는 사람에게 왼쪽으로 건네 준다. 큰 덩어리가 조금 남아 있는 동안까지 그렇게 한다. 한 덩어리가 끝났을 때 식탁을 섬기는 사람들이 성반(聖盤)을 제공한다. 그 성반으로부터 다른 사람들이 같은 방식으로 빵 덩어리를 취한다. 떼고 계속 다른 사람들에게 전한다. 목사는 같은 방법으로 가까이 있는 자에게 잔을 전해 준다. 그때에 그리스도의 말씀이 읽혀지는데, 더하거나 혼합하거나 빠뜨리는 것 없이 말씀을 읽고 있을 때 곁에 앉아 있는 자들에게 건네 준다. 포도주가 떨어지면 섬기는 사람들은 새로 그 잔을 채운다. 그리스도의 말씀만 전해지고 가까이 앉아 있는 자들에게 빵과 포도주가 전해진다. 먹고 마시는 행위가 계속되는 동안에 목사는 식탁에 앉은 자들에게 말씀을 전한다. 목사는 그들이 식탁에서 일어나고 다른 사람들이 자리에 앉는 동안에는 침묵한다. 그리고 식탁을 떠나는 사람들과 접근하는 사람들은 전 회중과 함께 찬송을 부르거나 수난사를 읽는다. 그러나 목사가 말하고 있을 때나 참여자들이 성물을 건네 줄 때는 불편하기 때문에 수난사도 읽지 않고 시편도 노래하지 않는다. 전체 참여자가 한 번에 식탁에 앉으면 유쾌하고 유익할 것이다. 그들은 함께 먹고 마시고 명상하고 목사의 말씀을 들을 수 있을 것이다. 이러한 형식으로 우리 교회는 60년 동안 성찬식을 거행하여 왔다.[35]

사실 모든 곳에서 차이는 약간 있었다. 성물은 일반적으로 누룩을 넣은 빵이었다. 그러나 때로는 누룩을 넣지 않은 빵 또는 '쇼트케이크'(shortcake,

---

35. Ibid., p. 63.

버터, 설탕, 밀가루를 섞어 단단하게 구운 카스텔라)가 사용되었다. 그리고 포도주는 일반적으로 클라레(claret : 적자색 포도주)를 사용하였다. 그리고 때로는 다른 포도주를 사용하였다. 보통 물을 첨가하기도 하였다.[36]

종교개혁 후 85년 동안 스코틀랜드에서 행해진 예배 형태는 「공동예배모범」에서 주장된 것이다.[37]

III. 청교도 예배

1. 예 배

청교도의 예배 개혁은 그 뿌리가 존 칼빈에 있는데, 청교도의 예배규정 원칙(Regulative Principle of Worship)을 영국 성공회는 거부하였다. 이 원칙은 주일마다 모든 신자가 관련되므로 특별히 민감하였다. 청교도와 성공회 논쟁 중 이것보다 더 강한 논쟁은 없었다.[38]

청교도들은 성경에서 명령한 대로 하나님을 예배하기를 원하였다. 그것은 성경이 모든 선행(善行)에 충분하다는 견해의 적용이었다. 이것은 「웨스트민스터신앙고백」(Westminster Confession)의 1장과 31장에서 표현한 영적 문제의 유일한 판단이다. 예배에 관한 하나님의 뜻을 아는 것은 성경을 연구하여 하나님께서 그리스도인에게 명령한 예배 행위를 알고 그대로 행하는 것이다. 구약의 예배도 은혜에 속하는 것이지 심판에 속하는 것은 아니다. 그러나 구약 예배의 희생제사의 의식은 그리스도

---

36. Ibid., p. 64.
37. Ibid., p. 67.
38. *WTJ 58(1996) 239 : Blblical Authority And the proof of the Regulative Principle of Worship in the Westminster Confession*, by John Allen Delivuk, p. 239.

인의 예배에 사용되지 않는다. 기도와 시편 찬송은 신약의 예배 행위로서, 성찬처럼 예배에 합당한 형태이다. 청교도의 예배 원칙은 "성서에서 발견되지 않는 것을 필요한 것으로 요구하거나 가르칠 수 있는 것이 아무 것도 없다."는 것이 총회의 입장이었다.[39]

길레스피(George Gillespie)는 다음과 같이 말하였다. "예배에 관하여 우리가 믿고 실천하기를 하나님께서 원하시는 것은 하나님의 말씀에 계시되었다." 예수 그리스도는 우리가 그의 예배를 드리도록 따라야 하는 규칙을 미리 설명하시고 정하셨다. …… 그의 집은 질서가 있어야 하고, 어떤 소리도 들려서는 안 되며, 교회에는 그리스도의 음성만 있어야 한다.[40]

청교도들은 예배 의식을 결정하는 데 다른 어떤 권위도 용납하지 않았다. 하나님의 독특한 권위를 방어하는 것으로 생각하였다. 그 교리는 「웨스트민스터신앙고백」 1장에서 말하고 있다. 이러한 예배의 원칙은 너무 엄격한 것 같지만, 신앙고백을 저술한 자들은 그것을 자유로운 것으로 보았다. 웨스트민스터의 목사들은 이것의 의미를 알고 있었다. 그들은 외적 형식으로써 의식법(儀式法)의 부담으로부터 자유하였다. 레이놀즈(Edward Reynolds)는 이 신앙고백의 저자들의 지위를 설명하면서 다음과 같이 말하였다.[41]

> 그 모든 짐이 되는 접근으로부터 자유로워진 우리는 영(靈)과 진리(眞理)로 하나님을 예배하도록 큰 격려를 받는다(요 4 : 24).[42]

청교도는 유대인의 제사법(祭祀法)에서 자유롭게 되기를 바랐다. 그들은 로마가톨릭과 성공회의 인간들이 만든 제사법을 반대하였고, 그러한 예배를 개혁하려고 하는 데 있어서 타협이 없었다. 그들은 「웨스트민스

---

39. Ibid.
40. Ibid.
41. Ibid., p. 240.
42. Ibid., p. 239.

터신앙고백」의 규정을 율법의 제한으로 보지 않고, 비본질적인 것(adiaphora)을 첨가하는 인간의 개입에 반대하는 하나님을 바르게 예배하는 것을 옹호하는 것으로 보았다. 청교도들은 하나님이 하나님의 방법으로 예배를 받을 권리를 어떤 권위 또는 교회가 찬탈하는 것을 허용하지 않았다.[43)]

웨스트민스터 총회는 하나님의 말씀에 따라 예배를 개혁하였고 스코틀랜드의 참여를 이끌어 냈다. 총회는「웨스트민스터신앙고백」과「요리문답서」뿐만 아니라「예배모범」을 썼다.[44)]

청교도들의 예배에서 중요한 것은 양심의 자유와 그리스도인의 자유였다. 영국국교회가 예배에 의식이나 예식을 더하는 것은 청교도들에게 양심의 자유에 문제를 던져 주었다.「웨스트민스터신앙고백」 20장은 그리스도인의 자유를 다루고 있다. 죄로부터의 자유, 하나님의 진노로부터의 자유인데, 곧 하나님에게 자유롭게 나아가는 것이다. 그리고 하나님의 말씀과 반대되는 것으로부터의 자유이다. 곧 인간의 계명이나 명령으로부터 자유이다.

(1) 의식법과 인간의 계명으로부터 자유로운(갈 5 : 1-4) 이유는 이 의식법은 명령된 것이 아니고 금지된 것이기 때문이다. 인간의 명령(골 2 : 18-19)으로부터 유대인과 이방인이 그리스도 안에서 자유하게 된 것이다. (2) 인간을 자유롭게 하시는 예수(요 8 : 36)로 말미암아 도덕법의 저주와 정죄로부터 자유와 구속(갈 3 : 10-13), (3) 은혜의 영으로 인하여 죄의 권세로부터 자유(롬 6 : 12-14), (4) 율법이나 율법의 행위로부터 의롭게 될 필요로부터 자유(롬 8 : 15), 그리고 (5) 율법의 권능으로부터의 자유를 얻는다.[45)]

---

43. Ibid., p. 243.
44. John Allen Delivuk (WTJ 58, 1996), p. 238. ; 영국 두 의원(houses)은 1643년 10월 12일에 예배모범을 준비할 것을 명령하였다. 1644년 대부분 작업을 하였고 완성된 후에 1645년 1월 3일에 의회에서 통과되었다.
45. Ibid., p. 242.

루더포드(Rutherford) 교수는 영국 성공회 교인들이 청교도들의 입장을 받아들이지 않는다고 생각하였다. 성공회 교인들은 그들이 예배에 첨가한 것들이 중요하지 않고 자발적인 것이었다고 믿었다. 루더포드 교수는 그리스도인의 자유, 예배, 중요하지 않은 것들에 대하여 자신의 입장을 설명하였다. 성공회 교인들은 그리스도인의 자유가 중요하지 않은 것들을 하거나 하지 않는 것에 의하여 제한되지 않는다고 선언하였다. 왜냐하면 교회는 중요하지 않은 것들에 관하여 법을 만들어서는 안 되기 때문이다. 성공회 교인들은 계속 그리스도인의 자유 문제가 그 의식이 자발적이고 요구가 아니면, 또 그것들이 구원에 필수적인 것이 아니라면 해(害)가 되지 않는다고 하였다.

여기서 문제는 중요하지 않은 것들이 그리스도인의 자유에 구속(拘束)이 되는지가 아니고 교회가 중요하지 않은 것들에 대한 법을 만들 권위를 가지고 있는가이다. 청교도들은 교회가 그러한 규칙을 만드는 것을 비난하였다.[46] 청교도들은 초대교회가 그리스도의 교회의 전형으로 보고 그것을 예배에 적용하였다.[47] 청교도들은 무언가를 예배에 첨가하는 것을 하나님의 권위의 찬탈로 보았다.[48] 성경만이 예배에서 무엇이 허용될 수 있는가의 양심과 판단의 유일한 척도라고 청교도들은 믿었다.

청교도들은 예배에서 단순성과 간결성을 원하였다. 왜냐하면 의식은 영적이고 내적인 의무들로부터 사람들의 생각을 어지럽게 하기 때문이다. 청교도들은 성경에서 하나님이 명령하지 않았다면 예배에 어떤 의식도 하나님은 허락하지 않았다고 주장하였고, 영국 국교도들은 예배에서 어떤 의식이 성경에서 금지되지 않았다면 허락해도 된다고 주장하였다. 그들은 그렇게 자의적 숭배를 정의하고 있다.[49]

청교도들은 예배의 요소나 행위 또는 예배의 환경을 구별하였다. 예

---

46. Ibid., p. 243.
47. Ibid.
48. Ibid., p. 244.
49. Ibid., p. 245.

배 환경은 시간이나 장소 같은 예배의 주변적인 것들이다. 예배 행위와 요소는 영적인 것으로서 중요한 것들이다. 성경을 읽는 것과 기도가 예배의 행위이며 요소이다. 이러한 구별은 총회의 「예배모범」(Directory)에 나타나는 데, 하나님이 명령하신 것과 예배 환경으로 추천되는 것을 분명하게 구별하였다.[50]

청교도들은 예배와 관련된 모든 것이 예배인 것은 아니라고 말한다. 예배의 환경으로 건물의 모양, 예배시간의 길이, 좌석과 신앙적으로 중요하지 않은 조항들의 문제를 「웨스트민스터신앙고백」 1장 6절에 언급하고 있다. 그 내용은 다음과 같다.[51]

> 하나님을 예배하는 것, 교회 정치, 인간적 행위와 공통의 정치에 관한 어떤 환경들이 있다. 그 환경들은 지켜져야 하는 하나님의 말씀의 일반적 법칙에 따라 그리스도인의 신중함과 자연의 빛에 의하여 질서 있게 되어야 한다.

예배의 환경은 영적인 것이 아니고 물리적인 것을 의미하였다. 시간과 장소라는 환경을 포함한다. 그러한 시간, 즉 주일은 예배의 시간도 되고 예배 그 자체이기도 하다. 마찬가지로 예배의 장소가 있다. 그리고 예배의 특별한 장소로 성전이 있다. 물리적 환경들은 예배가 아니고, 그러한 환경들이 예배에 중요하다는 것과 환경에 대한 빈약한 계획은 예배를 파괴할 수 있다는 것을 알았다. 빈약한 환경은 예배를 파괴할 수 있기 때문에 그것은 도덕적 문제가 될 수 있다. 이런 것들을 '혼합 환경'이라고 불렀다.[52] 예배를 위한 시간은 편한 시간이어야 한다. 명예롭지 못하고 미신적인 시간이 되어서는 안 된다. 사람들은 예배를 위한 적합한 장소를 요구하지 시장을 요구하지 않는다. 예배를 파괴하는 불편한 환

---

50. Ibid., p. 250.
51. Ibid.
52. Ibid.

경은 그 환경을 도덕적 문제로 만든다.[53]

「웨스트민스터신앙고백」 21장 3~5절에 예배에 대한 목록이 나타난다. 예배에 대한 일반적 행위들은 기도, 성경봉독, 하나님의 말씀에 대한 '건전한 설교', '하나님께 순종함으로 하나님의 말씀을 양심적으로 듣는 것', '마음에서 은혜롭게 시편을 노래하는 것', 성례의 집행과 '성례를 합당하게 받는 것'들이다. 예배의 정규 행위는 가장 놀라움을 경험하게 한다. 왜냐하면 예배의 정규행위는 은혜의 수단과 일치하는 것들이기 때문이다. 곧 말씀(읽고, 선포하고, 듣고, 노래하는 것), 성례, 그리고 기도이다.[54] 은혜의 수단으로 예배의 정규 행위는 불신자들로 하여금 복음을 들어야 할 것이고 신자들은 영적으로 성장할 것을 도전받아야 한다고 가르치는 것이다.[55]

「웨스트민스터신앙고백」의 저자들은 성경의 충족성, 그리스도인의 자유, 그리고 교회 권력의 제한의 원칙으로 예배를 개혁하였다.[56] 우리는 「웨스트민스터신앙고백」 21장과 대교리 문답 Q.107부터 Q.110을 참고하면 청교도들의 예배 원칙들을 이해할 수 있다.

IV. 스코틀랜드 예배 의식

종교개혁자들에 의하여 예배모범(service-book)의 사용이 폐지되었다고 생각되었지만 실제로 그렇지 않다. 종교개혁 전까지는 예배모범은 라틴어로 쓰인 필사본이었고 사치품적 성격이 있었으나 종교개혁 이후 인쇄기 사용으로 훌륭한 책들로 인쇄되어, 책들은 값싸지고 쉽게 얻을

---

53. Ibid., p. 251.
54. Ibid., p. 252.
55. Ibid., p. 254.
56. Ibid., p. 249.

수 있어서 읽고 쓰는 능력의 진전과 함께 유용하게 사용되었다.[57]

스코틀랜드에서는 학교를 많이 세워 주민들의 읽고 쓰는 능력의 함양으로「공동예배모범」을 확보하게 되고 1562년에서 1644년까지 무려 70판을 거듭할 수 있었다. 그 결과 개혁교회 예배에 많은 사람들이 능동적으로 참여하게 되었다.[58]

스코틀랜드에서는「예배모범」이 오랫동안 사용되었다. 오늘날에는 그 예전을 사용하는 것이 적합하다고 생각할 사람은 없어도 그 시대의 목적에는 부합하였다. 오늘날의 입장에서 그 당시의 예배는 너무 길었고 너무 엄격하였다.[59]

스코틀랜드의 예배 개혁은 교리적으로 또는 예전적으로 스코틀랜드 지역의 고유의 것이 아니었다. 그 예배의 개혁의 원칙과 방법은 1560년 이전까지는 영국(England)으로부터 영향을 받았고, 1560년 이후부터는 제네바로부터 영향을 받았다.[60] 16세기 개혁적인 입장의 사람들이 사용한 첫 예배모범은「영어 공동기도서」(*English Book of Common Prayer*, 1552)였다. 1560년 이전에 스코틀랜드 종교개혁은 잘 진행이 되어 개혁파가 프랑스와 동맹을 반대하고 영국과 동맹을 지지하였다. 영국과 스코틀랜드 두 나라 사이에 같은 언어의 예배의식서인 영국 왕 에드워드 VI세의「제2기도서」로 말미암아 스코틀랜드는 영국의 개혁파와 일치를 가져오게 되었다. 영국의 개혁파들은 스코틀랜드인에게 많은 용기, 보호, 그리고 지지를 주었다.[61]

이 기도서는 칼빈의 영향을 많이 받은 것이었고, 스코틀랜드 북부 지역에서 많이 활용되었다. 낙스는 무릎을 꿇고 성만찬을 받는 것을 반대

---

57. William D. Maxwell, *A History of Worship in the Curch of Scotland*, p. 53.
58. Ibid., pp. 53-54.
59. Ibid., p. 54.
60. Ibid., p. 43.
61. Ibid., p. 44.

하였지만 이 기도서에 호감을 가졌다. 1557년에는 「공동기도서」(the Book of Common Prayer)가 채택되었다. 이 기도서는 강요받지 않았지만 개혁세력으로부터 지지를 받았다. 영국에서는 메리 여왕의 금지령으로 사용되지 못했지만 스코틀랜드에서는 많은 지역에서 사용되었다. 이「공동기도서」는 1562년에 성례전을 위해 만든 「기도예식서」(the Forme of Prayers)」또는「공동예배규범」이라는 예식서로 대체되기 시작하여 1564년에 완전히 대체하였다.[62]

「공동예배규범」의 기원은 프랑크푸르트에 있다. 거기에는 1554년 영국의 메리 여왕의 박해를 피해 망명하여 온 영국인들이 모여 살았다. 이 망명한 사람들 가운데 다수는 칼빈파였다. 그러나 그들 가운데 많은 사람들은 교리로는 칼빈을 따르면서도 「공동기도서」를 더 좋아하였다. 이들은 낙스와 함께 칼빈의 신학과 예배형식을 따랐다. 그러나 성공회 그룹이 우세하므로 결국 낙스는 프랑크푸르트에서 추방되어 제네바로 갔고 거기서도 낙스는 제네바에 온 영국인 망명자들을 위하여 목회를 한 첫 번째의 목사였다.[63]

칼빈의 영향을 받은 영어 예배 의식서는 1554년에 프랑크푸르트에서 만들어졌으나 그곳에서 사용되지는 않았다. 이 예식서는 개정된 후에 사용되었다. 이 예식서에 성찬 집례를 위한 순서, 결혼 축하, 세례의 집례와 함께 목사 안수, 병자 방문, 죽은 자의 매장 등이 포함되었다.[64] 이 개정판 서문에 신자들을 위한 긴 편지가 수록되어 있다. 그리고 칼빈의 교리 문답과 영어로 된 운율 시편, 그리고 개인 기도들이 예전 끝에 실려 있다. 낙스가 아직 제네바에 가지 않았을 때 이 작업의 대부분이 이루어졌다.[65]

영어로 개혁된 첫 예배 의식의 책은 1556년에 제네바에서 「기도예

---

62. William D. Maxwell, *An Outline of Christian Worship*, p. 121.
63. Ibid. p. 122.
64. Ibid.
65. Ibid.

식과 성례전 집례법」(*The Forme of Prayers and Ministration of the Sacraments*)이라는 제목으로 출판되었다. 영어를 읽지 못하는 학자들을 위해 라틴어 판(Ratio et forma publice orandi Deum)이 같은 해에 나왔다.[66]

「기도예식서」는 영어판으로 유지되었다. 그러나 예배 순서에는 변함이 없었다. 오직 그 예배 순서에 기도들이 첨가될 뿐이었다. 그 기도의 내용은 칼빈의 예식서를 번역한 것이었다. 그리고 후기 판들에는 운율 시편이 차츰 늘어났다. 이 책은 1564년 렉프레빅의 에든버러 판(Lekprevik's Edinburgh)에서 완결된다.[67]

요한 낙스의 제네바 예식서인「기도예식서」(*The Forme of Prayers*)는 칼빈의「기도예식서」(*La Forme des Prieres*)로부터 왔음을 잘 보여 준다. 그러나 그 예식서는 단순한 번역물이 아니고 독자성을 가지려고 하였다. 주일예배와 성만찬 의식에 새로운 중보기도와 성찬기도가 나타난다. 이 기도들의 교리적 내용이나 그 정신에서 칼빈의 것과 유사하다. 그러나 문장의 내용은 다르다. 1562년부터 칼빈의 중보기도와 성찬기도는 교독하는 식으로 되어 있다. 또한「기도예식서」의 다른 부분에「공동기도서」(1552년)의 영향이 있다. 특별히 결혼 예식과 성만찬을 하기 전 권면 순서에서 그 영향이 크다.[68]

말씀의 예전
죄의 고백 / 용서를 위한 기도 / 운율 시편송 / 성령의 임재를 위한 기도 / 성경봉독 / 설교

성만찬 예전
구제금 수집 / 감사기도와 중보기도 / 주기도 / 사도신경 / 봉헌 : 시편이 불려지는 동안 성물을 준비하여 드림. / 성찬제정사 / 권면 / 봉헌

---

66. Ibid.
67. Ibid., p. 123.
68. Ibid.

기도 : 경배(Adoration)-감사기도 : 창조와 구속에 대한 기념(Anamnesis)-송영(Doxology) / 성체분할(Fraction) / 집례자 성찬 / 분병분잔(Delivery) / 회중의 성찬 참여-집례자는 주님의 수난사를 낭독 / 영성체 후 감사기도 / 시편송 / 축복기도(아론이 축복기도와 사도의 축복기도)[69]

이 성만찬 의식은 아주 단순하게 된 것이다. 그러나 이 성만찬 의식을 분석해 보면 경건함을 전달하는 데 결코 부적합하지 않고, 그 구성도 오류가 없는 보편적인 성찬식이다. 말씀의 예전은 그 예전의 부분들이 얼마 되지 않지만 상당히 길다. 왜냐하면 성경봉독(lection)과 설교를 합해서 정상적으로 한 시간 이상의 길이를 차지하기 때문이다.[70] 물론 성경구절은 읽혀지고, 해설과 권고로 이루어진 설교는 성경봉독에 근거하게 된다.

예전적인 관점에서 볼 때 이 의식에서 빠뜨린 것 중 가장 중대한 것은 축성(성령초대의) 기도(epiclesis)이다. 물론 이 기도는 로마가톨릭교회와 성공회, 그리고 다른 개혁교회와 루터교에서도 생략되었다. 그러나 스코틀랜드에서는 없어질 수 없는 믿음의 기초가 되는 것이었다.[71] 스코틀랜드에서는 종교개혁이 있은 후 60년 동안 떡과 포도주에 축성하는(성령초대의) 기도(epiclesis)의 관행이 있었다.[72]

1629년에 제출된 개정판에는 스코틀랜드식 축성(성령초대의) 기도가 있었다.[73]

"자비하신 아버지여, 간구하니 당신의 아들 우리 주께서 거룩하게 제정하신 예식에 따라 우리가 떡과 잔을 받으려고 하오니, 거룩한 떡과 잔에 참여하는 자들이 되게 하소서. 오 주여, 이 성만찬 예전 위에 당신의 복을 내리사 이 예전이 주 예수를 뵈옵는 방편이 되게 하옵소서."

---

69. Ibid., pp. 123-124.
70. Ibid., p. 124.
71. Ibid.
72. Ibid., p. 125.
73. Ibid.

「라우드 예전」(*Laud's Liturgy*)과 「웨스트민스터 예배규범」으로부터 오늘날까지 대부분의 스코틀랜드 예전에 축성(성령초대의) 기도가 있다.[74]

제네바에서 성찬에 사용된 빵과 포도주는 보통 빵과 포도주였다. 스코틀랜드에서도 똑같이 사용되었다. 그러나 많은 교구에서는 웨이퍼(wafer) 또는 어떤 형태로 누룩 없는 빵이 여전히 계속하여 사용되었다. 포도주에 물을 섞은 것에 대하여는 알려진 것이 없다.[75]

성만찬 횟수는 제네바의 영어를 사용하는 교회에서 월 1회 정도로 나타나는데, 스코틀랜드 판 「기도예식서」에서도 이 관행이 계속되었다. 성만찬은 큰 도시에서 연 4회 시행되었다. 제네바의 칼빈의 영향을 받은 것이다. 월 1회 정도 시행되었고 매주 성만찬이 시행되는 곳은 없었다.[76]

성찬은 앉아서 받았다. 그러나 스코틀랜드의 성찬식은 사람들이 본당이나 성가대석에 위치한 성찬 테이블에 나와서 앉아 있는 방식의 츠빙글리 방식과는 다르게 장로들이 의자에 앉아 있는 회중에게 빵과 포도주를 분배하였다. 고대 스코틀랜드의 개혁 교회 관습은 거의 사라졌다.[77]

성만찬은 칼빈과 마찬가지로 스코틀랜드에서는 공적 예배(public worship)의 수준이었다. 그러므로 성찬식이 시행되지 않을 때는 예전이 사도신경까지는 그대로 진행되고 성찬기도와 분배만이 생략되고 후반부의 시편 찬송을 부르고 축도로 예배가 끝난다. 그러므로 스코틀랜드의 주일 아침 예배는 성찬식에 근거되었고 성무 일과(Hours, Offices)에 근거한 것이 아니었다.[78]

교회력은 스코틀랜드에서는 행해지지 않았고 다만 중요한 절기는 행하여졌다.[79]

---

74. Ibid.
75. Ibid.
76. Ibid., p. 126.
77. Ibid.
78. Ibid., p. 127.
79. Ibid.

우리가 알 것은 그 이름이 다르게 불린 것과 같이 「기도예식서」 또는 「공동예배규범」은 「공동기도서」와 같이 절대적이고 고정된 공식이 아니라는 점이다. 다만 목사들이 분별하여 사용할 수 있는 예배의 표준이었다는 것이다. 그러나 목사들이 이 「기도예식서」를 단순히 규범으로 생각하여 많이 사용하지 않았을 것이라고 생각하면 잘못이다. 이 「기도예식서」는 1645년 「웨스트민스터 예배 규범」으로 대체되기까지는 일반적으로 사용되었다.[80]

이 「기도예식서」는 1560년에 낙스가 제네바로부터 가져 온 것으로, 종교개혁 이후 80년 이상 스코틀랜드의 예배의 표준이 되었다.[81] 그 후 개정이 시도되었으나 이루지 못하였고 스코틀랜드에서는 감독제 대신 장로교 제도가 다시 확립되어 왕이 원하는 예식서는 거부되었다. 「공동예배규범」은 회복되었다.[82] 영국과 스코틀랜드가 힘을 합쳐 왕의 세력을 몰아내고, 영국 의회는 웨스트민스터 총회를 열게 하였고 스코틀랜드는 대표를 보냈지만 투표권은 없었다. 이 총회에서 「웨스트민스터신앙고백」이 「장로교 정치 제도」(the Form of Presbyterian Government)와 「공중 예배규범」(Directory for Public Worship)과 함께 만들어졌다. 이것들은 1645년 스코틀랜드 총회에서 수용되었다.[83]

「웨스트민스터 예배규범」은 「공동기도서」와 「기도예식서」의 영향을 받고 있다. 주일예배 순서는 그 구조가 절충된 모습이다(성만찬을 위한 예배 형식).

말씀의 예전
예배의 부름("다 같이 하나님께 예배드립시다.") / 기원(경외, 찬양, 성령의 임재를 위하여) / 구약봉독(한 장) / 신약봉독(한 장) / 운율시

---

80. Ibid.
81. Ibid.
82. Ibid., p. 128.
83. Ibid., p. 129.

편찬송(성경봉독 전이나 사이에) / 고백과 중보기도 / 설교 / 기도 / 주기도

성만찬 예전
봉헌(Offertory) / 성찬 초대사 / 성물 배열 / 성찬제정사 / 권면 / 성찬기도(입례기도, 창조와 섭리에 대한 감사기도, 구속에 대한 감사기도, 말씀과 성례전에 대한 감사기도, 기념, 축성기도) / 성체분할 / 분병분잔 / 성찬 참여(집례자가 먼저 받음.) / 권면(참된 삶을 위함.) / 성찬 후 기도 / 운율시편 찬송 / 축도

이 예배는 너무 길어 비실제적이었기 때문에 스코틀랜드 총회는 수정하여 수용했다. 성찬은 테이블로 나와서 받았다. 설교 전에 긴 기도는 반대하였다.[84]

V. 청교도 예배 의식

처음 영국의 비국교도의 예배 의식은 스코틀랜드와 마찬가지로 「제네바 기도예식서」(*Genevan Forme of Prayers*)에 기초하고 있었다.[85] 프랑크푸르트(Frankfort-on-Main)에는 두 계열의 차이가 있었다. 곧, 성공회 계열과 청교도 계열이 그것이다. 메리 여왕의 박해로 인하여 대륙으로 유배 왔던 자들이 돌아온 후에 청교도주의는 영국의 중요한 세력이 되었고 지금까지 계속되고 있다.[86]

영국의 청교도주의에는 두 가지 다른 파가 있다. 하나는 장로교이고 다른 하나는 후에 회중교회로 알려진 독립교회이다. 이들의 주된 차이는 교회 정치이다.[87] 예배에 관한 한 본질적으로 차이가 없었다. 그러나

---

84. Ibid., pp. 129-130.
85. Ibid., p. 136.
86. Ibid., p. 137.

나중에 발전한 대로 회중교회는 대단한 자유를 가졌다. 왜냐하면 각 지역교회는 전적으로 그 교회의 표준에 따라 자유롭게 예배드렸기 때문이다.[88]

「웨스트민스터 예배모범」이 나오기까지 청교도들이 선호한 예배 표준은 「기도예식서」였다. 그러나 영국에서는 기도서(prayer-book)로써가 아니고 일반적 표준으로써 사용되었을 뿐이다. 비예전적 기도가 선호되었다. 독립교회에서는 일반 기도를 설교 후에 하지 않고 전에 하였다. 예배 구조는 단순하였지만 그 내용은 다양하였다.[89]

「웨스트민스터 예배모범」은 17세기 중엽까지 장로교 예배의 지침으로 쓰였다. 1661년 감독들이 박스터(Baxter)에게 "예전 개혁"(the Reformation of the Litergy)이라는 문서를 요구하였다. 이 예전은 사보이 예전(Savoy Liturgy)이다.[90]

말씀의 예전
기원 / 사도신경 또는 니케아신경 또는 아타나시우스 신경(목사에 의해) / 십계명 낭독(목사에 의해) / 성구(회중들이 회개를 준비하도록) / 죄의 고백과 사죄기도 / 주기도/ 사죄의 말씀(성구)과 권면 / 시편/ 구약봉독(한장) / 시편송 / 신약봉독(한장) / 왕과 영주들을 위한 기도 / 시편송이나 베네딕투스 / 또는 마리아 송가 / 기도(교회를 위해, 참여자들과 목사의 설교의 주제를 위해) / 설교/ 기도(말씀의 은혜에 대하여) / 축도(아론의 축도 또는 사도의 축도) : 성만찬이 없을 경우

성만찬 예전
성만찬 예전 해설(성만찬의 본질, 방법, 은총에 대해) / 입례기도 / 봉헌 / 성찬기도(창조를 기념, 구속을 기념, 봉헌기도) / 성만찬 제정사 (고전 11 : 23-26) / 성물의 봉헌과 신비한 변화를 선포 / 기도(주님의

---

87. Ibid.
88. Ibid.
89. Ibid.
90. Ibid., pp. 137-138.

중보와 희생에 대한 탄원) / 성물분할 / 잔을 드림 / 기도(거룩한 삶을 위한 성령께 기도) / 분병분잔(말씀을 봉독) / 성찬 참여(먼저 집례자가 떡을 받는다. 잔도 집례자가 먼저 받는다.)/ 성찬 후 기도(경외찬양, 창조와 구속에 대한 감사, 거룩한 생활을 위한 기도, 헌신) / 권면(경건한 생활을 하도록) / 시편 찬송/ 축도[91]

VI. 맺는 말

영국(England)과 스코틀랜드(Scotland)는 브리티시(British) 섬의 남부와 북부의 두 왕가였다. 17세기까지는 두 왕국이었다. 16세기 초 잉글랜드는 스페인과 친선관계였고 스코틀랜드는 프랑스와 동맹관계였다. 이러한 정치적 상황은 종교개혁의 경로도 달라지게 했다. 잉글랜드는 로마가톨릭 세력을 차단하고 종교개혁을 단행하였다. 그것이 헨리 8세가 교황 권력에 대립하여 수장령을 발동함으로 영국의 왕의 우위권을 확보하였다. 헨리 8세의 종교개혁으로 영국교회가 탄생하였다. 엘리자베스 1세는 메리 여왕의 개신교 탄압 이후 로마가톨릭 세력을 배제하여 성공회를 확립시켰다. 그러나 영국 성공회의 종교개혁을 만족하지 않은 사람들이 출현하였는데 이들이 청교도들이었다. 영국의 메리 여왕(1553-1558)의 박해를 피해 스위스에 머물던 신학자들은 스위스 개혁교회에 감명을 받고 영국으로 돌아와 장로교회의 토대를 놓았다. 이들은 제네바의 모델을 따라 교회가 개혁되기를 바랐다. 이렇게 대륙의 종교개혁의 영향을 받은 사람들은 신약성경의 교훈대로 예배가 개혁되어야 한다고 믿었다. 영국교회에 대한 철저한 개혁을 추구한 청교도들은 칼빈의 신학의 영향을 받았다. 제네바 개혁교회의 칼빈주의를 유산으로 물려받아 교회를 개혁하려고 한 청교도들은 성경이 하나님의 법이고 교

---

91. Ibid., p. 138.

회와 국가에서 지배적이어야 한다고 하였다. 하나님에 관한 그들의 원칙은 하나님께서는 자신이 명하지 않은 것을 금지하신다(quod non jubet, vetat)는 것이다. 그러므로 성경은 교회의 예배와 정치를 지시해야 한다. 칼빈에게 있어 성경은 하나님의 거룩한 말씀이며 율법이었다("la saincte parlole et loi de Dieu"). 청교도들은 성경이 최고 유일한 예배의 표준이라는 그들의 주장에 있어 칼빈을 따랐다.

청교도들의 예배는 1648년에 웨스트민스터 총회가 결정한 「웨스트민스터신앙고백」, 「대소 요리문답서」와 「예배모범」에 따라 개혁이 이루어졌는데, 특히 「예배모범」은 하나의 완벽한 예배 개혁의 표준서이다.

그런가 하면 스코틀랜드에서는 요한 낙스가 종교개혁을 수행하였다. 스코틀랜드 교회는 1560년 이전까지는 영국의 영향을 받았고 1560년 이후는 제네바의 영향을 받았다. 1560년의 「스코틀랜드 신앙고백」은 더 잘 알려진 「웨스트민스터신앙고백」보다 칼빈의 본래적 사상에 가깝다고 할 수 있다. 제네바의 칼빈의 종교개혁은 청교도들과 요한 낙스의 스코틀랜드 교회의 개혁을 통해 서유럽 교회를 형성하였던 것이다. 이와 같은 서유럽 교회의 칼빈의 전통은 오늘날 전 세계의 장로교회의 전통이 되었다.

한국장로교회의 예배[1]

김경진 교수(장로회신학대학교, 예배·설교학)

1. 들어가는 말

한국장로교 예배는 매우 복잡한 과정을 거쳐 오늘에 이르렀다. 한국 장로교회의 예배의 특징을 정리하려면 한국교회의 독특한 상황과 경험을 먼저 고려하여야 한다. 즉, 영국과 미국을 통해 들어온 장로교 예배 전통과 더불어, 한국에 파송된 선교사들의 선교 전략, 한국인이 경험한 역사적 사건들과 상황들, 그리고 한국의 독특한 문화적 환경들을 함께 묶어 생각할 필요가 있다.

1884년을 기점으로 미국장로교의 선교사들이 한국에 들어왔을 때, 한국에는 이미 예배를 드리는 공동체가 존재했다. 만주를 통해서 들어온

---

[1] 본 내용은 Seung Joong Joo & Kyeong-Jin Kim, "The Reformed Tradition in Korea," Geoffery Wainright and Karen B. Westerfield Tucker, ed., *The Oxford History of Christian Worship* (Oxford : Oxford University Press, 2006), pp. 484-491에 영문으로 간단히 서술되어 있다.

한국의 기독교인들이 몇 년 전부터 소래지역 등지에서 예배를 드리고 있었던 것이다. 한국장로교회의 예배는 이렇게 처음부터 독특한 출발을 보여 주고 있다.

2. 만주교회로부터 전해 받은 예배 전통[2]

우리가 만주교회의 예배를 관심 있게 보는 이유는 소래교회를 비롯한 초기 한국교회가 만주교회에서 신앙을 얻은 이들에 의해서 시작되었기 때문이다. 백홍준, 이응찬, 서상륜 등의 한국인들은 만주교회에서 복음을 접하고 세례(1876)를 받은 사람들로서, 한국어 성경과 소책자들을 들고 평양과 의주를 비롯한 서북지방 및 서울에 들어와 선교를 하며 신앙 공동체를 형성하고 있었다. 그들이 매 주일마다 모여서 예배를 드리고 있었다고 가정하면, 그 예배는 만주로부터 전해 받았을 가능성이 크다.

그렇다면 만주교회의 예배는 어떠하였을까? 사실, 이에 대해서는 아직까지 자세한 연구가 이루어지지 않았기 때문에 당시 만주교회의 예배상황을 면밀히 정리하기란 쉽지 않은 일이다. 하지만 우리는 당시 만주교회에서 선교활동을 하였던 로스 선교사의 글을 통해 만주교회의 예배상황을 대략적으로 정리할 수 있다. 만주에서 한국인들에 대한 관심을 가지고 선교활동을 하였던 로스(Rev. John Ross, 1842-1915) 선교사는 1903년에 자신의 선교활동을 정리하면서 *Mission Methods in Manchuria*라는 책을 서술하였는데,[3] 여기에서 그는 순회전도(Itinerancy)와 노상설교(Street Preaching),[4] 뒷방(back room)에서 매일 저녁 모였

---

2. 초기 한국장로교 예배의 형성과 관련된 내용은 김경진, "초기 한국장로교 예배, 1879-1934", 「현대사회와 예배 설교사역」(서울 : 예배와 설교 아카데미, 2002), pp. 517-536의 내용을 발췌, 보완한 것임.
3. John Ross, *Mission Methods in Manchuria* (New York : Fleming H. Revell Company, 1903).
4. 노상설교는 선교지의 독특한 예배 형태였는데, 장터에 가게를 열고 그곳에서 지

던 저녁집회,[5] 원입교인을 위한 교육,[6] 세례교인들의 교육,[7] 그리고 공적인 주일예배 등 다양한 예배와 집회의 활동들을 자세하게 기술하고 있다. 1879년에 처음으로 만주교회에서 네 명의 한국인들이 세례를 받게 되었는데, 이들은 로스가 말한 이러한 모임과 예배의 틀 안에서 신앙의 훈련을 받고 세례를 받았을 가능성이 있다.

그러나 이러한 예배와 모임의 종류보다 더 큰 정보가 그의 책에 들어 있는데, 우리는 그의 책을 통하여서 만주교회의 한국인들이 경험하였을 예배를 다음과 같이 정리할 수 있다.

우선, 만주교회에서 한국인들이 경험한 예배의 첫 번째 특징은 그들의 모임이 언제나 성경공부 중심의 모임이었다는 것이다. 당시 대부분의 한국인 성도들은 로스의 한국어 성경 번역에 참여하고 있었다.[8] 뿐만 아니라 경전을 읽고 해석하는 전통에 익숙하였던 동양인들에게 성경을

나가는 사람들에게 선교하는 방식이었다. 주로 오후에 열렸던 이 노상설교는 간단한 기도와 찬송으로 시작되었으며 서양 문물이나 문명에 대해 궁금해하는 사람들에 설명하는 방식으로 설교가 이어졌다. 로스는 이것을 설교의 형태 중 가장 어려운 설교라고 자평하면서, 이 설교의 방식은 사람들이 무엇을 물어 오든지 언제나 마지막은 복음과 기독교로 끝나는 것이라고 말하였다. J. Ross, 위의 글, pp. 45-76.

5. 노상설교 중에 기독교에 관심을 보이는 사람은 곧 뒷방으로 초대되며, 선교사들은 보다 구체적인 방법으로 복음을 전하게 된다. 그들이 집회에 참석하겠다는 의사를 표명하면 매일 저녁 모이는 집회에 초대되었다. 이 모임에서는 찬송이나 기도보다는 성경을 연구하는 일을 주로 하였으며 1880년 당시에는 30여 명의 한국인들이 한국말로 예배를 드리고 있었다. J. MacIntyre, "North China," *United Presbyterian Missionary Record* (Jul. 1, 1881), p. 270.

6. 세례를 위한 교육은 1주일에 한 번 시간을 정하여 9달 동안 실시되었으며 한번에 약 2~4시간 동안 진행되었다.

7. 이 모임은 적어도 한 시간씩 성경을 읽고 공부하는 시간으로 진행되었으며 주로 오전 노상설교를 나가기 전에 실시되었다. 후에 이 모임은 4년간의 공적인 신학교육으로 발전하게 된다.

8. 활자공이었던 김청송은 성서를 출판하는 과정에서 기독교를 접하고 성서출판 후에 세례를 받았다. John Ross, "The Christian Dawn in Korea," *The Missionary Review of the World*, vol. 3, no. 4., new series, p. 243.

읽고 해석하며, 또한 암송하는 것은 자연스러운 것이었다. 특별히 성경 암송은 세례교인들이 매일같이 모였던 성경공부에서 자주 권장되었던 것으로 보인다.[9] 이러한 성경공부와 성경암송의 전통이 자연스럽게 초기 한국장로교회의 예배의 형성에 영향을 주었을 가능성이 크다.

만주교회의 예배의 두 번째 특징은 공적인 즉흥기도에 있었다. 만주교회는 세례 받은 사람은 누구나 공적인 자리에서 기도를 인도할 수 있도록 훈련하였는데, 선교사들은 평신도들의 유창한 기도를 보고 신앙의 깊이를 가늠하였다는 것이다. 만주교회의 한국 교인들은 아마도 이러한 즉흥적인 공적 기도를 훈련받고 이러한 무기를 가지고 한국에 들어갈 수 있었을 것으로 판단된다.[10]

만주교회 예배의 세 번째 특징은 평신도들에게 주어진 예배의 주도권에 있었다. 이미 앞에서 말하였듯이, 한국교회에서는 선교사들이 들어오기 전부터 평신도들에 의해서 예배와 집회가 이루어지고 있었다. 이러한 평신도 중심의 예배는 초기 한국장로교회의 예배를 정의하는 매우 특징적인 내용이라고 할 수 있다.

만주교회 예배의 중요한 네 번째 특징은 동양의 제의적 습관이 기독교적으로 해석되기 시작하였다는 것이다. 실제로 로스는 만주지역의 최초의 현지인 목사였던 왕 목사(일명 왕도사)가 새벽에 일어나 손자들과 함께 새벽기도를 드렸다는 것을 1903년에 발간된 그의 책에서 설명하고 있다.[11] 아마도 새벽기도는 동양권에 기독교가 전파되면서 자연스럽게 개인적으로 이루어졌던 토착화의 한 형태였던 것으로 보이는데, 만주에서 세례를 받은 백홍준이 서울의 새문안교회에서 일할 때에 매일 새벽에 일어나 중국어로 찬송을 부르고 기도를 하였다는 기록도 만주교회와 무관하지 않을 것으로 보인다.[12] 만주교회는 결혼예식에서도 동양의 관습

---

9. John Ross, *Mission Methods in Manchuria*, pp. 108-109.
10. Ibid.
11. Ibid., p. 150.
12. 새문안교회, 「새문안교회 70년사」(서울 : 새문안교회, 1958), p. 47.

을 반영하여 진행하였을 뿐만 아니라, 새해의 첫날을 맞는 제사를 기독교 예식으로 대체하였다.[13] 이러한 기독교 예배의 토착적 요소들은 후에 대다수 미국 선교사들의 거부감에도 불구하고 한국교회의 예배관의 저변에 흐르게 되었고, 후에 새벽기도와 추도예배 등의 형태로 발전하게 된 것으로 보인다.

3. 미국의 선교사들이 소개한 예배 전통

한국에서 처음으로 선교사들에 의해서 예배가 이루어진 것은 1885년부터였다. 미국장로교 목사인 언더우드(H. G. Underwood)와 미국 감리교 목사인 아펜젤러(H. G. Appenzeller)가 한국에 입국한 후 공식적인 영어 예배를 드릴 수 있도록 황실에 요청하여 이루어진 일이었다. 이 예배에 공식적으로 한국인들은 참여할 수 없었지만, 실제로는 참여하였던 것으로 보인다.[14] 아마도 한국인들은 1885년 이후부터 서서히 미국의 선교사들이 이끄는 예배를 경험하였을 가능성이 크다.

1884년 이후로 한국에 들어온 서구의 선교사들은 대부분 미국의 청교도 전통(Puritanism)을 통해 양육되고 부흥운동(Revivalism)을 경험한 사람들이었다.[15] 미국의 선교사들이 한국교회에 남겨 준 예배 전통은 크게 두 가지로 설명할 수 있는데, 하나는 부흥운동의 영향으로 발전한 기도

---

13. 한 해의 마지막 날 가족들이 모이면 함께 찬송을 부르고 성경을 읽으며 기도를 한다. 가장이 선조들의 이름과 그들의 행적 등을 설명하며 읽으며 내려가, 새해의 새벽이 되면 가장이 하나님께 가족 개인의 미래와 안전을 비는 기도를 하게 된다.
14. 이 영어 예배에서 한국 내에서 최초로 노춘경(노도사)가 세례를 받은 것으로 보아 영어 예배는 비밀리에 한국인들에게도 열려 있었던 것으로 보인다. H. G. Underwood's Letter to F. F. Ellinwood, Jul. 9, 1886, in *Correspondence and Reports*, 1884-1911.
15. 한국에 들어온 장로교 선교사들 중에는 미국의 구파(old school)에 영향을 받은 사람들과 신파(new school)의 영향을 받은 사람들이 혼재하였다.

주간(week of prayer)이다.[16] 이는 일주일 동안 세계의 다양한 선교지에 파송된 선교사들과 선교사역을 위하여 열정적으로 기도하는 모임이었다. 1887년 처음 한국교회가 세워지고 얼마 후인 1888년 1월에 한국인들도 기도주간을 지키게 되는데, 이 전통이 후에 한국교회 대부흥운동의 씨앗이 되었고 지금까지 한국교회가 기도를 중시하게 된 데 크게 기여하였다고 할 수 있다.

선교의 현장에서 발생한 흥미로운 예배 전통이 있는데 그것은 바로 선교사들이 우리들에게 전하여 준 탈교파적 예배 전통이다. 특히 장로교 선교사인 언더우드는 교단적인 정체감이 약하였던 것으로 파악된다.[17] 장로교회와 감리교회가 각기 한국어로 예배를 드리기 시작한 1887년, 감리교 선교사인 아펜젤러는 장로교의 선교사 언더우드에게 감리교의 창시자인 웨슬리(John Wesley)의 언약예배(the Covenant Worship) 전통인 야성회(the Watch Night Service)를 공동으로 드릴 것을 제안하게 된다.[18] 언더우드 목사가 이를 수용함으로 한국교회 최초의 연합예배가 드려지게 되었다.[19]

후에 이 예배는 송구영신 예배로서 한국교회의 전통적인 예배가 되었는데, 한국교회에서는 후에 교파 간 혹은 교회 간 함께 드리는 연합예배

---

16. 선교사들은 그들만이 영어로 예배를 드리던 1885년부터 이미 기도주간을 지켰던 것으로 보인다.
17. 감리교 선교사인 H. G. Appenzeller는 1890년 한국 최초의 개신교 예배문서로 추정되는 미이미교회 강례를 출판하였는데, 이것은 미국 감리교회(Methodist Episcopal Church)가 1888년 발간한 「교리강령」(the Doctrines and Discipline od the Methodist Episcopal Church) 중에서 예배 부분을 번역한 것이었다. 이와는 대조적으로 언더우드는 교파적 성향보다는 복음전파에 더 많은 관심을 가지고 있었다.
18. 야성회는 1897년 겨울 마지막 주에 기도주간으로 시작되어 새해를 맞는 새벽까지 1주일간 계속되었으며, 성만찬으로 예배를 마치게 되었다. *Annual Report of the Board of Poreign Missions of the Presbyterian Church in the United States of America* (New York : MissionHouse, 1888), p. 170.
19. Willam E. Griffis, *A Modern Pioneer in Korea, the Life Story of H. G. Appenzeller* (New York : Fleming H. Revell Co., 1912), p. 87.

가 하나의 특징이 되었다.[20] 이러한 전통은 후에 한국장로교회 예배가 장로교회의 교파적 특성을 유지하지 못하는 하나의 요인으로 작용하였다.[21]

4. 네비우스 선교정책과 초기 한국장로교 예배[22]

한국장로교회 예배 형성과정에서 큰 영향을 미친 요소가 있다면 그것은 초기 한국장로교 선교사들이 채택한 네비우스(Nevius) 선교정책일 것이다. 네비우스 선교정책의 채택은 선교의 방식뿐 아니라, 선교지에서 드려지는 다양한 예배와 집회들, 그리고 모임의 형태와 방법 등에 이르는 다양한 영역에 영향을 주었다.

네비우스는 실제로 한국에서 활동한 선교사는 아니었다. 미국장로교회(Presbyterian Church USA)의 중국 파송 선교사로 영파와 산동을 중심으로 사역한바 있는 네비우스(John Livingston Nevius, 1829-1893) 목사는 1885년 "중국 기록과 선교보고"(Chinese Recorder and Missionary Journal)에 "선교교회의 설립과 발전"(Planting and Development of Missionary Churches)이라는 논문을 발표하였는데, 이 논문들은 이듬해에 다시 한 권의 책으로 증보되어 「선교사역방법」(*Method of Mission Work*)이라는 제목으로 출판되었다.[23] 이 책에서 네비우스는 선교사역을 하면서 자신이 정

---

20. 이러한 경향은 1896년 부활주일과 성령강림주일, 그리고 황제탄생일에 연합으로 예배를 드린 경우에서도 확인된다. 「부활주일예배」(서울 : 1896)를 참조하라.
21. 교파 간 예배의 특성을 확보하지 못하도록 하였던 또 다른 원인으로는 찬송가의 연합발간을 들 수 있다. 1908년에 발간된 「찬숑가」에는 장로교회의 「찬성시」(1898)에 있었던 13편의 시편송이 대부분 삭제되었으며, 「찬미가」(1895)에 첨가되어 있던 감리교의 "미이미교회 강례"가 삭제되었다.
22. 보다 자세한 내용은 김경진, "네비우스 선교방법이 초기 한국장로교 예전 형성에 미친 영향에 대한 연구", 「부산장신논총」 제3집 (2003), pp. 133-159을 참고하라.
23. John Nevius, *Methods of Mission Work* (Shanghai : Presbyterian Mission

리한 선교의 새로운 방법(new method)을 개괄하였는데[24] 이것이 언더우드를 포함한 한국의 선교사들에게 많은 영향을 미치게 된 것이었다.[25] 결국, 한국의 장로교 선교사들은 이 네비우스 방법을 기초로 한 'The Presbyterian Northern Mission Rules and By-laws'를 1891년에 공식적으로 받아들이게 되는데, 이후로 오랫동안 이 네비우스 선교방법은 한국교회의 선교와 예배 및 교육 등 여러 방면에 큰 영향을 미치게 되었다.

네비우스가 그의 새로운 방법에서 가장 중요하게 생각한 것은 고용체계(employment system)와 대비되는 자발적 체계(voluntary system)의 도입이라고 할 수 있다. 그는 소수의 유급 조사만 두고, 대부분의 무급 토착신자 혹은 지도자들(unpaid native Christians or leaders)이 스스로 전도할 것을 주장하였다. 한마디로 말하면, 토착민이 스스로 복음을 자발적으로 전하라는 것이다. 이것이 바로 삼자원리로 잘 알려진, 자립(self-support), 자치(self-government), 자전(self-propagation)의 핵심이다. 토착민들이 스스로 교회를 세우고 스스로 교회를 치리하며, 스스로의 힘으로 복음을 전한다는 것이다.

이러한 목적을 위하여 초기단계의 교회 조직은 융통성을 보였다. 도

Press, 1886).
24) 네비우스의 선교방법은 자신의 독창적인 발명품은 아니었다. 흔히 삼자이론(Three-Self Theory)으로 알려진 네비우스의 방법은 19세기 중반 영국교회선교회의 총무로 활동한 벤(Henry Venn, 1796-1873)과 미국 공리회 해외선교부 총무로 활동한 앤더슨(Rufus Anderson, 1796-1880)이 주장한 이론으로, 네비우스는 이들의 선교방법을 중국 실정에 맞는 프로그램으로 만든 실천이론가라 하겠다. 이에 대하여는 옥성득, "한국장로교의 초기 선교정책"(1884-1903), 「한국기독교와 역사」 제9호(서울 : 한국기독교역사연구소, 1998), pp. 119-123을 보라.
25) 1889년 이 글을 읽은 언더우드는 네비우스 부부를 서울로 초청하여 두 주간의 강의를 듣게 되었다. 강의가 끝난 후 그곳에 모였던 장로교 선교사들은 깊은 기도와 함께 감격적으로 네비우스의 선교방법을 한국에 적용하기로 결정한다. H. G. Underwood, *The Call of Korea* (New York : Fleming H. Revell Co., 1908), p. 109.

시에서는 전통적인 장로교 조직을, 시골에서는 영수가 담당하고 순회조사가 감독하는 '초보적이고 임시적인' 선교단체의 조직 형태를 선호하였다.

이러한 네비우스의 선교정책은 자연스럽게 초기 한국장로교회의 예배에 영향을 미치게 되었는데, 선교사가 인도하는 예배가 아닌, 다양한 평신도들이 예배를 인도하는 상황, 다시 말해 초보 선교공동체적인 예배의 상황으로 초기 한국장로교회의 예배상황이 오랫동안 지속되게 된 것이다. 이러한 상황은 한국에 첫 한국인 목회자들이 배출되기 시작한 1907년 이전까지 계속되었다. 그렇다면 네비우스 선교정책이 제시한 예전은 어떠한 것이었을까?

우선 네비우스의 선교정책이 제시하는 예전적 제안은 토착민들에게 예배의 주도권을 주라는 것이었다. 네비우스는 이렇게 말한다. "우리의 목적은 각 남자, 여자, 그리고 어린아이가 자신보다 더 나은 사람으로부터 배우기도 하고, 좀 덜한 사람의 선생님이 되기도 하는 것이다."[26] 그는 토착인들 사이에서 스스로 복음이 전파되도록 하는 새로운 방법(new method)이 선교에 관련된 모든 일을 선교사들이 담당하는 전통적인 옛 방법(old method)보다 훨씬 더 효과적이라고 생각했다. 네비우스는 이러한 자신의 방법을 촉진시키기 위해서 순회 조사(circuit helper)와 영수(leader)라는 두 협력자를 두는 방법을 제안하였다. 선교사들은 각각 순회조사를 고용했는데, 그들은 일반적으로 경험이 풍부하고 잘 교육받은 현지 그리스도인들이었다.[27]

후에 베어드(Richard H. Baird)는 네비우스 정책의 중심에 분명히 토착민들의 예배 주도권(worship initiatives of natives)이 있었다고 주장한다. 이러한 토착민의 예배주도권은 선교사들이 한국에 들어오기 전부터 이미 만주에서 내려온 것으로 한국교회의 발전에 매우 큰 가치가 있

---

26. John Nevius, *Methods of Mission Work*, p. 32.
27. Ibid.

었던 한 요소로 파악하였다. 그는 이렇게 말한다. "장로교 선교사들이 네비우스의 방법으로 무장하고 황해도와 평안도에 도착했을 때, 그들은 조선의 그리스도인들이 스스로 예배의 주도권을 가지고 예배를 드리고 있는 것을 발견하였다. 그것은 일종의 하늘에서 만들어진 하나의 성혼식(matrimony)이었다."[28]

성례전이 없는 일반적인 예배는 주일예배를 포함하여서 지역의 영수들과 순회 조사들에게 위임되었다. 그럼에도 불구하고 네비우스의 방법은 하나의 문제에 직면하게 되었는데, 영수들이 대부분 잘 훈련된 지도자들이 아니라는 것이었다. 그들은 일반적인 공동체의 농부, 장인, 상인들이었다. 그들에게 올바르고 신학적으로 정돈된 예배를 인도하기를 기대한다는 것은 불가능한 일이었다. 따라서 네비우스는 이와 같이 아직 준비되지 못한 토착민 평신도 지도자인 영수들의 예배 인도를 돕기 위해 예전 프로그램을 개발하였는데, 그것이 바로 연합예배(Union Worship Service)이다.[29]

---

28. Richard H. Baird, *William M. Baird of Korea : A Profile* (Oakland : personal profile, 1968), p. 232.
29. 이러한 연합예배는 주일 오전과 오후에 열렸는데 다음의 네 부분으로 이루어져 있었다 : (1) 비공식적인 주일학교, (2) 공적인 주일예배, (3) 성경 이야기 훈련, (4) 교리문답. 첫째로 모든 신도들과 그날 참석하는 영수들은 개인적인 공부가 이루어지는 비형식적인 주일학교(informal Sunday School)에 출석하여야 했다. 이러한 공부에는 한자를 배우는 것도 포함되었고, 성경 본문을 암기하거나 성경 이야기를 말하거나 교리문답이나 성경문답집을 공부하는 등의 많은 내용을 포함하고 있었다. 둘째로, 공적인 예배(formal service of worship)가 거행되었는데 예배는 보통 45분을 넘기지 않았다. 이 예배의 순서에는 찬송을 부르고, 성경을 읽고 몇 가지 설명을 붙이는 일, 그리고 권면과 기도 등의 순서가 포함되어 있었다. 셋째로, 성경 이야기 훈련(Scripture Story Exercise)이 이어졌는데, 미리 지정된 사람이 성경의 이야기를 말하는 시간이었다. 후에 모임의 지도자는 다른 사람들을 불러서 이야기를 이어 가도록 하였는데, 마지막에는 모든 참석한 사람들이 그 이야기로부터 실천적 교훈과 의무 등을 찾아내었다. 마지막으로, 모든 사람이 참여하는 교리문답 훈련(Catechetical Exercise)이 뒤따랐는데, 이는 그들이 이미 배운 것의 의미를 보다 분명하게 깨닫게 하기 위해서 계획된 것이다. 주의 만찬, 십계명, 성경의 선별된 본문, 성경의 몇몇 책 또는 은총에 대한 의무 등과 같은 주제들이 포함되었다. John L. Nevius,

내 순회 조사(circuit helper) 중 한 사람은 거의 40개 예배처소에 대한 책임을 지고 있었다. …… 한 순회 조사 아래의 40개 예배처소는 각각 4~7개로 묶여, 7개의 지리적인 그룹으로 나뉘었다. 순회 조사는 이 그룹들을 규칙적으로 돌아가면서 방문했는데, 약속에 의해 두 달에 한 번 방문해서, 각 방문지에 약 일주일 동안 머물곤 하였다. 주일에 그는 일반예배 또는 연합예배(general or united worship)를 열어 그곳에 영수들과 다른 중요한 교회 구성원들이 참여하도록 하였다. 조사들에 의해 수행된 이 연합예배의 주된 목적은 영수들이 이 모델을 따라 자신들이 속한 지역의 예배처소에서 7~8주간 동안 예배를 드릴 수 있도록 하려는 데 있었다. 순회조사들이 참석하지 않는 두 달 중 한 번은 이 그룹 안에 있는 영수 중의 한 사람에 의해서 이와 비슷한 연합예배가 드려졌는데, 책임을 맡을 사람은 순회조사에 의해서 사전에 임명되었다.[30]

두 달에 한 번씩 갖는 연합예배만으로는 지역의 예배처소에서 예배를 인도하는 영수들에게 만족할 만한 도움을 줄 수 없다는 사실을 인정하면서, 네비우스는 이 연합예배에 덧붙여서 성경학교 혹은 훈련학교(Bible or Training Class System)가 때때로 선교부에 의해서 소집되어야 한다고 주장하였다. 이것은 지역의 영수들이 듣게 되는데, 겨울이나 여름중의 대략 6주에서 두 달 정도의 기간 동안 진행되는 일종의 집중강의와 같은 것이었다.[31] 후에 곽안련(Charles A. Clark)선교사는 이 체제에 대해 다음과 같이 평가하였다. "성경학교 시스템이 없이는 그 계획(네비우스 정책)이 성공할 수 있을지 의심스러웠다. 성경학교가 없었다면 처소의 지도자들이 몇 달의 설교를 한 후에는 어떤 메시지도 찾아낼 수 없었을 것이고 교회는 영적 기아상태에 빠지고 말았을 것이다."[32]

마펫(S. A. Moffett)도 역시 1909년 선교 25주년 기념식에서 초기 선

Methods of Mission Work, pp. 32-33.
30. Ibid.
31. Ibid. pp. 40-41.
32. Charles A. Clark, *The Nevius Plan for Mission Work* (Seoul : Christian Literature Society, 1938), p. 273.

교정책에 대해 언급하면서, 1890년 네비우스에게서 받은 '큰 원리가 된 두 가지 씨앗 사상'은 '사경회'(Bible Class System) 제도와 '자립'(self-support)이었다고 밝힌바 있다.[33]

네비우스의 선교방법을 따른 첫 번째 성경공부는 1890년에 열렸고 남자 7명이 참석하였다.[34] 초기의 성경학교는 네비우스의 정책을 따른 평신도 지도자인 영수들을 위한 한 달 동안의 과정이었던 것으로 보인다. 1891년에 만들어진 미 북장로교 선교부의 「선교 규칙과 내규」(the Rules and By-laws of Presbyterian Northern Mission)는 네비우스의 정책을 충실하게 반영하고 있는데, 이미 이 성경 연구반에 대하여 D항 1조에서 다음과 같이 설명한 바 있다. "선교회는 신학교육의 장(즉, 성경 연구반)을 마련하여 여러 종류의 현지인 사역자들에게 제공한다. 이 일은 여름 성경 연구반과 겨울 성경 연구반을 통해, 그리고 때가 되면 신학교를 통해 이루어진다."[35]

이렇게 시작된 성경 연구반은 1892년까지는 중앙 지역 한곳에서만 진행이 되었으나 이듬해부터 여러 지역에서 개별적인 성경 연구반(사경회)을 열기로 결정하면서 점차 사경회로 발전하기 시작하였다.[36] 곽안련(Clark)은 이러한 변화를 이렇게 평가하였다. "이것은 네비우스 정책의 발전이었으며 전국 곳곳에 사경회를 개최하게 된 시발점이었다."[37]

또 하나의 네비우스 선교정책의 영향으로 꼽을 수 있는 것은 간단한 예배순서의 고착이다. 네비우스는 선교지의 교인들의 신앙적 수준이 높지 않다는 점을 고려할 때 복잡한 예배의 순서가 도움이 되지 않는다고

---

33. Samuel A. Moffett, "Evangelistic Work," in *Quarto Centennial Papers read before Korea Mission of the PCUSA at the annual Meeting in Pyeng Yang* (n. p., 1909), p. 18.
34. Presbyterian Church in the United States of America, Board of Foreign Missions, *Annual Report* (1891), p. 136.
35. Charles A. Clark, *The Nevius Plan for Mission Work*, p. 92.
36. Ibid. p. 123.
37. Ibid. p. 99.

생각하였다. 그는 그의 책에서 이러한 자신의 생각을 다음과 같이 표현하였다.

> 회중들이 지시에 따라 일어나고 앉고 또한 무릎을 꿇고 공손한 태도로 말씀을 듣거나 그들에게 주어지는 말씀을 주의 깊게 듣는 것처럼 보일지도 모른다. 간단히 말해서, 그들이 예배를 드리고 만족감을 가지고 집으로 가지만, 그들의 마음에는 깨달음이 없다. …… 대부분의 회중들은 그들의 정신적 발달과 연관해서 유아기적 상태에 있기에 그것에 걸맞게 다루어져야 한다.[38]

물론 이러한 경향은 청교도적인 영향을 받은 선교사들에게는 공통적으로 일어나는 현상이기는 하였지만, 네비우스가 선교의 현장을 고려하여 임시적으로 간단한 예배 순서를 제안하였다는 점은 짚고 넘어갈 필요가 있다. 이러한 네비우스의 구상을 따라서 한국선교사인 마펫은 1895년에 「위 원입교인 규죠」를 발간하는데, 그곳에는 평신도들이 사용할 수 있는 간단한 임시적 예배순서가 다음과 같이 소개되어 있다.[39]

> (1) 찬미를 부를 것이요, (2) 기도를 할 것이요, (3) 성서를 볼 것이요,
> (4) 교우 중에서 한 사람이나 두 사람이나 기도를 할 것이요,
> (5) 찬미시를 부를 것이요, (6) 성서 뜻을 풀어 가르칠 것이요,
> (7) 기도를 할 것이요, (8) 연보전을 드릴 것이요,
> (9) 찬미시를 부를 것이요.[40]

1932년 새문안 교회에서 드린 주일 낮 예배순서를 보면 마펫이 네비

---

38. John L. Nevius, *Methods of Mission Work*, p. 37.
39. 마펫의 「위 원입교인 규죠」가 네비우스의 관점을 따르고 있다는 점은 여러 가지로 증명된다. 예를 들어 매뉴얼인 이 책의 구조가 네비우스가 제안한 구조와 일치하고 있고, 또한 용어들의 사용, 특히 설교를 'preaching'이라고 하지 않고 'teaching'이라고 말하는 것 등이 그러하다.
40. 마펫, 「위 원입교인 규죠」(서울 : 조선 예수교 서회, 1895), p. 13-14.

우스의 선교정책을 따라 임시적으로 간단하게 만들어 놓은 예배순서와 거의 유사함을 발견하게 된다.

네비우스선교정책을 따른 마펫예전(1895)	새문안교회예전(1932)[41]
	예 배 사
찬　　송	찬　　송
기　　도	기도(장로)
	시편낭독
성경봉독	성경봉독
기도(회중가운데)	
찬　　송	찬양(찬양대)
성경공부	설　　교
기　　도	기　　도
봉　　헌	봉헌과 기도
	광　　고
찬　　송	찬　　송
	축　　도

이상에서 볼 수 있듯이, 한국교회의 주일예배의 순서는 네비우스의 선교정책에서 유래한 마펫의 예배순서가 한국교회의 공적인 주일예배로 고착되었다는 것을 알 수 있다. 새문안교회의 1932년 예배순서는 '성경공부'의 순서가 목사가 배출된 뒤로 '설교'로 바뀌고 '축도'가 들어가는 등의 약간의 변화는 있었지만, 본질적으로 마펫의 예배순서를 따르고 있음을 알 수 있다. 한국교회가 1970년대까지 이 예배순서를 따라 주일예배를 드렸음을 생각해 본다면 네비우스의 선교정책의 위력을 새삼 실감할 수밖에 없다.

네비우스의 선교정책과 관련하여서 한 가지 더 살펴보아야 할 것은 바로 학습제도의 발전이다. 어린이와 같은 수준에 있는 평신도들을 위하여 네비우스가 제안하는 또 다른 예전 프로그램은 세례를 위한 준비기

---

41. 새문안교회 역사편찬위원회, 「새문안교회 100년사, 1887-1987」(서울 : 새문안교회 역사편찬위원회, 1995), p. 239.

간을 두자는 것이었다. 설교가 아닌 가르침을 통해서 6개월 혹은 2년간의 학습기간이 필요함을 역설한 것이다.[42] 후에 한국의 초기 선교사들은 네비우스의 정책이 제안한 대로 세례 전 준비기간(probationary period)을 갖기 시작하였는데, 마펫은 1890년에 처음으로 세례 전에 세례후보자가 2주간 동안 개인적으로 선교사의 지도를 받도록 하는 준비의 기간을 실행하였음을 보고하고 있다.[43] 곽안련은 이러한 학습제도가 네비우스 정책의 결과였음을 다음과 같이 증언한다.[44]

> 1892년 사업에 관한 다음과 같은 기록이 있다. "62명의 세례지원자(학습교인)가 받아들여져 조직적인 가르침을 위해 선교회의 회원들에게 할당되었다." 이는 네비우스의 방안이 가져다준 또 하나의 열매였다. 1890년 이전에는 공식적인 학습교인이 없었다.[45]

얼마 지나지 않아서 이러한 준비 기간(probation time)은 세례 전의 공적인 신앙고백 의식(public profession rite)의 발달을 부추겼다. 미국 북

---

42. 유예기간 동안 원입교인들은 기독교 교리에 대한 설명이 첨부된 교리문답과 기도의 유형들, 그리고 성경본문들을 암기하고 이해할 것이 요구되었다. 그들은 또한 정기적으로 예배에 참석하고 공인된 그리스도인으로서의 종교적 의무를 이행할 것을 요청받았다. 종종 준비기간 중에 있는 사람들은 그가 다른 사람에게 복음을 전하였는지에 대하여 질문받기도 하였는데, 이러한 것들은 후에 세례를 받는 데에 중요한 조건이 되었다.
43. Samuel A. Moffett, "Evangelistic Work," p. 24.
44. 그러나 공적인 예식으로서의 학습예식의 유래를 네비우스 선교정책의 결과만으로 연결짓기에는 무리가 있다. 이러한 공적인 학습예식은 1890년에 이미 아펜젤러에 의해 한국어로 발간된 감리교의 「미이미 교회 강례」(Articles of Religion and Ritual of the Methodist Episcopal Church)에 있는 "사람을 예비단계 후에 교회에 받아들이는 순서"(the Order for Receiving Persons into the Church after Probation)와 아주 유사하다는 사실이다. 이 감리교 예식의 일반적인 순서는 (1) 호명, (2) 기립 혹은 앞으로 나옴, (3) 문답, (4) 목회자의 환영사와 기도의 순서로 진행되었다. 장로교의 학습예식이 이 감리교의 예식으로부터 왔을 가능성이 있다.
45. 곽안련 저, 박용규, 김춘섭 옮김, 「한국교회와 네비우스 선교정책」(서울 : 대한기독교서회, 1994), p. 114.

장로교 선교부(Board of Foreign Mission, northern)의 한 보고서는 이러한 놀라운 변화를 다음과 같이 증언한다.

> 1894년 1월에 8명이 세례를 받았다. 마펫은 시험적으로 세례 후보자들이 완전한 교인으로 받아들여지기 2주 전에, 그들이 공적인 자리에서 일반적이고 간단한 신앙고백을 하도록 하는 예식을 실행하였다. 공적으로 기독교 신앙을 고백하도록 하는 이 예식은 그들의 진실함과 진지함을 시험하는 기회를 제공하였다. 대부분의 사람들은 그들의 믿음을 증명했지만 몇몇의 사람들은 실패하였다.[46]

이러한 공적인 신앙고백 의식은 한국의 북쪽지역에서 시작되어 점차 세례와 관련된 한국교회의 중요한 예전으로 자리 잡아 갔다.

이와 같이, 네비우스의 선교정책이 한국교회 예배에 미친 영향은 실로 대단한 것이었다. 사경회나 학습제도, 그리고 구역예배와 같은 한국교회 예전의 큰 틀이 네비우스 선교정책과 관련이 있으며, 평신도의 예배 참여가 장려되는 예배 전통 또한 그러하다는 것이다. 간단한 예배순서의 고착과 같은 부분도 부정적인 의미에서 한국교회에 미친 영향으로 파악할 수 있을 것이다.

5. 한국장로교 예배의 형성(1907-1930)

한국장로교회의 예배의 상황은 1907년 최초의 목회자가 배출되면서 새로운 국면을 맞게 되었다. 지금까지 평신도 지도자에 의해서 주도되어 온 예배를 목회자들이 맡게 된 것이다. 한국인 목회자가 배출되면서부터 한국교회에는 독특한 형태의 예배들이 발전하기 시작하였는데, 이것은 선교 초기부터 숨겨져 내려오던 토착 예식들이 한국인 목사들의 배출

---

46. Presbyterian Church in the United States of America, Board of Foreign Missions, *Annual Report* (1895), p. 120.

과 더불어 예배 예전의 표면 위로 올라왔다고 하는 것이 옳을 것이다. 우선 다양하고 독특한 한국의 예전은 기도 분야에서 두드러지게 나타났다.

1906년 타 지역에서 선교를 하고 있던 존스톤(H. A. Johnston)이라는 선교사가 한국에 들어와 기도의 실험적 형태로서의 통성기도의 사례를 발표하였다.[47] 이후에 1907년 대부흥운동의 시작과 함께 통성기도는 한국 교회의 전통적인 기도 형태로 발전되어 왔고, 조용기 목사 등에 의해 세계 여러 곳에 알려지기도 하였다.[48] 1993년 발간된 미국감리교회「예배서」(*Worship Book*)에는 한국의 독특한 기도의 형태로 통성기도가 소개되기도 하였다.

이외에 새벽기도는 동양적 패턴이 만들어 낸 기독교 예전의 새로운 형태라고 말할 수 있다.[49] 우리나라에서는 1907년 길선주 목사에 의해 공적으로 시작되었다고 알려져 있지만, 앞에서 살펴본 것처럼 중국과 한국에 기독교가 들어오면서 개인적으로 자연스럽게 시작되었던 새벽기도가 공적인 예전으로 발전한 것뿐이었다. 이외에도 산상기도와 철야기도 등 다양한 기도의 형태들이 등장하게 되었고, 추도예식, 추수감사절의 강단 장식, 부활주일 초롱, 정초예식 등 다양한 토착적인 예전들이 발전하게 되었다.

이 시기에 진행된 매우 중요한 변화는 바로 공식적인 예배문서의 필요성의 대두로 인한 예전서의 발간 및 예배모범의 확정이었다. 한국장로교 예식서의 시작은 한국의 장로교 총회가 시작된 이듬해인 1913년으로 거슬러 올라간다. 1913년 조선예수교장로회 제2회 총회에서 전라노회는 목사 장립 시와 위임 시, 장로 장립 시와 세례 시에 사용할 질문서

---

47. Charles Allen Clark, *The Nevius Plan for Mission Work*, p. 164.
48. 평양 대부흥운동의 예배에 관하여서는 김경진, "1907년 평양 대부흥운동의 예배사적 배경과 신학에 관한 연구",「신학과 실천」12(2007), pp. 165-197을 참조하라.
49. 혹은 이것을 기독교의 서구화에 의해 잃어버린 것에 대한 복구(recovery)라고 말할 수도 있다.

를 번역하여 줄 것과 혼례 시에 사용할 질문서를 정하여 출판할 것을 제안하였다. 이때 총회는 이 일을 5명의 위원인 제임스 게일, 이눌서(W. D. Raynolds), 김필수, 한석진, 양전백에게 맡기게 된다.[50] 이 일은 주로 게일 선교사를 중심으로 수행되었던 것으로 보이는데, 1916년에 게일은 제5회 총회에 자신이 새롭게 만든 예식서를 제출하였고 총회는 이를 교열하기 위해 다시 양전백, 배위량(William M. Baird), 김선두, 함열 등 4명의 교열위원을 선정하여 예식서를 검토하도록 하였다.[51] 마침내 이듬해인 1917년 제6회 총회에서는 '모든 례식 행홀 때에 참고ᄒ기가 필요ᄒ옵기 츌판ᄒᄂ거시 합당ᄒ다 보고ᄒ매 채용ᄒ기로 동의가결'하게 된다.[52] 하지만 이렇게 통과된 예식서는 세상에 빛을 보지 못하게 된다. 어찌된 영문인지, 이후에 예식서 원본을 잃어버렸다는 보고와 함께 게일이 만든 예식서는 출판되지 못하고 사라지게 된 것이다.[53]

그 후 몇 년이 지난 1922년 제11회 총회에서 다시 예식서의 마련을 위한 제안이 있었는데, 이때 총회는 박문찬, 강규찬에게 이 일을 맡기게 된다.[54] 이듬해인 1923년 제12회 총회에서 예식서 제정위원장인 박문찬이 예식서를 만들어 제출하였는데, 그중에 혼례에 대한 사항은 다음 총회까지 유보하고 기타 사항은 검열위원인 양전백 등에게 맡겨 검열 후 총회에 보고하기로 가결하였다.[55] 1924년 제13회 총회에서 혼상예식서

---

50. 조선예수교장로회총회, 「예수교장로회 죠션총회 데이회회록」(경성 : 야소교회 내, 1913), pp. 30-31.
51. 조선예수교장로회총회, 「예수교장로회 죠션총회 데오회회록」(평양 : 광문사, 1916), p. 43.
52. 조선예수교장로회총회, 「예수교장로회 죠션총회 데륙회회록」(평양 : 광문사, 1917), p. 18.
53. Charles Allen Clark, *Digest of the Presbyterian Church of Chosen, 1934*, (Seoul : Christian Literature Society, 1934). p. 13.
54. 조선예수교장로회총회, 「예수교장로회 죠션총회 데십일회회록」(평양 : 금만양가, 1922), p. 54.
55. 조선예수교장로회총회, 「예수교장로회 죠션총회 데십이회회록」(평양 : 금만양가, 1923), p. 43.

검열위원인 양전백이 '혼례에 대한 내용 중 주례자가 혼례를 집행하기 전에 쌍방 호적등본이나 교적등본 등을 요구할 것을 추가하여 모두 채용할 것'을 별지로 보고하고 총회는 이를 가결하게 되는데,[56] 이렇게 해서 탄생된 것이 최초의 한국장로교 예식서인 「죠선예수교장로회 혼상예식서」이다.[57] 이후 이 예식서는 1961년에 새로운 예식서가 발간되기 까지 장로교회의 유일한 예식서로 약 40여 년 동안 그 역할을 감당하게 된다.

또한 이 시기에 최초로 한국장로교회의 예배모범이 헌법의 한 부분으로 통과되었는데, 이 예배모범의 초안은 곽안련 선교사가 주도하였다. 곽안련 선교사는 1919년 미국 남장로교회의 예배모범(1894)을 기본 틀로 하여 예배모범의 영문 초안을 완성하였는데, 이는 헌법의 다른 부분인 정치와 권징 등이 미국 북장로교회의 것을 받아들인 것에 대한 정치적 배려의 결과였다. 이 예배모범은 1921년 교회의 공식적인 문서로 출판되었으며, 1934년에 고어를 빼고 현대 한국어를 사용한 개정판이 발간되었다.

한국교회의 공적인 예배자료의 발간 과정에 나타난 한 가지 안타까운 점은 예배모범이나 예식서가 한국의 예배 상황을 거의 배려하고 있지 않다는 점이다. 앞에서 살펴본 것과 같이 한국교회에는 다양한 토착화된 예배의 형태가 발전하고 있었음에도 불구하고 단지 구색을 맞추듯 남장로교회의 예배모범을 받아들인 것은 예배모범의 한계로서 지적될 만하다.[58]

또 한 가지 이 시기의 특징은 선교사들에 의해 시작되었던 예배의 회

---

56. 조선예수교장로회총회, 「예수교장로회 죠선총회 데십삼회회록」(평양 : 금만양가, 1924), p. 28.
57. 죠선예수교장로회총회, 「죠선예수교장로회 혼상예식서」 (n. p. 1924). ; 이 책은 이듬해인 1925년에 창문사에서도 발간되었다.
58. 실제로 초기 예배모범 속에는 그 당시 교회에서 사용되고 있었던 새벽기도, 철야기도, 통성기도 및 추도예식 등의 어떠한 내용도 언급되어 있지 않았다.

복운동이 있었다는 점이다. 평신도에 의해 주도되던 한국교회의 예배가 1907년 이후로 한국인 목사들에 의해 인도되기 시작하여 교회가 점차 발전하고 안정되어 가기 시작하면서, 교회의 정황은 새로운 국면을 맞기 시작하였다. 1910년 곽안련 선교사는 신학생과 목사를 위한 강도요령을 발간하였는데, 그 내용은 지금까지의 성경공부를 넘어서 조직적인 설교의 방법들을 다룬 것이었다.

이러한 새로운 정황은 예배의 분야에서도 마찬가지였다. 이제는 평신도를 위해 마련되었던 간단한 예배순서가 아닌 교파적 특성을 지닌, 보다 풍성한 예식을 담은 예배순서들이 필요하다는 것을 선교사들은 인지하게 된 것이었다. 이에 1919년 곽안련 교수는 「목사지법」(The Pastoral Theology)이라는 책을 발간하였는데 그 책에는 다양한 목회적 지침들과 더불어 새롭게 제안된 예배의 순서들이 포함되어 있었다.[59] 이 예배순서에는 칼빈과 장로교회의 전통적인 순서인 '죄의 고백'과 '용서의 선언', 그리고 '성서를 순서대로 읽어 내려가는 것'(lectio continua)와 '설교와 관련된 성서를 읽는 것'(lectio selecta) 등이 포함되어 있었다.[60]

하지만 불행하게도 한국교회는 이러한 선교사들의 의도를 이해하지 못하였다.[61] 한국교회는 훈련된 목회자들이 배출되었음에도 불구하고 평신도들에 의해서 드려지던 단순한 예배를 고수하였다. 이 앞에서 살펴본 바와 같이 1932년 새문안교회에서 드려진 예배의 순서는 곽안련 선교사의 새로운 예배 회복운동이 거의 영향을 미치지 못하였음을 보여

---

59. 곽안련, 「목사지법」(서울 : 조선야소교 서회, 1919), p. 195-197.
60. 곽안련 선교사가 제안하는 예배의 순서는 다음과 같다 : 1) 총설-성경요절, 기도, 찬송, 2) 자복-고백의 기도, 3) 찬송, 4) 성경봉독-예정된 성경본문, 5) 신경, 사도신경, 십계명 중, 6) 찬송, 7) 성경봉독-강도와 관련된 본문, 8) 공기도, 9) 찬송, 10) 연보와 기도, 11) 광고, 12) 찬송, 13) 강도, 14) 강도 후 기도, 15) 찬송, 16) 안수축복, 17) 묵상
61. 보다 자세한 곽안련의 예배신학에 대하여서는 김경진, "목ᄉ지법에 나타난 곽안련 선교사의 예배신학과 방법론 연구," 「부산장신논총」 제4집(2004), pp. 209-237을 참조하라.

준다. 결국 초기 선교사들은 네비우스 선교정책을 따라 평신도들이 예배를 인도하는데 적절한 예배순서를 만들어 사용하도록 하였다. 이로 인해 이 예배순서가 한국교회의 특징적인 예배순서로 오랫동안 이어지게 된 것이었다.

6. 단순한 예배, 그리고 감정적, 기복적인 예배

1930년대가 되면서 신사참배에 대한 일본의 압력이 높아지자 교회에는 과거의 전통과 예배를 지키려는 움직임(traditum)이 생겨났는데, 이는 예배의 영역에서도 마찬가지였다. 더 이상의 새로운 예배순서를 첨가하는 것이 도리어 왜곡된 신앙을 표현하는 것처럼 보이기도 하였다. 더 나아가서 신사참배의 요구는 점차 예배의 영역을 침범해 들어오기 시작하였다. 예배를 드릴 때에 찬송이 검열되는가 하면, 일본 제국주의를 찬양하는 설교가 요구되기도 하였고, 전쟁 참여를 독려하는 내용의 설교들이 요구되기도 하였다. 교회는 이러한 상황에 신음하면서 자신의 신앙을 지켜 내는 것에 온 힘을 다할 수밖에 없었다.

1945년에 해방이 되었지만 1950년에 한국전쟁(6·25)이 발발하면서 한국교회의 예배상황은 더욱 악화되었다. 대부분의 교회들이 파괴되고 교인들이 흩어지는 상황이 발생한 것이다. 잿더미 위에서 한국교회는 다시 예배를 시작하였으나 천막이나 가정집에서 드려지는 예배가 정교할 수는 없었다. 네비우스 선교정책으로 굳어진 간단한 예배순서는 이 과정에서 더욱 확고한 자리를 잡아 한국장로교 예배의 특징으로 굳어지게 된다.

60년대와 70년대를 거치면서 교회들이 성장하고 예배당이 지어졌지만 재정적인 문제들로 인하여 아름다운 건축물의 교회당을 만나기는 어려웠다. 그저 블록이나 벽돌로 지어진 엉성한 예배당이나 천막에서 풍금에 맞추어 찬송을 부르며 간단한 순서로 진행되는 것이 주일예배의 모습이었다.

  1960년대 말부터 한국교회는 오순절교회의 약진을 경험하게 된다. 70년데 여의도에서 열린 집회들과 순복음교회의 성장 등을 통하여 한국교회는 다시 한번 미국으로부터 전수받은 장로교 신파(new school)와 부흥운동(revivalism)이 가져다주는 감정적 희열과 열정을 매우 중요한 예배의 가치로 파악하기 시작하였던 것이었다. 가난하던 시대에는 천막에서 예배를 드렸지만 그들은 언제나 성령의 강림을 기다리며 열정적으로 기도하며 예배하였다. 다시 부흥집회 혹은 대부흥회가 유행하기 시작하였으며 많은 사람들이 기도원을 찾으며 신비적이고 무속적인 예배들이 더욱 왕성하게 등장하게 되었다. 자연스럽게 기복적인 내용들이 기도와 설교, 혹은 예배 속에 포함되게 되었다. 1960년대 이후로 한국 경제가 나아지고는 있었지만 교인들에는 멋진 예배당이나 상징, 아름다운 음악과 같은 것들은 아직 상상할 수 없는 예배의 요소였다. 그 당시의 예배자들은 투박하고 협소한 예배당에 방석을 깔고 앉아 열심히 기도하고 찬송 부르는 것 이상의 그 무엇을 기대하기 어려웠을 것이다.

7. 예배의 낭만주의

  1980년대 이전 한국교회의 예배의 특징을 더욱 줄여 본다면, 평신도 중심의 예배, 네비우스 정책으로부터 물려받은 간단한 예배 형식, 그리고 오순절 계열의 부흥운동 혹은 감정주의적, 기복적 경향이라고 정리할 수 있겠다. 그러나 한국의 상황은 빠르게 변하고 있었다. 특히 1970년대부터 서울이 개발되면서 경제적으로나 정신적으로 여유를 가진 그룹이 집단적으로 거주하는 형태가 나타났다. 이러한 상황 속에서 서울의 일부 교회는 그 구성원들로부터 예배와 목회에 대한 새로운 요구를 받고 있었다. 무속적이고 감정적인 예배에 거부감을 갖는 지식인들에게 맞는 새로운 예배의 형태가 필요한 상황이었다.

예배의 낭만주의는 교회가 경제적인 여유를 갖게 되면서 나타나는 일반적 현상이다. 미국의 경우에는 1850년대를 전후하여 나타났는데, 예배의 심미적인 요소들을 강조하며 교회를 고딕 양식으로 짓거나 상징물들을 설치하는 등의 경향으로 나타났다.[62] 예배의 낭만주의는 대부흥운동의 감정적인 예배에 대한 하나의 대안으로 등장하기도 한다.[63] 미국장로교의 경우 부흥운동을 지향하는 신파(New School)와 칼빈주의적 계열인 구파(Old School)[64] 사이의 갈등의 상황 가운데 구파의 계열에서 예배의 낭만주의가 발전하였다.[65] 재미있는 사실은 예배의 낭만주의는 교회의 신학이나 법규를 넘어서는 방향으로 발전할 수 있다는 점이다. 낭만주의는 유럽의 장로교회가 오르간의 연주를 반대하며 오랫동안 오르간을 예배당으로 들이지 않았던 그들의 신학을 넘어, 예배를 아름답고 장엄하게 드리기 위하여 오르간을 사용한다. 상징이나 스테인드글라스의 사용도 마찬가지이다. 장로교의 전통이 무엇을 말하든지 간에 예배의 낭만주의는 예배당을 아름답게 꾸미기 위해 상징물이나 스테인드글라스를 들여놓는다. 이렇게 파이프오르간의 설치와 사용, 고딕 양식의 교회 건축의 부활, 이미지의 사용 등은 모두 예배의 낭만주의가 만들어 내는 결과물들이라고 할 수 있다. 또한 예배의 낭만주의는 예배를 혼란스럽게 하고 복잡하게 만드는 감정주의적 예배를 거부하는 형태로 나타나기도 한다. 이러한 낭만주의적 예배관은 개교회의 성장 및 한국의 경제

---

62. Julius Melton, *Presbyterian Worship in America ; Changing Patterns Since 1787* (Richmond : John Knox Press, 1967), pp. 67-69.
63. Ibid., pp. 59-61.
64. 미국장로교가 신파의 주도하에 부흥운동의 절정을 경험하면서 장로교의 전통적인 예전의 모습을 상실하게 되었다. 이러한 모습을 우려했던 학자들은 하나님께 예배드리기 위해 인간이 목적이 되어서는 안 됨을 주장하며, 전통으로 돌아가기를 주장한다. 이 회귀는 칼빈주의로의 회귀가 아닌 칼빈의 예배로 돌아가야 함을 요구한 것이다. 이러한 주장을 한 이들이 존 네빈(John Nevin)과 필립 샤프(Phillip Schaff)로 대표되는 머세스버그(Mercersburg) 학파였다.
65. Ibid., p. 62.

발전 등과 더불어 이미 많은 교회에 영향을 미쳤다.

8. 소비자 중심의 예배

1980년도 후반에 등장하기 시작한 열린 예배에 대해 정리할 필요가 있다. 온누리교회를 중심으로 시작된 열린 예배는 보는 관점에 따라 다르게 해석될 수 있을 것이다. 우선 성령운동의 관점에서 본다면, 이는 초기 한국교회로부터 이어져 오는 대부흥운동이나 순복음교회의 예배와 맥을 같이하고 있다고 할 수 있다.

하지만 열린 예배는 예배를 드리는 회중들의 필요와 요구에 적극적으로 응답하고, 그것에 적절한 예배의 형태와 내용을 제공하고 있다는 점에서 소비자 중심의 예배관이라고 정의할 수도 있을 것이다. 열린 예배는 예배를 드리는 예배자에 민감한 예배이다. 예배의 전통보다 중요한 것은 예배의 현장이고, 예배의 현장에서 경험되는 예배자들의 영적 혹은 정서적인 만족감이다.

이러한 예배에서는 아름다운 예술성이 가치 있게 여겨질 뿐만 아니라, 현대적인 감각들이 매우 중요하게 다루어진다. 즉, 현대적 예술성이 가치가 된다. 현대적인 악기의 사용과 찬양 인도자들의 등장 역시 열린 예배에서 볼 수 있는 특징적인 내용들이다. 전통적인 예배의 예식들은 효과의 관점에서 재점검되어, 지루함이나 고루함이 느껴지는 것들은 제외된다. 그리고 간단한 예배의 순서 안에 현대적인 감각에 맞는 순서들이 포함된다.

이러한 예배는 대부분의 경우 찬양이 예배의 중심을 차지하고 있는데, 이는 과거의 전통적인 예배가 설교에 중심을 두었던 것과는 대조되는 것이라고 할 수 있다. 설교 역시 전통적인 설교의 형태를 벗어나서 이야기의 형태 등 다양한 새로운 시도를 하고 있다는 점도 간과할 수 없는 점이다.

오늘날의 이러한 소비자 중심의 예배는 다시 이머징 예배(Emerging

Worship)⁶⁶⁾로 전환되어 가는 상황 가운데 있다. 아직 한국에서는 잘 드러나지 않고 있지만, 서구의 10대들에 맞추어 개발되고 시도되는 이러한 이머징 예배 역시 또 다른 소비자 중심의 예배관이라고 할 수 있다.

9. 나가는 말 : 예식서의 발전과 다양한 예배의 요구들

앞에서 정리한 바와 같이 장로교회는 빠르게 바뀌는 예배의 정황에 발맞추어 예식서들을 발간해 왔다.⁶⁷⁾ 1924년에 발간되었던 혼상예식서에 이어서 발간된 두 번째 예식서는 장로교회의 분열과 더불어 탄생하게 되었다. 1960년 2월에 열린 제44회 총회에서 교단이 분리된 후, 당시 종교교육부의 총무였던 안광국은 예식서의 필요성을 느끼고 1961년에 자신만의 힘으로 장로교 「예식서」를 편집, 발행하게 된다.⁶⁸⁾ 이 예식서는 당시에 교회의 목회적 상황을 반영하거나 현대어로 되어 있는 자료가 없었던 상황에서 매우 유용한 자료로 여겨져 많은 목회자들의 사랑을 받게 되었으며, 이를 기초로 총회는 예식서에 대한 관심을 가지고, 수

---

66) 이머징 예배는 교회에 대해 흥미를 잃어버린 베이비부머 세대(구도자 세대) 이후의 세대를 대상으로 한 예배이다. 이 예배의 대상인 '떠오르는'(Emerging) 새로운 세대를 댄 킴볼(Dan kimball)은 이들이 교회의 영향을 받지 않은 세대이며, 예수님을 좋아하지만 그리스도인은 싫어하며, 영적인 세계에 열려 있는 세대라고 평가하며 이들을 위한 구도자 이후의 새로운 예배의 모형을 제시하고 있다. 이 예배는 공동체성을 중시하며, 예배의 모든 요소에 성스러운 분위기를 창안하고, 고대의 기독교문화를 회복하는 데에 초점을 두고 있다. 이머징 예배에 대한 더 깊은 연구를 위해서는 Dan Kimball, *The Emerging Worship*, 주승중 역, 「하나님께서 영광 받으시는 고귀한 예배」(서울 : 이레서원, 2007)을 참조하라.
67) 한국장로교 예식서의 발전과정에 대하여서는 김경진, "「대한예수교장로회 예배·예식서 표준개정판」(2008)의 의미와 가치성에 관한 분석적 연구", 「장신논총」 2집(2009), pp. 104-133을 참조하라.
68) 대한예수교장로회 총회 종교교육부 편, 「예식서」(서울 : 대한예수교장로회 종교교육부, 1961).

정·보완하는 작업을 시작하게 되었다는 점에서 매우 중요한 위치를 차지하고 있다. 안광국은 이 책의 머리말에서 "성찬식, 결혼식, 장례예식에 관한 것은 낭독만 하여도 할 수 있게 하였다."고 말하고 있는데,[69] 이는 그가 예식서를 만들 때에 예배와 관련한 모든 지문(full texts of liturgy)을 넣으려고 하였음을 알 수 있는 대목이다. 이것은 이를 기점으로 장로교회의 예배예식서가 예식서에 예배와 관련한 모든 지문(예식문)을 넣는 관점을 가지게 되었음을 암시하는 것이기도 하다.[70]

1977년 8월에 대한예수교장로회 총회(통합)의 세 번째 예식서가 출간되게 되었고,[71] 1987년에는 네 번째 예식서인 「예식서-가정의례지침」이 발간되었는데, 이 둘은 큰 차이가 없지만 새 예식서에는 「가정의례지침서」가 합본으로 들어가 있어서 예식서의 범위가 넓어졌다는 데 의미가 있다. 한국교회 100주년을 기념하면서 열린 1984년의 제69회 총회에서 「가정의례지침서」를 마련하기로 결의하고, 이듬해인 1985년 제70회 총회에서는 이미 사용하고 있었던 「예식서」와 새로운 「가정의례지침서」를 합본하기로 결의하게 된 것이었다.[72]

10년 후인 1997년에 다시 새롭게 발간된 「표준예식서-가정의례지침」은 과거의 예배서들과 비교할 때 예배순서와 내용 면에서 큰 진보와 변화가 있었던 것으로 보인다. 1994년 제79회 총회는 '새로운 시대에 세계의 개혁교회들의 예배·예전과 호흡을 함께하면서도 우리 민족과 교회의 문화적 배경을 깊이 고려한 예식서의 시급함을 인정하고, 예식서의 수정보완을 결의'하였다.[73] 이 「표준예식서」(1997)의 특징은 예배와 관

---

69. Ibid, p. 3.
70. 일반적으로 장로교회의 예식서들은 청교도의 영향을 받아 예식서에 예배에 필요한 모든 지문을 넣기보다는 예배에서 사용될 내용들을 유형별로 제시하는 경우가 많았다. 이러한 관점에서 보았을 때, 안광국 목사가 만든 예식서는 새로운 관점을 가진 것이었다고 할 수 있겠다.
71. Ibid.
72. 대한예수교장로회 총회예식서 개정위원회, 「예식서-가정의례지침」(서울 : 대한예수교장로회총회출판국, 1987). pp. 3-4.

련한 상당수의 전문가들이 예배서의 발간에 직접적으로 참여하였다는 데 있다. 이때 특히 예배학을 전공한 정장복은 주일예배와 성례전과 관련한 예배학적 지식을 목회현장에 소개하는 데 큰 공헌을 한 것으로 보인다.

「표준예식서」(1997)가 발간된 지 10여 년이 지나면서 또다시 그동안 목회현장에서의 새로운 요구사항들이 개진되기 시작하였고, 그와 더불어 예배학자들의 예배와 관련한 새로운 연구 성과들도 쌓여 가기 시작하였다. 또한 열린 예배를 포함한 다양한 예배의 형식들이 등장하면서 교회는 이와 관련한 새로운 지침을 만들어야 할 필요성을 느끼게 되었다. 이에 대하여 다양한 교단들이 앞다투어 예배·예식서들을 내어놓으며 현대의 목회상황에 대한 예전 지침들을 제공하기 시작하였다. 결국, 다수의 예배학자들로 구성된 전문위원회는 현대 교회와 현장이 필요로 하는 예배적 요구들을 과감하게 수용하고, 세계의 신학계에서 이루어지고 있는 예배와 관련한 논의들을 조심스럽게 적용하여 보다 현대적이고 보다 포용적인 예배서를 만들려고 노력하게 된다. 이러한 노력의 결과로, 탄생한 것이 바로 「예배·예식서 표준개정판」(2008)이다.[74]

이 새로운 예식서에는 에큐메니컬적인 관점에서 다양한 전통의 예배의 전통들을 소개하고 있으며, 장애인들을 위한 세례문답과 세례예식, 어린아이들을 위한 세례예식, 병자들을 위하여 병원에서 행하는 성찬성례전, 세례 재확인 예식, 불신자의 장례예식 등 새로운 예배학적인 주제

---

73. 대한예수교장로회 총회예식서 수정위원회, 「표준예식서-가정의례지침」(서울 : 한국장로교출판사, 1997), p. 7.
74. 이 책의 머리말에서 위원장인 정장복은 이 책의 특징을 다음과 같이 설명한다. "이번에 내놓은 예배·예식서는 무엇보다도 장로교 예배의 역사와 전통을 이어가는 데 깊은 관심을 두었습니다. 그리고 현대의 젊은이들과 호흡을 함께하는 예배와 교회력과 절기에 필요한 예배순서들이 다양하게 선을 보였습니다. 뿐만 아니라 장례문화와 기타 생활의 변화에 따른 예식들을 개발하여 일선의 목회자들에게 도움을 주려는 노력을 기울였습니다." 총회예식서 개정위원회, 「예배·예식서 표준개정판」(서울 : 한국장로교출판사, 2008), p. 8.

들과 더불어, 현대예배, 세대통합예배, 치유예배 등 다양한 현대적인 예배의 형식을 포함하여 새로운 세대의 예배적 흐름과 호흡을 같이 하려고 노력하고 있다.

오늘날의 한국교회의 예배는 매우 빠르고 다양한 경험을 하고 있다고 보인다. 다양한 교단들로부터 소개된 여러 가지 예배의 형태들과 서구교회로부터 미디어를 통해 직접 들어오는 새로운 형태의 예배들, 사이버 예배에 대한 시도, 실험적인 예배들, 토착화 예배 등 다양한 시도들을 통하여 전통적인 장로교회의 예배가 도전을 받고 있는 모습을 쉽게 찾아 볼 수 있다. 시대에 적응하고자 하는 노력이 극대화된 오늘의 흐름 속에서 바른 신앙과 올바른 신학을 유지하면서 발전하는 예배가 절실히 필요한 시점이다.

8. 미국장로교회의 예배

김경진 교수(장로회신학대학교, 예배·설교학)

1. 들어가는 말

북아메리카 신대륙으로 이민해 온 미국장로교회의 역사는 1607년으로 거슬러 올라간다. 교파적으로 영국국교회(성공회)에 속하였지만 청교도 신앙을 고백하는 영국인들이 1607년 북아메리카 버지니아의 제임스타운(Jamestown)에 이주를 시작하면서부터였다. 이들 버지니아의 초기 개혁자들은 1607년 5월 24일 신대륙에서 첫 성찬예배를 드린 후 엄격한 삶을 요구하는 청교도적인 내용이 담겨 있는 버지니아 헌장을 채택하면서 신대륙 이주의 역사를 시작하였다.[1]

1620년대에 접어들면서 영국인들의 북아메리카 이민이 급증하기 시작하였는데, 이들 중 매우 주목할 만한 개혁교인들이 바로 1620년 11월에 메이플라워 호(the Mayflower)를 타고 플리머스(Plymouth)에 도착한

---

1. 오덕교, 「장로교회사」(수원 : 합동신학대학원출판부, 1995), p. 230.

분리주의 청교도(Separatists or Pilgrims)들이었다. 그들은 신앙적인 자유에 기초하여 극단적인 개인주의를 보장하는 국가를 세우고자 하였던 사람들이었다. 이러한 분리주의 청교도의 전통은 회중교회주의(Congregationalism)로 연결되어 발전하게 되었다.

1628년부터는 영국교회에 남아 교회를 개혁하려는 비분리주의 청교도들이 미국 매사추세츠(Massachusetts)의 세일럼(Salem)을 중심으로 정착하기 시작하였다. 이들은 모두 교회의 자율성(autonomy)과 교회사이의 평등성(equality), 그리고 교회의 연합(unity)을 주장하는 사람들이었다. 이들과 더불어 자연스럽게 장로교(Presbyterian)라는 이름의 장로교주의(Presbyterianism)가 발전하게 되었다.

비록 적은 숫자이긴 하지만 비슷한 시기에 네덜란드로부터 이민을 온 개혁교인들이 있었다. 이들은 네덜란드 개혁교회(Dutch Reformed Church)라는 이름으로 뉴욕과 뉴저지를 중심으로 정착하였는데, 이들은 16세기 유럽 개혁교회의 예배를 그대로 간직한 채, 매우 강한 민족적 유대감을 가지고 발전하면서 독특한 개혁교회로 미국에서 자리 잡게 되었다.

이렇게 여러 다양한 경로를 통해 들어온 미국장로교회의 전통은 유럽의 개혁교회와는 다른 독특한 과정과 종교적 경험을 거치면서 발전하게 된다. 특히 예배에 있어서 유럽과는 다른 경험과 상황에서 미국장로교회의 예배를 형성해 가게 된다. 이제 우리는 이러한 미국장로교회의 예배가 어떻게 발전하였는지에 대하여 살펴보려고 한다.

2. 식민지 시기 미국의 장로교회의 예배

초기 식민지 시기의 미국의 장로교회 예배의 특징은 어떻게 정리할 수 있을까? 몇 가지 독특한 점을 지적할 수 있는데, 이것들은 대부분 미국에서 경험되는 그들의 독특한 상황 때문에 생겨나게 된 결과들이었다.

우선 장로교 예배의 혼합적 성격을 지적할 수 있다. 유럽에서의 장로교회의 예배는 각자 독특한 방식으로 발전해 온 것들이었다. 하지만 초기 식민지 시기의 미국의 교회 상황은 미국장로교회의 예배를 유럽과 다른 방향으로 인도하였다. 이러한 예배의 혼합의 과정에는 목회자의 부족이 한몫을 차지하였다.

장로교회가 기본적으로 신학교육을 받은 목회자에 의해서 목회가 이루어져야 함을 분명히 하고 있었음에도 불구하고, 미국의 초기 이민교회의 상황은 목회자의 부족을 경험할 수밖에 없었다. 네덜란드 개혁교회와 회중교회의 경우는 항상 교인들이 목회자와 함께 이민을 왔기 때문에 큰 어려움은 없었지만, 그 외의 교회들에서는 훈련된 목회자의 부족을 경험하면서 교회를 유지할 수밖에 없는 상황이 오랫동안 지속되었다. 이러한 상황을 극복하기 위하여 장로교회는 다른 교파의 목회자를 초빙하여 예배를 인도하도록 하거나, 아니면 평신도 인도자를 세워 예배를 인도하게 하는 해결책을 내놓게 되었는데, 이러한 과정에서 식민지 시기의 예배는 서로 다른 예배의 형식들이 서로 영향을 주고받으면서 혼합되게 되었고, 각각의 교회의 예배가 다양성을 가지고 발전하게 되었다.[2]

두 번째로 나타나는 식민지 시기의 미국장로교회의 예배의 특징은 당시의 사회 상황과 밀접한 관련이 있다. 일반적으로 초기 정착의 시기에는 교회 건물이 없었기 때문에, 예배가 학교 건물이나 관공서, 혹은 가정에서 비형식적으로 이루어질 수밖에 없었다. 그래서 대부분의 장로교인들은 가정교회와 같은 형태에서 가정적이고 따뜻한 분위기의 예배 경험을 가지게 되었는데, 예배의 내용은 주로 단순한 방식의 성경읽기와 즉흥기도, 그리고 정돈되지 않은 투박한 찬양 등으로 이루어지게 되었다.[3]

---

2. Marxha M. Wilfong, "Reformed Worship in the United States of America," edited by Lukas Vischer, *Christian Worship in Reformed Churches Past and Present* (Grand Rapids, Michigan : William B. Eerdmans Publishing Company, 2003), p. 108.
3. Julius Melton, *Presbyterian Worship in America* (Richmond, Virginia : John Knox Press, 1967), p. 16.

이러한 식민지 시기 미국장로교회의 예배의 특징과 더불어 한 가지, 초기 미국의 장로교회에서 빼놓을 수 없는 것은 바로 추수감사절 예배이다. 그들이 플리머스에서 시작한 추수감사절(Thanksgiving Day)일 것이다. 1620년의 혹독한 겨울을 보내면서 절반 이상의 사람들이 죽었음에도 불구하고 플리머스의 청교도들은 1621년 10월 중순경에 그들을 도와준 인디언들을 초청하여 3일 동안 추수감사절을 지내게 되었는데 이것이 바로 추수감사절의 유래가 되었으며, 이후에 이것은 신년일(New Year's Day)과 더불어 미국의 가장 큰 명절 중의 하나로 지켜지게 되었다. 1938년 루스벨트 대통령 때에 추수감사절이 11월 셋째 주로 확정되어 오늘까지 이어지고 있다. 이 추수감사절은 전통적인 기독교 교회력의 절기는 아니지만, 후에 미국교회를 통해 한국교회에 전해져서 매우 중요한 교회의 절기로 자리 잡게 되었다.

3. 청교도 전통의 미국장로교 예배

이미 앞에서 살펴본 것처럼 미국의 장로교회는 영국에서 건너온 청교도(Puritans)들에 의해서 시작되었으므로 그들의 예배가 청교도주의(Puritanism)의 영향을 받으며 발전하게 된 것은 당연한 일이었다.

영국에서 시작된 이 청교도주의는 한마디로 말하자면, 영국국교회가 제네바의 본을 따라서 계속 개혁되어야 한다고 생각한 데서 출발하였다. 영국의 청교도주의자들은 영국국교회와 개혁가들이 마땅히 해야 할 충분한 개혁을 감행하지 않았다고 생각하였다. 따라서 그들은 지속적인 종교개혁을 희망하였으며, 더 나아가서 로마교회전통(Roman Catholic tradition)의 영향으로 혼란스러워진 영국국교회(Church of England)를 완전히 순화(fully purify)하려고 노력하였다.

청교도들이 영국국교회를 순화시키기 위한 분명한 기준점은 칼뱅(John Calvin)을 비롯한 종교개혁가들이 내세웠던 'Sola Scriptura' 혹은 'Scripture Alone'이었다. 청교도들은 로마교회와 영국국교회가 전통의 권위(authority of tradition)를 성경의 권위(authority of Bible)와 같은 위치에 놓았던 것에 반대하면서 오직 성경만이 유일한 권위이며 삶의 기준이라는 점을 분명하게 하였다. 이것을 정식화한 것이 다름 아닌 '웨스트민스터신앙고백'(1647)이었다.

이러한 청교도들의 관점은 그들의 예배와 설교에도 영향을 미치게 되었다. 전통 속에서 발전하여 온 로마교회와 영국국교회의 예배를 거부하고 오직 성경이 말하고 있는 예배를 회복하고자 하였기 때문에 그들은 과거의 예배서(written liturgies or worship books)을 거부하고 새로운 형태의 예배모범(directory for worship)을 만들게 되었다. 이렇게 해서 탄생하게 된 것이 바로 1644년에 완성되어 1645년 의회에 공식적으로 통과된 「웨스트민스터 예배모범」(the Directory for the Publique Worship of God)이다. 그들은 예배모범을 통하여 성경이 말하고 있는 예배의 신학을 정리하고자 하였는데 비록 여러 분파들의 의견이 조합되어 완전한 일관성을 유지할 수는 없었지만, 이때부터 이 예배모범은 청교도주의 예배의 기준점이 되었다. 성경을 순차적으로 읽어 내려가며 설교를 하는 방식(lectio continua)을 따랐던 청교도의 설교는 매우 단순한 스타일로 이어졌는데, 라틴어의 사용과 설명을 금하고, 초대교부들의 교훈 인용을 하지 못하도록 하고, 오직 성경을 해석하고 설명하는 데 집중하도록 하였다. 그들은 또한 찬송으로 오직 시편만을 노래하려고 하였는데, 처음에는 자신들이 영국과 대륙에서 가져온 시편집을 사용하다가, 1640년 독자적인 「베이 시편서」(Bay Psalmbook)를 발간하여 예배에 사용하기 시작하였다.

성찬의 실행에 대하여서는 청교도들 사이에서 다양한 이해가 존재하였는데, 처음 미국으로 건너온 청교도들은 매월 적어도 한 번씩의 성찬을 실행하곤 하였다. 하지만 후에 스코틀랜드를 통해서 들어온 장로교인들에 의해서 변화가 일어나게 되었다. 스코틀랜드의 장로교회는 1년에 1~2회의 성찬식을 거행하면서 이 성찬식을 위한 특별한 성례기간(Sacramental Seasons)을 시행하였는데 이 전통이 미국교회에 들어오게 된 것이었다. 이 성례절기는 대부분 3~4일 정도 이어졌는데, 이 기간 동안에 성도들은 목회자로부터 성찬을 받을 수 있는 자격을 검증받았으며, 자신들의 삶을 돌아보는 시간을 갖곤 하였다. 이러한 스코틀랜드 교회의 전통은 후에 미국장로교회의 성찬예식 전통에 매우 큰 영향을 끼치게 되었다.

이러한 성례절기의 도입은 청교도들이 철저한 삶을 통하여 하나님께 영광을 돌리고자 하였던 그들의 열망과 연결되어 있는 것이었다. 그들은 주일을 안식일로 여기고 금식을 장려하며, 철저한 삶의 원리들을 성경에서 찾아 엄격한 삶을 살고자 노력하였다. 물론 이러한 노력은 초기의 청교도들에게는 자발성이 있었기 때문에 좋은 결과로 나타날 수 있었다. 하지만 시간이 흘러가면서 자발성과 적극적 의지가 사라진 사람들에 의해서 청교도주의는 여러 가지 한계를 경험할 수밖에 없었다. 자발성을 근거로 하여 마련되었던 철저한 삶의 원칙들과 예배의 실행은 점차 사람들의 삶을 얽어매게 되었고, 예배를 건조하게 만들고 말았다.

4. 경건주의의 영향과 미국장로교의 예배

청교도주의와 더불어 미국장로교회의 예배에 큰 영향을 미친 또 다른 신학적 흐름은 바로 경건주의(Pietism)라고 말할 수 있다. 경건주의는 유럽대륙을 중심으로 17세기에 팽창하고 있었던 영향력 있는 종교운동이었다. 경건주의자들은 첫 번째 종교개혁이 17세기 개신교 정통주의의 오래된 교리와 정통(Old Protestant Orthodoxy)에 가로막혀 있다고 생각하였으며, 이러한 교리나 정통으로부터 살아 있는 생명을 주는 새로운 종교개혁이 필요하다고 생각하고 있었다. 그들은 그 대안으로 교리(doctrine)가 아닌 삶(life)을 내세웠으며, 종교경험의 개인주의(expression of religious individualism)와 종교적 갱신(religious renewal)을 강조하게 되었다.[4]

교회사가인 카터 린드버그(Carter Lindberg)는 경건주의를 다음과 같이 설명하였다. "경건주의란 사람의 변화(transformation of persons)를 통하여 세상을 변화시킴(transformation of the world)으로 종교개혁을 계속하고자 하는 하나의 운동이다. 물론 여기에서 사람의 변화란 다시 태어남(rebirth)을 말한다."[5]

결국, 경건주의란 개인의 경험과 변화에 초점을 맞추고 있는 운동이라고 할 수 있는 것이다. 이러한 경건주의는 초기 미국의 청교도 지도자인 코튼 마터(Cotton Mather)에게까지 영향을 주었을 만큼 매우 초기부터 미국의 청교들에게 영향을 주었던 것으로 판단된다.[6]

하지만, 이러한 경건주의가 미국장로교회에 큰 영향을 미치기 시작한 것은 18세기에 이르러서였다. 당시 독일과 네덜란드를 휩쓸었던 경건주의 운동은 네덜란드 장로교(Dutch Reformed)인들의 이주와 더불어 자연스럽게 미국의 장로교회에 전달되게 되었다. 그리고 영국에서 건너온 장로교인들 역시 영국에서 활동하던 요한 웨슬리(John Wesley)의 영향으로 경건주의를 받아들이기 시작하였다. 그들은 경직되어 가던 미국의 청교도 예배에 경건주의 운동을 통하여 생명력을 불어넣기를 원하였다.

요한 웨슬리의 활동과 더불어 미국 교회에 큰 영향을 미친 사람은 바로 조지 휫필드(Whitefield)였다. 영국의 목사인 그는 1738년부터 그가 죽은 해인 1770년까지 수없이 미국을 오고 가면서 미국의 여러 교회와 모임에서 설교를 하였다. 그에 의해서 시작된 이러한 순회설교(Itinerant

---

4. Martin Schmidt, "Pietismus," *Religion in Geschichte und Gegenwart*, 5 : 370.
5. Carther Lindberg, *The Third Reformation?* (Macon : Mercer University Press, 1983), p. 142.
6. Ernst Benz, "Pietist and Puritan Sources of early Protestant World Mission," Church History, Vol. 20. (June 1951), pp. 28-55. ; 벤즈(Benz)는 이 논문에서 독일의 경건주의와 보스톤의 초기 청교도들이 어떻게 연결이 되어있는지를 잘 정리하였다.

revivalistic preaching)는 후에 장로교 목사인 길버트 테넌트(Gilbert Tennent)과 사무엘 데이비스(Samuel Davies) 등에게로 이어지게 되었다.[7]

이러한 일련의 흐름을 가리켜 미국 대각성운동(the Great Awakening Movement)이라고 말하는데, 경건주의 운동의 영향을 받아 1720년경부터 시작된 이 종교적 갱신운동은 1739~1741년에 정점을 이루면서 뉴잉글랜드(New England)지역에서 활동하던 조나단 에드워즈(Jonathan Edwards) 등을 통하여 대부분의 미국 교회들에 영향을 미치게 되었다.

대각성운동은 미국 전역을 통하여 교파의 구별이 없이 영향을 미치게 되었기 때문에 이 운동을 경험하면서 미국의 교회의 예배는 보다 에큐메니컬한 성격을 갖게 되었다. 서로의 예배 전통이 다양하게 경험되었을 뿐만 아니라, 대부분의 대륙적 예배 전통들이 대부흥운동의 영향을 받아 새로운 옷을 입었기 때문이었다. 또한 사람들이 만났던 거리의 설교자들은 한 교단에 소속된 사람들이 아니라 다양한 교파의 목회자와 설교자들이었기 때문이었다.

교리적이거나 강해적인 설교는 지양되었고, 사람들의 삶의 변화를 위한 동기부여, 혹은 기독교적 삶에 대한 헌신이 강조되는 설교들이 주를 이루게 되었다. 자연스럽게 성경을 차례로 읽어 내려가는 설교보다는 설교자들이 성경본문을 직접 선택하는 방식(Lectio Selecta)의 성경읽기와 설교가 나타나기 시작하였다. 이러한 운동은 대부분 감정적인 격앙(emotionally intense)을 일으키며, 개인적(individualistic)이고 비지성적(anti-intellectual)인 경향으로 이루어졌으며, 회심을 강조한다는 특징을 가지고 있었다.[8]

이렇게 회심을 강조하는 대각성운동은 결과적으로 미국교회의 신학과 예배에 큰 영향을 미치게 되었다. 그리고 이러한 변화는 곧 이것에

---

7. Marxha M. Wilfong, op. cit., 113.
8. Daniel G. Reid, Robert D. Linder, Bruce L. Shelley, Harry S. Stout, ed., Dictionary of Christianity in America (Downers Grove : Intervarsity Press, 1990), p. 457.

문제를 제기하는 다른 장로교도들과의 마찰을 만들어 내게 되었다. 이러한 장로교회의 첫 번째 충돌은 찬송가의 사용에서 시작되었다. "공예배 때에 부르던 전통적인 시편송을 아이작 왓츠(Issac Watts)의 찬송가로 대체시키는 것이 옳은가?" 하는 문제 제기였다. 아이작 왓츠의 찬송가는 1740년 이래 대각성운동의 대표적인 지도자인 조지 휫필드에 의해서 여러 집회에서 사용되어 오고 있었기 때문에 이러한 문제의 제기는 자연스럽게 대각성운동과 맞물리게 되었다. 왓츠의 찬송가가 열광적인 인기를 얻고 있었음에도 불구하고 일부의 보수적인 장로교회는 이것의 사용 결정을 유보하고 있었기 때문이었다.[9]

대각성운동을 주도하던 휫필드를 비롯한 부흥사들은 종교는 반드시 사람을 감동(affections)시킬 수 있어야 한다고 보았기 때문에 그러한 감동을 위하여 설교자는 언제나 설교를 할 때 설교의 예화와 설명 등에서 생동감을 만들어 낼 수 있어야 한다고 생각하였다. 한마디로 말해, 그가 생각하였던 것은 예배의 '효과'(effect)였다. 아이작 왓츠의 찬송가는 그러한 효과를 만들어 내는 데 큰 도움이 되고 있었다. 보수적인 장로교인들이 "과연 성서적(scriptural)인가?"라고 물었던 반면에 부흥사들은 "과연 효과(effects)가 있는가?"라고 물으려 하였다.

결국 이러한 대각성운동의 영향을 받은 장로교인들은 '신측'(New Side)으로 불리게 되었고 이것을 거부하는 장로교인들은 '구측'(Old Side)으로 불리게 되었는데, 이러한 대치는 결국 분열로 이어져서 1745년부터 1758년까지 서로 나뉘는 불행을 겪기도 하였다.[10]

5. 미국장로교회의 설립과 예배

1783년 11월 13개 주의 독립을 선언하면서 시작된 미국의 독립은 자

---

9. Julius Melton, *op. cit.*, 11-12.
10. Marxha M. Wilfong, *op. cit.*, 114.

연스럽게 미국교회의 새로운 정비와 발전으로 이어지게 되었다. 우선 예배와 관련하여서 미국장로교회의 최초의 총회였던 1788년, 총회는 미국장로교회의 독자적인 예배모범을 만들 것을 결의하게 된다. 이후 초안이 만들어지고 마침내 이듬해인 1789년 자신들의 예배모범을 정식으로 인준하게 된다. 1789년 미국장로교 총회에서 「예배모범」(Directory for Worship)이 채택되었다는 것은 두 가지 의미가 있다. 첫째는 미국장로교회 역시 청교도의 후예로서 「예배서」(Worship Book)가 아닌 「예배모범」(Directory for Worship)을 예배문서로 채택하였다는 점이다. 둘째는 내용과 관련된 것인데, 실제로 새로 채택된 미국의 예배모범을 보면 「웨스트민스터 예배모범」(The Westminster Directory for Worship)의 틀을 그대로 가져왔다는 것이다. 이것은 미국의 장로교회가 청교도의 정신을 따랐다는 것을 증명하는 것이다.

하지만 미국장로교의 예배모범 안에는 이미 그들이 경험하였던 대각성운동의 영향도 상당부분 들어 있었다. 「웨스트민스터 예배모범」과는 달리, 미국장로교 예배모범의 초안의 서론부분에는 이런 설명이 달려 있다. "(예배에서) 영적인 활력을 만들어 내고 사람들의 헌신을 일으키는 것이 매우 중요합니다."[11] 이와 같은 표현들은 미국장로교회의 예배모범이 당시의 대각성운동의 영향권 아래 있었다는 점을 드러내 보여 준다. 다시 말해서, 이미 미국장로교의 예배모범이 독자적으로 만들어 지는 과정에서부터 경건주의와 대각성운동의 영향이 예배문서 안에 들어와 있었다는 것이다. 윌퐁(Wilfong)은 이러한 대각성운동의 영향이 예배의 문서 안에 포함된 것은 그 당시의 교회의 상황과 교인들의 영적 상태를 반영한다고 말한다. 즉, 미국의 독립과 더불어서 사람들의 종교적 관심이 무너지기 시작하였고 기독교인들의 자발적인 헌신의 삶이 약화되

---

11. Presbyterian Church in the United States of America, *A Draught of the Form of Government and Discipline of the Presbyterian Church in the United States* (New York : S. and J. Loudon, 1787), p. 52.

고 있었기 때문이었다는 것이다.[12] 이러한 상황에서 미국의 장로교회는 그들에게 새로운 영적인 활력을 불어넣어 주기를 원하였다는 것이다.

흥미롭게도 이러한 대각성운동의 영향은 성례전의 시행과 관련한 표현에서도 잘 나타난다. 그것은 예배모범의 초안과 최종판 모두에서 발견되는데, 성찬예식의 현장에 세례 받지 않은 사람이 함께 있을 수 있다는 것을 인정하고 있는 것이다. "단지 참관하는 사람들 앞에서 목회자가 성찬을 위한 권면을 하는 것은 부적절하지 않다."라는 표현은 성찬을 회심을 위한 하나의 예식으로 보는 관점을 반영하고 있는 것이라고 할 수 있는데, 결국 이러한 관점은 대각성운동을 통하여 개혁교회가 가지게 된 새로운 관점이었다.[13]

매우 확실한 또 다른 대각성운동의 영향의 흔적은 바로 미국장로교회의 예배모범이 시편송(Psalms)뿐만 아니라 찬송(hymn)의 사용을 인정하고 있다는 점이다.

실제로 첫 번째로 만들어진 1788년의 예배모범은 그 당시의 미국장로교회의 예배현장을 반영하고 있다고 말할 수 있다.[14] 대각성운동의 영향으로 나타난 다양한 예배신학과 실천적 내용들을 수용하면서 미국장로교회는 하나의 공통된 예배의 모범을 만들기 위해 노력하였던 것이다. 하지만, 결과적으로 이러한 예배모범은 신학적인 일관성을 가질 수 없었고, 또한 더 나아가서 일치를 가져오기보다는 도리어 다양성으로 인해 장로교회의 예배가 도리어 혼란스럽게 되는 결과로 나타나게 되었다.

---

12. Marxha M. Wilfong, op. cit., 115.
13. Ibid., p. 117.
14. 1778년에 '웨스트민스터신앙고백'의 제23장, 제24장, 제25장을 어느 정도 손질하였고, 1903년 제34장, 제35장 그리고 '선언문'을 첨가·채택한 것 역시 미국 제1차 대각성운동의 영향으로 보인다. 이러한 흐름은 미국장로교회가 극단적인 칼빈주의를 극복하려는 노력으로 해석될 수도 있을 것이다.

6. 미국 개척지 예배(Frontier Worship)와 부흥운동(Revival Movement)

19세기에 접어들면서 미국의 교회는 다양한 지역에서 일어나는 다양한 부흥운동을 경험하게 되었다. 흔히 '두 번째 대각성운동'(Second Great Awakening)으로 알려진 이 부흥운동은 그 성격이 다양하였을 뿐만 아니라, 상당히 넓은 지역에서 광범위하게 일어나 수십 년간 지속된 매우 영향력 있는 미국의 종교적 경험이었다.

1787년, 장로교단이 세운 버지니아(Virginia)의 햄프댄-시드니 대학(Hampden-Sydney College)에서 첫 번째 단계의 부흥운동이 감지되기 시작하였다. 그 대학의 학생들이 주변의 침례교회와 감리교회가 주관한 부흥운동에 참여하였다가 회심의 경험을 하게 된 것이 첫 출발이었다. 1802년에는 코네티컷(Connecticut) 주에 있는 예일 대학(Yale College)의 총장이었던 티모시 드와이트(Timothy Dwight)가 자신의 대학에서 강의와 설교를 통하여 학생들에게 강한 도전을 주면서 또다시 부흥의 물결이 대학의 학생들에게 일어나기 시작하였다. 이러한 학생들의 부흥 경험은 단지 회심의 경험을 넘어서 목회적 소명으로 이어지게 되었다.[15] 부흥운동을 경험한 학생들이 목회자가 되어 각 지역에 흩어지면서 부흥운동의 불길이 더욱 강력해지게 된 것이었다.

18세기의 대각성운동(the Great Awakening Movement)이 미국 동부의 도시 지역에서 이루어진 종교운동이었다면 19세기의 부흥운동(Revivals)은 개척지 혹은 변경(frontier)까지 넓게 퍼진 운동이었다. 당시에 미국의 개척지에는 많은 사람들이 흩어져 살고 있었지만, 제대로 예배드릴 형편이 되지 못하였다. 따라서 개척지에 있던 사람들이 한곳에 모여 여러 날을 함께 보내면서 성경공부도 하고 세례도 받고 성만찬도 하기 위해 모이기 시작한 것이 바로 개척지 예배(Frontier Worship)였다. 이것은 엄격히 말해서 부흥운동의 영향으로 시작된 것은 아니었다. 도리어 성

---

15. Ibid., p. 118.

찬과 세례를 포함한 성례전을 1년에 한 번이라도 갖고자 하는 교인들의 필요에 의한 것이었다. 그리고 이러한 전통은 앞에서 언급한 것처럼 스코틀랜드 장로교회의 성찬실행의 관습과 관련이 있었다. 성례기간(Sacramental Season)을 지키면서 3~4일간 함께 모여 성경을 읽고 성찬을 받을 수 있는 사람을 선별하고 훈련하던 전통이 개척지라는 독특한 상황에서 자연스럽게 부흥운동과 접목이 된 것이었다.

제임스 맥그레디(James Mcgready)는 1800년 여름에 켄터키 주의 가스팔 강(Gaspal River)가에서 야외 성찬식을 갖는 야영집회를 주도하였는데 이것이 바로 개척지 예배의 시작이었다. 이 야영집회는 대략 일만에서 이만 오천 명 정도의 많은 사람들이 모일 정도로 성황을 이루었다. 이러한 개척지 예배의 특징은 우선, 예배가 성례전을 받기 위한 예배였다는 것이다. 그리고 대략 4일 정도 진행이 되었는데, 재미있는 사실은, 그들이 초교파적으로 모였기 때문에 성경공부 때에는 섞여 있다가도 세례를 받을 때나 성찬을 받을 때에는 교파별로 줄을 서서 성례에 참여하였다는 것이다. 또한 성찬의 집례자는 반드시 성직자가 아니어도 되었다는 점이 특이하였다.[16]

개척지에서 경험된 이러한 부흥운동은 처음에는 이렇듯, 성례를 위한 모임으로 시작되었지만, 다양한 그룹의 다양한 교파들이 함께 모여 예배를 드렸으므로, 교파연합적인 특징을 가지고 있었다. 그리고 더 나아가서 이렇게 시작되었던 개척지의 천막집회(Camp meeting)는 점차 개인의 종교적 갱신이나 불신자의 회심에 초점을 두는 예배로 변화되기 시작하였다. 설교와 기도는 회심자를 만들기 위한 매우 중요한 무기였다. 천막집회에서는 왓츠와 웨슬리의 찬송가는 물론, 복음성가 등이 자유롭게 불려졌다. 그리고 이러한 찬송들은 점차 당시 미국 개신교회의 상징

---

16. 제임스 화이트(James White)는 이러한 평신도의 성례전 집행이 목회자가 턱없이 부족하였던 당시의 상황에서 발생한 것으로 이해하고 있다. 이에 대하여는 James White, *Protestant Worship Tradition in Transition* (Louisville : Westminster/ John Knox Press, 1989), p. 173을 참고하라.

적인 음악으로 자리 잡아 가게 되었다.

　19세기 부흥운동의 또 다른 특징은 평신도들에 의한 설교가 가능했다는 것이었다. 물론 이러한 상황은 우선 목회자의 부족에서 온 것이기도 하였지만, 침례교와 같은 교단에서는 평신도들이 교인들의 필요와 요청에 따라 즉시 목회자가 될 수 있었다는 것과도 관련이 있었다. 침례교 혹은 감리교와 연합 집회를 가지면서 자연스럽게 장로교회 교인들 중에서도 집회에서 설교를 하거나 예배를 인도하는 사람들이 나타나게 되었는데, 이 중에서 가장 두드러졌던 사람이 바로 찰스 피니(Charles Finney, 1792-1875)였다. 변호사이면서 장로교회의 평신도였던 찰스 피니는 1821년 회심을 경험한 후에 서부 뉴욕을 중심으로 순회 전도집회를 시작하였다. 1824년에 장로교 목사로 안수를 받기는 하였지만, 그가 처음에는 평신도의 신분으로 설교와 복음전도의 사역을 하였다는 점을 기억할 필요가 있다. 이렇게 이 시기의 부흥운동은 평신도들에 의해서 인도되기도 하였다.

　천막집회가 서부와 남부의 개척지에서 이루어졌다면, 피니의 부흥운동은 뉴욕을 중심으로 하는 도시와 마을을 중심으로 이루어졌다. 이렇듯 19세기의 부흥운동은 개척지를 비롯하여 도시들과 학교들에 이르기까지 다양한 지역과 장소에서 오랜 기간 동안 지속되었다.

　정리해 보면 개척지의 예배는 평신도의 예배주도권이 보장되었으며, 초교파적으로 이루어졌다. 성찬과 세례를 주기 위한 성례 기간을 지키기 위한 모임에서 시작되어 점차 개인의 갱신과 회심을 강조하는 경향으로 흘러가게 되었는데 이것이 바로 우리가 흔히 알고 있는 19세기 부흥운동(the Revival Movement)이다.[17] 드와이트, 피니와 같은 부흥운동가들이 배출되었으며, 그들은 모두 '경험된 신앙'(experienced faith)

---

17. 개척지 예배(Frontier Movement)와 부흥운동(Revival Movement)의 관계성에 관하여는 여러 가지 이론이 있다. 데이나 로버트(Dana Robert)와 같은 학자는 둘 사이의 구별을 강조하는 반면에 제임스 화이트와 같은 학자는 이 둘을 거의 구별 없이 사용하고 있다.

과 '개인적 회심'(personal conversion)을 강조하곤 하였다. 결국, 회심(conversion)과 경험(experience), 이 두 단어는 부흥운동에서 빼놓을 수 없는 중요한 단어들이 되었다. 개척지의 집회에서 시작된 부흥운동은 결국 천막집회를 넘어서 여러 날 동안 진행되는 신앙 부흥집회(Protracted Meetings) 등으로 변화하며 나아가게 되었는데, 이러한 부흥운동에 열심히 참여하는 사람들 중에는 장로교 목사들도 많이 끼어 있었다.

7. 신파의 등장과 경험이 강조된 예배신학

새롭게 등장한 부흥운동은 장로교 예배의 정체성에 상당한 의문을 던져 주기 시작하였다. 이것은 물론 18세기의 대각성운동 이후부터 줄곧 이어지던 문제이기도 하였다. 이러한 잠재되었던 문제에 불을 지른 사람은 바로 찰스 피니였다.

10여 년 동안 뉴욕 지역에서 성공적인 부흥집회를 인도해 온 찰스 피니는 1834~1835년에 지금까지 부흥집회에서 입증된 여러 가지 방법들을 정리하여 *Lectures on Revivals of Religion*이라는 제목의 책을 출판하게 된다. 그는 이 책에서 지금까지 장로교회가 유지해 온 전통적인 칼빈주의적 예배관을 정면으로 부정하면서, 예배의 '새로운 방법들'(New Measure)이 예배에서 사용됨으로 회심과 부흥이 일어날 수 있음을 주장하였다.

그는 그의 강의에서 "하나님께서는 예배에 사용해야 할 특별한 방법들을 정하지 않으셨다."고 주장했다. 모두 시대에 따라 변해 왔고, 종종 시대 상황에 따라 전통적인 방법들이 모순이 되는 경우가 있으므로 어떠한 예배의 표준도 존재하지 않는다는 것이다. 피니가 생각하기에 예배에 있어서 가장 중요한 것은 예배의 실용성의 문제였다. 즉, "그 예배의 방법이 효과가 있는가? 만일 있다면 계속하라. 하지만 효과가 없다면 버리라."는 것이다.

결과적으로 많은 장로교의 목사들이 이러한 새로운 방법을 예배의 원칙으로 수용하기 시작하게 되었는데, 이러한 부류의 장로교 목사들을 신파(New School)라 부르게 되었다. 신파의 예배신학은 전통적인 장로교나 청교도의 신학과는 전혀 다른 것이었다. 16세기의 종교개혁가들, 특히 칼뱅의 예배신학이 이해를 중요시하는 예배의 신학이었다면, 19세기 피니가 주창한 새로운 예배신학은 경험을 중요시하는 것으로 이해될 수 있을 것이다.

신파가 주장하는 예배신학은 다음과 같은 것이었다. 첫째로 그들은 복음주의적 효과에 예배의 목적을 두었다. 즉, 예배란 믿지 않는 사람들을 회심시키는 데 목적이 있다는 것이다. 따라서 그들은 예배 중에 강한 열정과 분위기를 만들어 가는 것을 중요하게 생각하였다. 사람들이 결단을 할 수 있도록 돕기 위해서였다.[18]

따라서 설교는 잃어버린 자들을 찾는 데 중점을 두게 되었으며 사람들이 거부감이 없이 듣도록 하는 이야기식의 설교가 주종을 이루게 되었다. 예배 중에 춤이나 큰 동작을 포함한 다양한 찬송이 불렸으며, 심지어 동시에 여러 찬송이 불리는 경우도 많이 생겨나게 되었다.

이러한 예배신학은 설교자를 하나의 기능인이 되도록 만들었는데, 이러한 예배신학에서 설교자는 '가장 빨리 사람들을 회심시키는 기능인'(Technicians of new measures, or practitioners of the converting arts) 이상이 아니었다. 이들은 고민의 자리(Anxious Bench)라고 불리는 자리를 강단의 앞에 마련해 놓고 회심(convert or rebirth)하고자 하는 사람들이 그 자리에 나와 앉도록 하기도 하였다. 언제나 예배의 마지막은 회심자들을 부르는 초청(calling)이 있게 되었고 회심자들은 자리에서 일어나거나 앞으로 나와 함께 기도함으로써 감정적인 희열과 구원의

---

18. 우리는 여기에서 오늘날 한국교회에서 유행하고 있는 '열린 예배'라든가 '구도자 예배' 등이 장로교회 신파의 예배신학과 그 맥을 같이하고 있다는 사실을 알게 된다.

확신을 얻곤 하였다.

또한 신파는 전통적인 교회력을 지키기보다는 특별한 주간들 — 교회학교주일, 농촌주일, 어머니주일, 아버지주일 등 — 을 지키기를 좋아했는데, 이것은 이러한 세속절기를 통해서 사람들을 교회로 인도하고자 하는 의도가 있었기 때문이었다.

8. 청교도주의 예배의 반격 : 구파의 예배신학

이러한 신파(New School)의 예배신학은 전통적인 장로교도들과 청교도주의자들의 공격을 받게 되었다. 구파(Old School)로 불리는 이들은 신파의 예배신학이 잘못되었음을 지적하였다.

구파의 대표적 지도자인 사무엘 밀러(Samuel Miller)는 1835년에 펴낸 그의 책 *Presbyterianism : the Truly Primitive and Apostolical Constitution of the Church of Christ*에서 "성경만이 예배의 유일하고도 안전한 인도자가 된다."는 사실을 다시 천명하였다. 밀러와 청교도들은 신파가 실행하고 있는 '예배에 인간적인 발상들을 첨가하는 것'에 대해 반대를 분명히 하였다. 구파는 엄숙함과 성서의 규범 아래 행해지는 예배가 하나님을 경배하는 참된 표현이며 이것을 통해서 회중들이 교화될 수 있다고 생각하였다. 그들이 생각하기에 예배란 하나님께 드려지는 것이지 인간들이 대상이나 목표가 되어서는 안 되는 것이었다.

구파는 설교자의 철저함을 강조하였는데 설교자는 정시에 나와야 했고 철저한 주석과 교리연구를 요구받았으며, 설교의 현장에서는 열정과 함께 지성이 요구되었다. 신파와 같이 현장에서 설교를 즉흥적으로 하거나 감정이 섞인 설교를 하는 것은 거부되었다.

공중기도 시간에는 목사가 기도하며 회중은 "아멘."이라고 말하는 것조차 권장되지 않았다. 이것은 신파가 평신도와 여성까지 공중기도를 시키던 것과는 대조적인 것이다. 신파가 복음성가(Gospel Music)나 여러 가지 다양한 장르의 노래를 사용한 반면에 구파는 시편송과 몇몇의 전통적인 찬송만을 고집했다. 신파에게 있어서 찬송은 회중들의 감정을 자극하는 중요한 도구였지만, 구파에게 있어서 찬송은 감정을 자극하지 않는, 기도의 또 다른 한 형태일 뿐이었다.

호레이스 부쉬넬(Horace Bushnell)은 그의 책 「기독교적 양육」(*Views of Christian Nurture*)에서 신파의 교육방법이 '어린이의 회심'에만 의존하고 있음을 비판하면서 가정과 공동체에서 양육(Nurture)되는 것이 진정한 교육임을 상기시켜 주었다.

피니를 비롯한 신파는 "인간은 스스로 자신이 회심을 선택할 수 있으며, 따라서 부흥은 인간에 의해 고안된 새로운 방법들에 의해서 얼마든지 만들어질 수 있다."라는 주장을 폄으로써 아르미니안적 신학사상(Arminian Theology)의 입장에 선 반면에, 전통적인 청교도주의를 주장한 구파는 칼뱅의 신학사상(Calvinistic Theology)의 입장에 서서 '인간의 회심과 부흥은 하나님의 거룩한 행동에 의해서 나타나는 결과이자 신비'라고 주장하게 되었다.

신파가 인간의 자유의지를 강조하고, 예배에서는 복음전도의 효과에 관심을 가지고 다양한 부흥운동의 방법을 사용할 것을 기대하였으며, 평신도의 사역들을 중시하고 목사 안수에 있어서 느슨한 입장이었던 반면에 구파는 목회자의 철저한 교육과 신앙고백을 매우 중요하게 생각하고, 하나님의 거룩하심과 섭리, 그리고 예정에 대한 철저한 믿음을 가지고 그들의 예배를 이끌어 가기를 원하였다. 이러한 구파와 신파의 신학적, 정치적 갈등은 쉽게 해결되지 않았고 결국 1837년에 서로 분열되는 아픔을 겪게 되었다.

9. "칼뱅으로 돌아가자.": 예배의 갱신을 요구하는 목소리들

구파와 신파의 갈등 속에서 새로운 예배 흐름이 나타나기 시작하였는데, 이것은 구파의 청교도주의와 신파의 경건주의를 넘어서는 보다 본질적인 예배의 회복에 대한 목소리였다.

그 첫 번째 움직임은 칼빈주의의 계열인 미국 내의 독일 개혁교회 (German Reformed Church)에서 일어났다. 머세스버그(Mercersburg) 신학대학의 조직신학 교수인 존 윌리엄슨 네빈(John Williamson Nevin, 1803-1886)과 교회사 교수인 필립 샤프(Phillip Schaff, 1819-1893)는 1835년 머세스버그에서 학회를 조성하고 신파의 신학을 맹렬히 비난하기 시작하였다. 네빈(Nevin)은 *Anxious Bench*과 같은 책을 통하여 신파의 신학이 얼마나 칼빈의 신학과 동떨어져 있는지를 증명하였다. 그는 신파의 신학이 주장하는 개인주의와 교파주의가 교회의 진정한 의미를 위반하였으며, 회심의 강조는 교회의 성례전을 무가치하게 만들었다고 비판하였다.[19] 그는 예배에서 성례전적 기능의 회복을 주장하면서, 칼뱅과 종교개혁자들이 주장하였던 바와 같이 말씀과 성례전이 균형을 이루는 예배가 회복되어야 한다는 점을 주장하였다.

네빈의 이러한 주장을 반영하여 필립 샤프는 1850년에 예배서 초안을 만들기도 하였는데, 이 예배서는 목회자의 매뉴얼이라기보다는 평신도들이 예배에서 사용하도록 하려는 의도가 있는 것이었다. 이 예배서 초안에는 회중찬송뿐만 아니라, 다양한 교독문이나 예전적 형식들이 들어 있어서 평신도의 다양한 예배 참여 기회를 제공하고 있었다.[20] 이러한 예배서의 등장은 지금까지 미국의 장로교회가 예배모범만을 가지고 예배를 드리던 것에 대한 새로운 반전의 의미가 있었다. 하지만 이 필립샤프의 예전은 결국 독일 개혁교회의 인준을 받지 못한 채 아쉽게도 교회 안에서 사용되지 못하고 사라지게 되었다.

1855년 장로교 목사인 찰스 베어드(Charles Baird)는 *Eutaxia : or*

---

19. John Williamson Nevin, "The Anxious Bench", in *American Religious Thought of the 18th and 19th Centuries*, Bruce Kuklick ed. (New York : Garland Publishing, Inc., 1987), p. 26.
20. Marxha M. Wilfong, *op. cit.*, 127.

*Presbyterian Liturgies*라는 책을 발간하였는데, 그는 이 책에서 종교개혁가들, 칼뱅과 낙스(Knox)의 예전(liturgy)뿐만 아니라, 이후의 다양한 지역의 장로교 예전을 발굴하여 소개하였다. 그의 책은 사람들로 하여금 장로교회가 처음부터 예배서(Written Liturgy)를 거부한 것이 아니었다는 사실을 확인시켜 주었으며, 동시에 다양하고 풍성한 기독교의 예전 전통들을 찾고 받아들일 수 있는 기회를 제공하였다.

미국은 아니었지만, 스코틀랜드에서도 이와 비슷한 노력이 감지되었다. 1865년 스코틀랜드 장로교회는 예전 개혁의 필요성을 인식하고 교회예배협의회(Church Service Society)를 설립하였다. 1867년에 이 협회는 *Euchologion*이라는 제목의 예전을 출간했는데, 이것은 매우 방대한 분량으로 되어 있어서, 영어권에 있는 모든 교회들에 큰 기여를 하게 되었다. 개인적인 시도를 통해서 예배서가 발간되기도 하였는데, 프린스턴 대학교 교수인 찰스 쉴즈(Charles W. Shields)는 1864년 *Presbyterian Book of Common Worship*을 출간하였다.

이러한 일련의 활동들을 통하여 미국의 장로교회는 청교도적 정신이 담겨 있는 예배모범(Directory of Worship)을 넘어서 예배서(Worship Book or Written Liturgy)의 발굴과 출판에 관심을 갖게 되었다.

10. 「공동예배서」의 출판

스코틀랜드에서의 교회예전협회(Church Service Society)의 결성과 다양한 예배서의 등장은 미국장로교회의 목사들에게도 큰 자극이 되었다. 마침내 1897년에 미국에서도 예배협회가 결성되었다. 이 협회의 주도적인 인물은 찬송가의 편집자요 예배자요 수집가인 루이스 벤센(Louis Bensen)과 시인이요 작가요 목사였던 헨리 반 다이크(Henry Van Dyke)였다. 이들의 노력을 통하여 미국장로교회는 1906년에 역사상 처음으로 「공동예배서」(*the Book of Common Worship*)를 발간하게 되었다. 이것은 미국장로교회가 경건주의의 영향을 받은 신파와 청교도주의의 예배신학을 넘어서 초대교회의 예배전통과 종교개혁자들의 사상을 회복하였음을 보여 주는 좋은 징표였다. 비록 의무적으로 사용이 권고되지는 않았지만, 자발적 사용의 권고를 통해서 미국장로교회에서 공식적으로 예배서가 사용되기 시작한 것이다. 이 예배서는 후에 1932년과 1946년에 개정되었는데, 1946년의 개정판은 그보다 6년 먼저 출판된 스코틀랜드의 「공동예배서」로부터 많은 자료와 관점을 채용하였다.

1955년에 미국장로교회는 다시 한번 「공동예배서」를 개정하기 위한 위원회를 구성하였다. 이들은 먼저 1788년 이후로 큰 변화 없이 유지되어 온 예배모범(Directory of Worship)의 개정을 통하여 예배서와 예배모범과의 일치를 이루고자 하였다. 1961년에 개정되어 출간된 예배모범은 개혁 전통과 종교개혁 당시의 예전적 전통 및 초대교회의 예전적 유산을 보다 구체화시키려고 노력하였다. 말씀과 성례의 불균형을 해소하려는 노력도 새로운 예배모범에 반영되었다. 이렇게 하여 완성된 예배모범은 과거의 웨스트민스터 예배모범과는 차별이 되는 새로운 예배모범이 되었다. 미국장로교 역사에 있어서 엄청난 변화가 담긴 예배모범이었다. 새롭게 채택된 예배모범은 매 주일 성찬 시행의 타당성을 확보하였으며, 교회력의 사용 및 성서정과(lectionary)의 사용 가능성과 방법을 제시하여 주었다.

1961년에 발간된 예배모범을 따라 새로운 공동예배서가 구상되었고, 1970년에는 드디어 새로운 이름으로 장로교회의 예배서가 등장하게 되었다. 이 새 예배서는 과거의 공동예배서의 이름을 사용하지 않고 *Worship book*이라는 이름으로 출판되었다. 이렇게 다른 이름으로 책이 출판된 데에는 과거와 달리 여러 장로교파들이 공동으로 작업했다는 이유도 있었지만, 새로운 예배모범을 따라서 새롭게 작성된 야심찬 예배서의 의미를 담기 위해서이기도 하였다. 이 예배서는 당시 사회적인 이슈가 되었던 포용적 언어(inclusive language)와 현대 언어의 사용과 같은 과감한 변화를 시도하였다. 1972년에는 예배서와 찬송가가 함께 수록된 Worshipbook이 출판되었다. 이러한 시도를 통하여 예전위원회는 예배서가 찬송가와 더불어 회중들 깊숙이 파고들어 가기를 바랐던 것이었다. 하지만 이러한 시도는 큰 효과를 보지 못하였다. 두꺼운 책을 들고 예배를 드려야 하는 것을 불평하는 사람들과 더불어 신학적인 관점의 차이들이 등장하면서 이렇게 야심 차게 만들어졌던 Worshipbook은 기대만큼의 호응을 얻지 못한 채 새로운 예배서의 등장을 기다리게 되었다.

이후에 새로운 예배서에 대한 구상은 오랫동안 세심한 준비의 과정을 거쳐 진행되었다. 우선 총 7권의 예배 보충자료의 출판이 1980년대에 이어졌다 : Holy Baptism(1985), Christian Marriage(1986), The Funeral(1986), Daily Prayer(1985), Services for Occasions of Pastoral Care(1990), Liturgical Year(1992), The Service for the Lord's Day(1984).

교회의 평가와 교정을 거쳐서 1993년에 마침내 「공동예배서」가 출간되었다.[21] 이것은 1906년에 만들어지기 시작한 공동예배서가 1993년에 다섯 번째 개정판을 냄으로써 드디어 미국장로교회 예배서의 역사가 한 세기를 채우게 되었다는 큰 의미가 있었다.

1,107페이지에 달하는 방대한 분량의 이 책은 현대의 다양한 목회적 필요에 응답하려는 노력이 돋보이는 책이다. 장례와 결혼을 위한 많은 예식들이 수록되었으며, 다양한 목회적 예식들이 첨가되었는데, 예를 들어, 병자들의 심방이나 공예배(public worship)에 출석하지 못하는 사람을 위한 성찬성례전의 시행, 죄의 용서와 회복을 위한 예전, 그리고 임종을 위한 기도 등이 그것이다. 더불어 1993년 판에서는 교회의 사회 참여 부분을 보완한 것으로 보인다.

---

21. The Theology and Worship Ministry Unit, Presbyterian Church(U. S. A.) and Cumberland Presbyterian Church, *Book of Common Worship* (Louisville : Westminster/John Knox Press, 1993).

또한 매일의 기도가 첨가되었는데, 이것은 장로교회의 예배서의 역사에서 처음으로 시도된 것이었다. 1961년의 예배모범이 방향을 결정한 대로 교회력과 성서정과의 채용이 있었는데, 에큐메니컬한 차원에서 1992년에 발간된 「개정공동성서정과」(the Revised Common Lectionary)가 채택되었다. 특별한 관심을 끄는 부분은 세례성례전과 세례언약재확인 (Reaffirmation of the Baptismal Covenant) 예식이다. 이 예식은 유아세례를 받은 아이가 성장하여 입교를 하게 될 때와, 타 교단에서 세례를 받은 사람을 교회로 받아들일 때, 세례 후 범죄로 인해 새로운 결단을 필요로 하는 경우, 목회상담을 받은 후 새로운 결단을 원하는 경우 등을 위하여 베풀 수 있도록 하였다. 이렇듯 다양하고 포괄적인 예전들이 새로운 「공동예배서」에 들어가게 된 것이다.

서문(preface)에서 그 의도를 말하고 있는 것처럼, 이 「공동예배서」는 '보편적이며(catholic), 개혁적이고(reformed), 성서적이며(biblical), 현대의 삶에 충실한 (related to life) 예전'이라고 할 수 있다.[22] 이러한 예배서의 발간은 이제 미국장로교회가 칼빈주의적 예배의 관점을 넘어서 보다 자유롭고, 풍성한 예배의 예전을 사용할 수 있는 단계에 이르렀음을 말해 주는 것이라 할 수 있다.

11. 나가는 말

우리는 지금까지 미국 교회의 예배가 어떠한 과정을 거쳐 변천되어 왔는지를 대략적으로 살펴보았다. 영국국교회로부터 보다 완전한 종교개혁을 꿈꾸며 신대륙에 도착한 청교도들은 「웨스트민스터신앙고백」과 「예배모범」만을 가지고 오직 성경에 의지하면서 그들의 예배를 드리기 시작하였다. 엄격한 삶의 기준을 적용하며 안식일을 지키는 등 철저한 신앙생활과 예배생활을 실천하면서 청교도주의는 초기부터 미국을 이

---

22. Ibid., p. 1.

끌어 가는 가장 중심적인 정신으로 자리 잡아 왔다.

　이러한 청교도주의와 그들이 드리던 청교도적 예배는 신대륙의 급변하는 상황 속에서 많은 변화와 변형을 경험하게 된다. 특히 독일을 중심으로 시작된 경건주의 운동은 미국에서 청교도주의만큼이나 큰 영향을 발휘하였다. 이민의 초기부터 유입되기 시작한 경건주의는 예배의 현장에서 보다 큰 위력을 발휘하였다. 18세기 대각성운동과 19세기 부흥운동을 거치면서 경건주의적 예배관은 청교도 예배를 매우 강하게 압박하였다.

　미국의 청교도들이 자신들의 예배의 독특성을 유지하고 보존하려는 움직임이 있었음에도 불구하고 경건주의의 색깔의 예배는 조금씩 장로교회의 예배 안으로 들어오게 되었다. 우리는 이미 앞에서 이러한 경건주의적 예배, 혹은 부흥운동의 영향을 받은 예배관이 1788년에 제정된 미국장로교 예배모범에 이미 포함되어 있었음을 확인한 바 있다.

　성공회 신부였던 웨슬리는 경건주의적 영향을 받아 자신이 중생(rebirth)과 회심(conversion)의 경험을 한 후에 감리교를 창설하였다. 이로서 성공회는 성공회대로, 감리교는 경험을 중시하는 교단으로 서로 다른 예배신학을 견지하며 각각 발전할 수 있었다. 하지만 미국장로교회의 경우는 경건주의와 청교도주의라는 서로 다른 예배신학이 함께 공존하면서 발전되어 온 케이스이다. 물론 다양성과 보완성이 있다는 점에서 포용적으로 발전된 점을 장점으로 꼽을 수 있겠지만, 신학적 일관성의 관점에서 보았을 때, 서로 다른 예배관이 혼용되어 예배자들에게 혼란을 주었다는 점은 아쉬운 점으로 남는다.

　예배의 목적과 대상 등 기본적인 내용에서부터 서로 다른 구파와 신파의 예배신학이 공존하는 사이에 장로교회는 많은 혼란을 겪게 된 것이다. 이러한 미국의 예배적 흐름은 한국으로 건너온 미국의 선교사들을 통해서 그대로 한국에 전달되었다. 미국의 선교사들은 대부분 선교적 열정과 종교적 경험(experience of rebirth)을 갖고 들어온 신파의 목회자들이었다. 물론 구파의 선교사들도 한국에 들어온 것이 사실이고, 후에 그들의 목소리를 낸 흔적들을 찾을 수 있지만, 선교 초기에 경건주의적 바탕을 둔 신파의 예배신학은 한국 선교에 큰 힘을 발휘하였던 것으로 보인다. 특히 1907년 대부흥운동을 경험하게 되면서 한국교회의 예배는 보다 경건주의적이고 부흥회적인 스타일로 자리 잡아 가게 되었다.

한 가지 아쉬운 점은 한창 한국 선교가 왕성하게 진행되고 있던 1900년대 초에 미국에서는 새로운 장로교회의 예배 흐름이 나타나고 있었다는 것이다. 칼뱅을 비롯한 종교개혁자들의 예배를 회복하려는 운동과 더불어 다양한 예배 자료들이 발간되었고, 마침내 1906년에 공동예배서가 출판되는 등 예전의 많은 변화가 나타났다는 점이다. 그러나 이러한 흐름들은 아쉽게도 한국에는 전달되지 못하였다.

미국장로교회는 지난 100년 동안 공동예배서를 다섯 번 개정하면서, 보다 보편적이고(catholic), 개혁적이고(reformed), 성서적이며(biblical), 현대의 삶에 충실한(related to life) 예전을 만들려고 노력하여 왔으며, 이러한 결과가 1993년 공동예배서에 잘 나타나고 있다고 말할 수 있다. 이러한 노력들은 교회의 현장에서도 많은 열매를 맺어 가고 있다. 최근의 미국장로교회에서는 많은 교회들이 적어도 한 달에 한 번씩 성찬성례전을 거행하는 것으로 조사되고 있다.[23]

최근에 이르러 대형교회들(megachurches)를 중심으로 시작된 찬양 중심의 구도자예배(Seeker Service)는 미국장로교회의 상황을 다시 혼란스럽게 하고 있는 것이 사실이다. 젊은이들이 이러한 예배 스타일에 매료되어서 전통적인 예배를 외면하고 있기 때문이다. 이러한 도전 앞에서 미국의 장로교회는 새로운 길을 모색하여야 하는 과제를 안게 되었다. 새로운 세대와 교회에 나오지 않는 사람들을 위한 예배적 필요에 어떻게 응답할 것인가? 그러면서도 어떻게 개혁주의적 예배신학을 유지하고 보존할 수 있을까? 이러한 과제는 미국장로교회뿐만 아니라 이제는 한국을 포함한 세계의 모든 교회들이 안게 된 문제이기도 하다.

---

23. Marxha M. Wilfong, *op. cit.*, 139.

제 2 장

타 교파들의 예배 · 예전 전통

1. 로마가톨릭의 예배 / 204
2. 동방정교회의 예배 / 220
3. 성공회의 예배 / 242
4. 루터교회의 예배 / 272
5. 감리교의 예배 / 299
6. 침례교회/회중교회/오순절교회(하나님의 성회)/
   그리스도의 제자의 교회/
   그리스도의 교회의 예배 / 316

결론 : 에큐메니컬 운동에 나타난 예배 · 예전에 비추어 본 한국장로교회의 예배 · 예전 / 342

1

로마가톨릭교회의 예배

김세광 교수(서울장신대학교, 예배·설교학)

가톨릭교회 또는 로마가톨릭교회로 불리는 구교는, 한국에서는 처음 전래된 조선 후기에 서학(西學)으로 불리다가 현재는 천주교(天主敎), 천주교회(天主敎會)로 불린다. 믿음, 도덕, 통치에서 최고의 권위를 가진 교황(교황 프란치스코 1세)을 중심으로 구성된 교회로, 단일교회로는 세계 최대의 교회다. 라틴 예전의 서방 가톨릭교회와 22개의 자치적 동방 가톨릭교회(self-governing Eastern Catholic Churches)의 연합체인 로마가톨릭교회는 2008년 기준 2,795개 교구로 나뉘어 있다. 로마가톨릭교회는 교리적, 정치적 이유로 인해 갈등하다가, 동방정교회(1054), 루터파 교회를 비롯한 개신교회(1517), 영국성공회(1534), 구가톨릭교(Old Catholic Church, 1870)의 순서로 분열되었다.

로마가톨릭에서는 제1차 니케아 공의회로부터 제2바티칸 공의회(1963)까지 21번의 공의회에 특별한 권위를 부여하고 있다.[1] 로마가톨릭교회는

---

1. 21번의 공의회는 연대순에 따라, 제1차 니케아 공의회, 제1차 콘스탄티노플 공의

트렌트 공의회에서 가장 신뢰할 수 있는 번역본으로 정한 불가타역의 내용대로 46권의 구약성경과 27권의 신약성경을 정경(Cannon)으로 정하였다. 공동번역을 사용해 오던 한국 천주교는 2005년 천주교에서 새로 번역한 '천주교 성경'을 사용하기 시작했으며, 현재는 대한 성공회와 한국 정교회 등의 소수 교파에서만 공동번역을 사용하고 있다.

1. 로마교회의 예전신학[2)]

로마가톨릭교회의 예전신학을 이해하려면 다음 예전 요소들을 이해해야 한다. 바로 성체성사를 비롯한 7성사, 그리고 준성사, 성무일과, 전례주년, 성음악, 성미술, 제의 및 전례제구에 관한 신학적 이해다.

로마가톨릭 신앙생활의 중심에 있는 것은 성체성사를 중심으로 하는 미사이다. 모든 일요일과 대축일(예수부활대축일, 성모승천 대축일〈8월 15일〉, 예수성탄대축일〈12월 25일〉)미사에 참례하는 것은 신자로서의 의무이다. 미사와 또 다른 중요한 전례 행위로서 성무일과가 있다. 성무일과는 시간경이라고도 불리는데, 매일 일정한 시각에 하나님을 찬미하는 공적이고 보편적인 기도이다. 사제와 부제는 성무일과를 바칠 의무가 있으며, 수도자들은 수도회의 규칙에 따라 성무일과를 바치게 되었다.

회, 에베소 공의회, 칼케돈 공의회, 제2차 콘스탄티노플 공의회, 제3차 콘스탄티노플 공의회, 제2차 니케아 공의회, 제4차 콘스탄티노플 공의회, 제1차 라테란 공의회, 제2차 라테란 공의회, 제3차 라테란 공의회, 제4차 라테란 공의회, 제1차 리옹 공의회, 제2차 리옹 공의회, 빈 공의회, 콘스탄츠 공의회, 피렌체 공의회, 제5차 라테란 공의회, 트렌트 공의회, 제1차 바티칸 공의회, 그리고 제2차 바티칸 공의회이다. 동방정교회에서는 최초의 7번의 공의회만을 인정하고, 개신교에서는 에베소 공의회를 제외한 칼케돈 공의회까지의 공의회를, 단성설 교회에서는 최초의 3번까지만 인정하고 네스토리우스파 교회에서는 최초의 2개만 인정한다.

2. '로마가톨릭교회 예전'에 대하여 필자가 예배학 사전에 수록한 글을 가져왔다. 김세광, 「예배학 사전」(서울 : 예배와설교아카데미, 2004), pp. 56-57.

평신도도 바칠 것을 권유하고 있다. 전통적으로 구약성경의 시편 낭송과 신약성경 독서, 청원기도, 찬가 부르기로 이루어져 있다.

미사(missa)는 로마가톨릭교회의 성만찬예배를 말하는 것으로, 라틴 예전의 끝에 해산할 때 사용하는 문장에서 유래한 것이다 : "Ite, missa est"(Go, you are dismissed, 가십시오, 해산입니다). 라틴 미사는 개신교에서 수용할 수 없는 신학적 내용(예를 들면, 희생적 제사로서의 미사)을 담고 있기 때문에 개신교에서는 성만찬 대신 미사라는 단어를 거의 사용하지 않는다. 루터교와 성공회 일부에서 사용될 뿐이다.

미사는 분향, 성가대의 유무에 따라 장엄미사, 평미사로 나뉜다. 장엄미사(High Mass)는 집전자(celebrant)가 부제(deacon)와 부보제(subdeacon)와 함께 드리는 성가대가 있는 미사를 말한다. 부제는 복음서를, 부보제는 서신을 부른다. 부제는 집전자 바로 옆에 서서 성찬의 봉헌순서에서 성작에 포도주를 붓고, 덮개를 열고 닫는 일을 한다. 부보제는 포도주를 섞을 때 물을 붓는다. 미사 끝에 집전자가 축도하기 전에 해산을 선언한다. 향은 장엄미사에서만 사용하는데, 예비기도 후와 봉헌 때에 제단에 향을 뿌리고, 복음송 전에 복음서와 집전자에게 향을 뿌린다. 성별된 빵과 포도주에도 향을 뿌린다. 이 장엄미사는 철저히 전례법규에 따라 행한다. 이것의 기원은 7세기의 그레고리안 전통인데, 이는 교황이 집례할 때의 전례서에 해당된다. 그 후 교회가 늘어 가고 수도원이 발달하면서 사제에 의한 전례법규의 필요성에 의해 변형되었다. 평미사(Low Mass)가 점점 확장되고 있을 때도, 예전학자들은 장엄미사를 로마가톨릭교회의 전형적 미사로 강조했다. 미사가 사제 한 사람에 의해서가 아니라 공동체에 의해서 집전되어야 함을 강조한 것이다. 최근에는 장엄미사라는 용어와 그 미사의 많은 부분이 퇴색하고 있다. 1969의 「미사법전」(Ordo Missae)은 미사집전에 있어서 융통성을 크게 허용하였다. 모든 종류의 미사에 찬송을 사용할 수 있게 했고, 향은 사용하지 않을 수도 있게 했다. 예식이 많이 단순화되었는데(부보제 순서는 생략됨.), 이는 예배공동체를 강조하기 위함이다. 회중들은 순서에 따라 찬송하거나 읽게 했고, 집전자는 반복해서 읽거나 노래하지 않는다. 평신도에 의한 성서봉독이 허용되었고 권장되었다.

평미사(Low Mass)는 '읽는 미사' 또는 '사적인 미사'의 성격이 있는데, 오직 사제 한 사람에 의해서만 집례되는 미사를 말한다. 수백 년 동안 평신도에게 가장 익숙한 미사였다. 최소한의 순서만을 가지고 노래 없이 행해지는데 집전자는 동쪽을 향한다. 16세기의 전례법전에 보면 이 미사 중에 회중은 무릎을 꿇고 그날의 말씀을 듣도록 되어 있다. 독일의 경우에는 자국어로 된 찬송이 허용되었다. 18세기에 '기도-찬송-미사'라는 베트-싱-매쎄(Bet-Sing-Messe)가 도입이 되었는데, 집전자가 라틴 본문을 읽는 동안 찬송을 부르는 것을 말한다. 이것은 회중들의 참여를 이끌어 내는 효과가 있어서 2차 세계대전 이후 제2바티칸 공의회까지 대부분의 교회에서 행해졌다. 이제는 장엄미사처럼 평미사라는 단어도 실제적으로 퇴색했다. 1969의 「미사법전」은 회중의 공동체적 참여를 강조하고 모든 미사에서 찬송을 인정한다. 이 법전은 '사적' 미사(현재는 바람직하지 못한 용어가 됨.)를 염두에 두고 있으며, 회중이 없을 때도 집전해야 하는 사제를 위해서도 순서를 만들었다. 입례와 성만찬 때에 읽는 전례문 이외에는 거의 생략했다. 복사들도 회중들에게 응답을 하도록 했다.

2. 종교개혁 이전까지의 로마가톨릭교회의 예전

종교개혁 이전에는 다양한 예전 전통이 있었는데, 종교개혁 이후에는 비록 여전히 지역별로 예전 전통을 지니고 있었으나, 로마 예전이 대표적인 예전이라고 할 수 있다. 6세기에서 10세기까지 로마 예전과 갈리칸 예전이 병존했으나 로마교황청의 권위가 강화되면서 로마 지역의 예전인 로마 예전으로 통일되었다.

13세기에 로마가톨릭교회의 예전에 영향을 준 두 그룹으로 수도회와 스콜라 신학자들을 들 수 있다. 이 당시 등장한 프란시스 수도회, 도미니크수도회, 가르멜 수도회, 세르비트 수도회 등의 탁발수도회는 예배의 예전화를 가속시킨 반면에 스콜라 신학자들은 예배 경험을 신학화하는 데 도움을 주었다.[3]

3. 트렌트 공의회(1545-1563) 이후의 예전의 발전

로마가톨릭교회의 다양한 예전 전통은 트렌트 공의회에 이르러 표준화되기 시작했다. 파격적인 수단으로 보수적 개혁을 이루게 된 것이다. 이 공의회에서는 예배에서 미시전적 요소, 남용과 오용의 소지가 있는 것들을 제거하려는 목적을 가진다고 했으나 결과적으로는 당시 예전을 변호하는 분위기가 되었다. 그 이유는 우선 예전에 대한 학문적 이해보다 전승을 따랐기 때문에, 사도 베드로가 로마 예전을 작성했다거나, 당시 예전을 변경하는 것은 사도성을 훼손하는 것이라는 등의 왜곡된 해석들을 더욱 신뢰하였던 것이다. 게다가 예전의 수정은 개신교 개혁자들이 옳다는 것을 인정하는 것이 되었기 때문에 거북한 일이었다. 그래서 결국 예전의 개혁은 예전의 표준화(liturgical standardization)를 목표로 하게 되었는데, 다음과 같은 인쇄물들의 등장으로 가능하게 되었다. 즉, 「일과기도서」(*Breviary*, 1568), 「미사」(*the Missal*, 1570), 「순교사」(*the Martyrology*, 1584), 「주교전례서」(*Pontifical*, 1596), 「감독예식서」(*Bishops' ceremonies*, 1600), 「예전서」(*the Ritual*, 1614)이다. 표준화 작업은 1588년에 설립된 예전개혁성성(聖省, Congregation of Rites)이 맡아서 주도했는데, 그 이후 4세기 동안 이어져 온 예전적 일치 (liturgical uniformity) 운동이 각 나라에도 적용이 되었다. 문제점도 드러났는데, 중국의 경우처럼 선교지에서 지역문화와 정서를 배제한 채

---

3. 제임스 화이트, 「예배의 역사」(서울 : 쿰란출판사, 1993), p. 104.

표준화된 예전을 사용한 결과 정착하지 못하는 경우가 발생하였다. 예수회의 선교사들은 북경어(Mandarin)로 예배를 드리는 것을 실험하고 그들 조상 제사의 어떤 부분에 기독교를 적용시키고자 시도했으나 실패했다. 이러한 오랫동안 표준화된 예전의 엄격한 적용은 가히 '예전규정문 시대'(era of rubricism)라는 로마가톨릭교회 예전의 특징을 형성하였다.[4]

예전이 표준화되었지만, 예전의 내용은 사실상 그렇게 많이 변하지 않았다. 본래 순수 로마 예전의 특징은 단순성, 실용성, 엄숙성과 절제, 장중함, 그리고 고상함이었는데, 후에는 이러한 특징을 잃고 단순히 타 예전들을 수용하면서 엄숙함과 복잡한 감수성의 특징만 남았다.[5]

로마가톨릭의 개혁의 노력은 도미니칸 수도사였던 마틴 부처보다 10년 앞서서 프란체스코 퀴노네스의 1535년과 1536년 작품에서 나타난다. 교창(antiphons)이나 답창(responses)의 항목을 없애고 성경의 내용을 증가시켰다(화이트, p. 166). 무엇보다도 가장 큰 변화와 개혁은 1568년의「로마 일과기도서」(Roman Breviary)를 모든 로마가톨릭교회에서 일치되게 사용되어야 하는 것으로 강요되었다는 것이다. 즉, 예전의 표준화를 꾀한 것이다.

로마가톨릭은 성만찬에 관해서는 방어자의 입장이었는데, 그 이유는 당시 성만찬의 남용에 관한 개혁자들의 날카로운 공격 때문이었다. 성만찬을 결혼의 축복, 죽은 자를 위한 기도, 나아가서 구원 확인 과정에 사용하였는데, 이것들이 성당과 사제생활비 등의 재정 확보 차원에서 행해졌다는 비판을 받았다. 위에서 언급한 대로, 트렌트 회의에서 표준화된 예전의 내용은 여전히 개혁의 빌미를 주고 있었다. 즉, 평신도의 잔 참여 불허, 자국어 사용 불허, 어린이 성만찬 참여 불허, 개인 미사의

---

4. James F. White, "Roman Catholic Worship From the Council of Trent to Vatican II", in *Twenty Centuries of Christian Worship*, Robert Webber ed. (Nashville, TN : Star Song, 1994), p. 72.
5. 윌리엄 맥스웰,「예배의 발전과 그 형태」(서울 : 교회커뮤니케이션연구원, 1994), p. 85.

계속, 산 자와 죽은 자를 속죄하기 위한 미사의 희생적 이해, 화체설 용어 존속 등이다.[6] 특히 평신도의 분잔 불허에 대해서 논란이 많았는데, 한 황제가 평신도에게 잔을 주도록 압력을 넣었고 교황도 그에 동의하였으나 트렌트 종교회의는 입장을 바꾸지 않았다. '화체설'에 대해서도 1215년 제4차 라테란 종교회의 이후에 상당히 바뀌긴 했지만, 성물들의 변화는 '화체설'로 가장 '적당하게' 명명된다고 주장하였다.[7] 거리와 공공장소를 통과하는 행진 시에 축성된 성물들이 등장하였고 보호되었다. 트렌트 종교회의는 종교개혁자들에 의해 비판을 받았던 미사 헌금의 착취적인 요구에 대해서 정죄하는 자세를 취했지만, 그러한 미사헌금의 근거로 제시했던 희생제사, 즉, 갈보리의 재현(a representation)은 포기하지 않으면서 "이 희생은 진정한 속죄이다."라고 주장하였다.[8]

이 시기에 가톨릭의 성만찬 영성은 성례 예식 자체보다 성인들의 유물에 있는 것으로 보인다. 축성된 떡이 전시되어 있는 곳인 제단은 성체 현시대가 되었고, 전시(축성된 떡을 보는 것)는 대중적인 경건의 신앙이 되었으며, 성체 강복예배는 축성된 떡을 먹는 것이 아닌 보는 것에 초점이 맞추어져 있었다. 축성된 떡을 보관하는 감실(tabernacle)이 제단을 지배하게 되었다.[9]

시간의 준수에 대한 변화에 대해, 로마가톨릭의 경우 14세기 성체축일(Corpus Christi)을 정한 이래로 교회력에 새로운 축일들이 추가되지 않다가, 1765년에 성심축일(Feast of the Sacred Heart)이 추가되고 1856년에 1급으로 격상되었다.

고해성사에는 다음과 같은 변화가 일어났는데, 사제들과 주교들이 주

---

6. 제임스 화이트, pp. 169-170.
7. Piet Schoonenberg, "Tranubstantiation : How Far is this Doctrine Historically Determined?" (Paulist Press, 1966), pp. 78-79. 제임스 화이트, 「예배의 역사」, p. 174에서 재인용.
8. 제임스 화이트, 위의 책, p. 176.
9. 같은 책, p. 178.

로 사순절에 맡는 고해성사를 "적어도 일 년에 한 번 한꺼번에 하거나 개별적으로 죄의 고백을 하여야 했다".[10] 고별성사(sacrament of the departing)로도 불리는 종부성사(extreme unction)의 정당성에 대해서 트렌트 회의는 그리스도에 의해 제정되었고, 마가에 의해서 암시되었다고 주장하지만 마가복음 16장의 의미와는 거의 상관이 없다.[11] 결혼예식에 대해서 트렌트 종교회의는 그 회의 참여자의 대부분이 독신자들이라는 것을 반영하는 듯이 "결혼하는 것보다 동정을 지키거나 독신으로 사는 것이 더 복된 것이며 낫다."고 주장하는데, 1614년의 「로마 예식서」(Roman Ritual)는 공식적인 결혼 예식을 포함하고 있으면서도 많은 지방의 관습들을 허용하고 있다.[12]

안수 문제에 대해서 트렌트 회의는 "안수란 하나의 성례(a sacrament)이며, 성직자 삭발식을 거친 사람은 하위 성직에서 고위 성직으로 점점 향상된다."라고 주장하였고, "모든 그리스도인들은 누구나 신약성서의 제사장들이다."라는 개념을 정하였다. 성직 안수의 예식들은 1596년 「로마 주교전례서」(Roman Pontifical)에서 표준화되었는데, 이 예전은 중세 후기의 두란두스(Durandus)의 예식서를 대부분 수용했다.[13]

로마가톨릭의 예전 개혁의 가장 큰 변화는 설교의 중요성을 강조한 점일 것이다. 트렌트 종교회의는 설교를 매 주일과 모든 성일에 할 것을 규정한 것이다. 이러한 설교 확산운동의 중심에는 예수회(Jesuits)가 있었다. 예수회의 건물들은 설교를 위한 음향효과를 고려하여 설계되었고, 로마가톨릭교회에서 최초로 설교단이 중요한 예전의 중심으로 꾸며지게 된 것이다. 이 시기에 수사학적 설교로 유명한 설교가들이 등장했는데 17세기 프랑스의 작크 보세트(Jacques Bossuet), 장 마실롱(Jean Baptiste Massillon), 프란체스코 드 페넬롱(Francesco de Fenelon) 등이

---

10. 같은 책, p. 182.
11. 같은 책, p. 184.
12. 같은 책, p. 185.
13. 같은 책, p. 188.

그들이다. 현란한 수사적 표현의 설교를 했던 이들은 수사학의 고전적인 기법들을 자유롭게 사용했다.[14]

로마가톨릭에서 미사는 훌륭한 음악회가 되었는데, 미사 때 낭송되는 찬트(chant)와 같은 단성음악(plainsong)은 19세기 이래로 다양한 가사와 멜로디를 가진 다성음악(poly phony)의 형식이 발전되기 시작하였고, 20세기 말에는 3부, 4부의 음악이 불려졌다. 르네상스 시대부터 다성음악의 미사와 무반주 다성성가곡(motets)이 등장했는데, 라수스(Lassus), 팔레스트리나(Palestrina), 가브릴리(Gabrieli), 빅토리아(Vicoria), 몬테베르디(Monteverdi), 비르드(Byrd)와 같은 작곡가들이 활동했다. 미사에서 빼놓을 수 없는 것은 파이프오르간인데, 이 악기로 합창과 기악음악을 합주할 수 있었는데, 그 소리와 분위기로 대성당의 교회에서 선호하는 음악이 되었고 점차 대형 파이프오르간으로 발전했다.[15]

로마가톨릭교회에서 교회 건축은 예전 신학을 종합하고 있다. 이 시기에는 중세의 고풍적이고 미개해 보이는 예술품들을 제거하기 시작했다. 예를 들어, 긴 수염을 한 성부 하나님의 형상들을 거부한 것이다. 당시 변화를 볼 수 있는 대표적인 건물은 1550~1572년 로마에 건축된 예수회 교회이다. 음악의 울림 소리와 설교의 명료한 음향을 동시에 고려했고, 전 공간을 미사를 위한 공간으로 배열했다. 성단 후면의 칸막이가 사리지고 성단소는 극장처럼 더 높은 무대가 되었는데, 이러한 건축 양식은 전 세계로 확산되어 가톨릭교회 건축의 특징이 되었다.[16]

4. 제2바티칸 공의회(1963)까지의 예전의 발전

1980년 바티칸 성청 내의 교리성성(聖省, Congregation for the Doctrine

---

14. 같은 책, p. 192.
15. 같은 책, p. 194.
16. 같은 책, p. 198.

of Faith)에서 '유아세례를 위한 가르침'(Instruction on Infant Baptism)을 규정하여 유아세례의 유지를 변호하였다. 로마가톨릭교회는 프로테스탄트 교회들과 더불어 나이를 불문하고 침례(immersion)를 주는 것을 회복하고자 하는 노력을 하고 있다.

매일 드리는 회중 기도회는 현대에 이르기까지 성직자와 수도회의 수사에 의해 유지되었고, 19세기부터 시작된 수도회의 부흥으로 성가대의 찬양, 특히 그레고리안 성가가 복원되었다. 평신도의 성무일과(the divine office) 참여는 제2차 바티칸 종교회의에서 잠깐 언급되었고 평신도도 성무일과를 외우도록 격려되었다. 아침 기도회와 저녁 기도회는 '중요한 시간에', 시편은 4주간 읽는 것으로 하고, 할 수 있는 대로 성경을 많이 읽는 것이 권장되었다. 1971년 성무일과(the Liturgy of the Hours)는 찬과(lauds), 정오기도, 만과(vespers), 종과(compline), 그리고 하루 중 언제든지 성경 읽는 것을 권장했지만, 이것은 수도회에서 일이 되었고, 교구생활에서는 실행되지 못했다. 성무일과는 보통 교구민들의 신앙심을 고려하지 못하게 되어 있어서 제2바티칸 공의회의 예전서들 중에 실패한 것으로 평가받고 있다.[17]

시간의 사용과 자각에 대하여서는 근대에 들어오면서 많은 변화가 있었다. 주요 절기들이 전 세계 교회에 보편적인 중요성을 갖게 되었는데, 1708년부터 지켜 온 성모의 무흠잉태절이 전 세계적인 절기가 되었고, 1865년에는 예수 성심절(the Feast of the Sacred Heart), 1925년에 왕 되신 그리스도(Christ the King) 주일이 제정되었다. 그러나 성인들의 날에 대해서는 오히려 정리하는 분위기였는데, 교황 피우스 10세는 1568년에서 1960년 사이에 171명 이상 되는 성인들의 기념식이 추가된 것에 대해 문제를 느끼고 최대의 축일들을 제외하였으며 주일의 의미를 주장하고, 1912년에는 일과기도서(breviary)의 개혁을 점차적으로 단행했다.[18]

---

17. 같은 책, p. 216.

현대 계몽주의 정신은 로마가톨릭교회의 성찬에 자극을 주고 변화를 일으켰다. 그동안 가톨릭의 성례전 신학은 효율성의 개념에 초점을 두고 하나님의 은혜보다는 성찬의 효과를 강조한 결과 성례전을 마술에 가까운 기계적인 효과성으로 축소시키는 결과를 낳았다는 비판을 받았다.[19] 이것은 계몽주의에 의해 크게 영향 받은 개신교 교단이 성례전을 기념이나 도덕적인 교화로 이해, 또는 그리스도의 임재를 체험할 수 있는 은혜의 수단으로 보는 것과는 차이를 보인다. 성만찬을 자주 하게 된 것은 교황 피이우스 10세의 개혁운동의 영향이 크다. 20세기 초까지만 해도 성만찬을 자주 하지 않았는데, 그는 평신도들이 미사에 참석해 기도하고 그레고리안 찬트를 부르도록 격려하며 할 수 있는 한 성만찬에 많이 참여하도록 했다.

5. 제2바티칸 공의회 이후 현재까지의 예전의 발전

제2바티칸 공의회는 1962년부터 1965년까지 4회의 회의 끝에 16개의 문서를 발표한 공의회인데, 4개의 헌장(constitution)과 9개의 교령(decretum), 그리고 3개의 선언(declaration)으로 되어 있다. 이중 거룩한 전례에 관한 헌장 "거룩한 공의회"(Sacrosanctum Concilium)는 1963년 12월 4일 발표된 것으로 공의회의 첫 번째 문헌이다. 여기서는 전례의 갱신과 능동적 참여를 강조한다.

교황 바울 6세 지도하에 이루어진 예전 개혁의 가장 큰 변화는 라틴어로 되어 있던 예전의 미사가 각국의 언어로 번역된 것이고, 자국어 미사를 허용한 것이다. 미사의 구조도 초대교회의 형태를 근간으로 수정했고, 그동안 로마 예식에서 최초의 한 사람이 하던 성만찬 기도(cannon, Eucharistic Prayer)를 네 명이 할 수 있도록 했다. 눈에 띄는 것은 설교

---

18. 같은 책, p. 227.
19. 같은 책, p. 218.

의 회복이다. 매주 주일 미사에서 반드시 설교를 하도록 했으며, 제단을 바라보던 사제가 회중을 바라보도록 변경하였다. 회중 찬송이 장려되었다. 성례전 신학에서도 변화가 있는데, 성례전성(sacramentality)을 새롭게 이해하기 위해 상징의 방법을 도입하고 최초로 어떻게 인간이 서로 연관되는가를 이해하기 위해 인간과학(human science) 관점으로 바라보게 된 것이다. 사제 홀로 미사드리는 성만찬 예식을 중지하고 공동체 안에서 회중을 대면하여 실제의 빵을 사용하여 나누어 줌으로 함께 감사드리는 공동체 참여의 의미를 표현하게 되었다. 이러한 로마가톨릭의 변화는 개신교회의 성만찬 회복에도 큰 영향을 미쳤다.[20]

시간의 사용에 대해서 제2바티칸 공의회는 교회력의 변화를 단행하면서 가장 큰 변화를 보였는데, 오순절 이후의 주일을 많은 성인의 날과 축일들 대신 비절기기간(ordinary time)으로 명칭함으로 개신교에게 좋은 인상을 주었다.[21] 1970년 예전서에서는 주요 축일로서 주일의 우위를 재확인하였고, 성탄절, 부활절, 부활절 성삼일(Easter Triduum)을 교회력의 절정으로 소개했다. 주현절 후에 주님의 수세일(the Baptism of the Lord)이 추가되었고, 왕 되신 그리스도 주일은 연말로 옮겨졌으며, 성인 기념일은 신성함, 축일, 추모일의 범주로 나누어 선택적으로 지킬 수 있게 했다.[22]

고해성사의 규범은 셋으로 구분되어 있는데 고해성사실(a confession box)에서 사제에게 하는 고백, 사죄선언을 받는 것, 그리고 보속(a satisfaction)의 규정으로 되어 있다. 제2바티칸 공의회 이후에 최근 새로운 고해성사를 소개하고 있다. 첫째는 화해실(a reconciliation room)이라는 명칭이다. 둘째는 말씀 예배에서 개인적으로 참회기도하기 전에 단체로 고백하고 사죄선언을 듣는 것이다.[23]

---

20. 같은 책, p. 222.
21. 같은 책, p. 228.
22. 같은 책, p. 228.
23. 같은 책, p. 231.

제2바티칸 공의회의 거룩한 전례헌장에서 종부성사(Extreme Unction)는 '병자의 성사'(sacramentum unctionis infirmorum)라 부른다. 종부를 더 적절히 표현하자면 '병자의 도유'(unctio infirmorum)라고 할 수 있으니 이는 죽을 위험이 임박한 이들만을 위한 성사가 아니다. 그러므로 신자가 병이나 노쇠로 죽을 위험이 엿보이면 벌써 이 성사를 받기에 합당한 시기가 된 것이다.[24] 이러한 변화는 종부성사의 의미를 초대교회의 치유 관례로 확대시킨 것이 되었다. 기름 붓는 것은 반복될 수 있으며, 죽음 이외에도 생명과 건강과 연관되었고, 죽음을 맞이할 때까지 계속적인 고백의식, 기름 붓기, 죽을 위험에 처한 신자에게 주는 마지막 성체인 노자성체(viaticum)를 할 수 있게 되었다.[25]

결혼예식의 변화도 사회적 분위기를 반영하고 있다. 여자에게만 충실을 강조하던 불평등한 예문에서 남자도 충실할 것을 권하는 부부 평등이 강조되었다. 회중들도 찬송, 시편, 기도로 참여할 것을 권하고, 결혼하는 부부들을 위해 회중의 확인고백까지 요구하는 예식, 성만찬에 대한 규정이 포함되어 있다. 개신교회도 결혼식에서의 성만찬이 증가하는 추세다.[26]

장례예식은 전통적으로 성경의 약속말씀을 시편, 기도, 성경봉독을 통해 반복하는 것으로 이루어져 왔는데, 제2바티칸 공의회 이래로 부활하신 그리스도의 파스카의 신비에 초점을 두었다. 1989년 미국 가톨릭에서 만든 기독교 장례예식(Orderof Christian Funerals)은 현대사회 분위기와 목회적 상황에 대한 융통성을 보여 준다.[27]

교회음악의 변화는 제2바티칸 공의회 이후 회중찬송집(congregational hymnody)의 발간으로 알 수 있다. 찬송에 관한 한 개신교와 구분 없이 불

---

24. 성베네딕도수도원, 「거룩한 전례에 관한 헌장」(*The Constitution on the Sacred Liturgy*), (서울 : 한국천주교중앙협의회, 1967), p. 73.
25. 같은 책, p. 232.
26. 같은 책, p. 234.
27. 같은 책, p. 235.

리고 있으며 수도회에서 불리는 찬송도 개신교 찬송가에 등장한다. [28]

교회 건축에 있어서 로마가톨릭교회는 예수회 선교사들이 선교지에서 건축의 현지화(inculturation)를 시도하는 것 외에는 전반적으로 국제적 형태의 바로크 양식의 교회들을 건축하였다. 즉, 성소의 장식벽(reredos), 제단(altar table), 성찬 가로대(rails), 본당 회중석, 설교단, 교회 입구의 세례반, 성가대 발코니 등으로 구성된다. 제2바티칸 공의회 문헌에서 발견되는 큰 변화는 제단을 이동할 수 있는 형태로 두어, 사제가 회중을 마주 대할 수 있도록 했다는 점이다. 또 측면 제단들의 제거, 이동식 감실, 설교대(ambo)가 세워지고, 개인적인 성물들을 제거했다. 세례도 관수례에서 침수가 도입되면서 침수탕이 설치되는 성당도 많아지고 있다.

다음은 제2바티칸 공의회의 예전헌장에 있는 미사의 순서로, 현재 모든 가톨릭교회가 행하는 주일 미사다.

  Ⅰ. 시작 예식
    1. 입당과 십자성호
    2. 인사 : "주님께서 여러분과 함께"
    3. 죄의 고백과 용서
    4. 자비송 : "주님, 자비를 베푸소서"(Kyrie, eleison).
    5. 대영광송(Gloria)
    6. 본기도 : "기도합시다."
  Ⅱ. 말씀의 전례
    1. 1독서와 화답송
    2. 복음환호송(할렐루야)과 복음강론
    3. 신앙고백과 보편지향기도
  Ⅲ. 성찬의 전례
    1. 예물 준비 기도
    2. 예물기도
    3. 감사송(4가지)

---

28. 같은 책, p. 244.

        4. 성령 청원 : 축성 기원(Epiclesis)
        5. 기념과 봉헌
        6. 성령 청원 : 일치 기원
        7. 마침 영광송
        8. 주님의 기도
        9. 평화 예식, 빵 나눔
        10. 하느님의 어린 양(Agnus Dei)
        11. 영성체 전 기도
        12. 영성체
        13. 영성체송
        14. 영성체 후 기도
    Ⅳ. 마침 예식
        1. 강복
        2. 파견

6. 진보파 가톨릭교회의 예배(Liberal Catholic Church Worship)[29]

진보파 가톨릭교회는 1908년 네덜란드의 구파 가톨릭교회(the Old Catholic Church)가 로마가톨릭 사제였던 아놀드 마태(Arnold H. Mathew) 감독을 영국에 선교사로 보냄으로 시작되었다. 그는 자기를 파송한 교회가 18세기에 로마교회의 감독이 선교함으로 시작되었으므로 사도적 연속성이 있음을 확신했다. 영국에서 아놀드 마태의 선교는 진전이 없었는데, 1913년 요크의 성공회 교단에 속한 제임스 웨지우드를 만남으로 전기를 마련하게 되었다. 그는 안수받고 후에 감독이 되었는데, 그의 강력한 인격과 탁월한 교리의 해석으로 이내 선교의 분위기를 바꾸었고 성장하게 했다. 런던의 소예배당에서 정기적인 집회가 이루어졌고, 감독 마태는 지방을 순회했다. 그는 또한 전 세계를 향한 선교를

---

29. '진보파 가톨릭교회 예전'에 대하여 필자가 예배학 사전에 수록한 글을 가져왔다. 김세광, 위의 책, p. 112.

시작했다. 이 교회는 모든 대륙에 퍼지게 되었는데, 특히 호주와 네델란드에서 강하다. 총회는 5년에 한 번 모여서 예배와 교리에 대한 변화를 논의한다.

　이 진보파 교회는 구파 교회와 다음 두 가지 점에서 다르다. 첫째, 이 교회는 트렌트 공의회에서 정한 미사를 집례하는데, 예전을 약화시키지 않았지만 그리스도교 예배로서 무가치하고 그리스도의 가르침에 맞지 않는 것들은 정화시켰다. 감독 웨지우드는 다른 감독과 함께 그들 나름의 예전을 만들었다. 그들은 새 예전에서 축제적인 것을 강조했고, 이전 예전을 손상시켰던 경외와 굴욕의 표현들을 제거했다. 예전서는 1919년에 출판되었고 1983년까지 계속 개정판을 내었다. 여기서 그들의 어려움은 성직자와 회중이 모든 말과 행위의 실제적이고 내적인 의미를 완전히 이해하고 참여하는 것이었다. 화체설을 예배의 중심으로 다시 확인한다. 천사들의 활동 또한 예배에 있어서 중요한 요소다. 둘째, 인간은 하나님의 형상만을 닮은 것이 아니라 하나님과 같은 본질을 지녔고, 인간과 우주는 하나님의 넘치는 사랑으로부터 왔고 유지되고 있다는 믿음이다. 하나님께서는 무소부재하시므로 어디에나 현존하시고 활동하시지만 특히 성별된 곳에 임재 하시는데, 성찬제정의 말씀이 선포되는 곳에 더욱 특별하고 가까이 임재하신다고 믿는다.

　진보파 가톨릭교회는 니케아신조를 암송하지만, 그것을 그동안 전해 내려온 모든 위대한 가르침으로 해석할 권리가 있다고 주장한다. 로마가톨릭과는 달리 그런 교리의 해석은 절대적으로 개인의 자유다. 사제도 사례비를 받지 않는데 예전의 형식은 철저히 따라야 할 의무가 있다.

2. 동방정교회의 예배

김세광 교수(서울장신대, 예배·설교학)

동방정교회(the Eastern Orthodox Church)는 '정교회'(Orthodox Church), 공식적으로는 '정통 가톨릭교회'(Orthodox Catholic Church)라고 불리는데, 콘스탄티노플 총대교구를 중심으로 설립된 기독교 종파 가운데 하나이다. 이 명칭 중에 정교회는 자신들만이 초대교회로부터 이어져 왔고 일곱 에큐메니컬 공의회의 신조들을 정통교리로 고수하는 정통 기독교라는 뜻으로, 다른 비정통 교회들과 차별을 둔다. 6세기 기독교는 5개 지역, 즉 예루살렘, 콘스탄티노플, 로마, 안디옥, 알렉산드리아로 나뉘는데, 각기 독특한 예배전통을 지니고 있었다. 이중 로마만이 서방 가톨릭교회고, 나머지는 동방정교회에 해당한다. 동방정교회는 동시리아와 서시리아, 비잔틴(그리스정교회, 러시아정교회), 아르메니아 정교회, 콥틱과 에티오피아 정교회로 나뉜다. 현재는 콘스탄티노플을 중심으로 알렉산드리아, 안디옥, 예루살렘, 러시아, 세르비아, 루마니아, 불가리아, 조지아, 그리스, 키프로스, 알바니아, 체코슬로바키아, 폴란드 등지에 있다.[1] 교리는 제1차 니케아 회의를 비롯하여 최초의 7개의 에큐메니컬 공의회의 교리[2]를 받아들인다.

11세기 초, 서방교회와 '필리오케'(filioque)[3]를 주원인으로 하여 갈라지게 된 동방교회는 동방정교회(the eastern Orthodox Church)와 동방가톨릭교회(the oriental Catholic Church 혹은 the lesser Orthodox Catholic Church)로 구분된다. 동방 가톨릭교회란 일찍이 칼케돈 공의회 이후 갈라져 나간 단성론 교회로서 동방도 서방 교회도 아닌 보편적 교회의 교의를 따른다는 입장이었다. 시리아 교회, 콥트 교회, 아르메니아 교회 등이 있으며 최근에는 이들 동방교회들이 여러 이유로 로마가톨릭교회의 수장인 교황의 수위권을 받아들이기로 하고 로마교회와의 일치를 도모하고 있다.

정교회는 '조직적인 일치'에 있는 것이 아니라, 완전한 자율성을 가진 각 교회가 공통의 신앙과 전통과 영성에 대해 일치된 입장 아래에서, 서로 교회의 자립을 승인한 원만한 연합을 유지하고 있다. 주교마다 서열이 정해져 있지만, 이는 순수하게 명예상의 서열이며, 실질적인 권력과 관계되는 것은 아니다.

---

1. 주로 동유럽과 아시아(주로 시베리아, 중앙아시아)에 퍼져 있으며, 그리스, 러시아, 우크라이나, 벨라루스, 몰도바, 세르비아 몬테네그로, 루마니아, 불가리아, 조지아, 마케도니아 공화국, 보스니아헤르체고비나가 정교회 국가이다. 정교회도 다른 기독교 종파처럼 중동과 아프리카(이집트, 에티오피아 등 주로 북아프리카)에도 약간은 있고 일부는 미국, 캐나다, 오스트레일리아, 뉴질랜드, 대한민국, 일본에 정교회를 전파하고 있다.
2. 제1차 니케아 공의회, 제1차 콘스탄티노플 공의회, 에베소 공의회, 칼케돈 공의회, 제2차 콘스탄티노플 공의회, 제3차 콘스탄티노플 공의회, 제2차 니케아 공의회.
3. 니케아신경의 해석 차이로 인해 일어난 교리적 문제이다. 정교회 그리스어 니케아신경에서는 '성령은 성부에게서 발출하시며'라고 적혀 있었지만 9세기 천주교의 라틴어번역에서는 '성령은 성부와 성자에게서 발출하시며'(ex Patre Filioque procedit)라고 고쳐져 있었다.

1. 동방정교회의 예전신학[4]

정교회는 종교를 이해하려고 할 때 기본적으로 전례적으로 접근한다. 예를 들면, 동방교회의 교리는 '신적인 예전'(divine liturgy)을 통해서 이해하는 방식이다. 교리의 합리적인 설명이나 윤리적 규범에 앞서 전례적인 방법이 우선하는 것이다. 정교회는 인간이 하나님을 영광스럽게 할 때 가장 진실하다고 하며, 예배에서 인간 자신은 완전함과 자기 충족을 찾는 전례적인 피조물로 본다.

정교회 예배의 특징은 '신적인 예전'(divine liturgy)에 있는데, 이것은 이 교회의 예배가 성만찬 중심이며, 성만찬에서 이 교회의 자기 정체성, 통합성, 임무를 확인한다는 것을 의미한다.[5] 신앙을 표현하는 이 예배에 그들의 전 종교적 존재를 투여한다. 성찬예배는 정서적, 지적, 미학적 기능에 동시적으로 호소하는 전체적 체험을 강조한다. 상징과 후각을 포함한 신체적인 감각 작용과 제스처, 시각예술과 청각예술뿐 아니라 공식화된 신학적 진술까지 사용한다. 따라서 교리교육을 받은 신도는 물론, 처음 참여한 회중들도 예전 자체에서 신앙을 느낄 수 있도록 한다.

성찬에 대한 이런 강조는 때로 새로운 면을 보여 주기도 했으나, 어떠한 급진적인 변혁은 시도하지 않는다. 온 세계교회에 큰 영향을 주었던 현대의 예전 갱신운동은 정교회에도 영향을 주어 예전에 대한 더욱 깊은 이해를 갖게 해 주었다. 그러나 결코 예배의 순서를 바꾸지는 않는다. 실제로, 이 교회의 정교한 예배순서는 천오백 년 이상 변치 않고 계속 사용되고 있다. 15세기까지 행해졌던 약간의 수정도 그 이후에는 하지 않았다. 그러므로 정교회의 비잔틴 의식은 연구자들에게 풍부한 고고학

---

4. 동방정교회의 예전신학에 대해서는 필자가 예배학 사전에 기고한 항목을 옮겼다. 김세광, 「예배학 사전」(서울 : 예배와 아카데미, 2004), p. 51.
5. J. G. Davies, ed., *The New Westminster Dictionary of Liturgy And Worship*, ed J. G. Davies (Westminster Press : Philadelphia, 1986), pp. 421-422.

적 자료를 제공해 준다.

  정교회 예배는 인격적이지만, 결코 개인적이지 않다. 이것은 기도문들에 항상 1인칭 복수를 사용하는 것에서 나타난다. 소위 '대예배'(principle service)는 전 회중이 모였을 때만 드린다. 다시 말하면, 모두 모였을 때 성찬식을 하루에 한 번만 드린다. 의자가 없으므로 한꺼번에 많이 모일 수 있고, 서로 분리되지도 고정되지 않고 자유롭게 움직일 수 있다. 노인과 병자들을 위해서는 앉을 수 있도록 따로 자리를 마련한다. 의자를 놓지 않는 이유는 전형적인 기도의 자세가 서서 하는 것이기 때문이고, 헌신의 시간에 부복할 수도 있다. 또 융통성이 있고 자신을 의식하지 않고 격식을 차리지 않는 행위도 가능하다. 예식 중에 자유롭게 움직일 수 있는 이유이기도 하다. 로마 천주교회처럼 예전의 자세가 자세하게 규정되어 있지 않고 사제의 몸짓은 덜 격식화되어 있으며 더 자유스럽다. 정교회 회중들은 교회를 가정처럼 생각한다. 기쁨을 표현해야 할 부활절과 부활절 이후의 절기에는 무릎 꿇기와 부복을 하지 않는다. 같은 이유로 첫 번째 교회회의에서(325) 주일에 무릎을 꿇지 않도록 했다.

  모든 정교회에서의 지성소는 나무로 되어 있고, 성화상으로 꾸며진 칸막이인 이코노스타시스(iconostasis)에 의해 회중석과 분리되어 있다. 이코노스타시스에는 세 개의 문이 있다. 거룩한 문 또는 임금문인 중앙에 있는 큰 문이 열리면 제단의 광경이 보인다. 이 문은 두 폭의 문으로 열고 닫히는데, 커튼이 걸려 있다. 예배 때 부활주간만 제외하고는 문들이 닫혀 있고 커튼이 드리워져 있다. 그러나 오늘날에는 더 이상 성찬예배에서 어느 때라도 문을 닫거나 커튼을 드리우지 않는다.

  성직자와 성도들은 교회 안이나 교회 주위를 행렬하는 상징적인 행동을 한다. 고난주일에 그리스도의 장사됨 또는 무덤에 향유 부은 여인을 기념할 때 행렬한다. 향, 성경, 성찬의 성물을 들고 행렬하는데, 침묵하면서 상징적인 드라마를 행한다. 그러나 일반적으로 특별한 행위의 의미는 말로써 표현된다. 이 말들은 항상 노래나 찬트로 표현한다. 지역 형편에 따라 성가대가 하든지, 회중들이 하든지 결정한다. 누가 하든지 예배에는 회중과 집례자의 대화가 포함된다. 어떤 경우에도 평신도 회중이 없는 곳에서는 성만찬을 행하지 않는다. 사적인 미사는 행하지 않는다.

예배자들은 말로, 적어도 청각으로 참여한다. 예전 중의 예배자들의 침묵을 개인적인 헌신의 시간으로 이해해서는 안 된다. 오히려 찬송을 부르지 않아도 되니까, 예전서에서 설명하는 대로, '올바로 서서' 또는 '경외함으로 서서' 기도에 참여할 수 있다. 또한 후각의 참여도 있다. 비잔틴 의식에서 많이 볼 수 있는 것처럼, 향이 자주 사용된다. 성직자들은 성상과 같은 곳에 대고 향을 뿌리는데, 회중에 대해서도 뿌린다. 이는 성도 각자에게도 하나님의 형상이 있기 때문이다. 성화상들(icons)은 하나님의 섭리로 대화하는 방편으로 교회 내에 세워지는데, 성상 자체에 상징적인 가치를 크게 둔다. 헌신의 장소로 삼으며 입맞춤이나 촛불을 바침으로 헌신을 표현한다. 성상의 받침대는 예전복의 색처럼 장식한다. 성화상은 하늘과 땅 사이의 교차점이 구실을 한다. 각 지역의 회중이 기도할 때 그리스도와 천사들과 성인들에 둘러싸여 있다는 것을 느낌으로 지상에서의 예배가 천상의 예배와 같다는 것을 깨닫게 해 준다. 이 성화상들로 지상에서의 천국의 의미를 눈에 보이게 표현하려고 한다. 동방정교회에서는 2차원적인 그림인 선상(icons) 공경, 즉 성상에서 묘사한 삼위일체 하나님과 성인들에 대한 공경을 중시하며 무엇보다 그 가르침을 공경한다. 또한 오늘날까지 그 형식 그대로 신앙 전통을 지켜 오고 있으며, 화가에 의한 자의적인 변경은 용납되지 않는다.

성례전은 다음과 같이 7성사가 있다. 세례성사, 견진성사, 성체성혈성사(성찬), 고백성사, 신품성사, 결혼성사, 성유성사. 7성사가 모두 똑같이 중요한 것이 아니라, 세례와 성찬이 특별한 위치를 차지한다. 또한 정교회에는 많은 수의 준성사들이 있다. 밀, 포도주, 기름, 수확물, 밭,

그리고 가정의 축성이다. 이처럼 어떤 물건이나 요소에 축성을 하는데, 소 축성이나 간단한 예식을 행한다. 자동차나 철도의 축성기도와 해충의 자리를 깨끗하게 하는 기도도 있다. 세례 때 사제는 어린이를 세례반에 잠기게 하거나 몸 전체에 물을 붓는다. 중환자의 경우에는 이마에 물을 붓지만, 그 이외에는 침례를 해야 한다. 견진성사는 세례 직후에 행해지는데, 사제는 크리스마 성유를 이마, 눈, 코, 입, 귀, 가슴, 손발에 십자성호로 바르며, "성령께서 주신 선물의 날입니다."라고 말한다. 세례성사에서 그리스도 안에 합일된 어린이는 견진성사에서 성령의 선물을 받음으로써 신도가 되며, 하나님 백성의 완전한 일원이 되는 것이다. 견진성사는 또한 화해의 성사로 사용된다. 정교인이 타 종교에 갔다가 돌아올 때는 견진성사를 다시 받는다. 기독교의 타 교회의 신도들이 올 때도 마찬가지다. 성찬은 로마가톨릭(17세 이상)이나 성공회(청년들)와는 달리 어린이들도 참여시킨다. 정교회는 성찬이 희생제물이 된다고 믿는다. 성찬을 받기 전에 엄격한 금식을 주장하며 아침에 일어난 후에 먹거나 마셔서는 안 된다. 성찬이 끝난 후 신도들은 '안티도론'이라는 빵 조각을 받는다. 그것은 봉헌에 사용되었던 빵과 같은 덩어리에서 떼어 낸 것으로, 봉헌되지 않고 축성된 것이다. 성찬예배 때는 양형으로 성체와 성혈을 받는다. 동방정교회에서는 성체와 성혈(보혈)을 모두 나누어 주는 것이다. 동방정교회에서는 '성체성혈성사'라는 표현을 쓴다.

2. 종교개혁까지의 동방정교회의 예전의 발전

451년 칼케돈 공의회에서 단성론이 이단으로 정죄된 이후, 소위 메르키테스(황제파)라고도 불리는 양성론자들인 동방정교회는 동로마제국의 국교로 발전되어 갔다. 상징적 건물이 6세기 콘스탄티노폴리스에 건설된 소피아 대성당인데, 1453년 동로마제국 멸망까지 콘스탄티노폴리스 총대주교좌가 이곳에 있었다. 7세기에 안디옥, 알렉산드리아, 예루살렘의 세 총대주교좌를 포함한 지역은 이슬람교의 지배하에 들어갔다. 이슬람교는 그리스도인의 신앙은 인정했지만, 예배 때 성상을 이용하는 것을 금지했다. 예배 때 성상을 세우는 것은 우상숭배로 여겨졌다. 이런 이슬람교의 해석은 소아시아를 중심으로 일부 신학자들에게도 영향을 미쳐 교회에서 모든 성상을 치워야 하는 것이 성경적으로 옳다는 생각을 하기 시작했다.

8세기에 들어서자 본격적인 성상파괴가 시작됐다. 드디어 황제 레오 3세는 726년 성상파괴령을 내렸다. 레오 3세와 그의 아들 콘스탄티누스 5세는 2대에 걸쳐 성상파괴정책을 폈는데, 수도원을 중심으로 강력한 저항이 있었고 반란이 일어난 지방도 있었다. 787년, 여제 이레네는 사태를 수습하고자 공의회를 소집하였다. 공의회에서는 성상 사용 교리를 확인하고, 성상파괴주의를 부정하였다.

8세기에서부터 12세기에 걸쳐 서방 교회와 사이가 멀어지면서 결국 결별하게 된 계기는 예전에 사용되는 언어문제 때문이다. 예전에서 라틴어를 의무적으로 사용하는 서방교회의 방침은 그리스어를 사용하는 정교회와는 갈등이 있을 수밖에 없었고, 여기에 서방교회가 성자를 포함한다는 필리오케 교리로 결별하게 되었다. 여기에 1204년의 제4차 십자군 원정 때 동방정교회의 예루살렘 총대주교가 추방되고 로마가톨릭의 주교가 대신 그 자리를 차지하여 거기서 라틴 예전을 행했고, 또한 콘스탄티노플을 함락시켜 여기서도 라틴 전례를 행했던 것이 결정적인 계기가 되었다. 이후에 1453년 동로마제국이 오스만제국으로부터 공격 받았을 때에는 원군 파견을 결의했으면서도 사실상 멸망하게 내버려 둔 것이라든지, 동방정교회의 세력권 내에서 교황청의 지배를 받는 유니아교회(동방 가톨릭교회)를 세운 것 등은 분열을 고정화시켰다. 상호 파문 상태는 1965년 12월에 파기되어 쌍방이 상호 이해와 화해의 길로 나아가기 위한 출발점이 되었다. 교황 요한 바오로 2세의 그리스 방문 때, 십자군의 약탈을 사죄함으로써 정교회 측으로부터 긍정적인 반응을 들었다.

9세기에 비잔티움 제국의 선교사 키릴루스와 메토디우스 형제는 문자가 없는 언어인 슬라브어를 위해서 문자를 고안해 성서나 기도서를 슬라브어로 번역했다. 그들이 번역한 슬라브어를 '교회슬라브어'라고 하여 오늘도 슬라브어권의 교회에서는 이때 번역된 성서와 기도서가 성찬예배를 집전할 때에 사용되고 있다. 또 키릴루스가 고안한 그라고르 문자는 그의 이름을 딴 키릴문자로 발전해 슬라브 문화의 형성에 크게 이바지하였다.

3. 종교개혁 이후의 동방정교회의 예전

1453년의 콘스탄티플의 함락 후, 러시아의 수도 모스크바는 '정교회의 마지막 보루', '제3의 로마', '제3의 예루살렘'이라고 불렸다. 1589년, 러시아 정교회는 독립 교회가 되어 모스크바 총대주교 아래, 콘스탄티노폴리스의 지배에서 벗어났고 러시아제국의 국교로 격상되었으나, 러시아혁명이 일어나는 1917년까지 총대주교 임명 등에 있어서 국가의 통제를 받는 형편이었다. 한편, 오스만제국은 그리스도인의 신앙의 자유와 교회 재산을 존중했지만, 전도와 신학교육은 금지했다.

1782년, 그리스에서 "아름답고, 고귀하고, 탁월한 것을 사랑한다."는 의미의 성가집 「필로칼리아」가 출판되었는데, 동방정교회의 신비 사상과 정적주의를 표현하여 평신도들이 예배 시간에 접할 수 있게 해 주었다. 「필로칼리아」는 각국의 언어로 번역되어 전 동방정교회에 퍼져, 오늘날까지 동방정교회가 공유하는 정신적 도구로서 세계 각지의 정교회에서 사용되고 있다.

프랑스혁명 후 유럽의 민족주의 고양은 정교회 세계에도 미쳐, 그리스정교회(1833), 콘스탄티노플(1850년), 세르비아 정교회(1879년), 루마니아 정교회(1885년), 불가리아 정교회(1860년)가 독립 교회가 되었다.

4. 20세기 이후 현재까지의 동방정교회 예배

정교회의 성찬예배(The Eucharist)는 초대교회(고대교회)의 전례에 따라, 말씀전례와 성찬전례가 균형을 이루는 전례를 갖고 있다. 원래 정교회의 모태가 되었던 동방교회에서는 지역별로 다양한 전례들이, 즉 예배양식이 존재하였으나(예를 들면 알렉산드리아 전례, 시리아 전례, 칼데아 전례 등) 현재 지역별 전례는 오리엔트 정교회에서 주로 쓰이며 정교회에서는 차츰 비잔틴 전례로 통합되어 갔다. 현재 정교회에서의 성체성혈성사 예식은 4가지가 있다.

1. 요한 크리소스톰의 성찬예배 : 가장 많이 이루어지는 성찬예배로 보통의 주일이나 평일에 이루어진다.
2. 대 바실리오스의 성찬예배 : 성 요한 크리소스톰의 성찬예배와 그 구조가 거의 비슷하나 사제의 기도문 등이 약간 길다. 특별한 축일에 주로 사용하며 1년에 10번 행해진다.
3. 사도 야고보의 성찬예배 : 예루살렘 총대주교구에서 주로 실시하며, 예루살렘 교회의 수장이었던 성 사도 야고보 축일과 성탄절 다음날에 거행된다.
4. 축성된 성찬예배 : 정교회 전례는 부활의 기쁨을 경축하기 위한 의미가 강하다. 때문에 참회와 슬픔의 기간인 사순절과 성 대주간에는 이를 행하기가 힘들어 전 주 토요일이나 주일에 행한다.

정교회 예배는 미사 중심의 로마가톨릭교회의 예전과 많은 부분이 일치한다. 즉, 성찬예배 중심, 성무일도, 칠성사, 그리고 마리아를 공경하고, 성호를 긋는 것 등이다. 대성당이나 대수도원에서는 매일, 일반 성당에서는 일요일과 축일에 성찬예배미사가 집전된다. 그러나 세세한 부분에서는 차이가 있고, 더구나 전체적인 분위기와 신학에서 크게 차이가 있다.

정교회의 특징은 다음 일화에서 잘 나타난다. 러시아 건국 초기의 키예프 왕자인 블라디미르가 종교를 택하고자 각국에 사신을 보내 탐방하도록 했는데, 콘스탄티노플 소피아 대성당에서의 경험을 다음과 같이 보고한 것에서 나타난다. "우리는 우리가 천상에 있는지 지상에 있는지 알 수 없었습니다. 왜냐하면 확실히 지상 어디에서도 그러한 광채와 아름다움은 없기 때문입니다. 우리는 그러한 것을 전하에게 표현할 수가 없습니다. 우리가 아는 것은 이것입니다. 하나님이 사람들 사이에 계시며, 예식은 다른 모든 곳의 예배를 초월하며 우리가 그 아름다움을 잊을 수 없기 때문입니다."[6]

정교회의 예배의 특징은 첫째, 신성미(神聖美)에 대한 강조다. 특히 영적인 세계의 아름다움을 보존하고, 예배 안의 신성미를 표현한다. 둘째, 지상에서 천상의 예배를 이루는 것이다. 성인들, 천사들, 성모, 예수 모두가 참여하는 예배로 장엄하고 초자연적 감명을 주는 예배를 목표로 한다. 셋째, 교리보다 예배가 우선하는 신앙이다. 예배는 행위의 신앙이고, 정교회 생활에서 중심을 차지하므로 전례적 변화에 신중하다. 정교회는 인간이 하나님을 영광스럽게 할 때(예배) 가장 진실하다고 하며, 예배에서 인간은 완전함과 자기 충족을 찾는 전례적인 피조물로 본다. 신앙을 표현하는 거룩한 성찬예배 안으로 정교인들은 그들의 모든 종교적 존재를 투여한다. 넷째, 분위기는 정숙한 예식장이기보다는 자연스러운 움직임이 가능한 가정적 분위기다. 정교회 성당에 의자가 없다는 것은 융통성과 자연스런 동작들을 허용한다는 말이고, 사제의 제스처도 다른 예전적 교회보다 비교적 덜 격식화되고 자유스럽다.[7]

정교회 예배를 더 자세히 살펴보자. 무엇보다도 큰 특징은 정교회는 초기 예전에서부터 속한 지역의 지방어를 사용해 왔다는 점이다. 예전은 통일되었고 변화가 없지만, 지역언어를 일찍부터 사용해 왔다는 점은 정교회가 지역 중심의 예전 전통에 서 있음을 보여 준다. 예전의 음악은 철저히 영창 또는 성가로 이루어진다. 성가대와 회중 없이 사제와

---

6. 강태용, 「동방정교회」(서울 : 정교, 1996), p. 233.
7. 위의 책, pp. 235-236.

봉독자만 있더라도 영창으로 한다. 성가는 대체로 무반주로 진행하지만, 미국에서는 악기를 사용한다. 종 울리기는 정교회의 특징인데, 성당 밖에서 행해지고 성당 안에서는 울리지 않는다. 성소막(이코노스타시스)은 제단과 회중석 사이에 서 있는 나무로 된 칸막이며, 성화상으로 만들어진 세 개의 문이 있다. 부활주간만 제외하고 문들이 닫혀 있고 커튼이 드리워져 있는 것이 전통인데, 현재는 어느 때라도 성소막의 문을 닫지 않는다. 성화상은 성소막, 성상대, 벽에 놓여 있는데, 예배자들은 초를 사서, 성화상 앞으로 가 십자성호를 긋고 성화상에 입 맞추고 그 앞에 촛불을 켠다. 정교회에서 예배건물 전체는 하나의 대 성화상이며 하나님 왕국이다. 성화상, 프레스코화, 그리고 모자이크는 단순한 장식이 아니라 하나님 나라의 성취라는 신학적이며 전례적 기능을 하고 있는 것이다. 공공적이며 민중적인 분위기가 있다. 부제는 사제를 도와 회중과 일체감을 갖도록 한다. 정교회 예배의 공공성의 극치는 성찬예배에서 발견된다. 성찬예배의 집전은 사제만 하는 것이 아니라, 신도와 함께 집전하는 공동행위다. 따라서 회중은 그들의 사적인 기도가 아니라 공동기도를 하고 예배 자체의 행위에 참여한다.[8]

정교회의 예배 개혁의 과제로는 회중성가의 활성화, 그리고 성소막(이코노스타시스)의 개방일 것이다. 회중의 참여를 권장하는 현대사회의 모든 종교와 교파의 예전이 지향하고 있는 점이 공동체적 행위로서의 예배인데, 회중성가의 부족과 성소막은 회중 참여적 예배를 위해 해결해야 할 부분이다.

한국어로 소개된 정교회 예전문서로는 요한 크리소스톰의 성찬예배서와 대 바실리오스의 성찬예배서가 있으며, 알렉산더 슈메만의 「세상에 생명을 주는 예배」(for the Life of the World)가 있다.

다음은 요한 크리소스톰의 성찬예배 순서로 대부분의 동방교회가 이 순서를 따르고 있다.[9]

---

8. 위의 책, p. 240.

Ⅰ. 준비 예식-성찬에 사용될 빵과 포도주를 준비하는 예식
Ⅱ. 말씀의 전례
   A. 예배 시작
      1. 평화의 연도
      2. 시편 102, 103
      3. 소연도
      4. 시편 145, 146, "하느님의 말씀"이란 성가
      5. 구복단 — 혹은 진복팔단 — 특별한 성가 또는 그날의 시구
      6. 소입당-입당성가
      7. 삼성송
   B. 성서봉독
      8. 주제(쁘로끼메논)-성경구절, 대체로 시편
      9. 사도경(서간경)
     10. 알렐루야-3번 노래
     11. 복음경
     12. 설교-때로는 예배 끝으로 옮겨지기도 한다.
   C. 교회를 위한 기도(연도)
     13. 열렬한 탄원의 기도(연도)
     14. 죽은 이를 위한 기도(연도)
     15. 예비자들을 위한 기도(연도)
Ⅲ. 성찬전례
     16. 두 개의 짧은 연도와 탄원의 기도
     17. 평화의 인사와 신조
     18. 성체성혈성사의 기도
     19. 거양과 봉헌된 선물의 '떼어 냄.'
     20. 성직자와 신도들이 성체성혈을 받음.
Ⅳ. 예배의 마감
     21. 감사
     22. 마지막 강복
     23. 축성된 빵의 분배-제사장이 성별되지 않은 보통의 빵을 준비했다가 회중에게 나누어 준다.

---

9. 강태용, p. 248.

5. 아르메니안 예배(Armenian Worship)

아르메니아 기독교는 초기 시리아와 희랍의 영향을 받았다. 386년경에 정복되어 둘로 나뉘어 대부분 지역은 페르시아, 일부 지역은 비잔틴의 통치를 받았다. 나라가 둘로 나뉘어 겪게 된 정치적, 교회적 어려움은 5세기에 아르메니안 알파벳이 발명되고, 6세기에 국가교회가 설립됨으로 어느 정도 극복되고, 페르시아와 비잔틴으로부터 독립적 신학의 발판을 마련할 수 있게 된다. 예전적으로 볼 때 아르메니아 교회는 당시 주변세계의 영향을 크게 받았다. 세례예식은 시리아로부터, 성무일과(the liturgy of the hours)는 예루살렘으로부터, 성찬기도는 비잔틴으로부터 왔고, 예전 전체 분위기는 12세기 라틴의 지배하에 있을 때 라틴화 되었다.

아르메니안 예전은 기독교예전 연구에서 중요한 위치를 차지하는데, 가장 고전적 예전형태를 지니고 있고, 시리아 예전의 고전적 구조와 의미, 그리고 비잔틴 예전의 초기 형태를 연구하는 데 귀한 자료가 된다.

세례예식(Rites of Initiation) : 초기 시리아-아르메니아식 세례는 '창조-신비주의'와 성령을 강조하는(그러나 귀신축사는 없음.) 요한의 세례신학(요 3장)에 기초하고 있어, 바울의 기독론적 '죽음-신비주의'(롬 6장)와 귀신축사를 강조하는 그리스-라틴식 세례와 대조를 이루고 있다. 세례식의 구조는 크게 네 단계로 이루어진다. 1) 세례예비식, 2) 세례받는 날에 세례전 예식-교회문 앞에서 하는 예식, 물과 기름을 바르며 시편 117편을 노래하며 교회로 입당하는 예식, 3) 마태복음 3 : 13~17을 봉독하며 침례로 행하는 세례식, 4) 세례 후 기름을 바르는 예식(후에는 2번과 겹치므로 생략됨.)

성무일과 : 고전적인 형태를 지닌 아침기도와 저녁기도가 있는데, 저녁기도는 시편 140편을 담은 두 종류의 교회기도이고, 아침기도는 시편 50, 148~150편을 담은 기도이다.

찬송 : 주현절에 불리기도 하는 아르메니안 세례찬송은 매우 오래되었고 시리아의 세례신학을 반영한다.[10]

6. 콥틱 교회

콥틱 교회(Coptic Worship)는 이집트에 있는 주요 교단이다. 복음서 기자인 마가로부터 시작됐다고 하는 이 교회는 칼케돈 회의(451) 이래 단성론을 유지하고 있는 점에서 특이한 교회다. 콥틱 교회 예배의 중요한 특징은 세 주기, 즉 일일 주기, 주일 주기, 연 주기를 강조한다는 점이다. 이 중에서 가장 오래된 주기는 주일 주기로서, 기독교의 시작부터 일요일을 중심한 예전이 있었고 그 후 3세기에 금육(禁肉)이나 금식의 날로 수요일과 금요일이 첨가되었다. 이집트에서는 수요일은 제외시켰는데, 이는 가룟 유다가 예수를 배반한 날이기 때문이다. 일일 주기는 새벽기도를 시작으로 오전 9시, 12시, 오후 3시, 5시, 6시의 기도가 있다. 오늘날의 일일 주기는 주일 주기나 연 주기의 것들을 시간대별로 포함시키고 있다. 즉, 오전 9시에 사도에게 성령이 임재함, 정오에 십자가에 달리시고, 오후 3시에 그리스도의 죽음과 장사 지냄, 그 후 저녁 시간에 두 번의 기도시간이 있다. 4세기 후에 첨가된 것으로 보이는 자정기도도 있다.

콥틱 교회는 현재 세 예전, 즉 성 바실, 나지안주스의 성 그리고리, 알렉산드리아의 성 시릴의 예전을 사용한다. 이 세 예전 중 가장 짧은 성 바실의 예전이 현대교회에서 가장 많이 사용된다. 콥틱 예전은 다음 세 가지 점에서 비잔틴 예전과 다르다. 첫째, 집례자가 드린 모든 기도는 크게 읽고, 이어서 집사와 회중들에 의한 응답송이 있다. 둘째, 예전의 모든 순서를 성소 안에서 진행하고, 성소의 문을 내내 열어 둔다. 셋째, 성서독서는 다섯 교훈, 즉 바울과 공동서신, 사도행전, 복음서와 성

---

10. 김세광, "아르메니안 예배", 「예배학 사전」, p. 82.

인들의 생애로 되어 있다. 세례와 다른 성례전은 그리스정교회와 비슷하다. 세례는 귀신축사와 기름 부음으로 시작한다. 그 다음 4가지 교훈을 하고 다시 기름 부음이 있고, 서방교회와 같은 의식문을 사용하면서 세례를 베푼다. 그 후 대주교에 의해 성별된 성유로 성령의 은사를 위한 성유식(chrismation)이 있다. 종려주일 전 금요일에 치유예배를 드리기도 한다. 고난주간은 구약과 신약을 읽고 부활절 전야에 요한복음을 읽는다. 특이한 예식으로 고난주간의 금요일 오후에 매장식 행렬이 있다. 그 전날 목요일에는 세족식이 있다.

전통적인 콥틱 교회는 견고한 성소 칸막이가 있는데, 중앙에 문이 있고 측면에 창문과 옆문이 달려 있다. 또한 성가대를 구별하기 위한 간단한 칸막이가 있고 회중석도 오래전에는 남녀석으로 구분되어 있었다. 음악도 얼마 전까지 구전전통이었다.[11]

7. 동방 시리아 예배(East Syrian Worship)

네스토리안 교회 또는 칼데안 교회로 알려진 동방 시리아 교회는 안디옥의 시리아 교회이다. 중심지는 니시비스지만 이 교회의 전통은 주후 484년 벧스 라파트의 노회에서부터 기원하는데, 몹수에스티아의 데오도르(Theodore of Mopsuestia)의 절대적인 영향 아래에 있었다. 7세기부터 이 교회는 중앙아시아의 투르키스탄, 타슈켄트, 카라코람, 티베트, 중국, 인도로 퍼져 나갔다. 오늘날은 미국의 소수의 무리, 이라크, 이란, 인도에 남아 있다.

세 개의 예배서가 있다 : 1) 아다이(Addai)와 마리(Mari), 2) 몹수에스티아의 데오도르(Theodore of Mopsuestia), 3) 네스토리우스(Nestorius). 성만찬 예전에서 아다이와 마리의 예전의 독특한 점은 제정의 말씀(the words of institution)이 없다는 점이다. 이것은 제정의 말씀이 축성을 효

---
11. 위의 책, p. 115.

과 있게 한다고 믿는 자들에게는 납득할 수 없는 일이다. 제정의 말씀은 없으나 헌물에 대한 성령의 임재기원(epiclesis)은 강조한다. 성찬분할(fraction) 전에 두 번의 손 씻는 의식(lavabo)이 있다. 집례자는 손을 씻은 후 성체분할하기 전에 손에 향을 쪼인다. 주기도문 다음에 성체 거양(elevation)과 성체분배가 있다. 서신을 봉독한 부제가 성반(聖盤)에서 떡을 나누어 주고, 평화의 기원을 했던 부제가 성작(chalice)에서 잔을 나누어 준다. 성만찬은 쿠다샤(kudasha) 또는 축성(sanctification)으로 불린다. 유교병(발효한 떡)을 사용하는데, 현재는 떡을 포도주에 담갔다가 먹는다.

세례예전은 성만찬 예전 중에 성유(聖油, chrism)와 함께 물의 성별을 위한 기도를 드린다. 입교 또는 견진성사(confirmation)는 따로 하지 않는다. 고해성사도 없다. 환자를 위한 안수도 16세기 서방으로부터 오기 전까지 알려지지 않았다. 결혼예식에는 관을 씌워 주는 것과 공동 잔으로 마시는 순서가 포함되어 있으나, 결혼예식이 성례전은 아니다. 서품식은 다른 동방교회와 비슷하다.[12]

8. 에티오피아 예배(Ethiopian Worship)

에티오피아 정교회는 니케아 회의(325) 후에 프루멘티우스(Frumentius)에 의해 세워졌다. 5세기 말에 에티오피아에 온 9명의 시리아 수사들이 칼케돈 회의(451)를 거절했던 콥틱과 시리아 정교회 전통의 영향을 받은 예전적 구조를 만들었다. 15세기의 자라 야콥 왕(1434-1468)의 통치하에 에티오피아 교회에 큰 부흥이 있었다. 콥틱 또는 아라비아의 많은 예배서들이 번역되었다. 16세기의 포르투갈 선교와 후의 개신교 선교는 에티오피아 교회로 하여금 서방교회에 약간의 적대감을 갖게 하였다.

성만찬 예전은 두 부분으로 되어 있다 : 첫 부분(성만찬 전 기도, pre-

---

12. 김세광, p. 49.

anaphora)은 특이하게 길게 되어 있는데, 6개의 시편(25, 1, 102, 103, 130, 131편), 집례자와 집례기의 정결을 위한 기도, 제의의 기도, 성물의 성찬 식탁(시 117편으로 끝남), 봉헌과 용서의 확신과 중보의 기도, 그 다음은 예비신자의 예전(성물에 향을 피우며 죽은 자와 산 자를 위한 기도, 집례자와 회중들에게 향을 피우며 바울서신, 공동서신, 사도행전으로부터 각각 한 구절씩 봉독, 복음서 봉독과 설교), 교회, 예비신자, 특히 가난한 자를 위한 중보의 긴 연도, 예비신자의 해산, 성삼위의 신비 속에서 믿음의 고백, 평화의 입맞춤으로 되어 있다. 둘째 부분(성만찬 기도, anaphora proper)은 매우 다양한데, 기본적인 구조는 다음과 같다 : 감사, 중보의 기도, 상투스, 성만찬 제정의 본문, 아남네시스, 에피클레시스, 성체분할, 포도주의 혼합, 회개의 기도, 성체고양, 시편 150편을 노래하면서 성만찬 분배, 감사, 집례자의 안수로 축복기도와 해산.

　찬송은 5세기 경에 시리아-비잔틴과 콥틱 음악의 영향을 받았다. 에티오피아 교회찬송가의 아버지라 불리는 야레드(Yared)는 모든 예전과 에디오피안 찬트의 저자로 알려져 있다.

　에티오피아 교회는 게즈력(1년을 13개월-12달은 30일, 1달은 5, 6일)을 따르는데, 주요 축제는 다음과 같다. 1) 9개의 주님의 축제-성육신, 고난, 부활, 도마에게 출현, 승천, 오순절, 변모하심, 현현절, 가나의 기적. 2) 6개의 2차적 축제-십자가의 영광, 주님의 할례, 오병이어, 성전에 드려짐, 십자가의 발견 축일, 이집트에서 예수의 여행. 3) 5세기경에 제정된 32개의 마리아 축제. 4) 50개의 성인의 축제(성서인물, 미가엘, 가브리엘, 라파엘 같은 천사장, 교회에서 추대된 성인들이 포함됨).

　에티오피아 교회는 다음의 금식일을 엄격히 지킨다. 부활절 전 55일의 사순절기간, 사도의 금식일, 마리아의 금식일, 니느웨 금식일, 그리고 매주 수요일과 금요일이다.[13]

---

13. 김세광, p. 93.

9. 마르 토마 교회 예배(Mar Thoma Church Worship)

이 교회는 동방정교회의 유산을 지니고 있으나 영국과 유럽 대륙의 종교개혁 운동을 따라 철저히 개혁적인 성향을 띠고 있다. 이 교회는 1세기의 사도 도마에 의해 세워진 것으로 추정되는 고대교회와 역사적 연속성을 가지고 있다고 주장한다. 역사적으로 볼 때, 9세기에 시리아 정교회로부터 나와 독립교회로 시작했는데, 이는 시리아 정교회의 부패에서 벗어나 사도교회의 전통과 믿음의 순결을 회복하기 위함이었다.

그럼에도 불구하고 예전에 있어서는 시리아 정교회의 전통을 거의 지키고 있다. 성만찬 기도에서 몇 가지 잘못된 교훈들을 수정하였다. 몇 가지 예를 들면, 첫째, 그리스도 이외에 성인들이나 성모에게 중보기도하는 것, 둘째, 성서에 언급이 없는 죽은 자를 위해 기도하는 것, 셋째, 성만찬에서 희생적 요소를 지나치게 강조하는 것, 넷째, 화체설의 교리, 다섯째, 집례자의 능력에 대한 지나친 강조 등이다.

기도와 성례전 형식의 개혁을 시도하였는데, 철저히 하지 않았기 때문에 정교회 전통의 요소들이 종교개혁 운동의 특징과 함께 공존하고 있다. 향의 사용이 크게 줄은 반면, 향의 봉헌을 위한 기도들은 계속된다 : 향(incense)이라는 말 대신 예배(service)나 기도(prayers)를 사용한다. 시리아 정교회의 '서론적 영광송'과 '긴 명상적 기도'는 그대로 유지하지만, 그 기도 끝에 있던 죽은 성도에 대한 언급은 '교회의 모든 믿는 성도'라는 말로 대체했다.

이외에 이 교회 예전 중 동방교회적인 것은 다음과 같다. 니케아신조에 필리오케를 첨가하지 않는 점, 감독의 독신주의, 제의와 교회용 기구, 예배에서의 전 회중의 참여, 예배에서 모국어의 사용, *Trisagion*(비잔틴 찬송가의 이름)에서 "오, 우리를 위해 십자가에 달리신 그리스도여, 우리에게 자비를 베푸소서."라고 말하는 점들이다. 한편, 서방교회 또는 복음주의 형태의 요소는 다음과 같다. 기도모임을 합법화하여 각 교구마다 비공식 기도모임을 위해 지역별로 그룹을 만드는 것, 성만찬예배가 매주 필수적이 아니라는 점, 가끔 사제나 장로들이 설교와 기도만을 하는 모임을 인도한다는 점들이다. 찬송가는 성공회, 장로교, 루터교, 감리교, 침례교 등에서 가져온 것이 많다. 여러 연도(litany)와 본기도(collect) 또한 유사하다. 전통적인 일곱 번의 매일 일과 중에서 개혁자들을 따라서 두 번(아침과 저녁)만을 지킨다. 특별한 절기로 '공동체의 날'(Community Day)을 지키는데, 성 토마스의 절기와 같은 날이다. 이 날은 이 교회의 가장 중요한 절기로 특별 봉헌의 순서가 있다.[14]

10. 서 시리아 예배(West Syrian Worship)

야곱파(Jacobite)로 알려진 서 시리아 교회는 단성론자(Monophysite)로도 불리는데, 이는 그리스도의 신성만을 믿었기 때문이다. 이들은 그들이 속했던 헬레니즘의 영향도 받았지만, 역사적으로 그리스도교의 셈족, 팔레스타인 전통의 유산을 받았다. 시리아 전통은 넷으로 분리가 되는데, 동 시리아(에데사), 서 시리아(안디옥), 멜카이트(그리스), 마로나이트(레바논)이다.

서 시리아 교회는 성만찬 기도와 교회 예전에서 가장 풍부하고 다양한 유산을 가졌다 : 세례와 세 가지 형식의 성유식, 안수식, 결혼예식(이혼예식과 재혼예식도 포함), 장례의식(성직자, 평신도, 남자, 여자, 어린이의 의식이 다름), 병자를 위한 기름 부음(종부성사가 아니며, 성직자와 평신도의 의식이 다름), 수사의 고백, 교회와 제단의 성별, 유물의 이전 등. 성만찬 예전은 자국어로 하는데, 부분적으로는 사제가 시리아어로 집례하기도 한다. 사제와 회중이 모든 기도를 교대로 드리는데, 부제가 예전이 진행되는 동안에 회중을 권면하고 지시하고 안내하는 역할을 한다. 성가대는 다른 동방교회 예전과 달리 회중의 자리를 차지하지 못한다. 성

---

14. 김세광, p. 64.

만찬 기도(anaphora)도 수십 가지가 되나, 기본적인 구조는 사도시대의 예루살렘 교회를 따른다. 그 이외의 것은 2세기에서 4세기에 형성된 것이다.

서 시리아 교회 예배의 두 가지 특징이 있는데, 하나는 말씀의 예전과 성만찬 예전 사이에 향을 뿌리는 순서이고, 다른 하나는 예전 끝에 제단에 작별의 기도를 하는 것이다. 향은 예비신자의 해산을 대신하고 성만찬 전에 사제와 회중의 일반적인 사면을 뜻한다. 또한 봉헌의 의미도 있고 회중과 함께 섞여 있는 죽은 성인들의 기도를 상징하기도 한다. 성령임재기원(에피클레시스)은 수많은 종류의 성만찬 기도에 공통적으로 들어 있는 중요한 요소다. 회중 대부분은 최소한의 의무인 일 년에 한 번, 대개는 성목요일에 성찬을 받는데, 떡과 포도주을 다 받으며 평신도들은 항상 떡을 포도주에 찍어 먹는다. 항상 사제가 집례하는데, 부제도 평신도들에게 성찬을 나누어 줄 수 있다. 병자나 저녁까지 금식하는 이들을 위하여 성찬을 남겨 둘 수 있으나, 경배하기 위하여 남겨 두지는 못한다. 성찬을 받기 전의 죄의 고백은 자주 성찬을 받는 이에게는 필수적인 것은 아니지만, 요구된다. 또한 전날 자정부터는 음식을 금해야 한다.

말씀의 예전에는 3회의 성서봉독이 있는데 사도행전이나 공동서신에서 하나, 바울서신에서 하나, 그리고 사제에 의해서 특별한 의식과 함께 읽혀지는 복음서이다. 설교는 없었으나 점차로 훈련된 사제에 의해 회복되고 있다.[15]

11. 다른 공동체와 관계

단성론파 교회는 예수의 신성만을 인정하는 교리로 정교회와 분리되어 왔는데, 1959년 콘스탄티노플의 총대주교가 이집트의 콥틱 단성론파

---

15. 김세광, p. 71.

교회를 우호적으로 방문한 것을 계기로 1964년에는 비공식 협의회가 열리는 등, 그 이후부터 최근에 이르기까지 학문적 교류를 활발히 하고 있다.[16]

로마가톨릭교회는 제2차 바티칸 공의회에서 정교회와의 일치를 위한 획기적인 선언을 발표했다.[17] 로마가톨릭교회는 정교회와 직제와 교리에 있어서 공통점이 가장 많음에도 불구하고, 역사적으로 분리되어 온 것에 대해 적극적으로 일치점을 찾고자 한 것이다. 정교회는 이를 수용했지만, 그들에겐 아직도 십자군에서부터 제2차 세계대전에 이르기까지 로마가톨릭교회로부터 당한 박해의 아픈 상처가 남아 있었고, 교리적으로 필리오케와 교황의 관할권과 무류성에 대한 교리적 차이가 남아 있었다. 1965년 10월 7일에 1054년의 파문을 서로 파기하고 1967년에 콘스탄티노플과 로마에서 회동하기 시작하고 1976년부터는 신학적 대화를 해 오고 있음은 재일치를 위한 화해의 노력들이다. 그러나 신앙상의 완전한 일치가 성립되어 있지 않은 현 단계에서, 동방정교회에서는 로마가톨릭 신자에 대한 성체배령 및 로마가톨릭 신자의 동방정교회에서의 영성을 인정하지 않는다.

구파 가톨릭교회(The Old Catholic Church)는 제1차 바티칸 공의회 이후 로마가톨릭에서 분리된 교회로, 그때로부터 정교회와의 일치를 위해 노력해 오고 있다. 1874년 본에서 회담한 이래, 1975년부터는 전체적 규모의 신학적 대화를 우호적으로 하고 있다.

영국 성공회는 정교회와의 일치 문제에 가장 적극적인데 1930년 신학자들의 공식적인 회담 이래 꾸준히 만남을 계속하고 있다. 해결 과제는 성공회의 여성사제 서품과 같은 신품성사에 관한 것이다. 논란 끝에 현

---

16. 위의 책, p. 273.
17. "동방교회들의 전례와 영성의 극히 풍부한 유산을 이해하고 존경하며 보존하고 육성하는 것이 그리스도교의 완전한 전통을 충실히 지키기 위해서나, 동서 그리스도 신자들의 화해를 촉진하기 위해서 중대하다는 사실을 모든 사람이 알아야 하겠다." 일치운동에 관한 교령 15항.

재는 정교회와 합일하는 성공회 성직자는 재서품되게 되어 있다. 공식적인 회담 외에도 개인적이고 비형식적인 차원의 우호적 만남들이 있다.

개신교는 정교회와 세계교회협의회를 통해 만남을 갖는데, 정교회는 세계교회협의회와 에큐메니컬 운동에 대해 찬반양론의 두 가지 태도를 견지하고 있다. 즉, 참여불가와 참관인 파송이다.

비정교회와의 관계는 성찬에 관한 교류로 가늠할 수 있는데, 성찬전례를 상호 인정하고 받아들이는 교회는 로마가톨릭교회와 영국성공회뿐이다.

3. 성공회의 예배

주승중 박사(주안장로교회, 예배·설교학)

1. 들어가는 말

종교개혁을 일으키게 한 종교의 여러 양상 중 가장 중요한 것은 예배였다. 왜냐하면 종교의 모든 측면은 신학과 정치형태를 포함하여 예배와 밀접한 관련이 있기 때문이다.[1] 결국 예배가 본질에서 벗어나 변질되고 타락하였던 중세교회의 상황은 개혁운동을 일으키게 하는 주원인이 될 수밖에 없었다. 즉, 교회가 개혁될 수밖에 없는 그 구체적 내용들은 거의 다 예배의 변질 또는 타락과 관련된 문제였고, 따라서 종교개혁은 근본적으로 예배 개혁이 그 출발점이었다고 해도 과언이 아니다. 예배에서 하나님의 말씀이 사라짐, 소통되지 않은 예배 언어, 성례전의 타락과 신비의 강조, 미신적인 신앙의 연출, 예배 안에서의 우상숭배(성물,

---

1. Ilion T. Jones, 정장복 역, 「복음적 예배의 이해」(서울 : 대한예수교장로교 총회 출판국, 1988), p. 153.

성인숭배), 형식화되고 지나치게 화려한 예전 등으로 얼룩진 예배의 타락과 무질서는 종교개혁을 절대적으로 필요로 하고 있었다.

이러한 교회의 예배의 무질서와 타락을 바로잡기 위하여 시작된 종교개혁의 흐름은 유럽 전역에 걸쳐서 퍼지게 되었고, 특별히 예배와 관련하여 종교개혁가들의 입장은 크게 다섯 가지 정도로 정리할 수 있다. 즉, 종교개혁 당시 예배에 관한 입장들은 다섯 가지로 분류할 수 있는데, 그 대표적인 사람들이 독일의 루터, 취리히의 츠빙글리, 스트라스부르의 마틴 부처, 제네바의 존 칼뱅, 그리고 영국의 크랜머와 존 낙스 등이다.

예배에 대한 이들의 입장을 전반적으로 분류해 보면, 루터는 가장 보수적이고 온건한 입장에서 예배의 개혁을 시도하였다. 반면에 취리히의 츠빙글리는 가장 과격한 개혁을 시도하였다. 그래서 결과적으로 그는 지금까지의 예배 전통을 단절시키는 우(愚)를 범하였다. 그러나 스트라스부르의 마틴 부처와 그에게서 예배의 개혁을 배웠던 제네바의 존 칼뱅, 그리고 칼뱅에게서 예배를 배워 스코틀랜드의 예배 개혁을 시도한 존 낙스 등은 개혁교회의 예배의 역사를 시작하고 이어간 사람들로서, 루터와 츠빙글리의 중도적 입장에서 개혁을 시도하였다.

그러나 대륙에서 진행된 이런 종교개혁의 여러 흐름에 반해서 영국의 종교개혁은 그 출발점을 일반적인 개신교와는 달리하고 있었다. 헨리 8세가 자신의 이혼과 결혼이 로마교황청으로부터 인정받지 못하고 출교의 처벌을 받게 되자, 그는 1534년 로마교황청으로부터 종교적인 독립을 선언하였다. 그리고 "영국교회의 수장은 영국의 왕이 되어야 한다."는 유명한 수장령을 발표하게 되었다. 이 수장령에 의하여 영국국교회(성공회, Church of England)[2]의 통치권은 로마의 교황청으로부터 영국 왕실로 옮겨지게 되

---

2. 영국국교회(Church of England)는 흔히 영국교회를 지칭하는 표현이고, 영국국교회를 모체로 하는 영국 이외 지역의 교회를 성공회(Episcopal Church)라고 부른다. 예를 들어서 한국에 있는 영국국교회 소속의 교회는 대한 성공회, 미국에 있는 영국국교회 소속의 교회는 미국 성공회로 부른다. 현재 세계 성공회는 전 세계의 여러 지역에 널리 퍼져 있는데 164개 국가에 약 8천만 명의 신자가 있다.

었다.

그러나 그들의 개혁은 앞서 지적한 대로 교리나 신학에서 출발된 것이 아니었기에 교황청으로부터 독립된 교회의 구조와 제도를 수립하였지만, 예배에서는 뚜렷한 변화가 나타나지 않고 단계적으로 발전을 가져왔다. 그러므로 이제 '수장령 아래 형성된 영국국교회'의 예배에 대하여 알아보자.

2. 영국의 정치적 발전과 교회의 개혁

이미 지적한 것처럼 영국의 종교개혁은 독일의 루터와 취리히의 츠빙글리, 그리고 제네바의 칼뱅의 경우처럼 신학적인 확고한 신념을 가지고 출발한 것은 아니었고, 정치적 조직상의 위기에서 유래하였다.[3]

대륙에서 종교개혁이 일어날 즈음에 영국은 정치적인 이유로 인하여 로마교황청과 심각한 대립을 하게 된다. 이 대립의 직접적인 발단은 바로 헨리 8세의 결혼의 합법성과 관련한 문제 때문이었다. 헨리 8세는 정치적인 이유로 형의 부인이었던 아라곤의 캐더린(Aragon of Katherine)과 정략적 결혼을 하였는데, 원래 교회법은 형수와의 결혼이 금지 되었지만 교황 율리우스(Julius) 2세는 정치적인 이유로 교회법을 무시하는 특사를 내렸었다. 그러나 헨리 8세는 캐더린과의 사이에서 '메리'(Mary)라는 딸만을 두게 되었고, 자신의 뒤를 이을 왕위 계승자가 필요했던 그는 앤 불린(Anne Boleyn)이라는 궁녀와 결혼을 하기 위하여 교황에게 캐더린과의 결혼을 무효해 달라고 요청하였다. 하지만 당시 캐더린의 조

각 지역의 성공회는 영국국교회의 선교 정책에서 탈피하여 각 지역, 민족, 국가에 맞는 자치교회를 형성하고 있으며, 이들 교회는 모두 자율적이며 독립적인 성격을 가지고 있다. 그러나 영국국교회의 캔터베리 대주교가 세계 성공회 공동체를 대표한다. 대한 성공회 선교교육원 편, 「성공회의 역사」(서울 : 대한 성공회 출판부, 2006), pp. 90, 106-108.
3. 대한 성공회 선교교육원 편, 「성공회의 역사」(서울 : 대한 성공회 출판부, 2006), p. 50.

카였던 독일 황제 칼(Karl) 5세의 눈치를 보던 교황 클레멘스 7세는 결정을 내리지 않고 사태를 지연시키기만 하였다. 이에 헨리 8세는 1529년 의회를 소집하였고, 4년간 계속된 의회를 통하여 교황의 지배권을 폐쇄하기에 이른다. 그래서 그는 영국에 있는 교회(Church in England)를 영국의 교회(Church of England)로 바꾸게 된다.[4] 특별히 캔터베리 대주교로 임명된 토마스 크랜머(Thomas Cranmer)에 의해서 주도된 주교회의에서는 "지상에서의 어떠한 권위라고 할지라도 성경(레 20 : 21)에서 금하고 있는 죽은 형제의 부인과 결혼을 허가하는 것은 불가하다."는 판결을 내림으로써 원래부터 캐더린과의 결혼은 무효이며, 앤 불린과의 결혼이 합법적이라는 선언을 하였다. 헨리 8세는 앤 불린과 결혼을 하였고(1533년), 크랜머 대주교는 두 사람의 결혼을 합법적인 것으로 선포한 것이었다. 그러자 교황은 헨리 8세를 즉시 파문하였다. 결국 헨리 8세는 1534년 의회를 통해 교회에 대한 왕의 통치권을 선포하고, 국왕이 '영국 교회의 지상 최고의 수장'이라고 발표하기에 이른다. 의회는 "국왕을 영국교회와 성직자의 보호자이자 최고 수장이며 국왕의 허락 없이는 새로운 교회법을 제정하거나 수정할 수 없고 국왕은 교리를 정하고 이단을 처벌하는 권리가 있다."고 승인하였다.[5] 이것이 바로 영국국교회의 그 유명한 수장령(Royal Supremacy)이다.

그때부터 헨리 8세는 교황청과의 관계를 공식적으로 부인하고, 그 관계를 끊는 정책을 본격적으로 시행하기 시작했는데, 먼저 성직자들을 국왕의 지배 아래 두었다. 그는 개인적으로는 끝까지 로마가톨릭 신자였으나, 영국에 대한 교황청의 세력을 막고 왕의 권력을 높이고자 개혁을 시작한 것이었다. 그리고 영국의 상황도 많이 변하기 시작했는데, 루터의 사상이 영국까지 영향을 끼치기 시작하였고, 루터의 사상은 위클리프의 사상과도 연결되고 있었다. 위클리프는 세속 통치가 교회를 감

---

4. 위의 책, p. 55.
5. 위의 책, p. 55.

독할 것을 제안하였는데, 헨리 8세의 자문 역할을 하던 크랜머는 이런 식의 개혁을 갈망하고 있었다.[6]

캔터베리의 대주교 토마스 크랜머는 왕을 움직여 개혁을 일으키기 위하여 많은 노력을 하였다. 그러나 헨리 8세는 원래 종교개혁에 별로 흥미가 없었다. 그의 관심은 오직 정치적인 이익에 있었고, 신앙의 문제는 전통적인 교리를 그대로 보수적으로 신봉했다.[7] 그는 단지 로마교황청과의 관계를 끊고 자신을 교회의 머리로 세우는 것에 만족했다. 그래서 그는 죽는 순간까지 로마가톨릭교회의 신자로 남아 있었다. 따라서 그가 재위하는 동안에는 영국국교회는 전통적인 로마가톨릭 신앙의 궤도를 크게 벗어난 적이 없었다. 그는 영국에서 로마가톨릭교회의 교황권을 격퇴시켰지만 영국국교회의 가톨릭주의는 충실하게 고수하였다. 그리하여 전통적인 신앙생활에 충실했던 그의 재위기간에 형성된 '지속성의 원칙'은 영국국교회의 중심에 놓이게 되었고, 이로 말미암아 영국국교회는 과거로부터 연속성을 강조하는 정신을 항상 유지하게 되었다.[8]

헨리 8세의 사후 에드워드 6세(Edward Ⅵ)가 왕위를 이었지만, 그는 병약한 왕이었다. 그는 10세의 왕위에 올랐는데, 처음 3년 동안 서머셋 공작(Duke of Somerset, 1506-1552)[9]에 의해 섭정이 이루어졌다. 그런데 바로 이 기간 동안 영국국교회의 개혁은 큰 발전이 이루어지게 되었다. 크랜머는 서머셋 공작과 함께 강력한 개혁을 추진하였는데, 성경의 출판, 판매, 그리고 성경 주석에 대한 모든 제한을 철폐하였다. 그리고 평신도들에게 성찬의 떡과 잔을 나누어 주었고, 성직자들의 결혼도 허용하였다. 또한 교회 안팎에 있던 각종 성상들도 다 제거되었다.[10] 영어

---

6. 김기홍, 「이야기 교회사」(서울 : 두란노서원, 2010), p. 337.
7. 위의 책.
8. 대한 성공회 선교교육원 편, 「성공회의 역사」(서울 : 대한 성공회 출판부, 2006), p. 59.
9. 그는 에드워즈 6세의 외숙이며, 1547~1550년 동안 영국의 섭정으로서 영국교회를 개신교회로 지향하도록 지도하였다.
10. 김기홍, p. 338.

로 된 최초의 「공동기도서」(*Book of Common Prayer*, 1549)가 출판되었고,[11] 이로 말미암아 영국 사람들은 이제 자국어로 된 예배 의식을 드리게 되었다. 그리고 모든 성직자들은 크랜머가 만든 이 「공동기도서」를 사용해야만 했다. 이후에 크랜머는 존 낙스, 마틴 부처 등의 대륙의 개혁자들을 초청하였고, 그들에게서 많은 도움과 영향을 받으며 예배를 개혁하게 되었다.

그러나 병약하던 에드워드 6세는 1553년에 사망하였고, 그의 뒤를 이어 헨리 8세와 캐더린 사이의 딸이었던 메리가 왕위에 오르게 된다. 그리고 메리의 등장과 함께 에드워드 시대의 개혁은 막을 내리게 되었다. 왜냐하면 메리는 영국을 자기 어머니의 종교, 즉 로마가톨릭주의로 되돌려 놓기로 다짐하고 있었기 때문이다. 그녀는 스페인의 공주(캐더린)의 딸로서 자신을 스페인 사람으로 생각하고 있었고, 스페인 왕 필립 2세와 결혼하여 영국과는 더욱 멀어지고 말았다. 그녀는 '피의 메리'(Bloody Mary)라는 별명까지 갖게 되었는데, 그녀의 손에 의해서 많은 개신교도들이 학살을 당하게 되었다.

그녀는 개신교 관리들을 축출하였고, 로마가톨릭 주교들을 복직시켰다. 그녀에 의해서 존 후퍼 등의 유명한 개신교 지도자들을 포함하여 약 300명가량의 개신교도들이 사형을 당하였고, 크랜머도 이때 화형을 당했다.[12] 영국은 교황에 대한 충성을 다시 서약하였고, 헨리와 에드워드

---

11. 이 기도서는 크랜머가 중심이 되어 다른 이들의 도움을 받아 만든 영국어로 된 최초의 공동기도문으로서 1549년 「에드워스 6세의 첫 번째 기도서」(*the First Prayer Book of Edward* Ⅵ)라는 제목으로 출간되었다. 이 책의 목적은 서문에 나타나 있듯이 진실이 아닌 것, 미신적인 것을 추방하며, 예배를 각 지방의 언어로 번역하고, 예배의식을 간소화하고, 통일된 예배의식을 마련하는 데 있었다. 이 예식서는 전반적으로 볼 때 영국 스타일의 적합성과 고상함, 그리고 우아함을 보여 준다. 일리온 존스, 정장복 역, 「복음적 예배의 이해」(서울 : 대한예수교장로회 총회 출판국, 1988), pp. 172-173. ; 윌리엄 맥스웰, 정장복 역, 「예배의 발전과 그 형태」(서울 : 쿰란출판사. 1996), p. 190.
12. 대한성공회선교교육원 편, 「성공회의 역사」(서울 : 대한성공회출판부, 2006), p. 62.

시대의 모든 개혁 조치들은 대부분 철회되었다. 그러나 그녀는 1558년 잔인한 생을 고하게 된다.

메리 여왕이 죽은 후 그 뒤를 이어 엘리자베스 1세(Elizabeth I)가 왕위를 이었는데, 그녀는 다시 영국을 개신교도의 나라로 바꾸어 나갔다. 그리고 그녀의 치세하에 영국은 전 세계를 지배하는 나라로 눈부신 발전을 이루게 된다. 그러나 그녀는 개혁에 그렇게 적극적인 입장은 아니었다. 엄밀하게 말하면 그녀는 중용의 길(via media)을 추구하였다.[13] 그녀는 로마가톨릭교회의 극단주의자들과 극단적인 개신교도들만 제외하고 모든 사람들을 포용하고 싶어 했다. 그녀는 그 당시 영국을 위하여 가장 필요한 것은 바로 평화와 안정이라고 생각했기 때문이었다.[14] 그래서 그녀는 교회와 국가 모두를 위하여 중도 노선을 추구하였다.

1559년 개혁의회는 엘리자베스 여왕을 영국국교회의 머리로 인정하는 수장법(the Supremacy Act)을 통과시켰다. 그리고 메리 여왕 아래서 회복되었던 모든 로마가톨릭 관련 법안들을 다시 취소되었다. 그러나 교회의 겉모습은 헨리 8세의 시대와 비슷했다. 즉, 예식은 로마가톨릭 식으로 드리고, 신학은 대단히 온건한 개신교로서 주로 칼뱅주의 형식을 취하고 있었다.[15] 그러나 그녀의 이런 개혁은 개신교도들에게는 불만족한 것이었다. 그래서 그녀의 재위 기간에 감독주의 체제의 영국교회에 반대하는 청교도[16]들의 수가 더욱 증가하게 되었다. 그들은 신약성경

---

13. 김기홍, p. 341.
14. 위의 책.
15. 위의 책.
16. 청교도란 영국 엘리자베스 여왕의 국교회정책에 불만을 품고 제네바의 칼뱅주의 종교개혁을 모방한 보다 적극적인 종교개혁자들을 말한다. 이렇게 16세기 중반에 영국국교회 내의 개혁운동으로 시작된 청교도들은 17세기 말엽까지 교회를 제도적으로, 그리고 영적으로 개혁하는 데 총력을 기울였다. 그 개혁은 먼저 의식적인 면에서 로마가톨릭의 잔재 청산과 교회 정치제도에 대한 장로교제도를 위한 투쟁이었으며, 17세기 초에 오면서 개혁 운동은 분수령에 도달했다. 청교도들은 그 당시 널리 퍼졌던 세속 풍조를 거슬러 가정의 영성화, 주일 성수, 가정의 성화, 양심적인 직업 의무의 수행 등이 특징인 금욕적인 문화를 개척했

다. 특별히 예배에 있어서 청교도들은 예배의 정화를 주창했는데, 그들의 처음 목표는 기도서(the Prayer Book)의 철폐보다는 개정이었다. 그들은 세례식 때 십자가 사용, 결혼식 때의 반지 사용, 성자축일, 성자들과 마리아에 대한 주문, 그리고 사제의 복잡한 예식복의 착용 등 이 모든 것들이 성경에 기록되지 않았다는 것을 근거로 반대하였다. 그들은 주일예배의 강조, 탁자식 강대 설치 등도 강조하였다. 특별히 청교도들은 종교개혁의 주요 원리를 하나님의 말씀에서 찾고자 하였다. 청교도들은 칼뱅으로부터 두 가지의 중요한 교리를 이어받았는데, 그것들은 성경의 완전함과 원죄 교리이다. 따라서 청교도 신학의 특성에는 다음과 같은 세 가지가 있다. 첫째로, 하나님의 주권의 강조이다. 청교도주의의 모든 신학적인 견해의 기초는 하나님은 이 세계를 초월하시고, 역사를 섭리하시고, 이 세계를 설계하신 분이라는 근본적인 진리 위에 세워져 있다. 즉, 청교도주의는 하나님의 존엄과 의로움, 그리고 주권을 강조하는 데서 시작되었다. 둘째로, 인간의 죄성에 대한 강조이다. 청교도주의는 인간이 자신을 스스로 구원할 능력이 없다는 것을 강조한다. 인간은 언제나 가증하며 죄짓고 부패했다는 것을 전적으로 인정한다. 그리고 이러한 인간의 부패는 전인격적인 죄로 감염되어 하나님의 은혜로부터 멀어지게 되었고, 인간 전체의 생활은 제한적일 수밖에 없게 되었다. 따라서 인간은 초자연적인 하나님의 능력과 역사하심을 요구하게 된다. 셋째로, 하나님의 은혜의 강조이다. 청교도주의는 값없이 주시는 하나님의 은혜를 강조한다. 즉, 청교도주의의 목적은 하나님의 은혜와 구속하시는 하나님의 사랑의 지식에 이르도록 사람의 영혼을 일깨우는 데 있다. 이러한 신학적인 특성을 가지고 있던 청교도들은 교회교리뿐만 아니라 교회의 예배와 행정의 기준으로서 '순수한 하나님의 말씀'을 최고의 권위로 삼았다. 그들은 성경을 하나님의 구원의 지식에 대한 저장소뿐만 아니라, 예배모범으로서 완전하다고 보았다. 그래서 청교도들은 하나님이 그의 백성들에게 요구하는 예배의 증거를 위해서 성경구절들을 찾았다. 그런데 그들의 기준은 사도적 교회이고, 그들의 목표는 사도들처럼 교회의 순수성과 단순성을 다시 확립하는 것이었다. 그들은 사도적 교회의 예배가 여섯 가지 의식, 즉 기도, 찬양, 말씀의 가르침, 세례와 주님의 만찬 거행, 문답, 그리고 교회 규칙의 준수와 같은 예배의식으로 특징지을 수 있다고 믿었다. 결국 청교도주의는 칼뱅주의적인 영향을 받았으면서도 칼뱅주의를 넘어서는 영국국교회의 예배 개혁을 완성하려고 했던 예전적 운동이었다고 할 수 있다. 즉, 그들은 모든 예배의 최고의 기준으로 하나님의 말씀을 내세웠으며, 초대교회의 영성과 단순성, 순수성을 회복시키고자 노력했다. 그들은 대륙의 개혁가들에 빚을 지기는 했으나, 오히려 대륙의 스승들보다 더 급진적인 개혁운동을 하고자 했다. 그들에게는 신앙의 자유와 예배의 자유는 생명과도 같은 중요한 문제였고, 성경적인 예배를 위한 그들의 희생적인 열정과 정신은 예배신학에 있어서 우리 모두 이어 나가야 할 귀한 유산이다.

에 나타난 순수한 신앙생활을 실천하려고 노력하였고, 정책적으로도 이 것이 반영되기를 원했다.[17] 그들은 (가톨릭주의에서는 물론, 영국국교회의 가톨릭 잔재들로부터 벗어나기 위하여) 좀 더 순수한 개혁이 진행되기를 원했던 것이다. 이렇게 영국의 개혁은 복잡한 정치적인 상황과 함께 여러 번에 걸친 반전과 함께 진행이 되었고, 오늘의 영국국교회를 이루게 되었다.

3. 토마스 크랜머와 영국국교회의 개혁

앞에서 본대로 영국국교회의 개혁은 헨리 8세에 의해서 정치적인 이슈와 함께 시작되었고, 그가 죽은 이후 에드워드 6세(Edward Ⅵ, 1537-1553) 때에 이르러 개혁의 줄기로 형성되기 시작하였다. 에드워드 6세가 1547년 영어 설교를 비롯하여 성경봉독이 모두 영어로 읽어지도록 조치를 취하면서 개혁의 양상은 달라지기 시작하였다.

이때 영국국교회의 개혁은 실질적으로 토마스 크랜머(Thomas Cranmer, 1489-1556)에 의하여 본격화되기 시작하였다. 크랜머는 최초의 개신교 지향의 캔터베리 대주교로서 에드워드 왕실에 가장 영향력을 끼친 상담역을 담당한 바 있다. 그는 케임브리지 대학의 학생 시절부터 새로운 학문에 열성이었고, 철저한 반교황주의자였다.[18] 그는 그 당시 전 세계 교회에 영향을 끼치고 있던 교회의 지배권 주장이 성서나 초대교회의 역사에 비추어 보아서 아무런 근거가 없다는 것을 알았다. 그의 이런 입장은 헨리 8세의 눈에 들었고, 왕은 그를 캔터베리 대주교로 세워 교황에 대항을 하였던 것이다.

그는 독일의 마틴 루터의 영향을 많이 받았고, 특별히 예전적으로는 스트라스부르의 마틴 부처와 같은 유럽의 개혁자들을 영국에 초빙하여

---

17. 김기홍, p. 341.
18. 대한 성공회 선교교육원 편, 「성공회의 역사」(서울 : 대한 성공회 출판부, 2006), p. 63.

개혁의 이론적 바탕과 미래의 방향을 정하면서 예배 분야에 특별한 개혁을 서두른 바 있었다. 그는 그릇된 교리나 미신을 제거하기 위해서는 먼저 예배가 개혁되어야 함을 알았고, 예배 개혁이 참 종교가 되기 위해서 가장 중요한 것이라고 생각했다.

그는 사제가 회중에게 주의 기도, 사도신경, 십계명 등을 영어로 가르쳐야 한다고 왕을 설득하였고, 더 나아가 국왕으로 하여금 교회에 모국어인 영어 번역 성경을 상비하도록 명령하게 했다. 그리고 헨리 8세가 죽은 후 에드워드 6세 때에는 더욱 개혁에 박차를 가하여 모국어인 영어로 예배를 드리는 것을 목표로 하고, 교회의 아침과 저녁기도의 성서일과나 성찬례의 구약, 서신, 복음서에 영어로 번역된 성경을 사용하게 하였다. 그리고 더 나아가 초대교회의 관습대로 모든 신자들이 성찬례에서 그리스도의 몸뿐만 아니라, 그리스도의 피도 받도록 해야 한다고 명령했다. 그 외에도 그는 로마가톨릭교회의 성상이나 숭배의 대상이 된 성자들의 유물들을 허물어뜨리면서 바른 예배를 추구하기에 노력하였다. 드디어 그는 1549년 예배 역사에 한 축을 이루는 「공동기도서」를 만들어 영국국교회 예배 개혁을 본격적으로 시작했다. 이 「공동기도서」는 천 년에 걸친 기독교 신앙의 유산이 자국어(영어)에 의해서 영국국교회의 모든 신도들에게 제공된 매우 소중한 유산이다.[19] 이 예식서는 주일 예배를 비롯하여 매일의 아침저녁 예배, 성찬 및 세례 성례전, 시편송, 기도문, 주일의 성서일과, 결혼과 장례 등을 수록하여 영국국교회의 예배의 방향을 근본적으로 새롭게 한 바 있었다.

크랜머는 중세기를 거치는 동안 교회의 예배가 초대교회의 전통과 성

---

19. 자국어 예배의 회복과 성경의 뜻을 회중에게 사실대로 알려 주게 된 것은 이 「공동기도서」의 가장 중요한 역할 중의 하나이다. 특별히 이 「공동기도서」는 성경을 더 많이 읽게 하고, 예배문 자체도 초대교회의 전통과 성경적 기반으로 만들어짐으로써 영국교회가 성경 중심적이고, 초대교회의 전통을 이어받게 만든 소중한 역할을 했다고 평가할 수 있다. 대한 성공회 선교교육원 편, 「성공회의 역사」(서울 : 대한 성공회 출판부, 2006), pp. 64-66.

경적 기반에서 많이 벗어나 변질되었음을 인식하였고, 그래서 그는 특별히 초대교회가 가지고 있던 정신과 장점을 다시 회복하는 데 많은 노력을 기울였다.[20] 결과적으로 그는 예배의 핵심인 말씀과 성찬 예전이 필수적으로 있어야 함을 기본적으로 강조하였고, 이것은 후에 영국국교회의 예배 개혁의 가장 핵심적인 내용을 이루게 된다.

이러한 개혁 작업은 그 당시로서는 실로 거대한 개혁의 발길이었다. 유명한 예배학자 윌리엄 맥스웰(William Maxwell)은 이 예배서에 대하여 다음과 같은 평가를 하였다.[21]

> 이 예식서는 예전의 자료들에 있어서 풍부한 보화들을 보존하고 있는데, 전반적으로 볼 때 독특한 영국 스타일의 적합성과 고상함, 그리고 우아함을 보여 주고 있다. 기도문(collect)들은 라틴 형식과 비슷하지만, 미사 전문(Canon)은 고대 의식에 비해 매우 우수한 면을 갖추고 있다. 「공동기도서」의 공헌은 매우 값진 것이며, 이 예식서는 16세기의 다른 예식서들과는 대조적으로 오늘날까지도 사용되고 있다.

그러나 안타깝게도 이 예배서는 그 당시 영국국교회에 널리 수용되지 못했다. 새로운 영어 예배에 적응하지 못하는 사람들이 있었고, 보수적인 성직자들도 새로운 예배서를 공부하는 것을 싫어했다. 또한 급진적인 개혁자들은 이 새로운 양식도 중세교회의 전통적 예배양식을 모방한 것이라고 배척하였다. 결과적으로 이 예배서는 많은 논쟁을 불러 일으켰고, 그래서 크랜머는 1552년에 이 예배서를 개정하게 이르는데, 그것이 두 번째 개정판 「공동기도서」이다. 이 두 번째 예배서는 대륙의 종교개혁자들 — 마틴 부처를 포함하여 — 의 영향을 받았으며 성만찬 의식에 있어서는 츠빙글리파에 가깝고, 교황에 강력하게 반대하던 사람들과 청교도들의 압력이 크게 작용하여 많은 내용이 바뀌게 되었다.[22]

---

20. 위의 책, p. 65.
21. 윌리엄 맥스웰, 「예배의 발전과 그 형태」, p. 190.
22. 일리온 존스, p. 173.

이 두 번째 예배서는 영국에서 널리 받아들여지기는 했으나, 오랜 기간 동안 지속되지는 못했다. 왜냐하면 이 예배서가 나온 지 얼마 안 되어 로마가톨릭주의를 신봉하던 '피의 메리' 여왕이 등극하였기 때문이었다. 크랜머는 처형을 당하게 되었고, 결과적으로 지금까지의 그의 모든 노력은 겉으로 보기에는 수포로 돌아간 것처럼 보였다. 그러나 그를 중심으로 일어난 영국국교회의 예배 개혁은 「공동기도서」라는 열매로 나타나게 되었고, 이것은 1552년 개정판에 이어 1559년, 그리고 마침내 1662년에 완결판으로 나오게 되어 귀한 유산으로 남게 되었다. 따라서 영국국교회의 종교개혁은 사실상 크랜머에 의해서 시작되었고, 그의 개혁정신은 후배들에게 이어져 오늘의 영국국교회가 이르게 되었다고 해도 과언이 아닐 것이다.

4. 「공동기도서」[23]의 역사와 내용

우리가 앞서 보아온 대로 영국국교회의 전반적인 특징들 가운데 가장 중요한 것은 바로 「공동기도서」의 존재이다. 영국국교회는 이 기도서를 통하여 교회 자체의 개혁에 관한 입장을 포괄적이면서도 구속력이 있는 방식으로 표현하고 있기 때문이다.[24] 또한 이 기도서는 법적인 구속력을 지닌 정식 예배서이면서 동시에 가정에서 사용할 수 있는 예배서이기도 하다. 그래서 영국국교회 신자들을 위하여 이 기도서는 성경 다음으로 매우 중요한 위치를 차지한다.[25] 그러므로 우리가 영국국교회의 삶과 사상을 이해하려면 이 공동기도서에 대한 검토는 필수불가결한 것이다.[26]

---

23. 이제부터 이 「공동기도서」는 BCP로 표기한다.
24. 빌리암 나아겔, 「그리스도교 예배의 역사」, 박근원 역(서울 : 대한기독교서회, 2006), p. 172.
25. 위의 책.
26. 예배학자 제임스 화이트(James White)는 성공회 전통을 지속시킨 힘은 바로 「공동기도서」이며, 따라서 성공회의 전통은 하나의 책, 곧 '기도서의 전통'이라

1) 1549년의 BCP

이미 앞서 소개한 대로 영국국교회의 첫 번째 공동기도서는 에드워드 6세의 통치기간에 크랜머를 중심으로 만들어진 「공동기도서」이다. 이 예식서는 비록 많은 반발을 받았고 제대로 사용되지는 않았으나 16세기의 다른 예식서들과는 대조적으로 오늘날까지도 사용되고 있는 매우 의미 있는 예식서이다. 먼저 이 예배 의식을 소개하면 다음과 같다.[27]

말씀의 예전

입당송 : 시편
집례자의 준비
    -주기도문
    -성결을 위한 기도
    -입당송의 반복
키리에(자비송)
글로리아(영광송)
인사와 본 기도
왕을 위한 기도(Collect for the King)
서신서 봉독
복음서 봉독
니케아신조
설교

성만찬 예전

권면
봉헌
    -성구낭독
    -헌금

고까지 말한다. 제임스 화이트, 김석한 역, 「개신교 예배」(서울 : 기독교 문서 선교회, 1997), p. 159.
27. 윌리엄 맥스웰, pp. 191-193.

－성찬을 받으려는 사람들이 성가대석으로 감.
　　　－성물 준비, 포도주에 물 혼합
　　인사와 수르숨 코르다(Sursum Corda)
　　성찬기도
　　　－예비기원
　　　－상투스(Sanctus)와 베네딕투스(Benedictus)
　　　－중보기도(산 이와 죽은 이를 위해)
　　　－수난에 대한 추모
　　　－축성기도
　　　－성찬제정사, 성체분할
　　　－기념(Anamnesis)
　　　－봉헌(찬양과 감사의 제사)
　　　－탄원(천사가 우리의 기도를 나르도록)
　　　－결문(Conclusion)과 송영(Doxology)
　　주기도문
　　평화의 인사(The Peace)
　　유월절 양 그리스도(고전 5 : 7-8. 벧전 2 : 24), 하나님의 어린양(요 1 : 29)
　　크랜머의 "성찬 예배 규범"
　　　－초대사
　　　－고백과 사죄
　　　－위로의 말씀(Comfortable Words)
　　　－입례기도(Prayer of Humble access)[28]
　　집례자와 목회자들과 회중이 영성체(성직자들이 '하나님의 어린양'을 부름.)
　　영성체 후 성경말씀(말하거나 노래로)
　　인사와 영성체 후 감사기도
　　평화의 인사와 강복선언

---

28. 이 기도는 흔히 성만찬에 나아가며 고백하던 '겸손한 접근의 기도'로 알려져 있는데, 마태복음 15 : 27("여자가 이르되 주여 옳소이다마는 개들도 제 주인의 상에서 떨어지는 부스러기를 먹나이다 하니")에서 볼 수 있듯이, 주님의 식탁에 나아가면서 "우리는 주님의 식탁 밑의 부스러기들을 주워 먹을 만한 자격도 없나이다."라고 고백하는 기도이다. 이는 크랜머의 독창적인 것이기도 하다. 제임스 화이트, p. 165.

이 첫 번째 기도서는 비록 크랜머가 중심이 되어 만든 것이었지만, 루터의 영향이 다분히 나타나고 있는 기도서이다. 몇 가지 중요한 내용들을 살펴보면 성찬은 예배의 필수적인 부분이었고, 성찬이 집례될 때마다 회중들은 성찬에 참여하도록 하였다. 그리고 4세기의 성 바질(St. Basil) 예전에 기초한 축성기도가 성찬기도의 일부가 되어 성찬제정사(고전 11 : 23-27) 앞에 놓이게 되었고, 희생제사에 대한 교리는 '찬양과 감사의 희생제사'와 '우리 자신을 하나님께 거룩하고 산 제사로 드리는 봉헌'으로 표현되어 졌다. 옛 고백기도(Confiteor)는 죄의 고백으로 대체되었고, 집례자의 준비의식은 주기도문과 성결을 위한 기도문을 반복하는 형태로 바뀌었다. 입당송은 시편송으로 하였고, 성모 마리아와 성자들의 중보기도는 거부되었다. 성서일과는 개정되었고, 성자들의 축일의 숫자는 과감하게 줄였다. 또한 집례자가 사적으로 드리는 기도는 생략되었고, 의식은 단순화되었다.

한 가지 매우 중요한 것은 성찬 없는 예배(Ante-Communion)인데, 만일 수요일이나 금요일 예배에서 성찬을 받으려는 사람이 없을 경우는 성찬에 관계된 모든 순서들은 생략되고, 한두 개의 기도문으로 예배의 끝을 맺게 하였다. 이런 예배가 바로 '성찬 없는 예배'(Ante-Communion)로 알려지게 되었는데, 이 예배는 대륙의 개신교회의 관례를 따른 것이었다. 그리고 성찬은 적어도 매 주일이나 혹은 축일(Holy Day)에는 반드시 집례되었고, 그때 설교도 행해졌다.

2) 1552년의 BCP

1549년에 발간된 첫 번째 「공동기도서」는 많은 반대에 부딪혀 곧바로 개정작업에 들어가게 되었는데, 그 결과가 바로 1552년에 만들어진 개정판 「공동기도서」이다. 흔히 이 기도서를 「제2공동기도서」라고도 부르는데, 이 기도서는 대륙의 종교개혁가들-특별히 마틴 부처를 포함하여 츠빙글리(성찬과 관련)와 그리고 더 나아가 제네바의 칼뱅과 영국의 청교

도들의 영향하에 만들어졌다.[29]

이 예식서는 예배 의식 중에 미사(Mass)라는 용어를 삭제하고, 성찬용 제의(vestment)를 없앴고, 제단을 성찬대로 대체하였다. 집례자는 성찬대(Communion Table)의 북쪽에 서게 하였다. 그 외에도 첫 번째 기도서와 비교하여 많은 순서들이 과감하게 간소화되었는데, 예를 들어 입당송은 사라지고, 십계명송은 키리에와 합하여졌다. 죽은 이를 위한 기도는 허용되지 않았고, 평화의 인사, 하나님의 어린양, 유월절 양 그리스도, 축복송 등은 모두 제거되었다. 축성기도 또한 없어졌고, 영성체는 성찬제정사 후에 바로 행해졌으며, 영성체 후 주기도문이 있고, 이어 헌신의 순서가 들어간 후 '영성체 후 감사기도'가 따랐다.

이 예식서와 관련하여 우리가 기억해야 할 세 가지 중요한 내용이 있는데, 첫째는 이 예식서가 회중들에게 보다 자주 성찬에 참여해야 할 것을 강조하였다는 사실이다. 1549년의 「제1공동기도서」는 각 개인이 일 년에 최소한 한 번은 성찬에 참여해야 한다고 지적하고 있으나, 「제2공동기도서」는 부활절을 포함해서 일 년에 최소한 세 번은 참여해야 한다고 강조하고 있다.

두 번째는 바로 이 예식서의 끝에 붙어 있는 그 유명한 '블랙 루브릭'(Black Rubric)[30]이다. 이 '블랙 루브릭'은 스코틀랜드의 존 낙스와 그와 함께한 사람들의 압력에 의하여 첨가된 것으로 알려져 있다.[31]

---

29. 빌리암 나아겔, 「그리스도교 예배의 역사」, p. 173.
30. 루브릭(rubric)은 지침이나 규정을 말하며, 이것을 검정 루브릭이라고 한 것은 그 활자가 검고 선명하게 인쇄된 데서 유래한 것이다.
31. 이 예배규정에 의하면 성직자가 먼저 빵과 포도주를 받고 나서 다른 성직자에게 주고, 그 후에 무릎을 꿇고 있는 평신도들에게 이것을 분배하도록 되어 있다. 그러나 낙스를 포함한 여러 사람들은 무릎을 꿇는 것은 빵과 포도주의 숭배를 의미한다고 맹렬히 반대하였다. 결국 예배규정. 그 원문에 낙스가 쓴 것으로 보이는 긴 설명을 첨부하게 되었는데 "무릎을 꿇는 것은 빵과 포도주를 숭배하는 것이 아니며, 그리스도의 살과 피의 의미가 여기에 있으므로 숭배하는 것이다. 그리스도의 육신은 하늘에 있고, 한 장소 이외에 여러 곳에 한꺼번에 편재하시지는 않는다."는 내용이다. 일리온 존스, 「복음적 예배의 이해」, p. 174.

세 번째는 바로 '성찬이 없는 예배'(Ante-Communion)에 관한 것이다. 이미 「제1공동기도서」에도 소개된 바 있지만, 「제2공동기도서」는 충분한 성찬 수찬자들이 없으면 예배는 설교, 전체 회중의 중보기도, 그리고 마지막에 헌금을 하는 말씀의 예배로 끝내라는 지침을 주었다. 주일 아침에 드리는 아침기도회의 예배는 의무적이었는데, 이 기도서는 탄원(중보)의 기도를 주일, 수요일, 그리고 금요일에 사용할 것을 지시한다. 결과적으로 네 가지의 항목들 — 아침 기도, 회중 전체의 탄원, 성찬식 이전의 의식(성찬식 첫 부분), 그리고 설교 — 이 끊이지 않고 진행되었는데, 이 순서는 후에 3세기에 걸쳐 전 세계 성공회 교인들에게 있어 표준적인 주일 아침 예배의 형태가 되었고,[32] 더 나아가 이것은 오늘날 많은 개신교회에서 성찬 없이 드리는 주일 아침 예배의 효시가 되었다.

안타깝게도 이 두 번째 공동기도서는 영국국교회에서 거의 사용되지 못하였는데, 이는 '피의 여왕 메리'의 로마가톨릭주의를 향한 복고 운동 때문이었다. 그러나 메리 여왕의 사후에 엘리자베스 여왕이 왕위에 오르면서 이 두 번째 공동기도서는 1559년에 다시 한 번 개정되어 영국교회에서 널리 사용되었고, 영국교회에서는 개혁교회의 「웨스트민스터 예배모범」(1645년)[33]을 제외하고는 1662년까지 예식서에 대한 더 이상의 개정을 하지 않았다. 따라서 영국국교회에서는 1559년에 개정된 「공동기도서」가 최종판 「공동기도서」(1662년)가 나오기까지 약 100여 년 동안 널리 사용되었다.

---

32. 제임스 화이트, 「개신교 예배」, p. 166.
33. 이 예배모범은 1645년 영국의회에 의하여 예식서 대용으로 채택되어 영국에서 약 16년 동안 사용되었다. 그러나 그 후에 진행되었던 정치적인 변동으로 인하여 영국교회에서는 그 사용이 금지되었고, 스코틀랜드 교회와 청교도들을 중심으로 계속해서 사용되다가 미국으로 건너가 장로교의 가장 소중한 예배모범으로 자리매김을 하게 된다.

3) 1662년의 BCP와 1928년의 BCP

1662년에 개정된 「공동기도서」는 영국교회 예식서의 최종판이라고 할 수 있는데, 왜냐하면 영국교회에서 「공동기도서」에 대한 공식적인 개정은 1662년부터 1927년 사이에는 없었기 때문이다. 그리고 마침내 1928년에 약 350년 만에 개정된 예식서가 나오게 되었는데 그것이 바로 「성찬 예배 규범」(*Order of Communion*)이다. 여기 이 두 예식서의 순서를 비교하여 소개한다.[34]

1662년의 BCP 예배순서	1928년의 예배순서
말씀의 예전	
주기도문(집례자만 말)	주기도문(집례자만)
성결을 위한 기도(Collect for purity)	성결을 위한 기도
십계명송-키리에와 함께	십계명송(키리에와 함께)
	그리스도의 요약된 계명 말씀
	키리에
왕을 위한 기도	
본기도(Collect of the day)	본기도
서신서	서신서
복음서	복음서-영광송과 함께
니케아신경	니케아신경
	초대기도(Biding Prayer)-원할 경우
설교	설교
성찬성례전	
봉헌(Offertory)	봉헌
-성구봉독	-성구(읽거나 노래)
-헌금	-헌금
-성물 준비	-성물준비와 포도주에 물 혼합
	특별기도나 감사기도
중보기도-죽은 이를 위한 추모가 있음	중보기도-죽은 이를 위한 기도와 성자에 대한 추모가 있음.
권면	권면

---

34. 윌리엄 맥스웰, 「예배의 발전과 그 형태」, pp. 196-198.

성찬초대사	성찬초대사
고백기도	고백기도
사죄의 선언	사죄의 선언
위로의 말씀	위로의 말씀
	입례기도
	인사
수르숨 코르다(Sursum corda)	수르숨 코르다
성찬기도	성찬기도
−예비기원	−예비기원
−상투스	−상투스
−입례기도	−베네딕투스
−수난을 기림.	−수난을 기림.
−성찬 제정사와 성체분할	−성찬 제정사와 성체분할
	−회상(Anamnesis)
	−축성기도
	−헌신(Oblation)
	−결문(Conclusion)과 송영
	주기도문
영성체	영성체
주기도문	
헌신과 성찬 후 감사	성찬 후 감사기도
영광송	영광송
평화의 인사와 강복선언	평화의 인사와 축복기도

4) 성공회의 부흥과 다양한 지역들의 예식서

영국국교회는 17세기에 들어 청교도들의 영향력으로 인하여 세력이 약화되었고, 18세기에 들어서서는 더욱더 그 힘을 잃어 가고 있었다. 교회는 단지 영국의 전통적 제도의 하나가 되고 무기력한 상태에 놓이게 되었다. 교회의 의무 태만은 어디서나 볼 수 있었고, 설교는 등한시되었고, 예배 중 성찬식도 집례되지 않았다.[35] 그리고 이때 영국사회에는 이신론(Deism)으로 표현되는 합리주의와 종교적 회의주의가 만연하고 있었

---
35. 대한 성공회 선교교육원 편, 「성공회의 역사」, p. 79.

다. 또한 사람들의 마음속에 파고든 세속화의 물결도 교회의 무기력함을 부추기고 있었다. 그리고 교회의 성직자들은 부패하고 타락하기 시작하였고, 교회는 세상의 타락과 부도덕을 막을 힘을 상실하고 있었다.

이런 상황 속에서 옥스퍼드의 신앙의 청년들이 '경건한 그룹'(The Holy Club)을 결성하여, 시대의 일반적인 풍습이나 의견에 따르지 않고 성경 말씀대로 실천하고자 노력하였다. 그들은 금욕적인 생활을 하면서, 「공동기도문」의 규정에 따라서 기도와 단식, 그리고 성경읽기, 일주일에 한 번씩 성찬례 참석, 기타 경건한 신비주의 사상가들에 대한 공부를 하며 자신들의 신앙생활을 깊고 견고히 하려고 노력하는 사람들이었다.[36] 이 그룹의 지도자들이 바로 그 유명한 찰스와 요한 웨슬레 형제였고, 이들이 결국 나중에 감리교도(Methodist)라고 불리게 된다.

그리고 18세기 말에 이르러 마침내 영국교회 안에서 복음운동이 일어나게 되었는데, 웨슬레는 이 운동의 가장 탁월한 지도자였다. 그 외에도 온화한 성자라고 불리던 찰스 시메온(Charles Simeon), 그리고 영국의 노예제도에 대하여 반대하며 철폐를 부르짖었던 윌리엄 윌버포스(William Wilberforce) 등의 여러 지도자들이 등장하여 영국국교회의 부흥을 이어 나갔다. 그리하여 18세기 말에는 영국 내에 부흥운동의 영향을 받지 않은 곳이 거의 없을 정도가 되었다.[37]

그리고 그 부흥운동은 필경 선교에 대한 관심으로 그 열매가 맺혀지기 시작했는데, 19세기에 접어들면서 영국국교회 내에는 엄청난 선교활동이 일어나게 된다. 그리고 그 결과는 전 세계에 많은 지역 성공회들이 세워지는 것으로 나타나게 되었는데, 중국 성공회, 일본 성공회, 호주 성공회, 미국 성공회, 캐나다 성공회 등의 많은 지역 성공회는 영국국교회의 지난 150년간의 해외전도의 열매로 나타나게 된 성공회들이다. 이 중에서 영국 본토 밖에서 최초로 설립된 성공회는 바로 미국 독립전쟁 후에

---

36. 위의 책, p. 81.
37. 위의 책, p. 85.

신민지 교회를 모아서 설립된 미국 성공회(Episcopal Church)이다.[38]

이렇게 18세기를 영국의 복음주의 부흥운동으로 특징지을 수 있다면, 19세기는 가톨릭주의의 부흥의 시기라고 할 수 있다.[39] 그리고 이 시기를 대표하는 단어가 바로 옥스포드 운동(The Oxford Movement : 1833-1845)이다.[40] 이 운동은 영국국교회만이 아니라 교회생활 전반에 커다란 영향력을 끼쳤는데, 성직 훈련의 방법의 개선, 신앙의 동기부여, 경건훈련과 하나님의 은혜를 베풀어 주는 수단으로 성례전을 교회생활의 중심으로 회복하게 하는데 큰 영향을 주었다.[41] 그 외에도 이 운동은 복음주의 부흥 때와 마찬가지로 인간의 도덕적 생활에 깊은 관심을 표시했고, 그 결과 도시의 빈민가나 멀리 떨어진 농촌과 같은 낙후된 지역 주민에 대한 헌신적인 목회자들이 늘어나게 되었다.[42]

그러나 이 운동이 가져오게 된 가장 중요한 결과는 바로 예배의 회복에 있었다. 그래서 이 운동은 중세 후기 시대에 영국에서 행해졌던 예배를 향한 운동이었다고 말하기도 한다.[43] 즉, 이 운동은 예배 의식에 있어서 영국에서의 수도원 해체(1536년과 1539년) 이전 시대로 복귀하려는 시도였다. 그리하여 기도서에 대한 더욱 철두철미한 충성에 머무르고, 절기를 엄수하고, 매주일과 성일에는 성찬식을 거행하도록 하였고, 예배의 공간도 고딕식으로 추구하였고, 성례를 그 중심에 두는 예배로의

---

38. 위의 책, p. 90.
39. 위의 책, p. 96.
40. 이 운동은 옥스퍼드 성 마리아 교회의 주임사제 존 헨리 뉴먼(John Henry Newman), 옥스퍼드 대학의 히브리어 교수 에드워드 부버리 퓨지(Edward Bouverie Pusey), 존 케블(John Keble) 등이 중심이 되어 영국성공회가 오랫동안 무시하였던 로마가톨릭교회의 신앙 유산의 테두리 안에서 그러한 문제들에 대한 해답이 나올 수 있다는 것을 제시하려고 시도한 운동이었다. 즉, 이 운동의 목적은 종교개혁 시기를 지나면서 약화된 교회 본연의 가톨릭 유산의 의의를 영국 성공회에 재인식시켜 주는 데 있었다. 위의 책, pp. 97-98.
41. 위의 책, p. 99.
42. 위의 책.
43. 제임스 화이트, 「개신교 예배」, p. 183.

변천 가운데서도 설교를 성찬과의 관계에서 새로운 방법으로 역할을 담당하게 하였다.[44] 그래서 19세기에는 위대한 설교자들 — 존 헨리 뉴먼(John Henry Newman, 1801-1890), 필립스 브룩스(Phillips Brooks) — 이 등장하였다.

그리고 마침내 20세기에 들어와 영국국교회와 전 세계의 성공회에서는 가톨릭 부흥운동으로 인하여 각성된 다양한 욕구들을 충족시키기 위하여 잇달아 예배서가 개정되기 시작하였다. 그동안 영국을 비롯한 전 세계의 성공회 교회들은 1662년의 「공동기도서」를 사용하고 있었으나, 각 지역에서 예배를 개정하기에 이른 것이다. 그리하여 캐나다에서는 1918년에, 스코틀랜드와 남아프리카에서는 1929년에 새로운 기도서와 예배서들이 출판되었다.[45] 그리고 1930년대에 들어와서는 새로운 성공회 예배운동들이 시작되었는데, 예를 들어 영국에서 일어난 교구 성찬운동(the Parish Communion Movement)과 미국에서 일어난 연합 교구운동(the Associated Parish Movement) 등이 그것이다. 특별히 그레고리 딕스(Gregory Dix, 1896-1967)와 같은 성공회 예배학자는 예배자들을 위한 모범으로 중세기 교회보다 초대교회를 추천하였고, 그래서 성공회는 초대교회의 예배에 더욱 관심을 집중하게 되었다.[46]

그리하여 영국국교회와 전 세계에 있는 성공회 교회들은 여러 가지 형태의 예배, 의식들의 단순화, 현대적 언어, 초기교회의 예배 형태 등의 회복에 더욱 관심을 갖게 되었고, 이런 예배운동의 결과 여러 예식서들이 등장하게 되었다.[47] 그 예가 미국 성공회의 「공동기도서」(1979)와 「찬송집」(The Hymnal, 1982), 그리고 영국에서의 「대체 예배서」(The Alternative Service Book, 1980), 「호주 예배서」(An Australian Prayer Book, 1978), 「뉴질랜드 예배서」(The New Zealand Liturgies, 1984), 그

---

44. 위의 책, pp. 186-189.
45. 위의 책, p. 191.
46. 위의 책, p. 192.
47. 위의 책, pp. 192-193.

리고 캐나다의 「대체 예배서」(*Book of Alternative Services*, 1985) 등의 발간이다.[48] 위의 예식서들은 그동안 사용하던 1662년 「공동기도서」의 자리를 크게 바꾸어 놓았다.

그 변화의 내용을 보면 먼저 평신도들의 보다 능동적인 역할들을 장려하였고, 모든 사람들이 참여하는 성찬식을 주일의 주요 예배로 삼게 되었다. 교회력과 성서일과(lectionary)가 포함되었고, 입회과정은 세례와 안수에 성찬식을 결합시킴으로 보다 통일된 입회의식을 확립하였다. 그리고 가장 큰 변화는 지난 4세기에 걸친 크랜머의 언어 사용이 종결되고, 현대의 언어가 사용되게 된 것이다. 설교는 성서일과에 대한 관심으로 더욱 활기를 띄게 되었고, 말씀의 중요성이 더욱 강조되었다. 새로운 찬송가들이 대폭 증가하였고, 악기들의 사용의 폭도 넓어졌다.[49]

이렇게 하여 성공회 예배는 계속해서, 그리고 서서히 5세기를 거쳐 발전해 왔다. 어떤 면에서는 크랜머의 정당성이 계속해서 유지된 반면, 크랜머가 전혀 몰랐던 초대교회의 예배와 관련된 모습들이 새롭게 첨가되기도 했다. 그리하여 새롭게 만들어진 전 세계 성공회의 공동기도서들은 결국 크랜머와 3세기의 로마교회 감독이었던 히폴리투스(Hippolytus)의 합작품이라고 할 수 있다.[50] 그리고 지금까지 계속해서 보아온 대로 영국국교회와 전 세계 성공회 예배의 가장 중요하고 독특한 특성은 바로 「공동기도서」에 대한 충성이다.[51] 그리고 그런 의미에서 전 세계의 성공회 예배는 지역적 다양성에도 불구하고, 여전히 모든 개신교 예배의 전통들 가운데 가장 쉽게 확인할 수 있다.

---

48. 위의 책, p. 193.
49. 위의 책, pp. 193-196.
50. 위의 책, p. 196.
51. 위의 책.

5. 대한 성공회

대한 성공회는 벤슨(Edward White Benson) 캔터베리 대주교가 한국 선교를 결심하고 초대 한국 교구장 주교로 코프(Charles John Corfe, 1843-1921, 한국명 고요한) 신부를 1889년 11월 웨스트민스터 대성당에서 서품함으로써 출발되었다.[52] 그리고 코프 주교가 선교사 랜디스(E. B. Landis)와 함께 1890년 9월 서울의 관문인 인천 제물포항에 도착하여 선교의 첫 발을 디딤으로써 본격적으로 시작되었다. 고요한 주교와 영국교회 선교사들은 어려운 여건 속에서도 초기 선교의 기틀을 착실하게 잡아 나갔는데, 교회선교, 의료선교, 문서선교, 복지선교, 그리고 교육선교 등을 통하여 복음을 확장하였다. 특별히 초창기 대한 성공회는 대영성서공회와의 협력 아래 '조선성서공회'를 설립하였고, 성경을 일반 대중의 글인 한글로 번역하는 데 크게 공헌한 바 있다. 이는 이미 앞서 본 대로 영국국교회가 추구한 민족 고유의 말과 글로 성경을 읽게 하고, 예배를 드릴 수 있도록 한다는 특성이 대한 성공회 초기에 선교사들의 사역을 통해서 고스란히 나타난 모습이라고 할 수 있다.

그리고 대한 성공회는 1900년대 초에 '강화읍 성당'을 건축하였는데, 이 성당은 바실리카 양식을 한국화하고 동시에 불교 가람배치 구조에 따라 건축함과 아울러 한국의 전통적 문양과 유교식 현판을 이용하여 빚어낸 아름다운 성당이다. 이 성당은 온수리성당, 진천성당, 청주성당 등과 더불어 성공회가 기독교의 토착화에도 매우 힘썼다는 사실을 알려 준다. 또한 성공회는 일제의 압박과 수난기에도 굴하지 않고 오히려 1926년 5월에 서울대성당을 완공하게 되었는데, 이는 동양에서는 유일한 로마네스크 양식을 갖춘 교회이다.

일제 식민지 말엽의 탄압과 한국전쟁 등 여러 가지 혼란을 거치면서

---

52. 위의 책, pp. 109-110.

대한 성공회는 그간의 어려움을 극복하여 교회의 재건을 위하여 힘썼고, 특별히 자립(自立), 자전(自傳), 그리고 자정(自政)의 선교방향의 결과 대한 성공회는 대한 성공회 교구 설립 75주년이 되는 1965년에 서울과 대전에 두 개의 교구로 분할하게 된다. 그리고 1974년에 대전교구를 대전교구와 부산교구로 분립함으로 3개의 교구가 생기게 되었다.

성공회는 1914년 강화도에 신학원을 설립하여 한국인 사제 양성에도 주력하였는데, 그 결과 1915년 한국인 첫 영세자인 김희준에게 한국인 첫 사제 서품을 주었다.[53] 그리고 그로부터 50년 뒤인 1965년 선교 75주년에 한국인 주교로 이천환 주교가 축성되어, 선교의 주체가 한국인의 손으로 넘어오게 되었다.[54]

대한 성공회는 선교 100주년 기념일인 1990년 9월을 계기로 새로운 전기를 맞게 되었는데, 그것은 지난 100년 동안 대한 성공회는 영국 캔터베리 관구에 소속되어 있다가 1992년 마침내 독립관구로 승격이 된 것이다. 그리고 1993년 4월 초대 관구장에 김성수 주교가 취임하여 명실공히 완전한 독립 성공회로서 자리매김을 하게 되었다.[55]

6. 대한 성공회 미사 순서[56]

---

53. 위의 책, p. 114.
54. 정철범, 「성공회 입문」(서울 : 성베다 인우회, 1989), p. 126. ; 최철희, 「세계 성공회사」(서울 : 대한기독교서회, 1996), p. 225.
55. 대한 성공회 선교교육원편, 「성공회의 역사」, pp. 118-119.
56. 여기에 수록한 예배순서는 다음의 두 책을 참고하여 편집한 것이다. 「미사예문」, 개정판(서울 : 대한 성공회출판부, 1982), 「미사해설」(서울 : 대한 성공회 서울교구 선교교육원, 1992) ; 대한 성공회의 「공동기도문」은 1908년 '종고성교회공도문'(宗古聖敎會公禱文), 1912년 '임시공도문', '1939년 공도문', '1965년 공도문', 1973년 '시험 미사예문', 1982년 '미사예문', 그리고 '1979년 미국 성공회 공도문'을 번역하여 만든 1992년판 '전국의회 의안 공도문', 1999년 '시험용 교회예식서'를 거쳐, 마침내 그 완결판이 2004년 「성공회 기도서」가 만들어졌다. ; 대한 성공회, 「성공회 기도서」(서울 : 대한 성공회 출판부, 2004), pp. 10-13.

말씀의 전례

입당찬미[57]　　　　　　　　　(일어선다)
개회기도[58]
키리에[59]
영광송[60]
주께서 여러분과 함께(인사)[61]
본기도[62]
성서독서[63]-구약성경　　　　　(앉는다)

---

57. 대사제이신 주님께서 당신 백성을 이끄시고 하나님 아버지께 감사와 찬미의 제사를 드리려 성전으로 들어감을 환영하는 것을 뜻한다. 이 찬미노래의 목적은 미사를 시작하며 참석자들의 일치를 강화하고 마음의 준비를 시키는 것이다.
58. 이 기도는 예배하는 자들이 먼저 마음의 깨끗함과 성실함으로 하나님께 나아가는 자세를 위해서 하는 것이다. 시편 51 : 2을 참고로 하여 만든 것이다.
59. '키리에 엘레이손'이란 희랍어로서 "주여, 우리를 불쌍히 여기소서."라는 뜻이다. 이 기도는 하나님의 자비를 구하는 기도이다(막 10 : 48, 눅 17 : 13). 본래 이 말은 히브리어로 '호산나'에 해당되는 말로서 고대 이방세계에서 황제에게 드리는 환영의 인사말이다. 이것은 그리스도교에 적용되어 미사에 참석한 모든 신자들이 자신들과 함께하시기 위해 오시는 그리스도에게 환영과 존경의 인사를 드리는 것이다.
60. 영광송은 이미 나타나신 그리스도의 위엄과 영광을 좀 더 구체적인 말로서 칭송하는 인사이다. 이 기도의 내용은 예수께서 탄생하시던 밤에 천사들이 목자들 앞에서 부른 찬양의 노래(눅 2 : 14)로 시작해서 먼저 성부이신 하나님께 찬미와 감사를 드리며 또한 그의 영광을 찬송하고, 그 다음 성자이신 예수 그리스도의 신성을 높이고 그분의 구원 업적과 그로 인해 받은 영광을 찬양한다. 끝으로 성신께도 감사와 영광을 드림으로 삼위일체의 조화로 끝맺는다. 따라서 이 영광송은 하나의 신앙고백인 동시에 감사의 노래라 할 수 있다.
61. 이 인사말은 그리스도 생활 전부를 요약한 것으로 히브리말의 '임마누엘', 곧 "하나님께서 우리와 함께 계시다."는 말과 관련이 있다.
62. 본 기도는 모든 신자들의 마음속에 있는 청원을 한데 모아서 집전자가 대표로 바치는 기도이다. 따라서 사적인 기도는 첨가할 수 없다.
63. 여기서부터 말씀의 전례가 시작된다. 교회전통에 따라 세 가지, 즉 구약성경, 신약서신, 그리고 복음서를 낭독한다. 전통에 따라 두 가지(구약과 서신)독서는 집전자를 돕는 평신도가 낭독하고 복음서는 부제나 사제가 낭독한다. 독서로써 하느님 말씀의 식탁이 준비되고 그 말씀 속에 계신 하나님께서 우리들의 심령에 찾아오시는 것이다.

층계송[64]
성서독서-서신성경 　　　　　(앉는다)
성시 혹은 성가
복음서 낭독[65] 　　　　　　　(선다)
설교[66] 　　　　　　　　　　 (앉는다)
니케아신경[67] 　　　　　　　 (선다)
신자들의 기도[68]
십계명[69]
죄의 고백[70]

---

64. 층계송이란 이름은 주후 8세기에 성가대가 이 노래를 맡아서 하게 될 때 이 성가대의 위치가 성당 안에서 성서를 낭독하는 독경대에 올라가는 제단에서 노래한데서 유래한다. 이 노래는 성가대만 따로 할 수도 있으나 인도자와 교우들이 서로 교송으로 하는 것이 정상적이다.
65. 이 복음성경 낭독은 말씀의 전례에서 핵심을 이룬다. 복음 낭독은 주로 성서에 기록되어 있는 예수님의 말씀하시는 것으로 생각하고 존경을 나타내야 한다.
66. 복음 낭독 후에는 반드시 설교해야 한다. 설교는 사제나 부제 혹은 주교의 면허를 받은 평신도만 할 수 있다.
67. 하나님께서 세상 창조하신 일에서부터 그리스도의 강생과 고난, 부활, 승천과 성신강림으로 이루어진 구원의 역사와 이를 계승하는 교회와 영원한 생명 등에 대한 신앙고백이다. 주후 325년 니케아에서 열린 공의회에서 채택되어 니케아신경이라 부른다.
68. 말씀의 전례에서 마지막 부분을 이루는 경건한 기도순서이다. 디모데전서 2:1 말씀을 근거로 한 것이다. 기도내용은 전통적으로 다섯 가지 주제를 가지고 중보기도로 바친다. 그러나 특수한 행사 때나 혼인, 장례 때에는 그 특수목적을 기도 의향에 포함시킬 수 있다. 같은 주제로 3가지 양식으로 되어 융통성이 있다.
69. 미사 때 십계명을 외우는 전통은 본래 로마가톨릭교회에는 없었고 영국의 크랜머 대주교가 1549년 처음으로 성공회 기도서를 만들 때 미사의 처음부분에 있는 자비를 구하는 기도 대신 십계명을 넣어 사용하였다. 이 순서가 죄의 고백 앞에 놓인 것은 십계명의 내용이 양심 성찰에 도움이 되기 때문이다. 따라서 미사 중 십계명을 외우면 죄의 고백은 생략해도 무방하다.
70. 이 순서가 말씀의 전례 끝에 있는 것은 말씀을 통해 죄를 뉘우치고 마음을 깨끗이 하여 성찬을 받을 준비를 하기 위한 것이다.

성찬의 전례

평화의 인사[71]
봉헌례[72]   (선다)
성찬기도[73]   (선다)
주의 기도[74]
천주의 어린양[75]   (이제 빵을 뗀다)
영성체 초대[76]
영성체[77]
영성체 후 기도[78]
강복선언[79]

---

71. 마태복음 5 : 23을 근거로 한다. 말씀의 전례와 성찬의 전례를 연결해 주는 역할을 한다. 하나님의 말씀을 듣고 우리의 죄를 고백하고 나서 체험하는 화해의 정신을 표현하고 경축하는 것이다. 또한 성서적이며 희생적 의미를 드러내는 성찬의 전례를 기대하고 바라보게 한다.
72. 봉헌례는 주님의 식탁인 제단에 빵과 포도주를 예물로 준비하여 바치는 행위이다. 봉헌례 때에 빵과 포도주를 바치는 것은 교회가 그리스도를 제물로 바치는 것은 물론 그리스도와 일치된 우리들 자신도 함께 바치는 것이다. 이때 헌금을 바치는 것은 우리들의 수고와 정성, 즉 우리 자신을 바친다는 뜻이다.
73. 성찬기도는 세 가지 부분으로 구성된다. 1) 감사송-사례하는 감사의 기도(Eucharistic Prayer). 2) 거룩하시다-천사들이 하느님의 거룩하심을 찬미하듯이(사 6 : 3, 계 4 : 8) 우리들도 함께 천사들과 일치하여 하느님을 찬미하며 우리의 왕이요 대사제로 오신 그리스도를 환영한다. 3) 축성기도-성령기원(Epiclesis), 제정의 말씀(Narrative Institution), 기념의 말씀(Anamnesis)이다.
74. 예수께서 직접 가르쳐 주신 기도(마태 6 : 9-13)로서 이미 4세기부터 영성체를 준비하는 기도로 사용되어 왔다. 이 기도는 성체성사를 받기 전에 하느님 나라의 은총과 영광이 이 땅위에 충만하기를 갈망하며 일용할 양식을 청하고 우리의 잘못을 용서해 주기를 청하며 모든 유혹으로부터의 보호를 간청하는 것이다.
75. 제단에 있는 성체와 보혈에 주님의 현존하심에 대한 신앙고백 기도이다. 이 노래는 미사집전 사제가 성체를 쪼갤 때 부르는데 이 행위는 우리가 그리스도와 연합해 있고 그분과의 일치 안에서 모든 것을 함께 나누는 것을 의미한다(요 1 : 29).
76. 사제는 축성된 성체와 보혈을 들어 참석한 신자들에게 보여 주면서 성체 받을 사람들을 초대하고 신자들은 마태복음 8 : 8에 나오는 백인대장의 말을 인용하면서 주님을 모시고자 하는 겸손한 자세를 갖춥니다.
77. 사제가 먼저 영성체하고 이어서 신자들에게 분배한다. 신자들이 성체를 받을 때 아멘으로 응답 하는데 이것은 성체에 대한 믿음과 확신을 상기시키는 것이다.

7. 나가는 말

지금까지 살펴본 대로 영국국교회(Church of England)는 영국 이외의 지역에서는 감독교회(Episcopal Church)라고 불리며, 한국에서는 대한성공회로 불리는 교회다. 이들은 교회 제도나 예배가 독자적임을 강조하면서 로마가톨릭교회와 개신교회의 장점을 모두 수용하려는 노력을 기울인 교회이다. 특별히 영국국교회는 예배에 있어서는 로마가톨릭주의와 개신교의 양면성을 지니고 있는데, 하나님께 바치는 예배의 정신을 준수하면서도 하나님의 말씀으로 회중과의 만남을 가져오는 두 개의 축을 형성하고 있다.

그리고 예배와 관련하여 영국국교회(성공회)는 '기도의 법칙은 신앙의 법칙'(lex orandi-lex credendi)이라는 원리를 충실하게 실천하고 있다.[80] 그리고 이 원리가 가장 충실하게 지켜지는 증거가 바로 「공동기도서」에 대한 영국국교회와 전 세계에 흩어져 있는 성공회 교회들의 충성스런 모습이다. 이렇게 「공동기도서」에 충성하는 전 세계 성공회 예배의 모습은 지역적 다양성에도 불구하고 말씀의 예전과 성찬 예전의 두 개의 축으로 이루어졌던 초대교회의 예배 전통을 잘 보존하고 있는 소중한 통일성의 모습이라고 할 수 있다. 그리고 로마가톨릭교회의 전통과 종교개혁 교회의 정신을 함께 지닌 영국국교회의 「공동기도서」는 온 세계의 교

---

78. 성체를 모시고 하나님으로부터 받은 은혜에 대하여 감사를 드리는 것이다. 또한 감사와 함께 영성체의 효력을 계속 내려 주시고 유지할 수 있도록 해 달라고 요청하는 내용도 포함한다.
79. 축복기도는 미사전례를 마감하면서 사제가 십자성호를 신자들 앞에 표현하면서 하나님께서 복을 내려 주시도록 강복을 선언한다. 파견은 미사가 끝났으니 이제는 세상에 나가서 복음을 전하자는 이 선언은 성찬에 초대받아 그리스도 안에서 형제적 일치를 이루어 미사로써 힘을 얻은 우리들은 사명의식을 가지고 세상에 나아가 그리스도를 증거하고 복된 소식을 모든 사람들에게 전하기 위하여 그리스도의 제자로 파견된다는 것을 명심케 하는 것이다.
80. 빌리암 나아겔, 「그리스도교 예배의 역사」, p. 174.

회에 교회 일치를 향한 강한 인식을 심어 준다[81]는 점에서 매우 중요한 교훈을 주고 있다고 하겠다.

---

81. 위의 책, p. 178.

4. 루터교회의 예배

주승중 박사(주안장로교회, 예배·설교학)

1. 들어가는 말 : 개혁이 필요했던 중세교회의 예배

일반적으로 개신교회는 종교개혁이 '구원은 행함으로가 아니라 믿음으로'라는 교리의 주창 때문에 일어난 것이라는 생각을 가지고 있다. 그러나 이런 생각은 종교개혁을 매우 단순한 시각으로 바라보았을 때의 평가이다. 보다 엄밀히 말하자면 종교개혁은 로마 천주교회에 대한 교리적인 문제라기보다는 매 주일 드리는 예배에 대한 문제의식에서부터 시작되었다고 보아야 한다. 그래서 일리온 존스(Ilion T. Jones)는 이렇게 지적한다.

> 종교개혁을 일으키게 한 종교의 여러 양상 중 가장 중요한 것은 예배였다. 왜냐하면 종교의 모든 측면은 신학과 정치형태를 포함하여 예배에 밀접하게 연결되어 있기 때문이다. 예배가 저속하게 타락하였던 당시 상황은 개혁운동을 일으키게 하는 주원인이 될 수밖에 없었다.[1]

교회의 예배가 저속하게 타락하여 개혁이 일어날 수밖에 없었던 상황에 대하여 예배학자 윌리엄 맥스웰(William Maxwell)은 좀 더 구체적으로 이렇게 설명한다.

> 우리는 이미 16세기 초에 서방교회의 성만찬 의식이 하나의 극적인 구경거리로 전락되고, 그 절정을 영성체의 시간에 두기보다는 화체의 순간에 두었으며, 거양성체(elevation)에 있어서도 미신적인 요소가 가미되어 숭배하게 되는 것을 알았다. 알아들을 수 없는 언어로 들리지 않게 말하면서 의식이 진행되고, 지나치게 화려하고 장식된 의식, 그리고 정교하고 수준 높은 음악 등은 회중들이 예배에 능동적으로 참여하는 것을 극히 제한하였다. 회중들은 1년에 한 번 이상 성만찬에 참여하는 것이 어려웠다. 설교는 무덤 속으로 퇴락하고, 대부분의 교구 신부들은 설교를 하기에 너무 무식하였다. 성경이 봉독되어야 할 부분이 성자들의 생활담이나 전설로 채워졌고, 성경은 예배자들의 모국어로 전달되지 않았다. 그리고 미사의 헌금과 면죄부의 구입은 성직매매와 착취의 근원이 되었다. 따라서 종교개혁은 시급하고도 필연적일 수밖에 없었던 것이다.[2]

결국 16세기 당시 교회가 가지고 있었던 여러 가지 심각한 문제들을 살펴보면 그중에 많은 문제들이 예배와 직접적인 관련이 있거나 아니면 간접적으로라도 예배와 연결된 문제들이었다는 사실을 알 수 있다. 즉, 교회가 개혁될 수밖에 없는 그 구체적 내용들은 거의 다 예배의 변질 또는 타락과 관련된 문제였고, 따라서 종교개혁은 근본적으로 예배 개혁이 그 시발점이었다는 것을 알 수 있다. 예배에서 하나님의 말씀이 사라짐, 소통되지 않은 예배언어, 성례전의 타락과 신비의 강조, 미신적인 신앙의 연출, 예배 안에서의 우상숭배(성물, 성인숭배), 형식화되고 지나

---

1. Ilion T. Jones, 정장복 역, 「복음적 예배의 이해」(서울 : 대한예수교장로교 총회출판국, 1988), p. 153.
2. William D. Maxwell, 정장복 역, 「예배의 발전과 그 형태」(서울 : 쿰란출판사, 1996), p. 102.

치게 화려한 예전 등으로 얼룩진 예배의 타락과 무질서는 종교개혁을 절대적으로 필요로 하고 있었다. 이러한 점에서 16세기 초 교회의 개혁은 긴급하게 요청되는 것이었다.

2. 종교개혁의 선구자 마틴 루터와 예배 개혁

16세기 초반의 로마 천주교회와 천주교회의 예배를 바라보면서 개혁의 긴급성과 필연성을 절감한 많은 사람들 가운데 가장 대표적인 사람이 바로 마틴 루터(Martin Luther)였다. 루터는 면죄부를 사거나 행함으로 구원받는 것이 아니라, 오직 예수 그리스도를 믿는 믿음에 의해서만 구원을 받을 수 있다는 주장과 함께 개혁의 횃불을 높이 들었다. 그리고 개혁을 주도하면서 새로운 제도, 새로운 믿음을 표현하는 데 가장 적합한 예배 형식을 만들어야 하는 막중한 임무를 자신도 미처 깨닫지 못하는 사이에 떠맡게 되었다. 그러나 예배와 관련하여 과거의 전통과 관습에 익숙해져 있던 루터에게 혁신적인 개혁을 한다는 것은 쉬운 일이 아니었다. 그렇기에 마틴 루터는 가장 먼저 개혁의 총성을 울린 사람이었지만, 개혁자들 가운데서 가장 보수적이고 온건한 입장에서 예배 개혁을 주도하였다.[3]

그는 예배에 있어서 중세 교회의 미사로부터 어떤 급격한 변화를 원치 않았다. 그는 급진적인 개혁으로 인하여 신자들을 혼란에 빠뜨리는 것을 원치 않았기 때문이다.[4] 사실상 루터는 기존 교회의 예배에 대해서 보수적인 생각을 갖고 있었으며, 몇 가지 문제되는 현안들에 대해서만 수정하기를 원하였다. 특별히 그가 관심을 두었던 것은 예배가 온 회중

---

3. 루터는 예배 개혁과 관련하여 기본적으로 보수주의적인 입장을 취하였고, 가능한 한 고대의 종교 의식들(예배 형태)을 보존하려고 애를 썼다. James F. White, 김석한 역, 「개신교 예배」(서울 : 기독교문서선교회, 1997), p. 51.
4. James F. White, 정장복 역, 「예배의 역사」(서울 : 쿰란출판사, 1997), p. 148.

들이 이해할 수 있는 자신들의 언어로 집례되어야 한다는 것이었다. 그래서 그는 독일어로 집례할 수 있는 예식서를 발간하고, 독일 찬송가를 쓰고 작곡했으며, 독일어로 성경을 번역하였다.

또한 구원은 선한 행위를 통해서 얻는 것이 아니라 오직 믿음을 통한 하나님의 은혜로 되는 것임을 강조하고, 중세 후기의 예배에서 죽은 자를 위한 미사, 성직자의 독신주의, 순례, 평신도들에게 잔을 허락하지 않은 것, 화체설 등을 반대하면서 새롭게 예배신학을 수정·보완하였다. 그래서 윌리엄 맥스웰의 말대로 루터의 예배 개혁은 창조적인 것(creative)이었다기보다는 보존하려는 경향(conservative)을 가졌다.[5] 그는 처음부터 예배 형태를 바꾸는 개혁은 계획하지 않았다. 그런 면에서 루터의 예배에 대한 입장은 어느 정도 모순된 면이 있다고 할 수 있다.

다만 루터는 모든 개신교 예배의 기초를 제공해 주었던 "교회의 바빌론유수"(The Babylonian Captivity of the Church, 1520)를 통하여 로마가톨릭의 성만찬신학과 제도에 대해서 신랄한 비판을 하였다.[6] 그는 이 논문에서 자국어로 미사를 드려야 할 것과 화체설에 대한 반대, 희생제사로서의 미사 반대, 그리고 모든 미사에 성찬이 있어야 할 것을 선언하였다.[7] 특히 그는 이 논문에서 미사가 선행과 희생제사(opus bonum et sacrificium ; good work and sacrifice)로 바뀌었음을 강력하게 비판하였다. 여기서 선행(opus bonum)은 하나님을 기쁘시게 하여서 하나님으

---

5. William D. Maxwell, 정장복 역, 「예배의 발전과 그 형태」(서울 : 쿰란출판사, 1998), p. 104.
6. 루터는 이 책에서 로마교황청이 권력의 근거로서 일곱 성례전 교리를 창안하고 이용해 왔다고 비난하였는데, 이로 인해 교회가 세 가지 포로상태에 놓여 있다고 비판하였다. 첫 번째 포로상태는 성만찬 때 평신도에게서 포도주를 금한 것이고, 두 번째 포로상태는 화체설로써, 루터는 이것을 인간적인 발명품이라고 묘사했다. 세 번째 포로상태는 미사의 집례가 선행이며 제사라는 견해라고 하였다. 그는 이 세 번째 포로상태, 즉 미사를 제사로 보는 교리의 포로상태를 가장 나쁜 것이라고 평가했다. Bernhard Lohse, 이형기 역, 「루터 연구 입문」(서울 : 크리스챤 다이제스트, 1997), pp. 180-181.
7. William D. Maxwell, 「예배의 발전과 그 형태」, p. 106.

로부터 은혜와 선물을 받게 된다는 것인데, 루터는 중세교회의 미사가 이렇게 선행으로 변질되었다고 보았다. 한 걸음 더 나아가 그는 미사가 하나님께 드리는 희생제사로 변질되었음을 강력히 비판하였다. 그는 미사를 통하여 하나님께 예수 그리스도의 희생의 제사를 드리는 것은 결과적으로 갈보리에서 단번에 온전한 희생의 제사를 드리신 예수님의 희생제사를 거부하고 받아들이지 않는 것이라고 결론을 내렸다. 그렇기에 루터는 예배가 인간 편에서 드리는 것(Sacrificium ; a sacrifice offered by men to God)이 아니라, 하나님께서 내려 주시는 선물(Beneficium ; a gracious gift of God to men)로 보았다.[8]

그래서 루터는 미사의 순서 중에서 희생의 의미가 나타나는 것은 모두 제거하려고 하였는데, 가장 대표적인 순서가 바로 성물 봉헌의 순서였다. 그는 이 봉헌의 순서가 가장 오염되고 부패되어 있는 곳이라고 하면서, 희생제와 봉헌의 냄새가 나는 것들을 모두 거부해야 한다고 주장하였다.[9] 그래서 그는 미사에서 성물을 준비하는 일은 신앙고백을 하는 중에 하는 것이 적당하다고 보았고, 성물이 준비되면 인사와 수르숨 코르다(Sursum corda ; Lift up your mind)가 이어지고 곧바로 성찬제정의 말씀을 읽었다.[10] 루터가 이렇게 한 의도는 분명한데, 그것은 회중들로 하여금 성찬에서 희생의 의미를 발견하지 못하도록 하기 위함이었다.

이렇게 루터는 미사가 희생제사로 드려지는 것을 철저하게 배척하였지만, 미사에서 진행되고 있었던 기독교적 유산을 매우 소중하게 여겼는데, 그 가운데 가장 중요한 것이 바로 성찬이었다. 루터는 성찬을 그리스도의 안에서(in), 그리스도와 함께(with) 나누는 그리스도인들의 교제(communion)로 이해했으며, 그리스도의 안에서, 그리스도와 함께 나

---

8. 김경진, "루터의 입장에서 본 한국교회의 예배 개혁," 「전통과 해석」(부산 : 부산장신대 출판부, 2007), p. 66.
9. Bard Thompson, *Liturgies of the Western Church* (Philadelphia : Fortress Press, 1961), p. 111.
10. 위의 책, pp. 111-112.

누는 예전으로서 예배자들이 성찬을 받을 때 그 가운데 그리스도의 임재가 실질적으로 일어난다(the Real Presence)는 공재설(consubstantiation)을 주장하였다.[11] 따라서 그는 성찬을 설교와 함께 예배의 중심으로 이해하였고, 그 결과 주님의 만찬은 전체 그리스도인들을 통하여 매일 집례되어야 한다고 선언하였다. 그러나 후에 그는 이런 입장을 수정하여, 성찬을 보다 자주 갖기를 원하는 사람들을 제외하고는 주일에 한 번 갖는 것이 좋을 것이라고 하였다. 그 결과 루터교에서는 주님의 만찬을 매 주일 한 번 갖는 것이 전통으로 되었다.

결국 루터가 중세교회의 미사와 싸웠던 핵심적인 내용들은 분명했다. 그것은 인간의 선행과 공로사상, 그리고 그리스도의 희생제사로서의 미사가 잘못된 신학을 만들었다는 것이었다.

3. 루터의 예배 개혁의 구체적인 내용들

위에서 우리는 루터의 개혁의 성격에 대해서 포괄적으로 알아보았다. 그렇다면 이제부터 루터의 예배 개혁의 구체적인 내용들을 정리해 보자. 제일 먼저 루터의 예배 개혁에는 한 가지 뚜렷한 특징이 있다. 그것은 루터의 예배 개혁들이 학문적인 계획들로 고안된 것이 아니라, 그가 알

---

11. 그의 공재설은 엄밀하게 말하자면 화체설과 크게 다르지 않다. 그는 떡은 그리스도의 자연적인 살(肉)로 화(化)하며, 즙은 그의 자연적인 피로 화한다고 가르쳤다. 그리고 떡이 참 살로 변하고, 즙이 참 피로 변화하듯이 우리는 영적인 몸으로 화한다고 했다. 그러므로 그리스도와 모든 성도들이 성찬에서 공동체의 교제 안에서 들어가며, 성찬을 통하여 그리스도의 성도들의 모든 덕목을 소유하게 된다고 말했다. 그러므로 루터의 성찬론은 화체설과 크게 다르지 않다. 그런데 루터의 성찬론이 로마 가톨릭교회와 크게 다른 점은 그가 신앙을 강조한다는 데 있다. 로마 가톨릭교회는 성례전은 집행하는 사람의 질적 상태나 받는 사람의 신앙에 관계없이 성례전 집행과 동시에 객관적 능력과 은혜가 역사한다(ex opere operato)고 하는 기계주의적인 성찬론을 주장하였으나, 루터는 받는 사람의 '신앙'이 필수불가결한 요소라고 보았다. 이형기, 「종교개혁 신학사상-루터와 칼빈을 중심하여-」(서울 : 장로회신학대학교출판부, 1984), pp. 112-113.

고 있는 교구 생활의 현실에서 나온 것이라는 점인데, 여기에는 중요한 의미가 있다. 즉, 한 마디로 루터의 예배 개혁의 가장 큰 특징은 '목회적'이라는 사실이다.[12]

사실상 루터는 새로운 '평신도 신학'을 발전시키는 과정에 있었다.[13] 그리고 그의 이런 신학은 단순히 예배에만 영향을 준 것이 아니라, 교회의 구조와 목회의 개념, 신자들의 위치에 대한 완전히 새로운 개념을 만들어 내었다. 중세기는 엄격하게 만들어진 계급 조직 시대로서, 교회 역시 성직자가 가장 높은 위치에 있고, 평신도들은 최하위에 있는 구조를 가지고 있었다. 그러나 루터는 모든 그리스도인들은 자신이 위치한 곳이 어디든지 간에 서로 섬기라는 소명을 받는다고 주장하였다.[14] 그리고 그의 이런 신학은 성직자의 위엄을 낮추지 않으면서 평신도를 성직과 종교직에 있는 사람들과 동일한 위치로 상승시켰다.[15]

루터의 이러한 평신도에 대한 새로운 시각으로 인하여 세례가 새로운 존엄성을 얻게 되었다. 왜냐하면 세례를 받는 사람은 모든 신자들의 제사장 직분으로 옷 입는 것이기 때문이다.[16] 이것이 루터의 그 유명한 '만인제사장설'(the priesthood of all believers)이다. 그는 이렇게 말한다. "왜냐하면 세례의 물 속에서 나오는 사람은 누구나 자신이 이미 성별된 사제와 주교, 교황이라고 자랑할 수 있기 때문이다."[17] 세례에 의하여 모든 그리스도인들은 제사장이 되고, 교회와 사회에서 제사장의 역할을 하게 된다. 따라서 루터는 신학적으로 만인제사장설을 중심에 두면서, 성직자를 중재자로 한 예배의 구조에 거부반응을 보이게 된 것이다.

그러므로 루터에 의하면 예배의 결과는 막대한 것이었다. 그리스도인

---

12. James F. White, 「개신교 예배」, p. 58.
13. 위의 책.
14. 위의 책.
15. 위의 책, p. 59.
16. 위의 책.
17. "hristian Nobility," *Luther's Works*, XLIV, p. 129.

들은 더 이상 수동적으로 예배에 참석하는 것이 아니라, 제사장의 역할을 담당하는 것이다.[18] 이것이 바로 루터의 교회관과 예배에 대한 견해의 가장 중요한 요소였다. 그리고 이런 이해는 자연스럽게 루터로 하여금 다음과 같은 예배의 방법들에 대한 개혁을 가져오게 하였다. 즉, 루터는 모든 그리스도인들이 자신들의 제사장직을 완수하려면 '평신도들이 능동적'으로 예배에 참여할 수 있어야 하는데, 이를 위하여 다음과 같은 분야의 개혁이 있어야 한다고 생각했다.

1) 교회 음악과 찬송가에 대한 루터의 개혁

첫째로, 음악은 모든 사람이 제사장의 사역을 감당할 수 있는 방법들 중의 하나였다.[19] 루터는 모든 회중이 같이 참여하는 '제창 회중찬송'을 통해 만인제사장설을 힘주어 표현할 가능성을 발견한 것이다.[20] 그러므로 루터교의 예배는 본질적으로 음악예배가 되었다.[21] 루터는 음악을 '예배를 위해 하나님이 주신 가장 큰 선물들 중에 하나'[22]로 간주하였기에 보편화된 회중찬송의 작곡, 작사에 대단한 열의를 보였다. 그래서 루터와 그의 동료들은 종교개혁 예배를 위한 회중찬송의 기본적인 틀을 만들기 시작했다. 그들은 라틴어 성무일과 찬송들을 자국어로 번역하고, 이미 존재하는 종교적 민요(Fork song)를 새롭게 고치거나, 민요 멜로디에 새로운 '복음적' 가사를 붙인 콘트라팍타(Contrafacta)를 만들었으며, 새롭게 창조된 찬송가사 및 곡들을 소개하였다.[23] 이렇게 루터와 그의 동료들은 많은 독일어 찬송들을 만들어 사용했는데, 그의 찬송에 대한 열의에 대해 제임스 화이트(James F. White)는 이렇게 기록하고

---

18. James F. White, 「개신교 예배」, p. 60.
19. 위의 책.
20. Robin A. Leaver, "회중 찬송으로서의 예전음악 1 : 개신교의 찬송가", 「예배와 음악」, 허정갑, 김혜옥 공역(서울 : 연세대학교 출판부, 2009), p. 326.
21. James F. White, 「개신교 예배」, p. 60.
22. 위의 책, p. 71.
23. Robin A. Leaver, p. 327.

있다.

특별히 예배의 구성 부분으로 대중적인 찬송의 개발은 루터에게 있어 아주 중요했다. 그래서 1523년에 벌써 그는 독일어 찬송들을 사용하고 있었고, 그 다음에는 240여 편의 독일어 찬송을 만들었다. 그는 모두 약 37편의 찬송들을 작사했고, 또한 대개 작곡까지 직접 했다. 많은 찬송들은 주로 시편에 의존했다. 그러나 그 찬송들은 힘차고 박력 있는 운문들로 제작되었다.[24]

이렇게 루터와 그의 동료들이 새로운 찬송들을 만들기 시작하던 때에 종교개혁가들은 새로운 장르를 개발하였는데, 이는 개혁교회가 회중의 참여를 꾀하는, 엄청나고도 중요한 찬송의 혁신을 가져오게 된다. 그것은 다름 아닌 시편 찬송, 혹은 운율 시편으로써 시편의 절수와 운율을 따라 자국어 노래로 만들어진 것이었다. 이를 위하여 루터는 이렇게 고백한 바 있다.

교회 교부들과 예언자들의 모습을 본받아 나는 회중을 위하여 자국어 시편을 만들 것을 다짐합니다. 이는 신령한 노래들로, 하나님의 말씀이 회중들의 삶 속에 거하는 노래이기 때문입니다.[25]

그래서 루터는 많은 운율 시편을 만들었는데, "내 주는 강한 성이요"(시 46편)는 가장 대표적인 그의 작품이다. 그리고 개혁가들은 루터를 따라서 많은 운율 시편을 만들었으며, 이 운율 시편은 칼뱅을 비롯한 개혁교회들에게는 가장 보편적인 장르로서 자리매김을 하게 된다.[26]

---

24. James F. White, 「개신교 예배」, p. 71.
25. *Luther's Works* 53 : 221. Robin A. Leaver, p. 328에서 재인용.
26. Robin A. Leaver, p. 329.

2) 설교와 예배 개혁

그 다음에 루터가 그의 예배 개혁에서 가장 중요하게 고려하였던 것은 예배에 있어서의 설교였다. 루터는 말씀의 예전을 회복하여 설교사역을 부활시키는 데 크게 공헌을 하였다. 그는 설교를 '기독교의 능력과 힘'이라고 주장하며, 설교를 인간의 웅변술로 보지 않고 하나님의 말씀을 풀어서 전하는 도구로 보았다.[27] 그래서 그의 설교들은 직접적으로 성서의 본문들을 다루었던 주해 설교의 형태를 가졌고, 그러면서도 회중들의 상황에 그 메시지를 전하려고 하였다.[28]

그래서 설교학자 잉그베 브릴리오트(Yngve Brilioth)는 「설교사」라는 책에서 "설교의 역사에 새로운 시작으로서의 루터의 연구는 중요하다."[29]고 하였다. 왜냐하면 루터는 설교를 개신교 예배의 필수 부분으로 만드는 데 지대한 공헌을 했기 때문이다. 그는 '하나님의 말씀을 설교하고 가르치는 것은 신령한 예배의 가장 중요한 부분이기 때문에' 해석된 하나님이 말씀을 듣는 것이 중요하다고 강조하였다.[30] 그래서 그는 모든 예배는 설교를 포함해야 하고, 심지어 결혼식과 같은 공적 행사들에도 설교를 포함해야 한다고 주장했다.[31]

그런데 루터는 이렇게 이론적으로만 설교의 중요성을 부르짖은 것이 아니었다. 예배에서 설교의 온전한 위치를 회복시키는 데 있어서 루터의 중요한 공헌은 바로 그 자신이 모범이었다는 사실이다. 제임스 화이트는 루터의 설교에 대해서 이렇게 평한다.

> 그의 설교는 솔직하고 현실적인 양식으로 성경 본문들을 다루었다.

---

27. Edwin C. Dargan, 「설교의 역사(Ⅰ)」, 김남준 역(서울 : 솔로몬 출판사, 1992), p. 506.
28. 정장복, 「인물로 본 설교의 역사(상)」(서울 : 장로회신학대학 출판부, 1986), p. 174.
29. Yngve Brilioth, 홍정수 역, 「설교사」(서울 : 월간목회사, 1978), p. 151.
30. James F. White, 「개신교 예배」, p. 70.
31. 위의 책.

그의 설교는 부자연스럽게 꾸민 수사학이나 웅변술이 아니라, 평민적이고 일상적인 이야기였으며, 사람들의 일상생활에서 이끌어 낸 생생한 실례들로 성경의 내용을 생생하게 마음에 그리도록 도와주는 것을 목표로 삼았다. 그의 설교는 교훈적이라기보다는 주석적이었다.[32]

그의 설교에 대한 견해가 담겨 있는 「탁상담화」(Table Talk)에 보면 그는 말하기를 "젊은 신학생들은 히브리어를 공부하여, 나중에는 희랍어와 히브리어 단어들을 서로 비교하여 그것들의 특성과 본질과 강조점 등을 구분할 수 있어야 한다."[33]고 말한다. 루터는 설교의 목적은 항상 설교를 통해 회중들에게 하나님께서 말씀하시게 하는 것이라고 하였다. 따라서 그는 하나님의 말씀을 바르게 깨닫기 위해서 노력했고, 본문의 뜻을 정확히 파악하여 본문에 입각해서 설교하려고 노력하였다.

루터의 설교에 나타난 핵심사상은 '믿음으로 의롭게 되어 구원에 이름'이었고, 이것은 그의 개혁의 핵심을 이루는 내용이었다. 설교사학자 다간(Edwin C. Dargan)에 의하면 루터의 설교에서 뚜렷하게 나타난 핵심 내용은 첫째는 성서의 바른 해석과 적용이요, 둘째는 그리스도만이 구세주이시며, 셋째는 그리스도를 믿는 믿음만이 구원에 이르는 유일한 길이라는 내용이다.[34] 결국 설교와 관련하여 루터의 개혁이 종교개혁에 끼친 가장 큰 영향 가운데 하나는 예배에서 차지하는 설교의 위치를 본래의 자리로 가져다 놓음으로써 설교를 예배의 중심에 놓은 일이었다.[35] 그는 장엄하고 신비스러운 시각적 미사에만 좌우된 예배 의식을 성경 강해를 통해 차츰 설교 중심으로 전환시켜 나갔던 것이다. 그리고 그 결과 교회 안에서 회중들이 들을 수 있고 이해할 수 있는 모국어로 하나님의 말씀이 선포되어질 때, 교회와 교회의 역사는 바뀌기 시작하였던 것이다.

---

32. 위의 책.
33. Edwin C. Dargan, 「설교의 역사(Ⅰ)」, p. 509에서 재인용.
34. 위의 책, pp. 529-530.
35. 정장복, 「인물로 본 설교의 역사(상)」, p. 175.

3) 성만찬의 횟수에 대한 그의 개혁

루터는 성찬성례전을 기독교 예배의 중요한 부분으로 생각했기 때문에 이미 앞에서 지적한 대로 성찬을 매 주일 시행할 것을 강조하였다. 물론 루터에게 있어서 가장 어려웠던 개혁이 바로 성찬의 빈번한 집례였다. 왜냐하면 그 당시 평신도들은 성찬을 일 년에 몇 번만 받는 것이 습관처럼 되어 있었기 때문이었다. 그러나 이제 매주 성찬을 받는 것을 통해 평신도들도 제사장의 모습으로 변하게 되었다. 왜냐하면 제사장들은 매주 또는 매일 성찬식을 행하여 떡과 포도주를 받기 때문이었다. 전에는 전문적인 성직자들에게만 기대되었던 이 성찬을 모든 평신도들에게 돌려준 것은 진실로 대단한 과업이었다.[36] 루터는 평신도들에게 모든 성찬식 때마다 성찬을 받으라는 권면을 하였고, 사제들과 마찬가지로 떡뿐만 아니라 포도주까지 받을 수 있도록 하였다. 일 년에 한 번, 대개 부활절에 성찬식을 받던 사람들에게 이것은 분명히 놀랄 만한 새로운 경험이었을 것이다.

4) 모국어의 사용

루터는 여러 가지 개혁을 시도하는 가운데 하나님의 말씀을 평신도들이 이해할 수 있는 언어로 번역하지 않고는 평신도의 역할을 거의 변화시킬 수 없다는 것을 깨달았다. 그래서 그의 첫 번째 예배를 위한 시도였던 「미사 규정집」(Formula Missae, 1523)은 라틴어였으나, 3년 뒤에 발간한 「독일 미사」(Deutsche Messe, 1526)에서 그는 예배에서 완전한 자국어 사용을 주장하기에 이른다.[37] 이제 예배 전체가 회중들이 이해할 수 있는 언어, 참여할 수 있는 언어로 드려지게 된 것이었다. 그리하여 예배에서 진행되던 공적 기도에도 중요한 변화가 일어나게 되었다. 1526년부터 대부분의 기도는 교구 교회들의 자국어로 드려짐으로 회중

---

36. James F. White, 「개신교 예배」, p. 61.
37. 위의 책, p. 62.

들은 무엇이 말해지고 있는지 이해할 수 있게 되었다.[38] 즉, 이제 사람들은 예배에서 모국어를 사용함으로써 모든 사람이 한 몸처럼 듣고 말할 수 있는 기도를 함께 드릴 수 있게 된 것이다.

5) 세례 신앙

이미 언급한대로 예배 개혁과 관련하여 루터의 공헌들 중의 가장 중요한 것은 '세례 신앙'이라고 할 수 있다. 루터는 "세상에 세례보다 더 큰 위로는 없다."고 믿었으며, "나는 세례를 받았다."는 사실을 상기함으로 자신의 구원을 아는 지식 가운데 큰 위로를 얻었다.[39] 루터는 "죄를 극복하게 해 주고 제거해 주며, 매일 새사람을 강건하게 하고 우리가 이 현대의 비참한 상태를 떠나 영원한 영광으로 옮겨 갈 때까지 항상 남아있는 것이 바로 세례이다."라고 강조하였다.[40] 그리고 세례의 중요성을 나타내기 위하여 비텐베르크 성교회(Wittenberg Castle Church)의 예배당 중앙에 세례대를 위치하게 하였다.

이 세례와 관련하여 그는 1523년의 첫 번째 세례식에서는 중세의 의식을 대부분 사용하였고, 세례대(Baptismal Font) 위에서 드린 기도에 '홍수의 기도'(Flood Prayer)[41]를 추가하는 정도에 그쳤으나, 3년 후에는 중요한 변화를 수반한 개정된 세례 예식을 도입하였다.[42]

---

38. 위의 책, p. 69.
39. "Holy and Blessed Sacrament of Baptism," *Luther's Works*, XXXV. p. 34.
40. "The Large Catechism," *Book of Concord*, p. 446.
41. 이 기도는 세례 사건을 노아의 홍수와 홍해의 통과라는 구약성경의 사건들과 연관시킨 기도였다.
42. 세례 의식에 있어서 루터는 어린이에게 입김을 부는 것, 에바다(막 7:34), 두 번 기름을 붓는 것, 촛불을 주는 것과 같은 많은 의식들을 제거하였다. 그러나 십자가 기호를 그리는 것, 홍수기도(Flood Prayer), 마가복음 10:13~16의 사용("어린이를 용납하라."), 마귀의 존재에 대한 부인, 신조에 대한 질문, 물에 잠기는 것(루터가 선호한 방법), 그리고 흰옷을 주는 것과 같은 많은 과거의 의식들을 그대로 사용하였다. "The Order of Baptism Newly Revised," *Luther's Works*, LIII, pp. 107-109.

6) 로마 천주교회의 7성례들에 대한 루터의 견해와 기타 내용들

루터는 로마가톨릭교회의 7성례 중에서 세례와 성찬만을 성례로 인정하였다. 그는 먼저 견진(Confirmation)은 성례가 아니라고 하였고, 결혼식도 성례로 인정하지 않았다. 그는 비록 결혼이 '수도원의 생활보다 백배나 더 신령하지만' 성례는 아니라고 단언했다.[43] 성직 수임식 역시 자유롭게 여러 가지 개혁을 할 수 있다고 생각했으며, 종부성사(Extreme Unction) 역시 성례로 생각하지 않았다. 그리고 그는 장례 의식도 규정하지 않았다. 그는 죽은 사람을 위한 미사(Requiem Masses), 철야기도(Vigils) 등 인간 대행자에 의해 죽은 사람을 위해 행해지는 일에 초점을 맞춘 행위들을 배제하였다.[44] 그 외에 루터는 신학적으로 문제가 되지 않는 예배를 위한 복장과 이미지, 그리고 중세 교회 미사에서 사용되던 대부분의 것들, 즉 촛불 사용, 제단, 그림, 십자가상, 종 등은 상징물로서 계속해서 사용하도록 하였다.

루터는 주일과 관련하여 기독론적 사건으로서의 매 '주님의 날에 초점'을 맞춤으로 주일의 의미를 강화하였다.[45] 그 외에 루터는 성경의 구원 사건들을 강조함으로 성인들의 축일들은 사실상 감소하였고, 따라서 상당히 적은 축일들을 지키도록 하였다. 그러나 주현일(Epiphany, 1월 6일), 마리아의 수태고지일(Annunciation, 3월 25일)과 같은 그리스도와 관련된 축일들은 기독론적인 차원에 더 큰 강조를 두면서 지속하였다.

4. 루터의 독일 미사(Deutsche Messe, 1526)

앞서 밝힌 대로 루터는 종교개혁가들 가운데 변화를 시도하는 것을 가장 주저하였으나, 차츰 새로운 예배 형식을 마련하기 위한 움직임이

---

43. James F. White, 「개신교 예배」, p. 67.
44. 위의 책, p. 68.
45. 위의 책, p. 66.

막을 수 없는 대세임을 깨닫고 1523년 「미사규정집」을 발간하였다. 그리고 이 예전의 서문에서 그는 새로운 예배 형식의 창조를 위한 때가 무르익고 있음과 예배가 초대교회의 단순함으로 복귀되어야 할 것을 주장하였다. 그러나 이 예전은 실제로는 전혀 새로운 것이 아니었고, 라틴어를 포함하여 과거의 예배 요소를 그대로 가지고 있는 로마 미사의 축소판 정도였다. 그 뒤에 그는 1526년에 보다 급진적인 변혁을 요구하는 그의 추종자들을 견제하기 위하여 변화의 폭을 훨씬 넓힌 예식서를 발간하였는데 그것이 바로 「독일미사」이다. 이 예전은 입당송과 함께 말씀의 예전이 시작되는데, 말씀의 예전은 '자비의 연도'(Kyrie eleison), 인사교환(Salutation)과 짧은 기도(collect), 그리고 서신서 봉독, 찬송(독일찬송), 복음서 봉독, 사도 신경을 통해서 신앙을 고백하는 동안 성찬이 준비되어지며, 그 후에는 설교가 따라온다.

그 다음에 다락방 예전으로는 주기도 해설, 권면, 성찬 제정의 말씀과 분병, 분잔, 그리고 찬송을 부르면서 성찬을 받으며, 성찬 후 기도와 아론의 축복으로 이어진다. 루터는 성찬 예전에서 예수님의 말씀을 성찬 제정사에 포함시킴으로서 단순화시켰고, 성찬 기도와 그와 관련된 전통적인 요소들을 대폭 감소시켰다. 결국 이 예식서에 나타난 루터의 예배는 성경봉독과 그 말씀에 의한 설교를 분명히 제시한 것과 성찬의 신약적 형태와 진행을 회복하려는 노력이 표출되어 있고, 이러한 기본적인 예배의 틀은 오늘의 루터교 예전으로 발전하였다. 다음은 루터가 과감하게 수정하여 만든 「독일 미사」(1526)의 내용이다.[46]

말씀의 예전

입당송 혹은 독일어 찬송
자비의 연도(Kyrie eleison)
인사와 짧은 기도(collect)

---

46. William D. Maxwell, 「예배의 발전과 그 형태」, pp. 111-112.

서신서 봉독
독일어 찬송
복음서 봉독
신앙고백 / 사도신경(이때 성만찬이 준비됨.)
설교

성찬 성례전

주기도 해설
권면
성찬 제정에 대한 말씀 봉독과 분병과 분잔
성만찬 참여(찬송하면서)
성만찬 후의 기도
아론의 강복 선언(축도, 민 6 : 24-26)[47]

5. 루터파 예배의 발전

1546년 루터의 사망 후, 루터교의 예배 전통은 여러 국가들에게 여러 가지 방법으로 계속 발전하였다. 비록 대부분의 지역 교회들이 문화적 차이와 사회적 차이는 가지고 있지만, 유사한 경험들을 거쳤다. 대게 오늘에 이르기까지 루터파 예배의 발전은 네 개의 시기로 나눌 수 있다. 곧 정통 루터교 시대인 1550~1700년, 경건주의가 지배한 1650~1800년, 계몽주의 시대인 1700~1800년, 그리고 복고주의 시대인 1800~1950년이다.[48]

---

47. 루터가 아론의 축복기도를 선호한 것은 이것이 주님께서 승천하실 때 제자들에게 축복하시면서 사용된 것이라는 약간 무모한 생각에서였다고 한다. 그러나 루터가 이것을 소개한 후 이 축복기도는 종교개혁가들 사이에서 광범위하게 사용되었다. 위의 책, p. 109.
48. James F. White, 「개신교 예배」, p. 75.

1) 정통 루터교

정통 루터교 시기인 1550~1700년은 루터의 사망에 이어 계속적인 신학적인 쟁투와 군사적인 전쟁들에도 불구하고 종교개혁의 유익들이 공고해지고 생활 방식이 된 시기이다.[49] 이 시기에 루터교의 규범적인 경건의 발전, 곧 그리스도인이 되는 독특한 방법이 나타났다. 특별히 루터의 요리문답들이 널리 사용된 것이 특징이며, 이 루터교의 규범적 경건은 믿음과 실천을 반복하여 가르치는 설교와 찬송에 의해서 강화되었다.[50] 또한 이 시기는 예배 음악과 찬송가에 공헌한 수많은 뛰어난 작곡자들이 회중이 사용할 수 있는 교회 음악을 계속하여 작곡한 것이 두드러진 시기였다.[51] 즉, 이 시기에 대단히 음악적인 루터교 예배의 전통은 더욱 강력하게 보강되었다.

2) 경건주의

경건주의 시기(1650-1800년)는 형식적인 교회생활로부터의 각성과 열정적인 개인 신앙에서 보다 깊은 근본을 발견하려는 시기이다.[52] 이 시기는 보다 친밀한 공동체 의식을 찾으려는 열망이 있는 시기였고, 그래서 작은 모임들, 기도와 훈련을 위해 모인 교회 내의 교회에 대한 강조가 주어졌다.[53] 이 시기에 루터교 내에서 독특한 경건이 발전하여 모라비아 교도와 같은 단체들에게 영향을 끼치게 되었고, 필립 슈페너 (Phillip Spener, 1635-1705)와 같은 지도자들 밑에서 경건주의는 루터주의의 강력한 힘이 되었다.

후에 루터파 경건주의의 큰 가지는 모라비아 형제단(Moravian Brethren) 으로 알려진 경건주의의 부흥이었다.[54] 이 집단의 부흥은 18세기에 니콜

---

49. 위의 책.
50. 위의 책, p. 76.
51. 위의 책, p. 78.
52. 위의 책.
53. 위의 책.

라우스 본 진젠도르프(Nikolaus von Zinzendorf, 1700-1760) 백작의 지도 하에 일어났다. 이들은 루터교 정통 교리의 규범들을 보존하는 한편으로, 그들의 찬송가와 시각적 예술들에서 반영되는 독특한 경건을 개발했다.[55] 이 경건주의의 가장 영속적인 유산들은 찬송가와 교회 음악이었다.[56] 루터파의 음악가들 중에 가장 위대한 인물은 요한 세바스찬 바흐(Johann Sebastian Bach, 1685-1750)였다.[57] 그는 교회력과 교회의 성구집을 연구하여 매 주일과 축제들을 위한 복음 교훈에 기초한 여러 편의 칸타타를 작곡했다.

3) 계몽주의

계몽주의(the Enlightenment, 1700-1800) 시대는 오늘날의 예배학자들에 의해 상당히 무시되는 루터교 예배의 큰 변화들을 일으켰다.[58] 계몽주의 운동은 오직 합리적인 수준으로만 기독교 신앙을 이해하려고 시도했다. 이러한 성향 때문에 성례를 인간의 생활에 대한 신의 바람직하지 못한 침입으로 보았다. 결과적으로 계몽주의 운동은 성례의 실행을 배제하지는 않았으나, 성례의 신앙을 억누르는 경향이 있었다.[59] 그러면서도 기묘하게 계몽주의 운동은 성례를 성경의 명령으로, 따라서 의무로 지켰다. 그래서 성례를 열심이 없이 거행하였다. 결국 성례 생활의 쇠퇴와 함께 잔존하는 많은 의식들이 폐기되었다.[60]

그리고 계몽주의 운동은 성례의 교회에서 설교하는 교회로의 진행을

---

54. 위의 책, p. 79.
55. 위의 책, pp. 79-80.
56. 모라비아파의 예배에서 음악은 매우 중요한 역할을 했고, 성가대와 회중이 모두 찬양했다. 위의 책, p. 80.
57. 바흐는 그의 믿음에 있어서 경건주의의 영향을 깊이 받았지만, 전통적인 루터교의 경건을 반영한다. 위의 책, pp. 80-81.
58. 위의 책, p. 81.
59. 위의 책.
60. 위의 책.

강화시켰다. 이는 계몽주의 운동의 특징인 성례에 대한 언어의 승리를 보여 준다.[61] 그리고 도덕에 대한 설교는 계몽주의 운동의 특징적인 설교주제가 되었고, 종교는 기본적으로 인간 사회의 개선을 위한 도구로 간주되었다.[62] 초자연적 활동에 대한 기대는 전혀 없었고, 모든 예배는 주로 도덕을 가르치는 수단이 되었다.[63] 결국 계몽주의 운동은 예배에 있어서 두 번째 혁명이었다.[64] 루터가 16세기에 중세기의 예배를 다시 성례화하려고 활동했던 것에 못지않게, 이 두 번째의 예배 혁명은 예배의 비성례화에 있어서 큰 사건이었다.[65]

4) 복고주의

계몽주의 운동이 과거의 루터주의와의 철저한 단절을 야기했다면, 1800년 이후의 시기는 복고주의의 시기였다.[66] 이 시기에 많은 루터교인들은 자신들의 종교개혁의 유산을 보다 더 자각하게 되었다. 그래서 이 시기에 루터교 형태의 예배의 부활과 성례생활의 부흥이 이루어지게 되었다.[67]

그런데 특별히 이 시기에는 루터교가 미국으로 건너가 이민 집단을 위한 여러 종류의 예식서들이 등장하게 되었다. 많은 루터교인들은 당시 미국 개신교에서 유행하던 예배, 즉 성례신학의 역사적 형태에 거의 무관심한 부흥집회 형식에 매료되었다. 결과적으로 이 시기에는 미국의 루터주의가 미국의 문화에 순응해야 하는가 아니면 구별되어야 하는가 하는 투쟁이 일어나게 되었다.[68] 그리고 유럽어의 예배에서 영어 예배로

---

61. 위의 책, pp. 81-82.
62. 위의 책, p. 82.
63. 예를 들어 성찬식의 메시지는 "하나님은 선하시다."라기보다는 "선하라."는 것이 되었다. 위의 책.
64. 위의 책.
65. 위의 책.
66. 위의 책.
67. 위의 책, p. 83.

의 점차적인 이동이 이루어지게 되었고, 동시에 영어 찬송가도 차츰 더 많이 사용되게 되었다. 그러나 루터교의 강력한 교회음악 전통은 지속되어 일련의 찬송서들에서 더욱 향상되었다.[69] 결국 이 시기는 16세기 루터교 의식이 회복이 이루어진 시기이면서, 동시에 강력한 개척자 전통(Frontier Tradition)을 갖고 있는 미국 개신교주의와의 동화과정이 지속된 시기였다.[70]

6. 오늘날 루터교 예배의 특징들

20세기 중엽부터 세계 곳곳의 루터교 예배에 대변화들이 일어났다. 본질에 있어 이 변화들은 루터주의를 넘어 새로운 교회 일치 시대로의 이동이었다.[71] 그리고 그 영향은 제2바티칸 공의회 이후의 로마 천주교회에도 미치게 되었는데, 루터교인들도 로마 천주교회의 새로운 개혁들에 많은 기여를 했다. 특별히 주일의 성경 교독, 다양한 성찬식 기도의 사용, 그리고 개정된 목회자의 의식들이었다.[72]

그리고 이 시기는 미국에 있는 대부분의 루터교 단체들이 함께 공동예배서를 만들기 위하여 노력을 했는데, 1978년에 루터교 예배 위원회가 창립되었다. 그 결과 1978년에 두 개의 공동 예식서가 만들어졌는데, 하나는 「루터교 예배서」(*Lutheran Book of Worship*)이고,[73] 또 하나는 「루터교 예배」(*Lutheran Worship*)[74]이다. 이 두 예식서들은 책은 모

---

68. 위의 책, p. 84.
69. 위의 책.
70. 위의 책.
71. 이 새로운 교회 일치 시대에서는 여러 전통들이 다른 전통들에서 새로운 가능성들을 차용하여 함께 발전시킴으로 자신들의 정체성을 변화시키고 있었다. 위의 책, p. 85.
72. 위의 책.
73. *Lutheran Book of Worship* (Minneapolis : Augusberg Publishing House ; Philadelphia : Board of Publication, 1978).

두 16세기의 의식에 대한 충실성을 나타내고 있다.[75] 예를 들어 모든 예배마다 나타나는 세례에 대한 강조를 들 수 있는데, 이것은 루터가 매우 자주 나타냈던 세례의 신앙을 반영하는 것이다.[76] 반면에 이 예배서는 루터주의의 범위를 넘어서기도 하는데, 그중 중요한 것은 로마 천주교회가 개발한 「에큐메니컬 성구집」의 채용이다.[77] 이 성구집은 구약성경의 성구 낭독을 회복시켜 주일예배에 읽을 세 가지 성구를 제시했다. 그리고 이 예배서가 제시하고 있는 공동성구집과 더 빈번한 성찬식 거행과 같은 모습은 다른 개신교들에서도 점점 더 일반적으로 되어 가고 있는 것들이다.

예배의 변화는 예배를 위한 공간에도 변화를 가져왔다. 성찬대는 벽에서 멀리 옮겨졌고, 많은 경우에 있어서 세례반이 보다 더 두드러지게 되었다.[78] 또한 찬송 곡목들은 상당히 확장되었다. 주님의 수세주일 또는 왕이신 그리스도의 주일(Christ the King Day)과 같은 교회력의 새로운 절기들이 받아들여지고 있으며, 성구집에 따른 설교를 위한 자료들도 제작되었다.[79] 이렇게 루터교의 예배는 독특한 정체성을 유지하면서도, 최근에는 크게 변화를 겪어 왔다. 현재 전 세계 루터교회의 예배를 대표하는 미국 복음주의 루터교(Evangelical Lutheran Church in America)의 예식서인 「루터교 예배서」[80]에 나타난 루터교회의 예배순서는 다음과 같다.

---

74. *Lutheran Worship* (St. Louis : Concordia Publishing House, 1982).
75. James F. White, 「개신교 예배」, p. 87.
76. 위의 책.
77. 위의 책.
78. 위의 책, p. 88.
79. 위의 책, p. 89.
80. The Inter-Lutheran Commission on Worship, *Lutheran Book of Worship* (Minneapolis : Augsburg Publishing House, 1978), pp. 57-76.

입례(Entrance)
입례송(Entrance Hymn)
인사(Greeting)
키리에(Kyrie, 노래로)
찬양의 찬송(Hymn of Praise, 교송 형식)
그날의 기도(The Prayer of the Day)

말씀(Word)
제1독서(The First Lesson, 구약)
시편송(Psalm)
제2독서(The Second Lesson, 서신서)
찬양
복음서 봉독(The Gospel)
설교(Sermon)
그날의 찬송(Hymn of the Day)
신앙고백(The Creed, 사도신경 또는 니케아신경)
기도(The Prayers, 교회와 나라와 궁핍한 자 등을 위한 중보기도)

성만찬(Table)
평화의 인사(The Peace)
봉헌(The Offering, 봉헌찬송과 함께)
봉헌 기도(Offertory Prayer)
성만찬 기도(마음을 드높이, 서문경, 삼성창, 제정사, 기념, 성령 초청 등 포함)
배찬 및 수찬(Communion)
수찬 후 찬송(시므온의 노래, 눅 2 : 20-22)
성찬 후 기도

파송(Dismissal)
아론의 축도(Blessing)
파송

7. 한국 루터교회의 예배

한국 루터교회는 1958년 세 명의 루터교 선교사가 입국하여 '한국 루터교 선교부'로 시작되었고, 1960년 지원용에 의해서 처음으로 루터교 예배 의식문을 발행하였다.[81] 그 내용은 성찬과 함께 드리는 예배의식문과 성찬 없이 드리는 예배의식문이 있었고, 그 외 아침 기도회와 저녁 기도회 의식문과 함께 세례식과 입교식 등의 순서가 포함되어 있었다.[82] 그 후에 1981년 음악으로 된 예배의식문이 출판되었고, 1983년에는 한국 가락으로 된 예배의식문이 발행되었다. 그 뒤에 기독교 한국 루터회 예배분과 위원회에서 몇 번의 개정 작업을 거쳐 1993년에 전통적인 루터교 가락과 한국적인 가락이 포함된 예배의식문이 나오게 되었다. 이 예배의식문은 「루터교 예배서」(Lutheran Book of Worship, Augusburg Publishing House, 1978)을 모체로 만든 것이며,[83] 주일에 드리는 예배순서(성찬과 함께)는 다음과 같다.[84]

        죄의 고백과 용서(요일 1 : 8-9) / 일어서서
        찬송
        기도송(Kyrie, 눅 17 : 13)
        영광송(Gloria in Excelsis, 눅 2 : 14)
        인사(룻 2 : 4, 눅 1 : 28)
        오늘의 기도

        오늘의 교회력 / 앉아서
        첫째 성서봉독
        오늘의 시편

---

81. 기독교한국루터회, 「예배의식문」(서울 : 컨콜디아사, 1993), p. 1.
82. 박성완, 「루터교 예배 이해」(서울 : 컨콜디아사, 2000), p. 47.
83. 기독교한국루터회, 「예배의식문」(서울 : 컨콜디아사, 1993), p. 1.
84. 위의 책, pp. 8-28.

둘째 성서봉독
찬양(성가대)
복음서봉독 / 일어서서
신앙고백(Credo)
찬송 / 앉아서
설교

헌금
봉헌영가(Offertory, 시 116 : 12-19)
목회기도
성찬의식 / 일어서서
거룩 거룩 거룩(Sanctus, 사 6 : 3)
성찬기도와 제정의 말씀(고전 11 : 23-26)
주기도
하나님의 어린양(Agnus Dei, 요 1 : 29)
성찬분배 / 앉아서

시므온의 노래(Nunc Dimittis, 눅 2 : 29-32) / 일어서서
기도
축도(민 6 : 24-26)
인사(눅 7 : 50)

한국 루터교회의 예배는 단순한 일과성이거나 주례적인 행사가 아니라, 예배하는 순간순간이야말로 기독교인들의 삶에서 가장 정제되고 순수한 종말론적인 행동의 한 부분이라고 말한다.[85] 즉, 루터교회의 예배는 기독교인으로 영원한 삶을 향해 순례자처럼 살아가는 가장 순수한 삶의 내용이라는 것이다.[86] 그래서 한국 루터교회의 대표적인 예배학자인 박성완은 루터교회의 순례자의 행진으로써의 예배는 준비(모인다.)-기도와 찬양-하나님이 말씀으로 우리와 만나신다.-응답-찬양과 기도-하

---

85. 박성완, 「루터교 예배 이해」(서울 : 컨콜디아사, 2000), p. 20.
86. 위의 책.

나님이 성찬으로 우리를 만나신다.-보냄(선교하기 위해 흩어진다.)의 순서로 진행된다고 설명한다.[87] 그리고 더 나아가서 루터교회의 예배는 영원한 세계를 향한 순례로써의 예배일 뿐 아니라 하나님과 대화적인 예배라고 가르친다. 예배는 예배자와 하나님 사이의 교제라는 것이다.[88] 이것을 루터교 예배에서는 성례전적인 내용(하나님께서 예배자들에게 오시는 부분/성경봉독, 설교, 성찬제정의 말씀과 성찬 분배, 축복 선언 등)과 제사적인 내용(예배자들이 하나님을 향해 드리는 부분/찬송, 기도, 영가, 신앙고백, 봉헌 등)의 교제라고 부른다.[89] 박성완은 가장 훌륭한 예배란 성례전적인 내용과 제사적인 내용이 균형 잡혀 있을 때라고 말한다.[90]

그리고 한국 루터교회의 예배 구조는 말씀의 예배와 다락방의 예배로 구성되어 있는데, 이것은 초대교회의 예배의 모범을 따른 것임을 강조한다. 그래서 루터교회는 예배를 은총의 방편인 말씀과 성례전으로 이해한다. 박성완은 이에 대해서 이렇게 설명한다.

> 성경이 가르치는 대로 우리들 인간이 하나님의 은총을 받는 유일한 방법은 말씀과 성례전이라는 수단을 통해서이다. 다시 말하면 하나님께서는 말씀과 성례전이라는 통로를 통해서 우리 인간들에게 자신을 나타내시고, 마찬가지로 우리 인간들은 이 두 가지 수단을 통해서만 하나님을 만날 수 있다.[91]

더 나아가 박성완은 한국 루터교회의 예배의 특징에 대해서 말하면서 '루터교회의 예배야말로 가장 성경적이며 기독교의 역사를 가장 잘 계승'[92]하고 있다고 주장한다. 그래서 루터교 예배는 기독교의 전통을 유

---

87. 위의 책, p. 21.
88. 위의 책, p. 28.
89. 위의 책, p. 29.
90. 위의 책.
91. 위의 책, p. 34.
92. 위의 책, p. 39.

산으로 물려받은 예배로서, 전통적인 예배라 함은 "신약의 초대교회 이래로 말씀의 예배와 다락방의 예전을 가진 예배를 의미한다."[93]고 말한다. 예수님의 제정에서 시작하여, 사도들과 사도행전의 교회들에게(행 2 : 42 ; 20 : 7-11 ; 고전 10 : 16-17), 그리고 2세기의 순교자 저스틴의 「변증서」에서 중세교회에 이르기까지, 교회의 소중한 전통을 유산으로 이어받은 예배가 바로 루터교 예배라는 것이다.[94]

8. 나가는 말

앞서 지적하였듯이 루터의 예배 개혁은 비록 모순점이 있기는 하나,[95] 그는 예배의 정신을 보다 깊고 넓게 하였으며, 회중들이 쉽게 이해할 수 있는 순서들을 만들어 주었다고 할 수 있다. 따라서 회중들은 적어도 그들이 예배 가운데서 무엇을 해야 할지를 알게 되었고, 공동의식으로 연대할 수 있게 되었다. 무엇보다도 그는 예배에서 사람들이 알아들을 수 있는 말로 하나님의 말씀이 선포되고 봉독되어야 한다고 주장하였고, 이로 인하여 설교가 예배에서 회복되었고, 또한 그로 말미암아 성찬도 바른 위치를 회복하게 되었다. 또한 루터가 교회의 찬송가(hymnody)에 미친 영향력은 영원히 빛나는 것이라 하겠다. 결국 루터가 예배 개혁에 크게 이바지한 것을 정리하면 첫째, 교회의 전통적인 예배의식을 대부분 어느 정도 보존하면서, 그 틀 안에서 복음주의적 예배를 만들려고 한 것과, 둘째, 복음적 설교의 회복, 셋째, 복음적인 찬송의 창안을 통한 회중 찬송가의 도입, 그리고 마지막으로 회중이 참여하는 성찬식의 회복

---

93) 위의 책. p. 45.
94) 위의 책, pp. 43-44.
95) 루터의 예배 개혁에 모순이 있다는 것은 그가 중세 미사의 희생제사적인 개념을 철저하게 배격하였음에도 불구하고, 그가 미사를 개혁하는 데 있어서는 소극적이고 보수적이었다는 점에서 그렇다는 것이다. 그는 기존의 미사를 완전히 파괴하려 한 것이 아니라, 정화하고 재해석하려고 했다.

이라고 할 수 있을 것이다. 그리고 전체적으로 보면 미사의 의의가 그리스도 및 믿는 사람들 상호간의 교제(communion)요, 결코 반복적 제사행위(sacrificium)이 아니라, 하나님의 은혜요, 선물(beneficium)이라는 것을 강조한 점이다.[96]

　루터의 추종자들은 그 이후의 예전에 있어서 루터가 만든 것들보다 훨씬 풍부한 내용들을 담고 있다. 따라서 루터의 후예들은 루터교 안에 있으면서도 지역에 따라서 다양한 예배의식들을 갖게 되었다. 독일 지역 이외의 루터교회는 예전적으로 볼 때보다 창조적인 면을 갖추고 있는데, 이것은 스웨덴, 노르웨이, 그리고 미국의 루터교회 등 세계의 각 지역에서 볼 수 있다. 그리고 한국의 루터교회 역시 그레고리안 타입의 예배의식문은 물론 한국적인 전통 가락을 채용한 예배의식문을 개발해서 사용하고 있는데, 이런 의미에서 보면 루터교회의 예배는 과거와 현재와의 대화를 통해서 신약성경에 나타난 초대교회 때부터 이어진 예배의 소중한 전통을 계승해 나가려고 끊임없이 노력하는 예배, 즉 성경과 전통을 소중히 여기는 예배라고 할 수 있겠다.

---

96. 이형기, 「종교개혁 신학사상」, p. 189.

5 감리교회의 예배

김운용 교수(장로회신학대학교, 예배·설교학)

1. 들어가는 말

개신교의 대부분의 예배 전통들이 16세기에 종교개혁이 일어나면서 형성된 반면에 감리교 예배 전통은 그보다 훨씬 뒤인 18세기에 일어났다. 영국국교회의 신앙 전통에 반대하면서 청교도 운동에 영향을 받아 사회 전반의 개혁과 성화를 부르짖으면서 시작된 경건주의적 감리교 운동은 존 웨슬리와 그의 동생 찰스 웨슬리를 중심으로 일어난 영국의 옥스퍼드 대학의 '홀리 클럽'(Holy Club)을 중심으로 자연스럽게 시작되었다. 초기에는 신앙적 의무를 수행함에 있어서 규칙적이고 조직적인 특성을 비아냥거리는 표현으로 '규칙주의자'(methodist)라는 말이 사용되었는데 그것을 그대로 교파 이름으로 사용하였다. 그의 추종자들은 주로 성경연구과 기도생활, 그리고 거리의 빈민들과 약자들에게 복음을 전하는 일에 주력하였다. 이렇게 시작된 운동은 하나의 교파와 예배 전통을 이루었다.[1] 또한 감리교회 예배는 영국에서 신대륙, 미국으로 건너가면서 개척자들의 경험과 그곳에서의 환경에 영향을 받으면서 많은 발전과 변형을 이루었으며, 다른 예배 전통의 배경이 되기도 했고, 20세기 이후로는 다른 교단 예배와도 융합하는 형태로 발전하였다.[2] 여기에서는 먼저 감리교 예배 전통에 대한 역사적 발전 과정을 살펴보고, 감리교 예배가 가지는 특징을 중심으로 살펴보고자 한다.

2. 역사적 고찰

감리교는 계몽주의가 성행하던 시대에 이성적이고 합리적 지적 체계를 추구하는 문화에 대응하는 분위기 가운데서 태동한다. 당시 영국 사회는 경직된 예배 의식을 가지고 있었고, 사회는 타락의 일로를 걷고 있었다. 옥스퍼드 대학의 홀리 클럽을 중심으로 한 경건한 젊은 그리스도인들은 하나님의 말씀을 따라 경건한 삶을 살고자 노력했고, 그러한 믿음과 삶을 전하고자 하는 열망으로부터 그 흐름이 시작되었다. 그러나 초기 감리교 예배의 특징은 철저히 전통적 관점에 바탕을 두면서 필요성을 따라 정립해 갔다. 그래서 제임스 화이트(James F. White)는 감리교의 초기 예배의 특징을 '실용적 전통주의'(pragmatic traditionalism)라고 칭하면서 엄밀한 의미에서 웨슬리는 전통을 사랑함에 있어서는 영국 국교도였고, 종교개혁자는 아니었다고 주장한다.[3]

감리교의 창시자인 존 웨슬리는 열정을 잃어버린 영국교회에 새로운

---

1. 감리교 예배 전통뿐만 아니라 여러 예배 전통을 파생시키는데, 구세군(Salvation Army), 나사렛 교회(The Church of the Nazarene), 비오순절 계열 교회들이 그것이다.
2. 여기에는 캐나다 연합교회(The United Church of Canada), 남인도교회(Church of South India), 호주 연합교회(Uniting Church of Australia) 등과 예배 전통과 관습에서 융합하는 특징을 보이면서 발전한다.
3. James F. White, *Protestant Worship*, 김석한 역, 「개신교 예배」(서울 : 기독교문서선교회, 1997), 9장.

생명력을 불어넣기를 원하였던 영국국교회의 성직자였다. 그의 증조부와 조부, 외조부가 청교도 목사였으며, 그의 부친도 성공회 사제였다. 웨슬리는 철저한 회심과 성례전을 중심으로 한 예배 가운데서 하나님께 열정적인 응답을 하려는 원함을 가지고 있었다. 당시 영국국교회나 미국교회는 성례전을 소홀히 하고 있었고, 형식적인 신앙생활을 하면서 믿음의 열정이 뜨겁지 못하였기 때문이다.

이것은 옥스퍼드 대학의 홀리 클럽에서의 경건한 훈련뿐만 아니라 모라비안과의 만남을 통해 가진 그의 회심 경험에도 바탕을 두고 있다. 미국에서 돌아온 웨슬리는 런던의 올더스게이트 스트리트(Aldersgate Street)에서 열렸던 모라비안 집회에 참석하였다가 뜨거운 회심을 체험하는데, 이것은 그의 생애에서 일대 전환점이 되었고, 감리교의 중요 교리를 형성하는데 그의 신학적 전환점이 된 중요한 사건이 되었다. 그 이후 그는 구원의 확증에 대해 깊이 강조하면서 행위가 아니라 믿음으로 의롭게 된다는 교리를 굳게 세우는 계기가 되었다.

초기 웨슬리는 영국국교회에 소속되어 있으면서 독자적 운동을 전개하였지만 차츰 교회 내에서 설교가 금지되면서 야외설교 방법을 택하였고, 독자적인 행보로 이어지게 된다. 초기에는 영국성공회로부터 분리되기를 원치 아니하여 감리교회라는 말을 사용하지 않고 감리교 신도회(methodist society)라고 불렀다. 그래서 초기에는 오전에 영국성공회 예배에 참석하고 오후에는 감리교 모임장소에 따로 모여서 예배를 드리면서 분리되지 않으려는 입장을 견지하였다.[4] 1739년에 브리스틀에 첫 감리교회 예배당이 세워지고, 1744년 신도회 사람들이 런던에 모여 전도사업 방침에 대하여 협의하는데 이것이 최초 연회가 되었다. 이때까지도 영국성공회와 분리하려는 뜻이 없었고 교회에 속한 채 전도하려 했다. 그러나 1784년 미국으로 파견할 성직임명선교사를 안수하여 주도록 청하였지만 거절당함으로 자체적으로 안수하여 미국에 세워진 교회를

---

4. 김홍기, 「종교개혁사」(서울 : 지와 사랑, 2004), pp. 525-526.

위한 총감독과 목사를 세우면서 감리교회는 교파로 세워진다. 그러나 웨슬리는 죽을 때까지 영국국교회에 대한 충성의 마음을 가지고 있었다.

감리교회는 매달 중순에 모이는 철야기도회, 교도소 방문선교, 가난한 사람들을 위한 자선설교 등이 시작되었고, 하나님 사랑과 인간 사랑을 강조하면서 발전되어 나간다. 평신도와 여성 설교자가 세워지고 교구제도와 경건한 신앙을 고수하는 데 강조점을 두었으며, 복음 전도와 영성훈련에 강조를 두면서 발전해 나간다. 그는 속회[5]를 통해 영성훈련을 강조하였고 삶에서의 경건의 실천을 강조하였다. 웨슬리의 속회의 목적은 단순히 교인을 관리하기 위한 방책이나 교인수를 증가시키기 위한 양적 성장을 위한 것이 아니라 오히려 '성화훈련이라는 질적 성숙을 도모하는 목회적이고 신앙적인 동기'에서 비롯되었다. 감리교회는 웨슬리의 리더십을 따라 꾸준히 발전하여 그가 세상을 떠나던 1791년에는 영국 전역으로 확장되어 나갔고, 미국으로까지 전파되어 나갔다.

미국으로 진출하면서 감리교회는 큰 변화를 경험하게 되는데, 그것은 예배에 있어서도 마찬가지였다. 제임스 화이트는 미국으로 건너가면서 감리교 예배에 일어난 변화를 가리켜 "대서양을 건너는 여행은 정말로 바다와 같은 변화를 가져왔다."라고 주장한다.[6] 웨슬리가 목적한 운동의 주제들의 상당수가 존속하였지만 개인과 신대륙의 상황에 의해서 많은 내용들이 바뀌었기 때문이다. 미국 감리교회의 실제적 창시자는 프랜시스 애즈베리(Francis Asbury) 감독이었다. 그는 미국의 여러 주와 해안선으로부터 시작하여 애팔래치아 산맥 너머까지 광활한 중앙 지역으로 진출하면서 감리교를 확장시킨 주역이었다. 그는 웨슬리의 전통주의에는 크

---

5. '속회'는 감리교 조직의 소그룹을 지칭하는 용어로, 웨슬리가 모라비안 교도들의 '밴드' 조직에서 도입한 것이다. 이를 잘 정비하여 목회 현장에 도입함으로 초기 감리교 운동을 성공적으로 이끄는 데 크게 기여하였다. 이것은 '교회 속의 작은 교회'와 같은 개념으로 사용되었다. 이러한 소그룹은 주로 개인적인 돌봄과 영적 훈련의 필요성에 의해 생겨난 것으로 이러한 소그룹의 목적은 완전한 성화였다. 박용호, 「존 웨슬리의 속회론」(서울 : 기독교대한감리회, 2008) 참조.
6. White, 「개신교 예배」, p. 270.

게 매력을 느끼지 못하였지만 그의 실용주의는 적극적으로 받아들이면서 미국의 상황에 맞는 실용주의적 제도와 예배를 확립해 나갔다.

감리교회의 신앙과 교리는 존 웨슬리가 발표한 25개조의 종교 강령과 그의 53개의 '표준설교'(Standard Sermon),[7] 그리고 그가 지은 「신약성서 주석」에 잘 나타나 있는데, 사도신경 가운데 나오는 전통적 그리스도교 신앙에 근거를 둔다. 교리적 특색은 '이신칭의'를 넘어 실제 삶 속에서 진리의 실천과 성화를 강조하는 데 있다.

3. 한국 감리교회

한국 감리교회는 1884년 6월 23일 로버트 맥클레이(Robert S. Maclay) 선교사가 고종으로부터 선교 허가를 받았고, 이어 1885년 미국의 감리교 소속이었던 헨리 아펜젤러(Henry G. Appenzeller) 목사 부부와 의사였던 윌리엄 스크랜턴(William Scranton) 부부 등이 내한하여 선교활동을 시작함으로 시작되었다. 처음 그들은 의료와 교육 사업으로 활동이 제한되어 있었기 때문에 한국인에게 전도를 할 수 없었고, 교회를 시작할 수도 없었다. 외국인들이 모이는 사적 종교집회는 허용되었는데, 초기 한국 감리교회 예배는 외국인들 사이에서 먼저 시작되었고, 예배에 참석하는 한국인들이 생기고 그들이 회심하게 되면서 자연스럽게 시작되었다.[8]

---

7) 웨슬리의 표준설교는 1763년에 그가 '모범강령'을 발표하면서 자신의 신약성서 주해와 함께 감리교 교리의 기준으로 삼은 것이다. 그는 1746, 1748, 1750, 1760년에 출판된 네 권의 설교집을 '표준설교'로 삼았는데, 연회의 설교자들을 임명함에 있어 이 4권의 설교집에 포함된 44편의 표준설교에 포함된 교리 외에는 설교하지 말도록 권고하였다. 후에 여기에 9편의 설교가 더 추가되어 53편의 설교를 표준설교로 삼았다. 여기에는 구원에 관한 감리교의 중심 교리를 담고 있는데, '칭의, 완전성화, 주님의 속죄, 성령의 증거에 의한 용서의 확신, 진리를 진지하게 추구하는 자가 잃어버릴 수 없다는 것, 예정에 반대되는 값없는 은혜' 등을 담고 있다. 이것을 충분한 교육을 받지 못한 사람을 설교자로 세우면서 일종의 설교와 교리에 대한 지침을 제시하기 위한 모범으로 제안된 설교문이었다.

1885년 8월에는 아펜젤러가 2명의 학생과 함께 최초의 근대식 학교였던 배재학당을 시작하였으며 1887년 9월에는 정동에 작은 집 한 채를 구입하여 베델 채플이라 명명하였는데, 한국인의 모임과 예배를 위해서는 기존의 한옥이 유리하다는 판단에서였다. 이곳이 한국 최초의 감리교회(현 정동제일교회의 전신)인 셈이었으며, 그곳에서 최초의 한국감리교인 예배가 1887년 10월 9일에 시작되었다. 이날 예배에는 만주에서 온 권서인(최씨와 강씨), 배재학당 학생(한용경과 박중상), 최씨의 부인, 두 명의 일본인(하야가야와 스기바시) 등 7명이 참석했다. 이때 예배는 오후에 드렸으며, 기도로 시작하고 기도로 마쳤다. 성경은 마가복음 1장을 읽었는데 아마도 이수정이 번역한 성경이었을 것이다.[9] 아펜젤러가 인도한 시작 기도에만 괄호 안에 영어라고 표기한 점을 보면 영어 중심이 아닌 한국어로 드린 예배였음을 알 수 있다.

그 다음주 10월 16일에는 권서인(勸書人) 최성균의 아내가 조선 여성으로는 처음으로 세례를 받았고, 23일에는 감리교 첫 성찬식이 거행되었다.[10] 이 성찬은 남녀가 하나님 앞에서 평등하다는 복음의 원리에 따라 남녀가 함께 동참하는 성찬식이었다. 물론 당시 남존여비 사상이 지배적이었기에 남녀가 함께 한 자리에서 예배를 드릴 수 있었던 것을 훨씬 나중이었다. 그해 12월 25일에는 아펜젤러가 한국인에게 처음으로 공식적 설교를 한국어로 행하였다.[11] 성탄절 예배는 세례식이 먼저 행해

---

8. Edward W. Poitras, "Ten Thousand Tongues Sing : Worship among Methodists in Korea," in *The Sunday Services of the Methodists : Twentieth-Century Worship in Worldwide Methodism*, ed. Karen B. Westerfield Tucker (Nashville : Kingswood Books, 1996), p. 195.
9. 이덕주, 「초기 한국기독교사 연구」(서울 : 한국 기독교역사 연구소, 1995), pp. 15-16.
10. 한국에서 최초의 성만찬은 아펜젤러와 언더우드가 장로교회와 감리교회 선교사들이 연합하여 영어로 예배를 드리던 자리에서 1885년 10월 11일에 처음으로 행해졌다. 세례 역시 1887년 7월 24일 아펜젤러가 처음으로 박중상에게 세례를 베풀었다.
11. 주학선, 「한국감리교회 예배 : 1885-1931」(서울 : KMC, 2005), pp. 23-25.

지고 찬송, 기도, 성경봉독(마태복음, 누가복음), 설교, 주기도, 찬송, 축도 순으로 구성되었다. 이렇게 시작된 예배는 주일에 정기적으로 드렸으며 교회는 지속적으로 성장해 가면서 1905년에는 주일 평균 출석인원이 13,341명으로 기록되고 있다.[12] 주일예배가 정기집회로 자리 잡으면서 신앙의 중요한 덕목이 되었고 신앙생활의 가장 중요한 행위로 자리 잡았다. 한국 감리교회 초기에 주일예배는 주로 오전 10시에 모였으며,[13] 2시간에서 3시간 정도가 소요되었다. 주일 오전예배가 정착되면서 자연스럽게 저녁예배도 시작이 되었는데 불신자들을 대상으로 한 대중집회의 성격을 가진 전도중심의 예배라는 특징을 가진다. 1887년 학생들에게 세례를 주기 위해 수요일이 모였던 것이 계기가 되어 정기적 기도회로 자리 잡아 가게 되었고,[14] 1900년대 초에는 입교인이면 반드시 참석해야 하는 하나의 정기모임으로 자리 잡게 되었는데 주로 교육과 훈련, 기도회의 성격의 예배였다. 또한 감리교 초기에 웨슬리로부터 시작되었던 철야기도회도 시작이 되었지만 시들해졌고 나중에 오늘의 송구영신예배와 같은 특성의 '언약예배'(Covenant worship)[15]와 합해져 시행

---

12. 위의 책, p. 41.
13. 이것은 한국만의 특성이 아니라 영국과 미국에서의 전반적인 특성이었던 것으로 보인다. Kenneth B. Bedell, *Worship in the Methodist Tradition* (Nashville : Discipleship Resources, 1976), p. 55.
14. 시골 지역이나 거리가 먼 교인들은 개인 집에서 소그룹으로 기도회로 모이기도 했다.
15. 존 웨슬리의 언약예배는 초기 감리교 생활의 중요한 부분을 차지하였다. 1742년 영국 감리교회에서 초대교회의 관습을 따라 12월 31일에 자발적으로 모여 예배의 모임을 가졌다. 브리스틀 근교 킹우드에서 열심 있는 감리교도들이 함께 모여 기도와 찬양과 감사를 드리면서 그 밤의 대부분을 보냈다. 비공식적으로 모이던 모임을 존 웨슬리가 이것을 공식화하여 '언약예배'(Covenant Worship), 혹은 '언약 갱신 예배'(Covenant Renewal Worship)라고 불렀다. 이것은 나중에 '밤을 깨우는 예배'(Watch Night Worship)로 부르기도 했는데, 한 해를 돌아보면서 하나님께 용서를 구하고 새해를 위하여 하나님 앞에서 언약을 세우는 순서가 포함되어 있었다. 나중에 이것이 영국 전역으로 퍼져 갔고 유럽교회에서 드려지게 되었다.

되었다.

이렇게 시작되어 정착된 한국 감리교회의 예배는 1907년 이후 부흥운동을 경험하면서 예배에도 큰 발전을 이루게 되었고 한국 감리교만의 독특한 형태로 자리 잡아 가기 시작한다. 이때 부흥운동에는 감리교 선교사들의 역할이 컸는데 로버트 하디(Robert A. Hodie), 조셉 저다인(Joseph L. Gerdine) 선교사 등이 큰 역할을 하였고, 당시 설교의 내용은 죄의 회개와 용서의 체험 등이 중요한 요소로 자리 잡았다. 대부흥운동은 한국 감리교회에 복음전도에 열심을 불어넣었고 은혜 받기를 간절히 사모하며 성령의 충만을 간구하는 분위기와 열심히 회집하는 공예배 전통을 형성하였고 매일 새벽기도회를 드리는 것이 중요한 전통으로 자리 잡았다. 또한 모든 집회와 예배를 복음을 전하는 기회로 삼고자 하였으며 다만 주일 오전예배만큼은 다소 형식적인 예배 형태를 유지하였다.

감리교회는 예배를 위한 지침이 초기부터 발간되었는데, 1890년 아펜젤러에 의해서 발행된 「미이미교회 강례」이다.[16] 이것은 미국 감리교회의 헌법서인 *The Book of Discipline*의 일부분을 번역한 것으로 한국어 최초의 '장정'(章程)[17]이며 예전서였다. 여기에는 예배 예문과 찬송가가 함께 실려 있는데 주로 「감리교 찬송가」에 실린 내용을 번역한 것이다. 이것은 대강, 총례, 예문의 세 부분으로 구성되어 있으며, 25조로 구성되어 있다. 이것은 초기 감리교회 지도자를 훈련시킨 교재로도 활용되었다. 1895년에는 「쥬일례배경」이라는 예배 지침서가 발행되는데 한국어로 발행된 주일예배 최초 지침서였다. 1901년에는 한국어판 '장정'이

---

16. 미이미교회(美以美敎會)란 명칭은 19세기 아시아 지역에서 미국 감리교 감독교회(Methodist Episcopal Church)를 지칭하는 용어로 선교사들에 의해 처음 사용되었다. 이것은 1906년 감리교회란 이름으로 바뀌었다. 윤춘병, 「한국 감리교회 성장사」(서울 : 감리교 출판사, 1997), p. 185.
17. 장정은 감리교회의 신앙생활의 법과 규칙을 정하여 놓을 책을 이르는 것이다. 이것을 '헌법'이라고 부르지 않고 'Discipline'이라고 부른 것은 감리교 운동이 일어나던 초기에 '신도회'에 속한 교인들이 규칙적인 훈련(discipline)을 받은 것에서 유래되었다.

발간되었는데 미국 감리교회의 *Discipline*을 번역한 것으로 「미이미감리교회 쟝정규측」이라는 제목이었다. 강례에는 없었던 주일예배순서, 학습예문 등 예배 예문이 포함되어 있었다.[18] 예배를 위한 찬송가는 1892년에 무곡 「찬미가」가 발간이 되었고, 1895년에는 확대된 2판이 발간되었으며, 1897년과 1900년에 개정판이 계속해서 발간되었다. 1908년에는 장로교와 감리교가 연합하여 「찬송가」를 발행하였으며, 1931년에는 314곡을 묶은 「신정찬송가」가 발간되어 감리교회만 사용하였다.[19]

예배 장소는 1897년 서양식 건물의 정동교회당이 처음으로 세워졌지만 초기에 예배당이 세워지기까지는 선교사들의 집이나 개인의 집에서 모였다. 그러나 수적 성장으로 예배당을 준비하는 것이 초기 감리교회에서는 가장 중요한 사안이 되었다. 예배당을 세울 때 당시의 남녀유별이라는 풍습을 따라 남녀를 구분하기 위해 가운데를 휘장으로 구분하거나 ㄱ자 예배실이 등장한다. 1920년대 이후부터는 휘장이 차츰 사라지기 시작하였지만 남녀 석을 구분하여 앉는 습관이 여전히 남아 있었다.[20] 자기 교회당을 마련하는 것이 가장 영광스러운 일로 각인이 되면서 예배당을 세우기 위한 헌신과 열정은 남달랐다. 교회당 건물로 구분하기 위해 초기부터 종탑이 세워지기 시작했는데 거기에는 십자가와 종이 설치되었다. 타종 습관은 각종 예배시간을 알리거나 믿지 않는 사람들에게는 그날이 주일임을 알리기도 했고, 성도들에게는 예배를 미리 준비하도록 만드는 역할을 하였다.

초기 한국 감리교회의 예배 순서는 그 지침이 주로 미국 감리교회의 지침을 번역하여 제시되었기 때문에 거의 동일한 특성을 통해 통일성을

---

18. 이것은 대강, 총례, 예문 세 부분만 번역했다면 1910년에는 완역되어 「대강령과 규측」이라는 이름으로 발간되었다.
19. Seongdae Kim, "Inculturation in Korean Protestant Hymnody," (Ph. D. Diss. Drew University, 1999).
20. 김외식, "초기한국감리교회 예배연구", 「신학과 세계」, 12호(1986 봄), pp. 205-206.

갖게 되었다. 앞서 언급한 대로 최초의 기록은 아펜젤러의 일기에 있는 성탄절 예배에 대한 기록인데 세례식을 포함하여 찬양, 기도, 성경낭독, 설교, 찬양, 축도 등 9개의 순서로 되어 있다. 1898년 1월에 발간된「대한크리스도인회보의 례배의식」은 미국 감리교회 예배 순서를 소개하고 있는데, '풍류소리, 찬미홈, 스도신경을 외움, 긔도홈, 성가홈, 구약 몃 귀절을 넑으옴, 영광경, 신약 몃 귀절을 넑으옴, 슈전과 고시홈, 찬미홈, 젼도홈, 긔도홈, 찬미홈, 스도축문' 등 14개의 순서로 구성되어 있다.[21] 이것은 오늘날의 특징이기도 한 설교 중심 예배였음을 보여 주는데 헌금과 광고도 설교 앞에 배치하였음이 이것을 말해 주고 있다.

4. 감리교회의 예배

19세기를 지나면서 이렇게 형성 및 발전된 감리교 예배는 현대에 이르러 다양한 특징을 지니게 되었다. 앞서 언급한 대로 미국의 감리교 예배에서 웨슬리의 전통주의는 약해지고 실용주의는 확대되었는데, 1792년에 미국에서 나온 예배 지침서인 *Discipline*은 314쪽에 달하는 웨슬리의 기도서의 내용을 조용히 폐기하고 37쪽의 분량으로 성례부분만 제시하였다. 이것은 성례와 고정된 형태의 기도문에 초점을 맞추지 않고 설교와 생활 훈련에 초점을 맞춘 애즈베리의 입장이 반영된 형태였다.[22] 여

---

21. 주학선, 「한국감리교회 예배 : 1885-1931」, pp. 178-187. 여기에서 "풍류소리"는 전주를 이렇게 표기되었다. 세 번의 찬송 중에 두 번은 일어서서 하게 했으며, 초기부터 사도신경을 암송하여 함께 개인과 공동체의 고백으로 드리게 하였으며, 주기도문은 기도 후에 공동으로 암송하게 하였다. 기도는 목회자가 인도하는 목회기도의 형식을 취하였으며 기도는 엎드려 하게 하였다. 성경낭독은 신구약에서 봉독하였는데 당시 성경번역 전체가 이루어지지 않았던 상황에서는 번역된 시편을 가장 많이 읽었을 것이다. 성경봉독 후에는 영광경이 주어졌다. '슈전과 고시'는 헌금과 광고 시간이었으며, 설교를 '젼도함'이라는 용어로 사용하였다. 한편 교육하고 양육하는 면을 강조하는 '강도'라는 용어도 사용되었는데 설교라는 용어는 1931년에 발간된 "교리와 장정"에 처음으로 사용된다.

기에 남아 있었던 것은 유아와 성인세례를 위한 예배, 반으로 줄어든 성찬식, 결혼식, 장례식, 세 가지 성직 수임 의식이 전부였다. 물론 기본항목인 주일예배에 대한 것은 생략되지 않았다. 이것은 매 4년마다 개정되어 왔는데 1840년과 1870년에는 「예식서」(Ritual)로 명칭이 바뀌었다.

이런 미국식 실용주의가 태동하게 된 것은 광활한 변방(frontier)이라는 예배 환경이 크게 작용한다. 초기 이민자들이 정착했던 해안지역은 인습적인 목회와 예배 형식이 가능했지만 변방에서는 그것이 어려울 수밖에 없었다. 예배도 순회하는 전도자들이 가정을 방문하거나 대중이 함께 모여 예배를 드리게 되었다. 제대로 된 형식의 예배는 연례적으로 행해지는 캠프집회에서만 가능하게 되었다. 이런 상황에서는 고정된 예배보다는 자발적이며 열광적인 예배가 호감을 얻게 되었다. 변경에서는 형식보다는 자유스러움이, 공동체보다는 개인주의적 관점이 환영을 받게 되었으며, 찬송도 예전적인 찬송보다는 부흥찬송이 환영을 받았고 내용은 주로 죄의 회개와 구원의 기쁨, 성화와 소망의 노래들이 환영을 받았다. 이때 예배 찬양에는 파니 크로스비(Fanny Crosby)가 작곡한 찬송이 많이 사용되었는데 자신의 영혼의 상태에 대한 관심을 나타내는 개인주의적 입장이 잘 표현된 찬양이었다.[23] 기도도 즉석기도 형식으로 이루어지게 되었다. 전통적 교회력은 별로 의미가 없었고 지역 축제를 중심으로 실용적인 달력이 활용되었고 성만찬은 연 4회 행해지게 되었다.

이렇게 19세기 감리교 예배는 신앙부흥운동이 교회를 사로잡았고 사람을 구원하려는 목적이 예배에 많이 도입되었다면, 개척시대가 끝나고 정착이 이루어졌던 20세기 감리교 예배는 또 다른 변화를 경험하게 된

---

22. 세월이 흐르면서 감리교 안에서 고정된 형태의 기도문의 회복에 관심을 갖는 흐름이 나오기도 했는데 밴더빌드 대학교 신학부 학장이었던 토마스 섬머즈(Thomas O. Summers)는 웨슬리의 *Sunday Service*의 재발행을 주진했고 기도모음집을 발행하기도 했으며 표준예배순서를 개발하기도 하였다.
23. 아이라 생키(Ira D. Sankey)의 보다 화려한 찬양도 이때 나오게 되었으며 드와이트 무디의 전도 집회에서 그 빛을 발한다.

다. 삶도 넉넉해지고 교육수준도 높아졌으며 중산계급이 형성되면서 예배 현장의 변화와 함께 고딕식 교회당이 세워지고 예배에는 예술과 심미주의(aestheticism)적 경향이 도입되었으며, 당시의 상황과 맞물려 사회적 참여와 관심을 불러일으키는 행동주의의 새로운 형태가 예배에 영입되게 된다. 웅장한 고딕식 예배당이 등장하고 거기에 걸맞은 수려한 음악이 도입되었다. 전문적 음악 훈련을 받은 사람들이 예배음악을 담당하면서 큰 변화가 일어나게 되었고 찬양대의 찬양은 예배의 중요한 부분이 되었다. 감리교회는 예배와 사회 활동을 연합하는 데 가장 앞장서 나갔다. 평화와 사회 정의에 대한 관심이 예배에 도입되기도 했고, 사회적, 도덕적 모순이 설교에서 자주 지적되기도 했다.

　이러한 관점들이 예배 개념에 변화를 일으키고 다시 웨슬리의 예배 관점들이 도입되면서 고정된 기도문과 예전 형태가 도입된 예배 형식으로 전환이 이루어지게 된다. 이러한 노력의 결과로 1944년에 총회에서 승인한 「예배서」(Book of Worship)가 출판되어 나온다.[24] 이것은 초기 웨슬리가 제시한 전통과 실용을 함께 포함한 예배와 기도를 위한 포괄적인 지침서였는데, 오늘날 개신교 예배 전통 중에 감리교 예배가 보다 예전적인 특성을 가진 전통이 되도록 하는 데 일조한다. 1960년대는 그동안 형성된 예배의 인습과 전통에 대한 의문들이 제기되면서 많은 형식의 변화가 주어진 시기였다. 1970년대에는 감리교 예전에 대한 개정이 다시 이루어지면서 개혁된 로마가톨릭교회의 예전적 특성이 많이 공유되게 되었고, 새로운 연합 감리교회 예배 전통 수립에 많은 발전이 이루어진다. 예배서 외에도 보조 예배 자료집이 시리즈로 출간되어 나오고 이러한 개정과 보완 작업은 1980년 이후에도 활발하게 이루어진다.[25]

---

24. 이것은 미국 감리교회에서는 최초의 예배서였는데 1965년에 두 번째 예배서가 나온다.
25. White, 「개신교 예배」, 9장 참조.

5. 감리교 예배의 성례전

초기 감리교의 부흥은 복음전도의 차원에서뿐만 아니라 성만찬의 회복에서도 찾을 수 있다. 웨슬리가 주장하는 영성에는 이 두 가지 차원이 긴밀히 연결되어 있었다. 성찬을 그리스도인의 삶에 있어서 은혜의 주요 방편으로 재배치한 것으로 이해할 수 있다. 웨슬리는 성만찬이야말로 그리스도인의 삶에서 중요한 은혜의 방편으로 이해하였으며, 하나님의 자녀 된 모든 사람들의 심령에 성령의 은혜를 가져다주는 '거대한 통로'(grand channel)로 이해하였다.[26] 그래서 옥스퍼드 홀리 클럽의 멤버들의 훈련에 있어서 가장 중요한 요소 가운데 하나를 정기적인 성만찬에 참여하는 것이 될 만큼 강조하였다. 그 후 감리교도들에게는 지속적이고 잘 준비하여 성만찬에 참여할 것을 요청하였다. 웨슬리는 보다 개방적이고, 기쁨에 넘치는 자세와 환영하는 태도로 성만찬에 참여할 것을 그의 설교 가운데서 강조하였고, 그의 설교를 들은 청중들은 성만찬을 받기 위하여 거대한 무리를 이루었다.

감리교회는 성만찬에 참여하는 연령과 자격에 대해 웨슬리 때부터 다소 개방적인 입장을 취하였다. 존 웨슬리 자신이 9살 때에 교구 교회에서 목회하던 그의 아버지에 의해 성만찬에 참여하는 것을 허락받았기 때문이다. 그는 신학적 사고와 독서를 통해 초대교회와 정교회가 어린아이도 그들이 세례를 받았을 때부터 성만찬에 참여하여 성체를 받는 것을 허락받았다는 사실을 발견하였다. 영국국교회는 어린이들이 견신례를 받기 전까지는 성만찬을 받지 못하도록 금하고 있었고, 그도 사역할 때 그런 원칙을 따랐지만 감리교를 시작하면서 그는 그러한 규정을 수정하였다. 기독교의 메시지를 이해하고 응답할 수 있는 나이가 되면 허락하는 것이 좋다고 생각하여 그 나이는 8~9세로 잡았고, 이런 어린이는 감리교회의 신앙교리를 따라 성숙한 신앙인으로 자라 가도록 잘 교육되어

---

26. Cracknell and White, *An Introduction to World Methodism*, p. 177.

야 한다는 사실도 강조했다. 그래서 미국의 감리교회를 위한 「웨슬리의 주일예배서」에는 「공동기도서」(Book of Common Prayer)의 요리문답이나 견신례 예전이 별다른 설명 없이 생략되어 있다.

그러면서도 웨슬리는 성만찬을 받기 위해서 적절한 준비가 필요하다는 사실에 깊이 관심을 가지고 있었다.[27] 감리교 초기에는 이렇게 성만찬에 참여하는 자격에 대해 개방적이었으면서도 감리교도 모임이나 조직에서 성만찬을 위한 준비에 대한 교육과 강조가 많이 이루어졌다. 이러한 준비를 위해서 양심에 거리낌이 없는지를 살펴보는 것도 중요한 행위 가운데 하나로 자리 잡았다. 이러한 생각을 가진 감리교도들이 당시 영국국교회에서는 환영받지 못한 그룹이 되면서 그들 나름대로의 성만찬을 위한 모임을 갖게 되었고, 새로 교회를 세우는 일이 불가피해졌다. 그래서 그런 준비 모임을 참여한 사람에게만 성만찬 참여 자격을 부여하였지만 부흥운동의 결과로 설교를 듣고 나아오는 사람들의 숫자가 많아지면서 양상이 새로워질 수밖에 없었다. 그래서 감리교회는 그 참여에 있어 '차별이 없는 성만찬'(indiscriminate communion)[28]을 시행한다는 비난이 널리 퍼지게 되었고 웨슬리는 본래 영국국교회에 남아 있기를 바라는 마음이 컸지만 이런저런 이유로 그곳을 떠나는 것이 불가피해졌다. 이렇게 초기에는 준비모임에 참석하는 사람들에게 수료증을 주어 그들만 참석하게 되었으나 나중에는 수료자 명단에 들어 있지 않은 사람들도 성만찬에 참여하는 권한을 부여하기도 하였다.

20세기에 들어서면서 전 세계 감리교에서는 성만찬 참여 자격을 개방할 것인지, 제한할 것인지가 여전한 논의의 주제가 되고 있다. 유아세례를 받은 어린이들에게 성만찬에 참여하도록 할 것인가, 아니면 필요한 전제조건으로 견신례를 통해 믿음의 고백을 한 후에 허락을 할 것인가?

---

27. 실제로 존 웨슬리는 미국의 조지아에서 사역할 때 소피 호키라는 여성이 성만찬에 참여하는 것을 거부하였던 적이 있었다.
28. Cracknell and White, *An Introduction to World Methodism*, p. 179.

세례를 아직 받지 않은 성인도 허락할 것인가? 에큐메니컬 시대에 다른 믿음의 전통에서 신앙생활을 하다 온 사람들에게는 성만찬에 참여하도록 할 것인가? 아니면 일정한 교육과 과정을 통해 그들의 신앙고백을 다시 하게 한 다음에 참여하게 할 것인가? 이러한 이슈들이 여전히 감리교회에서도 논의되고 있다. 웨슬리에게 있어서 성만찬에 나아오는데 필요한 것은 믿음과 회개이며, 이것이 하나님의 약속을 얻기 위해 필요하다고 주장한다. 그러나 그것을 강조했을 뿐 나아올 수 있는 자격으로 제한하지는 않았다. 그는 성만찬을 '회개를 얻게 하는 예전'으로 이해했기 때문에 아직 칭의를 얻는 믿음을 소유하지 못했어도 정직한 구도자는 주님의 만찬에 참여할 수 있도록 허락하였다. 이는 성만찬을 통해서 믿음을 더욱 굳건히 할 수 있다고 믿었기 때문이다.[29]

성만찬의 횟수에 대해서 웨슬리는 매주 성만찬을 받았던 것으로 알려지고 있고, 감리교도들에게는 기회가 되는 대로 자주 성찬을 받도록 권고하였으나 이는 단순히 횟수에 대한 강조만은 아니었다. 그는 '하나님을 기쁘시게 하고 자기 영혼을 사랑하며, 하나님께 순종하고 자기 영혼을 위해 좋은 것은 구한다면 누구나 할 수 있을 때마다 성찬을 받을 것'을 권면하며, 성찬을 받음으로 주님과 더 깊은 교제를 나누며 은혜를 받는 것으로 이해했다.[30] 그러나 이러한 웨슬리의 가르침이 감리교회 속에서 충실하게 지켜지지는 못했다. 특히 미국 감리교회의 경우 개척기에 집례 목사의 부족으로 매주 성찬을 시행하기가 어려웠고, 그것은 한국 감리교회에서도 마찬가지였다. 그러한 연유로 감리교에서는 애찬회를 자주 갖게 되었다.[31]

---

29. 주학선, 「한국감리교회 예배 : 1885-1931」, pp. 370-371.
30. John Wesley, *The Works of John Wesley*, vol. 7 (Grand Rapids : Baker Books, 1996), pp. 145-156.
31. 애찬회는 웨슬리가 모라비안으로부터 배운 것으로 여기에 간증 순서를 추가해서 지켰다. 초기 감리교도들은 매월 애찬회를 가졌으나 18세기 후반에 이르러서는 년 4회 정도로 가졌다. 애찬회는 한국에서도 선교사들에 의해 소개되어 자주 시행되었으며, 목사나 장로가 없는 곳에서 필요에 따라 행할 수 있게 함으

세례에 대해서 웨슬리는 성화의 교리와 관련하여 인간의 죄성을 정결하게 씻김 받는 순간이며, 중생의 사건으로 이해한다. 그에게 있어 세례는 신앙과 중생의 표시이지 수단은 아니었으며, '죄 씻음과 그리스도와 함께 장사 지내고 함께 부활해 연합한다는 의미'를 갖고 있는 것으로 이해한다. 세례가 반드시 구원에 필수적인 요소는 아니라는 이해를 가지고 있었다.[32] 웨슬리는 반드시 안수받은 목사에 의해서만 세례가 집례되어야 한다고 주장하였고, 순회 설교자들이 세례를 줄 수 있도록 허락해 달라는 요청이 계속 있었지만 거부하였다. 정결과 완전함은 그리스도인에게 그리스도를 위한 사랑과 봉사의 삶을 넉넉하게 살 수 있게 하는 원동력이 된다고 이해한다. 그래서 유아세례를 받은 사람들의 믿음의 갱신에 깊은 관심을 가졌고, 야외 설교를 통해서 새롭게 회심한 교인들에게는 세례의 중요성을 강조하였고 감리교회의 일원이 되게 하기 위해 세례식을 자주 거행하였다. 감리교에 있어서 세례는 '성도로 하여금 예수 그리스도의 죽으심과 부활에 동참케 하는 것'이며, '과거의 죄악된 삶에서 떠나 예수님 안에서 하나님의 자녀로 다시 태어난 것은 가시적인 상징'으로 보여 주는 사건이며, 그리스도와의 연합을 이루는 사건이다.[33]

이렇게 감리교 예배는 종교개혁기에 영국에서 2차적 흐름으로 나타난 예배 전통이며, 미국으로 전파되면서 확대 발전된 특징을 가진다. 이 예배 전통은 전 세계의 감리교뿐만 아니라 거기에서 파생된 구세군, 나사렛교회, 성결교회 등 약 50여 개의 교파의 예배에도 직간접적으로 영향을 주었던 예배 전통이다. 개신교 예배는 약간의 강조점의 차이가 있음에도 거의 유사한 형태로 발전되어 온 것이 사실이지만 감리교 예배 전

로 성만찬에 준하는 예식이 되게 했던 특징이 있다. 대략적인 순서로는 찬송, 기도, 애찬회 설명, 찬송, 떡과 물을 조금씩 먹고 마심, 자신의 영적 경험 간증, 찬송, 기도 순으로 진행되었다. 초기 한국 감리교회에서는 애찬회에서 포도즙 대신에 물을 사용하게 했던 것이 특이하다.

32. 김영선, 「존 웨슬리와 감리교 신학」(서울 : 대한 기독교 서회, 2002).
33. 신앙과 직제 위원회 편, 「새예배서」(서울 : 기독교 대한감리회 홍보 출판국, 2006), pp. 81f.

통에만 명확하게 두드러진 것으로는 언약갱신예배(covenant service)와 애찬식, 제석회 등이 있다. 영국에서 일어난 감리교회 예배 전통은 기도(개인, 가족, 공동체), 금식기도, 애찬식, 야외설교, 주일 아침과 오후에 있었던 주일학교, 철야기도, 감리교 조직인 속회 등의 특성을 가지고 있었고, 미국에 전파된 감리교 예배 전통에서는 실용적인 측면이 더 부각되면서 설교 중심의 예배의 특성이 더 두드러지게 되었다.

6

침례교회/회중교회/ 오순절교회(하나님의 성회)/ 그리스도의 제자의 교회/ 그리스도의 교회의 예배

김운용 교수(장로회신학대학교, 예배·설교학)

종교개혁 이후 개신교에는 아주 다양한 교파들이 형성되었다. 한국교회에서는 장로교회, 감리교회, 성결교회가 중심 교파로 성장해 왔지만 서구에서는 다양한 교파들의 예배가 정착되었고, 앞의 세 교단보다는 다소 늦게 이 땅에 정착되었지만 꾸준히 성장하는 교단으로 자리 잡아 가고 있는 몇 교파의 예배를 살펴보자. 이러한 교회들은 교회 정치에 있어서 주로 회중제도를 받아들이고 있는 교회들이다. 여기에서는 이 교회들이 역사적으로 어떻게 태동되었는지 역사적 배경과 함께 그 예배의 특징적인 부분들을 기술하고자 한다.

1. 침례교회 예배

16세기 영국국교회 안에서 일어났던 청교도 운동으로 분리주의자들이 생겨났는데 그들은 '타락한 국교회'로부터 신자들을 구해 내기 위해 국가교회와의 분리를 원하였다. 이러한 생각을 가진 사람들이 따로 모이는 공동체를 형성하면서 강한 개혁 의지를 가지고 '성경 중심의 교회'를 세우겠다는 이상을 가지고 발전해 온 것이 침례교회이다. 본래 침례교도(Baptist)라는 명칭은 박해하던 사람들이 부르던 이름인데, 처음에는 재침례파(Anabaptists)로 불렸으며 1640년경에는 침례교도들(뱁티스트)라고 불렸고 나중에는 자신들을 스스로 그렇게 불렀다.

초기 침례교도들에는 두 가지 흐름이 있었는데 이 둘은 모두 영국 종교개혁에 뿌리를 두고 있었다. 침례교회가 유기적 조직체로서의 발전해 나가기 시작한 것은 영국에서부터인데, 영국국교회로부터 극심한 박해를 받아 가면서도 잘못된 교리와 관습에 도전하여 신약성서적 믿음, 구체적으로 중생한 신자의 침례, 신앙 양심의 자유, 교회와 국가의 상호불간섭의 원리 등을 꿋꿋이 지키고자 하였다.

침례교회는 초기에 두 경향으로 나누어진다. 첫 번째는 영국국교회와 완벽한 단절을 꿈꾸는 청교도 분리주의자들로부터 나온 그룹이었다. 이러한 경향의 이들을 흔히 보편적 침례교회(General Baptists)라고 한다. 여기서 '보편적'이라는 말은 그리스도의 구속과 관련하여 사용된 용어로 구원은 누구나에게 보편적으로 주어졌으며 복음을 받아들인 모든 사람을 구원하기에 충분하다고 믿는 데서부터 붙여진 이름이다. 이러한 경향은 1606년 트렌트의 게인스보로(Gainsborough)에서 영국국교회 사제가 되기 위해 공부하고 있던 존 스미스(John Smyth)가 주도하였다. 메노나이트의 영향을 받은 스미스는 비성경적이며 순수한 교회를 이루는 데 방해가 된다는 이유로 유아세례를 거부하였고 오직 신자들만이 세례를 받아야 한다고 주장한다. 그들은 극심한 탄압을 견디지 못하여 1608년에 네덜란드의 암스테르담으로 이주했고, 그는 그곳에서 머리에 물을 붓는 형식으로 받은 교인들의 세례를 무효화하고 자신의 믿음으로 신앙을 고백하는 40여 명의 신자에게 온몸을 물에 잠그는 세례(침례)[1]를 행하는데

---

1. 여기에서는 일반적인 관점을 말할 때는 '세례'라는 용어를 사용하였고, 물에 온

자기 자신에게 먼저 행한다. 이것이 신자에게만 세례를 행하는 원칙으로 세워진 첫 번째 침례교회가 되었다. 그러나 이것 때문에 토마스 헬위스(Thomas Helwys)의 반대에 직면하게 되며, 헬위스는 탈퇴한 10명의 교인들과 함께 다시 영국으로 돌아가 런던 근교 스피탈필드(Spitalfield)에 교회를 세우는데 이것이 영국에 세워진 첫 침례교회였다. 스미스나 헬위스는 알미니안주의에 입각한 보편 속죄설(general atonement)을 토대로 하여 널리 퍼져 나갔기 때문에 이러한 경향을 견지하는 교회를 '보편적 침례교회'라고 불린다.[2]

두 번째 경향은 런던의 사우스워크(Southwark)에 헨리 제이콥(Henry Jacob)에 의해 1616년에 설립된 청교도 회중교회로부터 나온 지류인데, 분리주의자 청교도들과는 달리 이들은 영국국교회와의 연대를 유지하려고 하였다. 이것은 '특별 침례교회'(Particular Baptists)라고 이름이 붙여지는데, 속죄는 오직 선택받은 '특별'한 사람만을 위한 것이라는 전통적 칼뱅주의의 입장을 견지하는 입장에서 이름을 그렇게 정한다. 이러한 흐름은 보편적 침례교도들과 대립이나 마찰이 생겨서 된 것이 아니었다. 무엇보다 그들은 처음부터 영국국교회와의 관계를 어떻게 유지할 것인가, 국교회 출신의 교인이 새로 가입을 해 오면 그들에게 세례를 다시 받게 할 것인가, 세례를 주는 방법은 물에 전신을 잠그는 침례 방식으로 할 것인가 등을 놓고 수차례 공방을 하다가 1638년에 존 스필스버리(John Spilsbury)의 지도하에 첫 번째 교회를 세웠고, 중생한 자에게만 세례를 베풀며, 방식은 온몸을 잠그는 것이 성경적 방식이라고 생각되어 침례로 행한다는 원칙을 정하게 된다. 그들은 기본적으로 교회가

몸을 잠그는 침수 방식을 의미할 때는 '침례'라는 용어를 사용하였다. 침례교회에서도 초기에는 머리에 물을 얹는 방식인 관수례 방식을 사용하기도 하였음 때문이고, 오늘날 세례라는 용어는 일반화되면서 관수례 방식과 침수례 방식을 함께 병행하는 교단이 많아졌기 때문이다.

2. Jerald C. Brauer, ed., *The Westminster Dictionary of Church History* (Philadelphia : The Westminster Press, 1971), p. 85.

분리하지 않고 연합한다는 에큐메니컬 정신을 견지하고 있었으며, 모든 진정한 신자들은 함께 연합해야 한다는 입장을 취한다. 그들은 침례교회가 아닌 교회에서 세례를 받은 사람들에게 다시 침례를 행할 것을 요구하지 않았으며, 개방적인 입장을 취한다.[3] 1644년 런던에 7개의 특수 침례교회가 세워졌고 공동으로 "신앙고백서"(Confession of Faith)를 공포하였는데 이것이 오늘날의 침례교 신앙고백과 교리의 토대를 이룬다. 특별 침례교회는 보편적 침례교회보다 다소 출발이 늦었지만 갈수록 보편적 침례교회를 앞지르며 후일 침례교회의 교리와 저변 인구에 있어서 주도적 역할을 해 왔다.

이렇게 침례교회는 유럽에서 시작되어 종교의 자유를 찾아 건너온 청교도들과 함께 미국에서 정착하여 대각성운동기를 보내면서 크게 성장했고 대표적인 개신교 교단으로 자리 잡게 되었다.[4] 신대륙은 국가와 아무런 관련이 없이 새로운 교회를 설립하는 데 좋은 장이었다. 영국과 웨일즈에서부터 건너온 다른 침례교인들은 집단적 회중으로 이주해 온 것이 아니라 영국에서 박해를 피해 개인적으로 도망 나온 사람들이었다. 일반적으로 로저 윌리엄스(Roger Williams)는 신대륙에서 침례교를 개척하여 토대를 놓은 사람으로 평가받고 있다. 1631년 29세의 나이에 보스턴에 도착한 그는 안수받은 영국국교회 사제였다. 그는 전도유망한 사람으로 보였으나 급진적 사상 때문에 그 지역 교회에서 추방을 당하였고 내러갠섯 만(Narragansett Bay) 지역의 인디언들의 도움으로 혹독한 겨울을 보낸다. 그들에게서 땅을 사서 그의 가족과 4명의 동료와 함께

---

3. 위의 책, p. 85.
4. 미국에서 침례교는 수적으로 개신교 최대 교단이 되었다. 1970년대 통계를 보면 122개국에 2,700만 명의 교인을 가진 교회가 되었는데 그중에 2,400만 명이 미국 침례교회이며, 그중 남침례교 컨벤션(Southern Baptist Convention)이 약 1,100만, 내셔널 침례교 컨벤션 USA(National Baptist Convention USA)가 500만 명, 미국 내셔널 컨벤션(National Baptist Convention of America)이 300만 명, 아메리칸 침례교 컨벤션(American Baptist Convention)이 160만 명 정도이며 그 외에도 23개의 군소 침례교단이 있다. 위의 책, p. 84.

프로빈스(Province)를 세운다. 그 정착지는 다른 비국교도의 관심을 끌게 되었고, 1638년에는 로드아일랜드 식민지(the Colony of Rhode Island)가 형성되었다. 윌리엄스는 참교회의 모형을 찾기 위해 성경을 연구하는 모임을 인도했고, 유아세례가 신약성경에서 정당화할 수 없다는 확신을 가지면서 신자들의 세례를 강조하게 되었고, 방식은 물에 온몸을 잠그는 침례 방식을 선택하게 되었다. 아무도 침례를 받은 사람이 없는 상태여서 에제키엘 홀리만(Ezekiel Holliman)에 의해 1639년 3월 윌리엄스는 침례를 받았고, 윌리엄스는 차례로 홀리만과 10여 명의 사람들에게 침례를 베풀었다.[5]

한편 영국과 웨일스에서 온 침례교인들은 펜실베이니아와 뉴저지에 정착하면서 그곳에 세워진 다섯 교회가 연합하여 침례교 지방회(특별 침례교회)가 1707년 펜실베이니아에서 최초로 세워진다. 이 지방회는 칼뱅주의 입장에 따라 작성된 2차 런던 신앙고백을 채택하여 1742년에 최초의 신앙고백서를 만들었다. 1767년에는 노스캐롤라이나, 사우스캐롤라이나, 버지니아, 로드아일랜드 등지에 5개의 지방회가 결성되면서 발전해 갔으며, 1814년에는 선교 지원과 관련한 필요성에 의해 필라델피아에서 최초의 총회(General Convention)가 결성되는데 이것은 3년에 한 번 열리는 총회였다.

18세기 중반부터 불이 붙기 시작한 미국의 대각성운동 기간에 침례교회는 많은 지역, 특히 남부에서 성장하게 되는데, 그때 중요한 화두가 되었던 새로운 감정적 경험을 어떻게 받아들일 것인가의 문제로 결국 교단이 나누어지게 된다. 다수의 정규 침례교인들(Regular Baptists)은 그 운동이 가지는 무교육성을 비난하는 경향을 견지한 반면, 분리 침례교인들(Separate Baptists)은 일반적으로 그 운동을 성원했다. 또한 1845년에는 남북전쟁의 와중에 노예문제에 대한 입장뿐만 아니라 교회 정치와 선교

---

5. 최봉기 편, 펜윅신학연구소 역, 「침례교회 : 신앙, 고백, 전통, 실천」(대전 : 침례신학대학교 출판부, 1997), p. 32.

전략에 대한 입장 차이로 남북 침례교로 분리되는 아픔을 겪게 되면서 남침례교회(Southern Baptist Convention)가 세워진다. 남북전쟁 후에는 흑인 침례교회가 그들 자신의 건물을 가지면서 세워졌는데 1880년에는 미국 내셔널 침례교회(National Baptist Convention of America)로 결성되었고, 재산권 문제로 이것은 다시 USA 내셔널 침례교회(National Baptist Convention USA Inc.)로 분립된다.[6] 그 후에도 19세기 중반에는 "지계석주의"(Landmarkism)[7]가 출현하여 침례교회만이 유일한 참 교회라는 주장을 하면서 남침례교회에 큰 영향을 끼쳤으며, 윌리엄 밀러나 스코필드 등의 영향으로 세대주의(dispensationalism) 교리가 침례교회에 크게 작용한다.

한국에서는 침례교회가 1889년 12월 8일 캐나다 독립 선교사였던 말콤 펜윅(Malcolm C. Fenwick)의 선교에서부터 시작된다. 펜윅은 처음에는 평신도로 이 땅에 건너와 뜨겁게 복음을 전하다가 다시 그의 고국으로 돌아가 신학교육을 받은 후 원산을 중심으로 복음 전도와 전도자 양성에 힘썼다. 또한 보스턴의 엘라싱 선교회의 폴링(E. C. Pouling) 선교사 부부가 한국에 와서 공주와 칠산, 강경 등지에 처음으로 침례교회가 세워지게 된다. 처음 침례교회는 선교지를 충청도와 전라북도를 분할받아 활동적인 순회 복음전도활동을 가짐으로 그 지역에 침례교회가 많이 세워지게 되었다. 일제 강점기에는 많은 박해와 고난을 받았으며 많은

---

6. Brauer, ed., *The Westminster Dictionary of Church History*, pp. 85-86.
7. 1850년경에 "테네시 침례교회"지의 편집자였던 그레이브(J. R. Graves)의 설교와 저서에서 주장된 것으로 이 명칭은 "네 선조가 세운 옛 지계석을 옮기지 말지니라"(잠 22 : 28)에서 유래하였다. 이것이 주장하는 내용은 다음과 같다. ① 침례교회는 신약성경에서 시작되었고 중세의 많은 핍박받은 분파들 가운데 침례 전통이 세워졌다. ② 침례교회만이 참교회이기 때문에 다른 교단에서 안수는 유효한 것으로 간주될 수 없으며 그들이 시행하는 성만찬이나 세례(혹은 침례)는 유효하지 않다. ③ 유일하게 유효한 침례는 침례교회에서 시행된 것뿐이다. ④ 지역교회만이 유일하게 유효한 교회이기 때문에 주의 만찬은 유일한 하나의 신앙훈련으로서 지역교회 회원에게만 제한한다. 최봉기 편, 「침례교회 : 신앙, 고백, 전통, 실천」, p. 39.

순교자를 낳았다. 1944년 5월 10일 일제에 의해 교단 해체령이 내려졌지만 해방과 더불어 재건에 나섬으로 남한 6개 구역에 42개의 교회가 세워졌다. 이때 '대한기독교침례회'[8]로 교단 명칭을 정하고 1954년에는 대전에 '침례회신학교'도 개교하면서 발전을 거듭한다.

침례교회가 가지는 교리적 특성은 다음 몇 가지로 정리해 볼 수 있다. 침례교회는 성경(특히 신약성경)을 신앙과 행실의 모범과 최고의 권위로 삼으며, 개인적 믿음으로 구원받으며 신자는 구원의 확신을 가져야 함을 강조한다. 교회와 세속 정부와의 분리를 주장하며, 개교회 독립을 강조하며 회중적 민주제도를 행정체제로 삼는다. 또한 복음전도와 해외선교의 목적을 효과적으로 성취하기 위해 개교회가 협동하여 총회를 구성하며, 전 신자의 제사장 직분자로 각각 책임과 의무를 강조한다. 성례의 식으로 침수례에 의한 침례와 주의 만찬을 행한다.

침례교회의 예배는 구원받지 않는 사람들의 유익을 위해 복음에 대한 도전과 응답을 예배의 중심초점으로 두고 행해진다. 물론 침례교회에서 복음 전도가 최종 목적은 아니지만 예배는 구원받은 자와 그렇지 못한 자, 양쪽의 응답을 얻어내기 위한 복음 선포가 중심을 이룬다는 특징을 가진다. 그것은 예배당의 강단 배치에서도 엿볼 수 있는데 침례교회는 언제나 설교단이 중심을 이루는 구조로 되어 있다. 말씀선포단과 성만찬상, 성경낭독대가 분리된 성소(divided chancel)와 종종 찬양대석을 따로 지니는 형태를 거부하고 침례교회는 주로 말씀 선포단을 중심으로 한 하나의 강대상과 찬양대석을 강대상 뒤편에 위치시키는 형태를 취하는 것에서도 이런 특징을 살펴볼 수 있다. 이것은 침례교 예배가 설교 중심의 예배 형태를 취하고 있음을 말해 주며 예배의 다른 부분들은 부수적인 요소로 간주되고 있음을 알 수 있다. 또한 설교 후에는 초청의 시간이 주어짐으로 비신자들로 하여금 말씀을 듣고 결단할 수 있게 촉구하는 시간을 가지며, 교인들에게 재헌신을 다짐하게 하는 예배의 특징도 여

---

8. 교단 명칭을 몇 차례 변경하여 현재는 '기독교한국침례회'란 교단명을 사용한다.

기에서 나온다.[9]

　진정한 예배는 성경적이어야 하며, 성령님의 역사하심에 강조를 두기 때문에 예배서를 필요로 하지 않다고 침례교회는 믿는다. 그래서 초기 보편적 침례교인들은 영국의 예배서 자체를 거부했으며, 자발적인 즉석기도를 강조했다. 그래서 초기 침례교 예배는 목회자가 즉석기도로 예배를 시작하여 읽은 성경본문을 토대로 바로 설교가 시작되고는 했다. 그 후에 시간이 허락되는 범위에서 성령의 역사하심을 따라 서너 명의 평신도가 나와 간증을 행하기도 했으며, 같은 본문으로 권면을 하기도 했다. 그리고 목회자가 기도한 후에 가난한 사람을 위한 구제헌금이 드려졌고, 축도로 예배를 마치는 말씀 중심의 예배가 드려졌다. 오후 예배도 비슷한 유형으로 드려졌으며, 성만찬이 있을 때는 예배의 마지막 부분에 성만찬 순서가 배치되었고 축도로 예배를 마치는 형식을 취하였다. 찬송은 자발적으로 개인이 나와 불렀으며, 정해진 예전 시편, 혹은 시편 찬양은 성령님의 역사를 방해한다는 생각에서 사용하지 않았다. 그러나 차츰 설교는 한사람의 설교자에 의해 행해지는 것으로 바뀌어 간다.

　한편 특별 침례교회 역시 예배에 있어서는 보편적 침례교회의 원칙을 그대로 따르면서도 그들은 이어지는 성경 봉독의 필요성을 강조하였고, 미리 준비된 내용과 형식을 거부한다. 왜냐하면 이러한 요소는 예배에서 성령님의 역사를 방해한다고 생각했기 때문이다. 예배에 있어서 회중의 역할에 더 강조점을 두는데, 시편 찬송을 함께 회중이 부르는 것도 도입하였고, 설교자는 목회자 한 사람만 설교하도록 제한한 것이 성령의 역사하심을 방해하는 것이라는 이해를 갖게 되었다. 성령의 역사하심이 있으면 누구나 나와서 설교할 수 있고, 침례와 주님의 만찬을 집례할 수 있게 했지만 교회가 인정하는 사람으로 제한하였다. 17세기 중반에 이르면서 예배의 강조점이 많이 바뀌게 되었는데 퀘이커 교도들이나 급진적 교파들이 성경보다는 성령의 역사에 더 강조점을 두는 것을 보면

---

9. 최봉기 편, 「침례교회 : 신앙, 고백, 전통, 실천」, pp. 381-382.

서 침례교회는 이러한 경향의 예배는 무질서한 예배가 되게 한다고 보았다. 그래서 이런 교파와는 멀리하고 오히려 회중교회나 장로교회와 더 긴밀한 관계성을 구축하게 되면서 침례교회는 성령의 역사보다는 성경에 더 강조점을 두게 되었다.

개교회주의를 표방한 만큼 그 이후에도 교회와 지역에 따라 비슷한 경향을 갖지만 주일 오전예배에서는 정해진 교인이 시편을 읽으면서 예배가 시작되고, 기도의 시간이 주어지고 성경봉독 후에 높은 강대상에 설교자가 올라가 설교를 시작한다. 그리고 설교는 기도로 마무리되며, 시편 찬양을 부르고 헌금을 드리는 시간을 가지는 형식으로 진행되었다. 성만찬이 행해질 때는 목회자가 설교단 앞에 놓인 성만찬 상으로 나아가 성만찬이 가지는 깊은 의미를 설명해 주고 교인들로 하여금 성만찬은 적절하게 받아야 한다는 권면이 주어진 다음 떡을 들고 감사의 기도를 드린 후 떡을 떼고 집사들로 하여금 그것을 분배하게 한다. 그리고 같은 방식으로 잔이 나눠진다. 그리고 그리스도 안에서 누리게 되는 그 큰 축복에 대해 간단한 묵상을 가진 다음에 시편 찬양을 부름으로 예배가 끝난다.[10]

이렇게 발전된 침례교회 예배는 이런 특징 때문에 표준예배순서를 가지는 것보다는 개교회 별로 다양한 예배순서를 갖게 되었는데 공통적인 사항은 말씀 선포와 초청, 찬송과 복음송, 기도, 헌금 순서 등으로 구성된다. 대략적인 침례교회의 예배순서는 다음과 같다. 전주, 예배에의 초대, 방문자 소개와 광고[11] 성경봉독, 목회기도, 헌신의 찬양, 헌금, 특송, 설교, 초청, 축도 등의 순이다.[12]

---

10. G. Thomas Halbrooks, "Baptist Worship," ed. Robert E. Webber, *The Complete Library on Christian Worship, volume 2, Twenty Centuries of Christian Worship* (Nashville : Star Song Publishing Group, 1994), pp. 82-83.
11. 이것은 예배의 흐름을 깨뜨리지 않기 위해 예배의 부름(Call to Worship) 순서 전에 갖기도 한다.
12. 최봉기 편, 「침례교회 : 신앙, 고백, 전통, 실천」, pp. 382-383.

2. 회중교회(Congregational Church worship)

회중교회주의(congregationalism)는 청교도 운동의 한 흐름으로 발전하였는데, 이것은 종종 분리주의(Separatism)와 독립주의(Independency)라는 용어와 동의어로 사용되기도 한다. 회중교회는 만인제사장설을 실천하는 것을 그 중심 관심사로 두는데, 청교도 운동의 과격한 흐름인 분리주의파의 한 흐름으로[13] 각 교회의 독립과 자율성을 중요시하며 교회 운영의 민주화를 중요하게 생각한다. 교회론적으로 회중교회주의 흐름을 바탕으로 세워진 교회를 우리는 회중교회로 부르는데,[14] 이것은 영국 개신교회에서 16세기 말, 혹은 17세기 초에 일어났으며, 각 교회가 독립하여 그 교회의 회중들이 독자적인 결정을 하도록 하는 교회 정치를 기본으로 한다.[15] 회중교회라는 명칭은 대개 회중이 중심이 되어 교회를 이끌어 가는 교회정치를 그 특징으로 한 교회를 지칭하는 명칭이다. 신학적으로 볼 때 회중교회는 만인사제론을 기초로 하여 '오직 그리스도만이 교회의 유일한 머리이며 모든 회중은 하나님께 부르심을 받은 사제들'이라는 신앙에 기초[16]하여 세워진 교회이다. 각 교회는 자치 통치로 이루어지며 회중 스스로 신약에 언급된 목사, 장로, 교사, 집사를 선택하며 각 교인은 회중 전체의 이익을 위하여 책임감을 가져야 한다고 주장

---

13. 청교도 운동은 온건파와 과격파로 구분할 수 있는데, 영국국교회에 남아 있으면서 교회를 개혁하고 정화하려는 흐름이 온건파라고 한다면 국교회는 타락하고 부패하여 더 이상 정화하거나 개혁할 수 없으므로 떠나야 한다는 흐름의 과격파가 그것이다. 온건파 안에는 장로교파와 독립파가 있으며 과격파에는 회중교회파와 침례교회파로 구분할 수 있다.
14. 이것은 조합교회, 분파(주의)교회라는 이름으로도 불리어진다.
15. 이러한 교회 정치의 원리를 채택하고 있는 교단으로는 회중교회, 침례교회, 유니테리언 보편구원론자들(Uniterian Universalists), 캐나다 연합교회(the United Church of Canada), 그리스도 연합교회(United Church of Christ), 그리스도 제자회 등으로, 이와 같은 여러 교단에서 이러한 교회정치 원리를 도입하고 있다.
16. 김홍기, 「종교개혁사」, p. 439.

한다.

회중교회가 출현하게 된 영국과 유럽의 상황은 역사적으로 상당히 복잡하게 얽혀 있었다. 재세례파들이 유럽에서 일어난 반면 분리주의자들과 청교도들은 영국에서 발생하여 그 꽃은 신대륙 미국에서 피어난다. 영국의 국왕이 수장으로 있는 국교회의 온전한 개혁이 불가능하다고 판단한 일련의 사람들이 1581년 로버트 브라운(Robert Browne)과 함께 노리치(Norwich)에 회중교회를 세우게 된다. 그는 교회의 운영 원리로서 장로제도도 배제하고 교회의 유일한 머리이신 그리스도 아래 언약으로 연합된 회중이 자율적으로 목사 등 지도자들을 선출하고, 성경에 의하여 계발된 신앙 양심에 따라 믿음을 행사하도록 촉구하는 칼뱅주의 청교도 신앙의 진수를 골격으로 삼는데, 이것이 최초의 회중교회(Congregational church)였다.

브라운의 회중교회 운동은 평신도였던 헨리 바로우(Henny Barrow)와 교역자 존 그린우드(John Greenwood)가 계승 발전시켜 나가는데, 결국 그들은 과격한 분리주의 원리를 주장한다는 죄목으로 교수형을 당한다. 그래서 교회는 네덜란드의 암스테르담으로 망명하는데, 그때 영국 스그루비 회중교회는 1609년 네덜란드 레이든에 정착하게 된다. 나중 이 레이든 회중교회 교인들이 주축이 되어 102명이 메이플라워호를 타고 66일의 항해를 통해 1620년 12월에 미국 플리머스에 도착하게 된다. 담임목사(존 로빈슨)는 다수의 교인들 때문에 레이든에 머물고 장로였던 윌리엄 브루스터(William Brewster)가 영적 지도자가 되어 미국 이주 첫 청교도들을 이끈다.

회중교회는 앞서 언급한대로 만인제사장설에 기초해 교회 안에서의 어떠한 수직적 직제도 인정하지 않았으며, 어떠한 상회도 인정하지 않고 지교회 스스로가 공동의회를 통해 결정하는 독립적 교회 정치 제도를 따른다. 이것은 초기 회중교회주의자들이 주장하였던 것으로, 영국의 올리버 크롬웰이 만인사제론을 지지함으로 힘을 얻게 되지만 그의 정치적 영향력이 1650년대에 절정에 달했다가 1658년 크롬웰이 죽은 뒤 급격히 기울어진다. 1660년 왕정복고로 약해지면서 1689년 메리 여왕의 즉위와 함께 시들어지기 시작하여 18세기 전반에는 영국의 회중교회주의자들은 유명무실해졌다. 한편 1689년 명예혁명의 결과로 제정된 관용법의 영향으로 회중교회도 정식으로 인정받았으나 여전히 사회적 차별은 계속된다. 18세기 중반 이후 복음주의 부흥운동과 함께 새로운 활기를 찾기 시작하였으며, 1832년 잉글랜드와 웨일스의 여러 회중교회들이 연합하여 회중교회 연맹을 결성하여 사회적 차별을 철폐하기 위해 노력한다. 20세기로 들어서면서 영국의 다른 교회와 마찬가지로 회중교회도 쇠퇴하기 시작하였지만 에큐메니컬 운동에 많은 지도자를 배출한다. 1972년 영국 회중교회주의자들과 장로교도들이 연합하여 새로운 '연합개혁교회'를 세운다.

회중교회가 공적으로 큰 영향력을 발휘하고 교인을 많이 얻은 것은 신대륙 미국에서였다. 부흥운동 이후 뉴잉글랜드 지역의 지배적인 교회가 되어 미국의 정치, 사회 제도와 사상에 지대한 영향을 끼치면서 회중교회주의는 새 국가의 특성을 결정하는 데도 중요한 역할을 하였다. 회중교회는 신학교육뿐만 아니라 일반교육에도 깊은 관심을 가지고 있었으며,[17] 노예제도에 반대하여 노예철폐운동에 앞장섰고 남북전쟁 후 남부에 흑인들을 위한 대학을 세우기도 했다. 19세기에는 선교에 주력하였고 인도, 중국, 일본 등지에 많은 선교사를 파견하여 교회와 학교를 세웠다.[18]

초기 식민지 시대에는 미국에 두 가지 형태로 이식되는데 분리주의 회중교회주의자들과 비분리주의자들이 그것이다. 이 두 진영의 차이점은 신대륙에 정착하여 종교적 열정이 식으면서 사라지기 시작했다. 대

---

17. 미국의 하버드 대학교를 포함하여 예일 대학, 스미스 대학, 애머스트 대학, 오벌린 대학 등 여러 유수한 대학을 설립하였다.
18. 일본의 도지샤대학(同志社大學)도 그중의 하나이다.

각성운동과 일어난 부흥운동으로 뉴잉글랜드 지역의 교회는 교인들로 가득 찼지만 미국 회중교회가 다시 분열하는 계기가 되기도 했다. 회중교회의 초기부터 중요한 신학적 토대였던 칼뱅주의에서 인간의 행위와 노력을 강조하는 아르미니우스주의 신학으로 대체되어 가고 있었다. 19세기 미국의 회중교회 안에 자유주의 경향이 들어오면서 많은 교회가 유니테리언주의로 이탈하였으며, 회개의 중요성을 크게 강조하지 않게 되었다. 1913년 캔자스시티 신조는 회중교회가 과거에 신봉해 온 칼뱅주의와 결별하는 계기가 되었다. 그 후 여러 군소교단들과 연합이 이루어지게 되며 오늘날 회중교회는 군소교회 연합체로 그 이름과 형태를 유지하고 있다. 회중교회 교인 수는 그렇게 많지 않지만 세계 곳곳에 퍼져 있는데 그 뿌리는 영국 회중교회에 두고 있다.

회중교회 예배는 오직 성경의 가르침에 의거하여 드리려고 했던 청교도의 극단적 형태에 의해 영향을 받았으며, 예배는 하나님의 말씀의 강해와 성례전의 신실한 준수를 중심으로 한 신약성경의 본질을 통해 구성되어야 한다고 주장한다. 다른 개신교회와 같이 회중교회도 세례와 성만찬의 두 가지 성례만 인정하며, 성찬식은 매달 1~2번 가진다. 과거에는 성만찬 참석에 있어서 제한을 두었지만 오늘날은 모든 신자들에게 공개한 오픈 성만찬을 시행하는 특징을 가진다. 예배의 관습과 특성들은 성경에 언급되지 않은 것은 모두 폐기하려고 하였다. 예배의 모든 권위는 오직 하나님의 말씀에서만 얻을 수 있다고 생각하였으며, 예배를 결정하는 주체는 국가 교회가 아니라 지역의 예배자들의 조직체라는 것이 그들의 원칙이었다.[19]

회중교회 예배는 그 원리가 침례교회와 비슷하기 때문에 여기에서는 그 강조점들을 중심으로 정리해 보자. 먼저 회중교회 예배는 성경을 명확히 강해하여 들려주는 것에 중점을 둔다. 예배에서 예전적 기도문을

---

19. James F. White, *Protestant Worship*, 김석한 역, 「개신교 예배」(서울 : 기독교문서선교회, 1997), p. 201.

낭독하는 것이나 예전적 경축 순서를 갖는 것이 중요한 것이 아니라 성경을 정확히 풀어 줌으로 거기에서 하나님의 말씀을 들을 수 있도록 하는 것을 강조하였다. 설교 시간에 영국국교회 사제들이 다른 사람이 준비해 준 간단한 설교문을 읽어 가는 형식으로 설교한 것을 생각해 보면 청교도 전반이 성경에 강조점을 두고 있음은 주지의 사실이다. 설교는 한 시간 미만을 하는 경우는 거의 없었으며 목회기도도 거의 설교 시간만큼 길었다. 이러한 사실은 교회당 건축과 강단 배치에서도 반영되는데 설교단은 강단의 중앙에 높이 위치하며, 성만찬상과 세례대(baptismal font)가 그 아래로 배치되어 있는 구조가 이러한 사실을 상징적으로 보여 준다. 이러한 구조는 설교대 그 자체에 성만찬을 위한 자리와 조그만 세례수(水) 사발이 놓여 있는 형태로 축소되면서 설교의 중요성이 더욱 강조되었다. 이렇게 회중교회 예배에서는 설교가 모든 예배의 주요 부분이었고 주로 주석식 설교를 수행한다.

둘째로 성례전의 집례와 관련한 사항을 통해 그 특징을 살펴볼 수 있다. 회중교회에서 하나님의 말씀의 선포인 설교가 가장 중요한 요소로 자리 잡고 성례전은 언제나 그 다음으로 중요한 요소로 자리매김을 하고 있음에도 불구하고 성만찬을 집례할 때는 아주 주의하여 행해야 한다는 사실이 강조된다. 회중교회는 초기에 믿음의 고백을 한 사람, 신앙생활을 제대로 하고 있는 사람, 개혁전통에서 잘 신앙생활을 해 온 사람에게만 성례전을 허락하는 것에 제한을 두는(closed) 특성을 견지한다. 솔로몬 스토다드(Solomon Stodard)가 1662년에 채택한 '불완전 서약'(Half-Way Covenant)도 이러한 교인자격을 완화하기 위하여 채택한 것이다. 그를 계승하여 대각성운동을 주도해 갔던 조나단 에드워즈와 그의 후계자들의 복음주의적 설교는 사람들이 회개하고 돌아와 교인이 되는 것에 보다 더 우선권을 두었던 것을 알 수 있다. 이것과 함께 회심에 대한 강조는 설교에 있어서 중요한 특징이 되고 있다.

셋째는 예배에 대한 성경적 차원에서의 개혁을 들 수 있다. 회중교회는 성경에 의해서 특징지어지지 않은 모든 예식 자체를 교회에서 없애버리는 정책을 취하였다. 중세 로마가톨릭교회의 사제들이 입었던 제의복(vestments) 착용을 거부하였고, 그리스도의 희생을 재현하는 것에 초점을 맞춘 중세교회의 미사를 거부하는 것을 상징적으로 보여 주었다. 모든 성일 축일과 성탄절, 부활절까지 포함한 모든 교회력의 절기도 삭제하고 오직 주일만을 온전히 성수하는 것에 강조점을 두었다. 심지어 주일을 열심히 지켜야 하는 것을 강제 조항으로 규정할 정도로 강조를 두었다.[20] 여기에는 과거의 사건보다는 현재 하나님의 역사하심에 대한 응답하려는 실용주의적 접근이 발전한 것이며, '현재에 경험되는 축복을 위한 감사의 날과 하나님의 불쾌하심의 표적이 나타날 때 하는 금식과 굴욕의 날'이라는 형태를 도입한다.[21] 예배에 있어서 간결성을 견지하면서 예배에 있어서 하나님의 말씀의 선포인 설교 중심성을 견지하는 데 지장을 주는 모든 순서를 삭제했다. 예배 순서 자체를 재배열하는 데 1세기 초대교회 예배로 추정되는 간결한 형식으로 재구성한다.[22] 단순하고 간결한 예배 순서를 견지하면서 말씀에 강조점을 두는 것이 회중교회의 가장 중요한 특징으로 자리 잡는다.

네 번째로 새로운 찬송을 출현시켰다는 점이다. 회중교회 예배 초기에 음악은 시편 찬송으로 제한하였다. 회중교회의 중요하고 새로운 발전은 아이작 왓츠(Issac Watts)가 중심이 되어 이끌어 간 찬송가의 새로운 출현을 들 수 있다. 왓츠도 초기에는 시편의 내용을 중심으로 찬송을 작곡하였으나 차츰 시편의 내용이 아닌 내용의 찬송이 나왔고 이것은 부흥기 대각성운동 기간을 지나면서 교회의 중요한 예배 음악으로 자리 잡

---

20. White, 「개신교 예배」, p. 216.
21. 위의 책, p. 216.
22. Darrell T. Maurina, "Congregational Worship," ed. Robert E. Webber, *The Complete Library on Christian Worship, volume 2, Twenty Centuries of Christian Worship* (Nashville : Star Song Publishing Group, 1994), pp. 84-85.

게 되었다.

이렇게 발전해 오면서 회중교회 예배는 20세기에 들어와 새로운 특징들이 가미되는데 회중들의 교육수준이 높아지면서 감정보다는 지성에 호소하고, 예배가 '감정적 호소나 성례들보다는 고도로 지적인 설교에 더 많이 초점을 맞추는' 경향들이 나오게 된다. 19세기 말에는 심미적 요소가 예배에 많이 등장하게 되었으며, 고딕식 교회당을 짓기도 하고 긴 가운을 입은 찬양대가 도입되고 수많은 미술품들이 설치되기도 했다. 즉흥적 기도에서 미리 준비된 기도문으로 드리는 기도가 등장하기도 했다.[23] 월터 라우센부쉬는 예배에서 사회적 악에 대한 기독교적 각성을 불러일으켰고, 워싱톤 글라덴과 같은 사람은 사회적 복음을 담은 새로운 찬송가를 발전시키면서 사회적 문제에 대한 새로운 관심을 찬양을 통해서 표현하기도 했다. 영국 회중교회 목사였던 피터 포사이스(Peter F. Forsyth)는 교회, 성례, 그리고 설교에 대한 고상한 교리를 부활시키는데 일조를 하였고, 예배 지침을 부여하려는 시도들도 나왔다. 예배서가 출간되기도 하고, 예배에 있어서 남성과 여성을 아우르는 포괄적 용어(inclusive language) 사용에 대한 지침과 성서정과의 활용의 중요성도 제시되는 등 초기의 형태와는 많이 다르게 발전해 가고 있다.

3. 오순절교회(하나님의 성회, Pentecostal Church / Assembly of God)의 예배

오순절교회 예배 전통은 20세기가 시작되는 시점을 전후하여 탄생한 개신교 예배 전통이다. 오순절 전통의 가장 중요한 특징 가운데 하나는 성령께서 예배의 내용뿐만 아니라 순서까지 가르쳐 주시는 것으로 신뢰하면서 예배에 대해 체계적이고 조직적이지 않은 접근을 강조한다는 점

---

23. White, 「개신교 예배」, p. 225.

이다. 어떠한 예배에서도 A에서 시작하여 Z에 이르러야 한다는 규칙이나 당위성이 존재하지 않고 예배에는 그 구성과 진행에 있어 자유로움이 있다. 회중들은 예배 가운데 다양한 은사들, 즉 방언, 통역, 예언, 엑스터시의 경험, 노래와 춤 등을 나눌 수 있고 성령의 자유하심이 강조된다. 즉, "성령은 자신이 원하는 곳에서 역사하고 자신이 택한 사람을 사용한다."는 사실이 강조된다.[24] 그런 점에서 오순절 예배 전통은 퀘이커파를 제외하면 가장 예배 형식과 내용에 있어서 자유롭다. 예배에 있어서 가장 실질적인 강조는 인쇄된 성경의 장절에 있는 것이 아니라 사람들 가운데 거하시며 역사하시는 성령에 초점을 맞춘다.

오순절교회의 예배 전통이 발생하는 데는 다른 예배 전통과 긴밀하게 연결되어 있다. 이것은 17세기 말에서 18세기 유럽과 북미에서 일어난 부흥운동의 영향으로 칼뱅주의, 루터교, 알미니안주의의 설교자들이 그리스도인의 삶에서 특별한 회개와 경건이 강조되었던 흐름과도 연결되며, 감리교가 미국으로 확산되어 일어난 성결운동(Holiness Movement)과도 연결된다. 또한 찰스 피니(Charles G. Finney)와 드와이트 무디(Dwight L. Moody), 르우벤 A. 토레이(Reuben A. Torrey)의 부흥운동과 영국의 케직 사경회[25]와도 연결된다. 그러나 오순절교회의 전통의 진원지는 20세기의 첫 시간, 즉 1901년 1월 1일에 미국의 캔자스 주 토페카에서 일어났다. 감리교 부흥사였던 찰스 파함(Charles. F. Parham)이 그곳에 벧엘 성서신학교를 설립하였는데 교재는 오직 성경만 사용하였고 그

---

24. White, 「개신교 예배」, p. 331.
25. 1875년에 영국에서 시작된 케직(Keswick) 사경회는 개혁주의 전통에서 나온 성결운동으로 미국의 오순절운동에 지대한 영향을 주었다. 이것은 성경 연구와 성결 촉진을 위한 일련의 집회를 통해 전개되었던 '고상한 그리스도인의 생활 운동'에서 비롯되었는데, 아름다운 풍광을 자랑하는 도시, 케직에서 연례 천막 집회로 정착하였는데, 이곳의 참석자들은 성령세례야말로 '성령충만'이라고 인정할 수 있는 지속적인 승리의 삶을 가져오는 것이라고 믿었다. 이것은 성결과 봉사를 강조하는 초교파 모임이었는데, 지도자들의 대부분은 영국교회 소속 성직자들이었다.

때 사도행전을 공부하고 있었다. 사흘 동안 밤낮으로 기도하던 중에 1901년 1월 1일 새벽 여명이 밝아 올 무렵 아그네스 오즈맨(Agnes Ozman)이라는 여학생이 먼저 방언을 받았고, 다른 신학생들도 열심히 기도하던 중에 성령세례를 받고 방언을 하게 되었다. 그들은 복음을 전하고자 하는 충동이 생겨 길거리로 뛰쳐나가 복음을 전하였고 그 결과로 세 곳에 교회가 세워졌다. 이것이 20세기 성령 운동의 시발이었으며, 현대 오순절운동의 도화선이 되었다.

이렇게 토페카에서 발원한 불길은 들불처럼 퍼져 나가 그해 캔자스, 오클라호마, 미주리, 텍사스 주 등으로 퍼져 나갔고, 1906년 캘리포니아 주의 로스앤젤레스의 아주사 스트리트(Azuza Street)에서 시작된 부흥운동에서 강력한 성령의 역사가 나타난다. 흑인 설교자였던 윌리엄 세이마우어(William J. Saymour)에 의해 인도되던 이 모임은 '사도 신앙 복음선교회'(The Apostle Faith Gospel Mission)로 언론에 알려지고 그곳에서 7년 동안이나 부흥집회가 이어지면서 국제적 신앙운동의 진원이 되었다. 수백 명이 방언을 하는 것으로 입증되는 성령세례를 받았고 수백 명이 병 고침을 체험하였으며 눈앞에서 일어난 놀라운 역사를 수천 명의 사람들이 목도하게 되었다. 거기에서 은혜를 체험한 사람들이 전역으로 흩어져 그 신앙을 전하고 교회가 세워졌으며, 이러한 영향으로 짧은 시간에 각처에 오순절교회가 세워지게 되었다. 그들은 많은 공통점을 가지고 있기는 하였지만 자신들만의 예배 의식을 나름대로 발전시켰다.

1914년 오순절교회의 총회가 아칸소 주 핫스프링(Hot Spring)에서 처음으로 열렸는데, 성령 받은 오순절 성도들이 하나님 나라를 위하여 연합하고 협력하기 위한 취지에서이다. 반목과 분열을 조장하는 행위를 완전히 배제하고 오직 하나님 나라의 확장과 열렬한 복음전도를 위해 협력하고 성령이 하나 되게 하신 것을 힘써 지키려는 취지에서 총회는 교단명을 '하나님의 성회'(The Assemblies of God)라고 명명하게 되었다. 여기에서 정치제도는 회중 합의제(Congregational Agreement)를 채택하여 감독제도나 중앙집권제를 배제하고 개교회의 자율성을 강조하는 개교회 중심제를 채택하였다.

이러한 오순절운동은 빠르게 제3세계 지역으로 퍼져 나갔고 토착형태의 교회와 예배로 발전해 나간다. 남미, 아프리카, 한국 등에서 오순절운동이 활발하게 진행되었다. 초기에 교회들은 충격과 놀라움의 반응과 적대적이고 방어적인 자세를 보였으나 오순절운동은 다른 교단에도 성령의 역사와 은사에 대해 강한 관심을 불러일으켰다. 일반적으로 오순절 교회는 다른 교단에 비해 사회적으로, 경제적으로 소외되고 낮은 위치에 있는 빈곤층의 교인들이 많이 생겨났으며, 이는 그들에게 더 많은 관심을 보인 결과로 보인다.

오순절교회의 예배를 총괄하여 그 특징을 말한다는 것은 쉽지 않는 일이다. 왜냐하면 많은 공통점이 있으면서 지역과 교회에 따라 각각의 특징을 가지고 있기 때문이다. 어떤 교회는 세례를 베풀 때 관수례로 행하기도 하고, 침례 방식을 따르기도 한다. 어떤 교회는 유아세례를 베풀기도 하고, 성인세례만 시행하는 교회도 있다. 오순절교회 예배의 가장 두드러진 특징 가운데 하나는 사회적 차별을 초월하여 '오직 예배에 기여하는 은사들 — 즉, 방언, 통역, 예언, 간증, 치유 — 로 평가'된다.[26] 이러한 특징은 자연히 오순절교회 예배에 있어서 평등의식을 고취시켰고, 성령의 은사를 간절히 사모하게 만들었다. 여기에서 목회자의 새로운 역할이 요구되는데, 예배 가운데서 성령의 역사와 인도하심에 민감하여 기꺼이 순종하겠다는 마음이 있어야 한다. 오순절 예배 전통에서는 예배 형식을 따라 진행되고 예상이 크게 빗나가지 않지만, 예배 순서는 목사가 관할하는 것이 아니라 성령께서 주관해 가시는 영역이라는 이해가 필요하다. 목사는 그 진행에 단순히 협력하는 자일뿐이며, 지배자가 아니라 단순히 '사회자'로 역할하게 된다.

오순절교회 예배에는 종말론적 특성이 강하다. 초기부터 성령임재의

---

26. White, 「개신교 예배」, p. 341.

여러 가지 표적들은 임박한 시대의 종말을 나타내는 자료로 이해하였고 천년왕국에 대한 강한 소망을 토대로 한다. 그러므로 오순절 예배는 '예배 그 자체가 그 나라를 미리 맛보는 것이며 또한 그 나라가 임함을 촉진시키는 수단'이었다.[27] 이러한 특징에는 오순절 예배의 찬송에도 잘 반영되어 나타난다.

 매주 성만찬을 행하는 교회도 있지만 대부분의 오순절교회는 자주 성만찬을 거행할 필요성을 크게 느끼지 못한다. 연 1~4회가 일반적이며, 매월, 혹은 매주 행하는 교회도 있다. 어떤 교회는 요한복음 13장의 전통을 따라 성만찬과 세족식을 연결하여 시행하기도 한다. 교회력에 대해서는 상대적으로 무관심한데, 주로 성탄절과 부활주일만 지키는 경우가 대부분이다.

 예배 가운데서나 신앙생활 가운데서 가장 중요한 것은 성령의 은사를 받는 것이다. 여기에서 은사는 방언을 말하는 것인데 이것을 성령세례의 결과로 이해하고는 한다. 성령세례는 구원의 완성이며, 이것은 성화와 밀접한 관련이 있는 것으로 이해한다. 또한 예배 중의 중요한 사역은 병든 자를 위한 치유사역이다. 병자는 회중들 앞에 나아와 무릎을 꿇게 하며 목사와 치유의 은사를 가진 교인들이 나아와 함께 안수하며 기도한다. 이러한 사역에서 야고보서의 가르침을 따라(약 5 : 14) 기름을 바르는 순서를 갖기도 하며, 이것은 주일예배의 통상적 순서로 도입되는 경우가 많다. 예배에서의 기도는 중요한 영역이다. 모든 기도는 주기도 외에는 구두기도이며 성령 충만한 예배는 기도로 풍성하다고 생각하여 열렬한 기도를 드리는 것이 일반적이다. 여기에서는 방언기도, 통성기도 등의 형식으로 기도하며 손을 들고 기도하는 신체적 활동도 동반된다. 예배 악기는 아주 다양하게 활용되는데 예배 분위기를 고양시키기 위해 탬버린과 북도 사용되기도 하고, 색소폰이나 아코디언 등의 모든 종류의 악기가 동원되고는 했다.

---

27. 위의 책, p. 343.

그러나 이런 예배 전통은 정체되지 않고 꾸준히 발전하는데 특히 성령의 인도하심에 대한 민감성을 중요하게 생각하는 오순절교회의 예배 전통에서는 그러한 특징이 더 두드러진다. 그중에서도 최근에 들어와 오순절교회 예배는 다른 전통과 더 많은 접촉을 갖기 시작하였으며, 다른 전통의 특징들을 받아들이기도 하고 동화되기도 하면서 발전했다. 그 중에서 가장 두드러진 것은 음악 분야에서 가장 강하게 나타나며, 제3세계에서는 사회정의 문제에도 깊이 관심을 기울이게 된다. 또한 교인들의 교육수준이 높아지면서 설교의 수준에도 많은 변화가 일어나 지적 차원이 많이 보강되게 되었다. 교회 건축에서도 변화가 일어나는데 아름다운 장식과 파이프오르간 등이 장착된 거대한 교회당이 지어지기도 했다. 이런 물량적 발전을 과시하는 것에 대해 심각한 반발도 일어났고, 저항하는 움직임도 있었다.[28]

4. 그리스도의 제자의 교회(The Christian Church-Disciples of Christ)

그리스도의 제자의 교회(이하 제자회)는 북미주에만 주로 기반을 두고 있어 한국에는 크게 잘 알려지지 않은 교단이지만, 북미의 주요 교단 가운데 하나로 지역교회는 회중제도를 채택하고 있다. 1800년대 초기 미국이라는 토양에서 세워졌으며 '파편화된 세상에서 온전성을 위한 운동'(movement for wholeness in a fragmented world)을 일으키는 데 초점을 맞추고 있는 교회이다. 이 교단은 1800년에 결성되어 그리스도 안에서 하나 됨을 실현하기 위한 비전을 가지고 개방성과 다양성을 인정하

---

28. 이런 저항의 하나로 '늦은 비 신질서'(the New Order of Latter Rain) 운동을 들 수 있는데 이것은 1947년 캐나다에서 시작되어 오순절교회 예배에 있어서 늘어나는 형식적 의례들에게 저항하는 움직임을 나타냈다. 또한 이것은 복고와 귀환을 주장하는데 신약성경 자체로의 복고와 귀환뿐만 아니라 초기 오순절운동의 정신으로의 복귀를 부르짖었다. 이것은 최근에 이단성 시비가 일고 있는 신사도운동(The New Apostolic Reformation)으로 연결된다.

는 교회로서의 정체성을 형성해 가고 있다.[29]

　19세기 초 미국 변방에서 발생한 대부흥운동에 뿌리를 두고 있으며, 이것은 그리스도의 교회(Church of Christ)와 같은 뿌리에서 시작하였고, 이들 모두는 이른바 신약성경이 보여 주고 있는 예배의 실행과 초대 교회의 질서를 복구하려 했으며 인간의 신조를 거부하면서 시작하였다. 초대교회로 돌아감으로써 종파주의의 벽을 뛰어넘으려는 다양한 종교운동을 낳았다. 제자회는 이러한 종교운동으로부터 시작되었는데 그 대표적인 것이 애팔래치아 산맥 너머 변경지방인 펜실베이니아와 켄터키 주에서 일어난 토마스와 알렉산더 캠벨 부자가 주도한 흐름이 있었는데, 이 흐름은 기독교의 일치와 연합을 추구하면서 일어난 운동이었다. 그들은 스코틀랜드 장로교 출신인데 다른 교단의 회원을 유지하게 만드는 교리적 분파주의(dogmatic sectarianism)에 반기를 들면서 교회의 연합을 주창하였다. 둘째는 켄터키의 바턴 스톤(Barton W. Stone)이 주도한 운동이었는데 역시 장로교인이었던 그들은 신조의 사용에 대해, 특히 성만찬 상에서의 신조의 사용이 교회를 갈라놓고 있다고 주장하면서 그 사용을 반대한다. 이렇게 캠벨 부자와 스톤 등이 전개한 두 운동이 1832년에 합병하여[30] 그리스도의 제자회가 되었다. 이것은 중서부변경을 따라 급속도로 성장했다. 그리스도의 교회 제자회는 신약성경이 제시하는 믿음과 실천으로 돌아가 그리스도인의 일치를 회복하기를 원하는 강한 열망으로부터 시작되었다.

　여기에서 '그리스도인들'(Christians)이라는 용어는 스톤이 주도한 운동에서 사용되었는데 이것은 교회의 특성을 가장 잘 보여 주는 성경적

---

29. 교세는 2010년 기준으로 교회 수는 3,754개, 교인은 691,160명, 목사는 7,191명이며, 실제 현장 목회를 감당하고 있는 목회자 수는 3,399명으로 확인되고 있다. "The Disciples Today", 교단 홈페이지 http://www.disciples.org/AboutTheDisciples/TheDisciplesToday/tabid/68/Default.aspx 참조(2010년 8월 9일 검색).
30. 이러한 두 그룹의 목표와 실천은 비슷했는데 캠벨과 스톤이 주도한 운동은 따로 약 25년 정도의 활동을 따로 가진 다음에 1832년 함께 연합하게 되었다.

포괄성을 가진 용어이라고 생각했기 때문이며, 이것이 바로 교단의 이름을 떼어 내 버릴 수 있는 것이라고 생각했기 때문이다. '그리스도의 제자들'(Disciples of Christ)라는 명칭은 캠벨이 유사한 이유로 붙이게 되었는데 이 용어가 '그리스도인들'이라는 단어보다 훨씬 더 겸손해 보인다는 생각에서였다.[31]

이렇게 두 흐름이 합병되었지만 그리스도의 제자회의 기본 철학인 신약성경이 제시하는 신앙과 실천이라는 기초 위에서 모든 그리스도인들을 통합하려는 것은 여러 갈래로 분열된 개신교회를 통합하지 못하고 실패하게 되었고, 공동강령을 마련하여 그 규정을 더 공고하게 하려고 하면서 다툼이 일어나 내부에서 분열이 발생하게 된다. 강령에는 제자회의 믿음과 조직, 그리고 예배가 신약성경이 제시하는 규범과 관례에 따라야 한다고 규정하였지만 지역적, 문화적 차이 때문에 19세기 중반에는 예배에 오르간이 사용되기도 하면서 성경을 중시하지 않는 풍조라고 비난한다. 이런 갈등으로 인해 1906년에 제자회에서 보수적 입장을 견지하는 그룹들이 '그리스도의 교회'란 이름으로 분열하기에 이른다.

몇몇 교회들은 예배 형식을 바꾸어 보려고 했지만 전형적 제자회 예배에서는 대체로 기도와 찬송, 설교, 주일마다 하는 성찬식 등의 기본 골격을 아직도 유지하고 있다. 대부분의 교회들은 예배에서 악기의 사용을 거부하지 않고 있다. 또한 다른 예배 전통을 향하여 개방성을 견지하고 있으며, 에큐메니컬 입장을 견지하면서 연합 활동에 계속적인 관심을 가지고 있다.

5. 그리스도의 교회(The Church of Christ)

앞서 언급한 대로 그리스도의 교회의 초기 역사는 제자회와 동일하

---

31. Colbert S. Cartwright, *People of the Chalice, Disciples of Christ in Faith and Practice* (St Louis, MO : Chalice Press, 1987).

다. 종교개혁 이후 많은 교파가 형성되고 신조, 헌장, 조직, 예배의식, 학설 등을 내세우면서 혼란을 거듭하자 여기에 회의를 느낀 장로교 목사에 의해서 신약성경이 말하는 그 교회를 세우고자 하는 열망으로부터 시작되었다. 예수님이 친히 세우신 그리스도의 교회는 하나이며, 초대교회는 신조나 헌장, 조직 등으로 세워진 교회가 아니라 지역마다 세워진 지역교회로서 서로 협력하는 협력체제였음을 강조하면서 성경 외에 어떤 인위적 신조나 헌장, 학설에 의존하지 않는다는 주장에서부터 출발한 교파이다.

성경이 말하는 것을 말하고 성경이 말하지 않는 것을 말하지 않으려고 하였으며, 세례도 인위적인 방법을 배제하고 예수님께서 세례 요한에게 받으신 방식으로 받아야 한다고 주장하면서 침례 방식을 주장한다. 그리스도의 몸 된 교회 위에는 누구든지 군림할 수 없기 때문에 모든 성도들이 함께 참여하여 중요한 의제를 결정해 나가는 회중정치 제도를 따른다. 성찬식을 예수님이 다시 오실 때까지 행하라고 하셨으며 초대교회가 매 주일 떡을 떼려고 모인 모범을 따라 매 주일 거행하는 것을 원칙으로 하고 있다. 교회의 이름은 인위적으로 붙이지 않고 역시 그리스도의 교회라고 칭하고 있으며, 성경과 초대교회로 환원하려는 움직임 때문에 '환원주의 예배'(restoration worship)로 이해하기도 한다. 책은 성경만, 신조는 그리스도만, 명칭은 하나님의 것으로만, 주장은 복음만, 일치의 근거는 성경적으로만, 기본교리는 일치(unity), 성경이 명시하지 않는 내용에 대해서는 자유를, 매사는 사랑으로 하는 차원으로의 '환원'을 부르짖는다. 그리스도의 교회의 주일예배에는 무반주 회중찬양, 기도, 성서공부, 설교, 헌금, 성찬 예식 등으로 이루어진다. 그밖에 주중에는 별도의 예배와 성서공부, 특별모임, 전도모임 등이 있다.

그리스도 교회의 예배는 신약성경이 제시해 주는 대로 예배한다는 원칙을 가지고 있으며, 다섯 가지 요소로 구성하는데 찬송, 기도, 가르침, 연보, 주의 만찬이 그것이다. 요한복음 4 : 24에 근거하여 세 가지 원칙을 수립하는데 예배는 하나님을 향하는 것이어야 한다, 성령에 의해서 고무된 것이어야 한다, 진리에 따른 것이어야 한다는 원칙이 그것이었다. 설교는 본문 중심의 강해설교 형식을 선호하며, 예배 때 찬송은 악기를 사용하지 않고 아카펠라 형식으로 찬양한다. 신약성경이 악기를 사용하지 않았기 때문이라고 이해하면서 만약 악기를 사용하는 것은 성경의 권유에 따른 것이 아니라 사람의 욕구를 충족하기 위한 목적 때문이라고 주장한다. 기도는 첫 기도, 주의 만찬 기도, 헌금기도, 마지막 기도 등이 있으며, 흔히 마지막 기도는 축도라고 명명하지 않으며 목사만의 것으로 제한하지도 않는다. 기도할 수 있는 성도면 누구나 할 수 있다고 생각한다. 고린도후서 13 : 13의 내용을 가지고 축도를 하는 것은 각 교단에서 제도로 정한 것이라고 이해하기 때문이며 목사의 축도문으로만 이해하지 않는다. 이런 점에서 모든 성도들은 예수님의 십자가의 은혜로 왕 같은 제사장으로 이해하면서 만인제사장설을 따라 예배한다. 축도의 의미를 빌린 마지막 기도도 모든 기도는 예수님의 이름으로 기도한다는 원칙을 따라 "있을지어다."와 같은 표현을 사용하지 않는다. 헌금은 은밀하게 드리는 것이 성경적 원칙이라고 이해하며 감사헌금, 주일헌금, 십일조 등과 같이 따로 분류하지 않고 모든 헌금은 하나님께 드리는 감사헌금으로만 분류한다. 성찬은 매 주일에 행하고 있으며, 세례는 침수 방식을 따라 행하며, 죄 사함을 위한 것이라고 이해한다.

19세기 중엽 성서적 근거와 예배 시 악기를 사용할 것인가를 놓고 논쟁이 일어났다. 이러한 의견 차이로 1906년 '그리스도의 교회'로 분립되었다. 신약성경에 이런 문제에 대해 아무런 언급이 없으므로 이것들이 근거 없는 쇄신이라는 확신 때문이었다. 그리스도의 교회는 보수적인 입장을 취하며 무악기파로 분류되었다. 분열 이후 그리스도의 교회는 급속히 성장해 갔다. 조직된 어떤 단체를 세우는 것을 원치 않았으면서도 선교 사업에 힘써 외국의 100여 곳에서 선교활동을 벌였고, 여러 대학을 설립하기도 하고 고아원과 양로원도 세웠다. 한국에는 1937년에 전파되는데 다른 교단처럼 선교사들에 의해서 세워지지 않고 미국 유학에서 돌아온 한국인에 의해서 시작되었다.[32] 특히 한국의 그리스도의 교회는 초대교회로 환원하는 것이 외면적인 부분에 만족할 것이 아니라 내면적 차원을 강조하면서 한국적 상황에 적합한 교회로 세워 가려고 노력하고 있다. 1974년 한국 그리스도의 교회 선언이 발표되었고 유악기파와 무악기파로 크게 구분되어 교세를 확장해 가고 있다.[33]

---

32. 그들의 이름은 동식기, 강명석, 성낙소 등이며 인위적인 신조나 전승을 거부하고 성경으로 돌아가 그 원리에 따라 교회를 세우고 예배하려는 환원주의 운동에 감동을 받아 귀국하여 그리스도 교회를 시작하게 되었다. 1937년 조선기독교회로 등록하였다. 그러나 교파를 형성하지 않고, 그리스도의 교회라는 표현은 교파적 개념으로 사용한 것이 아니라 그리스도께 속한 교회임을 서술하기 위한 명칭으로 사용하였다. 교회들은 아이들과 노인들, 전도사역을 돕기 위해 연합 활동을 펼칠 뿐이다. 보다 자세한 것은 최재운, 「한국 그리스도의 교회사 : 유악기 그리스도의 교회를 중심으로」(서울 : 태광, 2005)를 참고하라.
33. 한국의 신학대학을 중심으로 구분해 보면 그리스도대학교는 무악기파, 서울기독대학교는 유악기파이다.

결 론

에큐메니컬 운동에 나타난 예배·예전에 비추어 본 한국장로교회의 예배·예전

김세광 교수(서울장신대학교, 예배·설교학)

Ⅰ. 세계교회의 예배·예전에서 장로교 예배의 자리와 특징들

개혁교회는 역사적으로 약간의 신학적 차이를 보이며 수없이 분열되어 왔기 때문에 개혁교회 예배연구를 통해 하나의 원리와 예전을 도출하기란 매우 어렵다. 예를 들면, 위키피디아 사전에 올라와 있는 자료만 보아도 1999년 전 세계의 개혁교회는 746개 교단에 이른다고 기록되어 있는데, 실제 개혁교회 숫자는 상상할 수 없을 만큼 이보다 더 많다. 한기총에 가입된 회원교회로 가입된 장로교회가 52개에 이르고 있는데, 위의 746개 교회에는 고신과 합동만 포함된 숫자인 것이다. 개혁교회 예배에 관한 수많은 책들은 자신들이 속한 개혁교회파의 입장을 설명하는 경우가 대부분인데, 오늘 이 연구의 과제는 이렇게 분열된 개혁교회의 수많은 예배적 논쟁들 속에서 일치되는 점을 찾아내려는 것이다. 이 책에서는 이런 작업의 첫 출발로서 먼저 개혁교회의 출발에서부터 중요한 역사적 근거가 되는 자료들, 즉 츠빙글리, 부처, 칼빈, 그리고 프랑스 개혁교회, 네덜란드 개혁교회, 스코틀랜드 개혁교회, 스코틀랜드 장로교회, 미국장로교회, 마지막으로 한국장로교회를 연구했다. 그 다음 작업으로 개혁교회 예배와 큰 차이를 보이는 다른 교파들, 즉 로마가톨릭교회, 동방정교회, 성공회, 루터교회, 감리교회, 침례교회, 회중교회, 오순절교회(하나님의 성회), 그리스도의 제자의 교회, 그리스도의 교회 등의 예배를 연구함으로 개혁교회 예배의 특징과 고유한 예배신학을 살펴보았다.

이러한 연구의 목적은 개혁교회가 보존하며 충실히 지켜 나아가야 할 예배를 찾아서, 세계교회와의 일치를 위해 새롭게 해석하고, 타 교단의 예배신학과 관습과 대화하며 교류할 수 있는 것들을 정리하려는 것이다. 다시 말하면 현대교회의 예배신학과 관습의 의의와 가치를 존중하며, 대화와 교류를 통해 개혁하는 교회(reforming church)로서의 예배를 전망하는 작업인 것이다.

이 책의 결론으로서 본 소고는 먼저 장로교 예배의 역사적 유산들을 개혁적 신학에서 조명하는데, 미국장로교회와 한국장로교 예배의 예배문서들을 분석함으로 우리의 입장을 정리한다. 다음으로는 장로교회 예배의 주위 환경으로서 현대교회 예배의 변화에 대해 장로교회의 예배가 어떻게 대처해야 하는가에 대해 논하려고 한다. 마지막으로 하나님 나라의 백성으로서 장로교 예배가 어떠한 예배 신학적 틀을 세우고 실천적 적용을 할 수 있을지에 대해 제안한다.

1. 장로교예배의 정의

예배의 신학적 이해는 예배에 대한 신학적 모델에 따라,[1] 또는 교파마

---

1. James Empereur는 예배의 신학적 모델을 7가지로 나누어 설명하는데, 이를 통

다 강조점이 다른데,[2] 그중에서 장로교회의 예배의 정의는 다음과 같다. 즉, 개혁교회(장로교회)에서는 예배란 하나님의 초월성과 주권적 은혜로 인간을 연약함과 죄에서 구원하셨다는 복음을 이해하고, 선포하며, 실행하는 것이다. 예배를 복음 선포의 장으로 이해하는 것은 루터교보다 훨씬 강했는데, 이때 복음의 내용 중에는 하나님의 절대주권이 우선적으로 강조되었다. 웨스트민스터 소요리문답에도 "하나님은 그의 존재, 지혜, 힘, 거룩, 정의, 선과 진리에 있어서 영적이시고, 무한하시고, 영원하시고, 변함이 없으시다."고 선언하는데, 그러므로 개혁교회의 예배는 언제나 죄의 고백이나 참회의 시편을 예배의 전반부에 사용한다. 칼빈에게 예배란 그리스도의 몸의 표현으로 생각되었는데, 그리스도의 몸을 가장 적절하게 표현하는 것은 '거룩'과 '순결'로 보았다. 그러므로 예

해서 예배의 다양한 이미지를 보게 되므로 예전적 경험과 통찰을 풍요롭게 할 수 있다고 주장한다. 7가지 모델이란 예전적 모델(The Institutional Model), 신비적 모델(The Mystery Model), 성례전적 모델(Sacramental Model), 선포적 모델(The Proclamation Model), 과정적 모델(The Process Model), 치유적 모델(The Therapeutic Model), 해방 모델(The Liberation Model)등이다. James Empereur, *Models of Liturgical Theology*(Nottingham, England : Grove Bks, 1987)을 보라.
2. 예전적 예배는 구속사의 실행, 자유교회예배는 하나님께 영광을 돌림, 은사적 예배는 성령님의 역사에 대한 응답을 표현한다. 교단별로는 동방교회는 예수님의 신비적 임재(A. Schmemann, *Introduction to Liturgical Theology*. Faith Press, 1966), 로마가톨릭교회는 그리스도의 구속사를 경축(Otto Casel, *The Mystery of Christian Worship*. DLT, 1962. ; J. D. Crichton, "A Theology of Worship," The Study of Liturgy, Oxford, 1978, 3-29), 루터교회는 말씀과 성찬을 통하여 복음을 선포할 때 믿음으로 응답함(Peter Brunner, *Worship in the Name of Jesus*, Concordia, 1968.) ; 성공회 예배는 믿음의 성육신적인 성례전적 모티브를 강조한다(E. Underhill, *Worship*, Harper&Brothers, 1937). 침례교 예배는 회중 가운데 있는 하나님의 임재의 신비를 느끼고 능력을 체험하고, 온전하게 됨. 감리교 예배는 공중의 행위로서 그리스도와의 관계, 그리스도적 삶, 직업적 소명과 깊은 관련이 있다(G. Wainwright, *Eucharist and Eschatology*, Epworth, 1971). 개혁교회는 하나님의 초월성과 위대하심에 대한 인간의 연약함과 죄를 강조하면서 복음을 이해하고, 선포하고, 행하는 것을 지향한다.

배에서는 하나님의 절대주권 앞에서 인간의 죄의 고백적 성격이 강조될 수밖에 없다. 최근의 대한예수교장로교총회(통합) 헌법에서도 예배는 하나님의 주권적 행사임을 강조하면서 의미를 설명하고 있는데, 즉 예배란 "하나님을 섬기는 성도들의 응답이며 구체적인 행위이다. 이 예배는 인위적인 행사로 되는 것이 아니며 성경말씀의 증거와 성례전 가운데서 성령의 역사를 통하여 보여 주신 예수 그리스도의 구속의 은총을 깨닫는 믿음 가운데서 이룩되어야 한다."[3] 따라서 복음의 실행적 성격을 이해하고 강조하기 위해 장로교회의 예배를 다음과 같이 사건으로 이해할 필요가 있다.

1) 예배는 그리스도의 사건이다

예배는 성부 하나님, 성자 하나님, 성령 하나님께 드리는 것인데, 삼위일체 하나님에 대한 예배는 그리스도의 성육신 사건의 경축을 통해서 가장 잘 표현된다. 왜냐하면, 그리스도의 인격과 사역 속에서 하나님께 대한 영광과 감사, 그리고, 성령님의 충만한 임재, 예수 그리스도와의 인격적 만남을 이룰 수 있기 때문이다. 이러한 예배적 이해는 말씀과 성만찬 속에서 가장 분명하게 나타난다. 그러므로 최근 모든 예배 갱신의 방향은 교회마다 다른 예전으로 표현을 하지만, 기본적으로 말씀과 성만찬의 구조를 유지한 예배를 지향하고 있다. 한국교회도 지금까지 지녀 온 열정적인 말씀만으로는 그리스도의 사건을 다 표현할 수 없음을 인식하고 성만찬의 중요성을 강조하는 교회가 많아지고 있다. 말씀에 대한 열정을 지닌 채 은혜롭고 감동적인 성만찬을 계획하고 시도하는 것이 필요하다.

2) 예배란 하나님 나라(새 하늘과 새 땅)의 사건이다

예배 회중들은 각자의 삶의 현장으로부터 하나님의 백성으로 부름을

---

3. 「헌법」(서울 : 한국장로교출판사, 2006), 제4편 2장.

받고 예배로 나아온다. 여기서는 전과는 다른 언어를 쓰고, 전에는 하지 못했던 생각을 하고, 품을 수 없었던 꿈을 꾸게 된다. 전에 살던 세상이 아니라, 하나님 나라이기 때문이다. 이곳은 하나님이 주인이시고, 그의 법에 순종하며, 그의 뜻대로 통치된다. 여기서 우리가 살던 세상에 대한 새로운 마음과 계획을 갖게 되고, 새로운 목표로 살 것을 결단한다. 존 버카트(John Burkhart)가 예배란 '삶의 리허설'[4]이라고 말한 것도 이런 맥락에서 이해할 수 있다. 이러한 예배자들의 세상을 향한 준비와 노력들은 세상의 권세 잡은 자(사탄)의 입장에서 볼 때는 위협이요 도전이 아닐 수 없다. 이것에 대해 개혁 신학자 폰 알멘(von Allmen)은 예리하게 지적하고 있는데, 예배자들은 예배에서 세상의 종말을 청원하고 있다는 것이다.[5] 예를 들면, 주기도문을 하면서, "아버지의 나라가 오게 하시며"라고 외친다. 세상의 종말을 바라면서 하나님 나라의 도래를 청원하는 것이다. 그러기에 예배는 정치적 행동이라고 말하기까지 하는 이유가 그 때문이다. 예배에 대한 이런 이해는 예배를 수동적 자세에서 적극적이고 능동적인 참여자로 이끌기에 충분하다.

3) 예배란 하나님의 백성의 공동체 사건이다

주일예배가 개인의 사적 예배와 다른 점은 공동 예배라는 데 있다. 주일예배는 예배 회중 각자가 그리스도의 한 몸의 지체임을 확인하고 경축하는 공동체 의식이다. 따라서 모든 예배의 모든 요소들은 공동체성이 표현되어야 한다. 주일예배 시에 기대하는 예수님의 임재도 사적인 예배와는 다른 임재 방식이라는 것을 강조함으로(마 18 : 20) 주일예배의 중요성을 드러낼 수 있다. 또한 교회에 속한 모든 교인들이, 특히 어린 아이들까지도 한 몸이라는 것을 느끼게 해 주면 좋겠다. 이러한 한 몸

---

4. John E. Burkhart, *Worship* (Philadelphia : Westminster Press, 1982), p. 31.
5. J. J. von Allmen, *Worship* : *Its Theology and Practice* (New York : Oxford University Press, 1965), pp. 33f.

의식은 이웃 교회와 세계 교회까지 확대시킬 수 있다. 나아가 우주적 교회의 지체로서 시공을 초월하여 과거의 성도들과도 연합하고, 또한 천상의 천군 천사들과 함께 드리는 예배가 될 수 있을 것이다. 예배공동체로서의 회중은 자연히 제사장적 임무(벧전 2:5, 9 ; 롬 15:16)를 지니게 되는데, 예배에 나아오지 않은 세상 사람들을 위한 제사장적 사명을 갖게 되는 것이다. 그런 의미에서 예배와 선교는 따로 구분할 수 없다. 예배에서 이미 선교는 시작되는 것이다.

2. 장로교회 예배(개혁교회 예배)의 원리

하워드 라이스는 그의 책 *Reformed Worship*에서 개혁교회가 비록 많은 분파와 신학적 관점의 차이가 있어도 공통적인 특징으로 내세울 수 있는 다음 여섯 가지를 통찰력 있게 설명하였는데, 이것들은 앞으로 예배에 관한 타 교단과의 대화나 예배의 다양성에 관한 논의에서 중요한 지침이 될 것이다. 그가 제시한 여섯 가지를 따라가며 점검해 보자.[6]

첫째, 공동체성(community)으로 개혁교회는 예배자를 하나님과 계약을 맺은 백성공동체로 이해하고, 그 증거로 전통적으로 사적 예배(private worship)를 금해 온 것으로 설명하는데, 성례전의 집행과 참여자에 대한 결정들을 목사 개인이 아닌 당회가 결정하는 것이나, 교회 중대사의 최종적 판단을 공동의회에서 다루는 것도 공동체성의 표현으로 해석할 수 있을 것이다.

둘째, 예배 회중의 참여를 격려한다(the involvement of the people)는

---

6. Howard Rice and James C. Huffstutler, *Reformed Worship* (Louisville, KY : Geneva Press, 2001), pp. 6-8. ; 여섯 가지 항목에 대해 Peter C. Bower가 편집한 *The Companion to the Book of Common Worship*(Louisville, KY. : Geneva, 2003), pp. 6-13에서는 liturgy and life, word and sacrament, freedom and form, people and participation, the formative role of scripture, and contemporary and traditional languag를 든다.

점을 들고 반주 없이도 독립적으로 찬송할 수 있는 능력이나 설교 시에 노트할 것을 권장하는 것을 예로 든다. 그런데, 회중의 참여는 모든 교회의 예배에서 목표로 하는 것이고, 심지어 예전적 예배에서 더욱 적극적으로 표현하려고 하는 것인데, 개혁교회의 예배에서는 목표와는 달리 회중이 다감각적으로 표현할 수 있는 기회를 제공하지 않았다는 지적을 받을 수 있을 것이다.

셋째, 단순성(Simplicity)으로 개혁교회 예배의 초점은 인물이나 사물이 아니라 하나님의 말씀이므로, 예배 형식이나 예배실 구조에서 설교단 이외에는 매우 삭막하고, 장식을 할 때도 실용성을 우선시한다는 것이다. 단순성이 분명 칼빈에서부터 전해 내려온 개혁교회의 전통인데,[7] 단순성의 기준에 있어서 교단마다의 차이가 있음을 알 수 있다. 로마가톨릭교회의 경우 제2바티칸 공의회의 결정 중에 '단순하고 이해하기 쉬운' 예전을 규정하지 않았는가!

넷째, 말씀과 성례전의 연합인데, 칼빈을 비롯하여 부처, 루터 등 종교개혁자들이 중요하게 생각했던 바다. 루터는 회중이 말씀만을 강조하고 성찬에 소홀한 것을 지적하면서 "하나님은 우리에게 오감각을 주셨는데, 예배에서 이를 다 사용하지 않는 것은 불충실한 것이다."라고 말하기까지 했다. 위에서 길게 언급한 것처럼 비록 성공은 못했지만 칼빈이 그토록 이루고자 했던 바인데,[8] 오늘 대부분의 개혁교회들이 이를 실행하지 못하고 있다.

다섯째, 시편의 중요성(the importance of the Psalms)을 강조한 점이다. 초기 개혁자들은 시편에 대한 지식과 사랑이 극진한 것으로 알려졌

---

7. Bard Thompson, *Liturgies of the Western Church* (Philadelphia : Fortress Press, 1961), p. 194.
8. 칼빈, 「기독교 강요」(서울 : 생명의 말씀사, 1995), 4. 17. 46에서 칼빈은 일 년에 일 회의 성찬관습에 대해 마귀의 간계라고 하면서 "주의 식탁은 적어도 일주일에 한 번은 그리스도의 예배에 진설해서 성찬이 선언하는 약속으로 우리를 영적으로 먹이게 하는 것이 옳다."고 말한다.

는데, 모든 예배마다 시편송이 첨가된 것이 그 증거다. 시편의 중요성은 이것이 공동체 예배와 개인 예배를 연결해 준다는 점이다. 함께 읊을 때 그들 각자의 헌신의 도구가 될 수 있다는 것이다. 또 하나, 개혁적 신학을 드러내는 시편의 가치는 하나님께 영광을 돌리는 데 있어서 행위에 붙잡히기보다 하나님의 선하심과 은혜를 선포하게 한다는 점이다. 이는 매우 설득력 있는 해석으로 오늘 개혁교회에서 이어 나아가야 할 귀한 전통이다.

마지막으로 적응성(adaptability)이다. 개혁교회 전통은 항상 변화를 받아들였다. '하나님의 말씀에 의해 항상 개혁되어 가는 개혁교회'라는 모토가 이를 말해 준다는 것이다. 다양한 문화와 급속한 사회적 변화에 적응하여 왔고, 과거에 매이지 않고, 과학, 의학, 민주주의적 개념을 수용하면서 미래로 나아가려는 교회가 개혁교회라는 것이다. 필자는 이 항목에 가장 큰 관심을 두고 싶은데, 개혁교회가 변화에 긍정적이라는 지적은 개혁교회가 미래교회에 능동적으로 대비할 수 있다는 것을 뒷받침하고 있기 때문이다. 실제로 개혁교회가 분파가 많은 것은 그런 변화를 시도한 결과라고 해석된다.

3. 대한예수교장로회총회(통합) 예배의 위치

대한예수교장로회총회(통합) 예배는 초교파적이고 말씀중심의 기도원영성을 지닌 전도 지향적 예배의 특징을 지닌 한국개신교회의 특징을 그대로 가지고 있다. 통합측 예배는 헌법에 실린 「웨스트민스터 신앙고백」과 「대한예수교장로회 신앙고백서」(1986)와 「21세기 대한예수교장로회 신앙고백서」(1997)를 기초로 하고 있고, 「웨스트민스터 예배모범」(*Westminster Directory*, 1644)과 그 이후의 각 나라의 장로교회의 예배적 유산들을 존중한다. 「표준예식서」(2001)발행과 헌법 제4편 "예배와 예식"의 개정(2003. 9.) 시에 스코틀랜드 장로교회 예배와 미국장로교회(PCUSA)의 예배전통의 영향을 받았다. 최근 대한예수교장로회총회(통합) 예배의 위치에 대해서는 제84회 총회에 제안했던 「21세기 교단발전정책제안서」(2000)에 잘 나타나 있다.

　　제2서의 신앙고백에서 정의한 바대로 교회는 '하나님의 말씀이 바르게 선포되고 성례전이 바르게 집례되는 무리들의 모임'인 예배하는 공동체이다. 따라서 신앙공동체로서의 교회의 갱신을 위하여 무엇보다도 초대교회처럼 성례전이 있는 예배를 드리고, 그 예배 가운데서 하나님의 말씀이 바르게 선포되고 정확하게 해석되고 효율적으로 회중들에게 적용되도록 해야 한다. 예배의 갱신을 위하여 그리스도의 케리그마가 살아 있는 예배, 화해의 만남이 있는 예배, 화해를 통한 치유가 이루어지는 예배가 되도록 성도 개개인이 참된 예배자로서 예배에 참여하여 하나님과 교통하는 훈련을 쌓게 한다. 개혁교회의 예배 전통을 지키는 동시에 21세기의 교회를 위한 다양한 예배모범과 교회력에 따른 예배모범을 개발하되, 예배학을 전공한 교수와 목회현장에서 일하는 목회자가 공동으로 준비하게 하므로 신학적으로나 현실적으로 의미 있는 것이 되게 한다. 총회는 장기적인 안목에서 오는 세대를 위한 예배를 위하여 '차세대 예배개발위원회'(가칭)를 두고 신세대들을 위한 예배모범을 지속적으로 연구하게 한다. 한편, 총회는 우리 현실에 맞는 찬송을 개발하여 보급할 수 있도록 재정적 정책적 지원을 하고 개교회 목회자는 성도들이 바른 찬송생활을 할 수 있도록 찬송을 보급하며 지도한다.[9]

II. 달라진 오늘의 상황-장로교 예배의 주위 환경 : 현대교회 예배의 변화의 영향

그동안 현대문화를 예배에 수용하는 문제는 1970년대에는 주로 대학

---

9. "하나님의 영광을 위하여 모든 피조물이 더불어 살아가는 지구생명공체", 「21세기 교단발전정책제안서」(서울 : 한국장로교출판사, 2000), p. 14, 4. 1. 1.

채플이나 젊은이를 대상으로 한 교회나 선교 단체 등에서 실험예배의 성격으로 다루어 왔는데, 1980년대에 들어오면서 빈야드 교회(Vineyard Christian Fellowship)와 경배와 찬양(Worship & Praise) 식의 CCM 사역, 그리고 윌로우크릭 커뮤니티(Willow Creek Community Church)나 새들백 교회(Saddleback Valley Community Church) 등 현대 문화에 민감하게 반응하여 급격한 성장을 이룬 현대 교회들의 등장으로 본격적으로 이슈화되었다. 이러한 변화의 현상들을 정리해 보면, 구도자예배(seeker's service), 전통과 현대의 조화와 교단 간의 예배 전통을 공유하는 융합예배(blended worship) 또는 퓨전예배(fusion worship), 최근에는 또다시 전통적 요소를 새롭게 가미하려는 예배를 포함하여 포스트모던 시대를 반영한 다양한 형태의 예배모습의 이머징 예배(emerging worship)[10] 가 등장했다.

1. 현대 예전운동(liturgical movement) : 예전적 형식과 성찬의 강조

20세기 초부터 형성된 예전운동의 분위기는 1965년 제2바티칸 공의회의 '거룩한 전례에 관한 헌장'이 발표되면서 개신교의 성공회, 루터교, 개혁교회에까지 크게 영향을 미치게 되었다. 그 헌장의 중요한 내용은 자국어 미사실행, 성찬에서 회상(anamnesis)의 강조, 성찬 시에 평신도에게도 잔을 주는 것, 예전의 단순화와 명료화, 지역문화의 적극적인 반영 등이 포함되었는데,[11] 이는 트렌트 공의회(1545-1563) 때에 개신교회

---

10. 이머징 예배(Emerging Worship)에 대하여 Dan Kimball의 두 권의 책 *Emerging Church, the : Vintage Christianity for New Generations* (Zondervan, 2003) 과 *Emerging Worship : Creating Worship Gatherings for New Generations* (Zondervan Publishing House, 2004), 그리고 레너드 스윗(Leonard Sweet)의 책 *Church in Emerging Culture, the : Five Perspectives* (Zondervan Publishing House, 2003)을 보라.
11. Jean Lebon, *How to Understand the Liturgy* (New York : Crossroad,

에 대항하여 닫았던 문을 활짝 여는 의미를 지닌 것이다. 이러한 예전개혁 운동은 에큐메니컬 입장의 개신교단에 영향을 주어 말씀과 성찬의 균형을 위해 성찬을 강조하는 분위기가 형성되었고, 교회력과 예전의 가치에 관심을 가지게 된 것이다. 이 예전운동은 매주 갖는 성찬, 교회력과 성서일과의 사용, 지역문화의 예전복 권장 등으로 나타난다. 현대교회의 이런 흐름을 따라 한국교회의 에큐메니컬 입장의 개신교단, 즉 기독교장로회를 위시하여, 감리교회, 통합측 교회, 기성측 성결교회 순으로 분위기가 형성되어 오고 있다.[12]

2. 신오순절운동(Neo-pentecostal movement) : 성령은사 강조

1901년 미국 캔자스 주의 토페카(Topeka)에서의 부흥사건과 1906년 미국 LA의 아주사 스트리트에서의 부흥사건을 말하며, 또한 1896년 노스캐롤라이나 주의 체로키에서의 부흥사건들로부터 시작된 전통적 오순절운동의 성령체험이 1950년대에 들어오면서 기존의 다른 개신교단에 나타나기 시작했고, 1960년 후반에는 로마가톨릭교회에까지 이르게 되었다.

1950년대 당시 한국교회의 냉대 속에 시작된 여의도순복음교회가 오히려 성령운동의 영향을 기존 개신교회에 영향을 미치게 되었고, 1960년, 1970년대의 기도원운동으로 나타났다. 1971년 '민족 복음화 대회', 1973년 3월 '빌리 그래함 전도대회', 9월 한국에서 개최된 '세계 오순절 대회', 1974년 '엑스폴로 74 대회', 1980년 한국에서 개최된 '80 세계 복음화

1988), pp. 20-22.
12. 총회예식서수정위원회, 「표준예식서」(서울 : 한국장로교출판사, 1997). ; 신앙과 직제위원회편, 「기독교대한감리회 새 예배서」(서울 : 기독교대한감리회 홍보출판국, 2002). ; 기독교 대한 감리회 예문연구위원회, 예문1, 2(서울 : KMC, 2006). ; 새예식서 수정위원회, 「예배와 예식서」(서울 : 기독교대한성결교회출판부, 2005). ; 「희년예배서」(서울 : 한국기독교장로회출판사, 2006).

대성회' 등은 초교파적 성격의 신오순절운동을 잘 나타나 보여 주고 있다. 이러한 대규모집회는 오늘날 부활절 연합예배로 이어져 오고 있는데 한국개신교회의 예배의 예전과 분위기에 직접 간접으로 영향을 주어왔다.

3. 제3의 물결과 빈야드 운동

제3의 물결은 제1의 물결인 정통 오순절운동과 제2의 물결인 신오순절 혹은 은사운동 다음에 일어난 성령운동으로 1980년대부터 활발하게 일어나기 시작했다. 갈등의 소지가 많은 성령세례보다는 성령체험이라는 표현을 사용하는데, 성령체험을 단순한 영적 체험이 아니라 전도를 위한 능력으로 이해했고, 교회성장에 초점을 맞춘다. 이 운동의 중심에 형제교단 목사 존 윔버가 있는데, 척 스미스의 갈보리 채플 펠로우쉽에 속해 있으면서 1978년 빈야드 교회를 개척하였는데, '토론토 브레싱(Tornoto Blessing)'으로 알려진 존 아놋(John Arnot) 목사의 토론토에어포트 교회로 이어졌으며, 이 물결은 플로리다 주 펜사콜라의 브라운스빌 교회로 연결된다. 1982년부터 피터와그너와의 공동강의 '기적과 교회 성장'(The Miraculous and Church Growth)으로 전 세계적인 관심을 불러일으켰는데, 이러한 분위기는 영국교회에도 전해졌고, 이 영향을 받은 니키 검블(Nicky Gumble)에 의해 시작된 알파(Alpha) 코스는 영국, 미국, 그리고 한국교회에까지 크게 영향을 미치고 있다.

이 운동은 찬양을 통해 하나님의 임재와 성령의 자유로운 운행을 경험하는 예배를 갖는데, 친밀감과 함께 축사와 치유의 은사, 넘어짐과 환상, 예언의 은사, 거룩한 웃음과 기쁨 등의 영적 은사를 교회직분을 초월하여 표현하는 것이 특징이다. 그들이 주로 사용하는 어휘, 즉 '성령의 임재', '기름 부으심', '능력전도'(Power-Evangelism), '능력치유'(Power-Healing)를 통해 예배 분위기를 짐작할 수 있다. 빈야드 교회의 예배는 전도에 초점이 맞추어져 있기 때문에 언어, 의복, 노래, 악기도 회중의 입장에서 결정되었고, 주기도문 암송이나 교독문, 사도신경 암송도 축도도 없다. 빈야드 찬송은 전 세계적으로 퍼져 나갔는데, 한국에서도 '경배와 찬양', '다드림', '예수전도단'을 통해 소개되어 왔다.

4. 윌로우크릭과 새들백 교회 : 구도자예배, 현대적 찬양과 다양한 예술적 표현 강조

1975년 시카고에서 빌 하이벨스 목사에 의해 시작된 윌로우크릭은 다변하는 시대적 정서와 문화에 부합되는 예배를 드리는 것으로 알려졌는데, 구도자에게 복음메시지를 전하기 위해 과감하게 전통적인 교회의 강단, 십자가, 휘장, 예배순서에서 벗어나 시각교재, 현대음악 브로드웨이 같은 쇼로 초교파적인 예배를 시작했다. 획기적으로 기존 신자들은 주중의 수요일, 목요일에 회집하여 전통적인 주일예배 같은 '신자예배'를 드리고, 주말과 주일은 구도자를 위한 '구도자 예배'(seeker service)[13]를 드리는 것으로 전 세계적으로 큰 영향을 주었다.[14]

1980년 LA 오렌지 카운티에서 릭 워렌 목사에 의해 시작된 새들백 교회의 예배는 현대적인 록 음악 스타일에 워십 리더가 인도하고 워십 콰이어가 함께하는 열정적인 찬양, 그리고 스킷 드라마의 예배인데, 토요

---

13. 샐리 모겐데일러는 윌로우크릭의 구도자예배를 'seeker service' 대신 'seeker event'로 부르는데, 그는 윌로우크릭의 이 예배가 두 가지 점에서 부정적인 결과를 낳았다고 진단한다. 즉, 하나는 그러한 교회들이 예배를 가장 중요한 것으로 유지하기가 점점 어려워지고 있다는 점이고, 다른 하나는 seeker events와 예배를 동일시하게 되었다는 점이다. Sally Morgenthaler, *Worship Evangelism* (Grand Rapids, MI : Zondervan, 1999), pp. 44-46.
14. 윌로우크릭 교회는 2006년 10월부터 시카고 다운타운에 있는 음악홀을 빌려서 젊은이들을 위해 예배를 시작했는데, 본교회에서보다 더 적극적으로 드라마와 현대음악을 사용하는 예배를 드린다.

일과 주일에 일곱 가지의 전혀 다른 형식의 예배가 진행된다. 예배마다 예배 공간의 장식, 예배의 스타일과 형식, 음악이 다르다. 교회에서 결정한 한 가지 스타일의 문화를 고수하기보다 회중들의 음악과 언어와 문화를 고려한 것이다. 각 예배에는 각각의 예배팀에 의해 찬양과 예배가 디자인되고 있지만, 설교는 릭 워렌 목사의 메시지가 전해진다.

5. 이머징 예배 : 포스트모던의 회중이 공감할 수 있는 예배 시도

이머징 예배(emerging worship)는 이머징 교회(emerging church)에서 볼 수 있는 포스트모던식 예배로 전통적 방식과는 다른 명상적 형태의 기도와 예배방식을 택하며 비제도적인 특성을 지니고 있다.[15] 상업주의적 냄새가 나는 열린 예배 형태에 반감을 가진 세대가 오히려 신비적이고 종교적이고, 초월적인 것을 추구하는 것을 반영한 것이다. 촛불, 명상적 제스처, 빠른 속도의 이미지 스크린, 향을 사용하기도 한다. 진정성(authentic), 공동체성(communal), 역동성(dynamic), 신실성(faithful), 다문화성(multicultural), 표현성(expressive), 교회일치성(ecumenical)을 지향하는 예배로 규정된다. 교단, 예전적 전통, 신학적 관점, 음악적 스타일, 사회적이고 지형적 상황을 초월한다. 따라서 윌로우크릭이나 새들백 교회 모델처럼 정형화된 특정한 스타일이 없다. 전통적 믿음을 현 상황에 적절하게 하기위한 시도, 첨단 기기, 인터넷 자료, 예술가, 문학가, 예배서와 예전 보조자료 등은 모두 이 예배의 중요한 자료가 된다. 예전갱신운동의 매주 갖는 성찬, 세례의 갱신예식, 치유 예전도 상징적 제스처와 함께 권장될 수도 있다.

---

15. 댄 킴벌에 의하면, 이머징 교회의 핵심은 예배에 대한 이해에 있어서, 예배를 기복적 성격으로만 오해할 여지가 있는 'worship service'라는 용어보다 'worship gathering'으로 규정하는 것이다. 즉, 예배란 하나님께 예배하고, 우리의 섬김과 봉헌을 하나님과 이웃에게 드리기 위한 모임이라는 것이다. Dan Kimball, *Emerging Worship* (Grand Rapids : Zondervan, 2004), p. 4.

III. 현대교회 변화에 대한 장로교회의 응답

'변화'는 과거 어느 때보다 오늘날 사회와 교회에 중요한 단어가 되고 있는데, 한국교회의 예배에서도 '변화'는 현대교회의 새로운 목회적 패러다임을 말하는 이들은 물론이고, 대부분의 예배의 회중들이 어느 정도라도 인정하는 분위기다. 이미 예배에서 '변화'를 말할 때는 그 단어가 '갱신' 또는 '회복'의 성격을 지닌 것으로 이해하고 있는 듯하다. 예배의 변화를 세속화의 현상이라고 우려하는 이들도 있으나, 그보다는 예배의 본질을 유지하기 위한 현대적 노력으로 해석하는 이들이 더 많은 것 같다. 다시 말하면, 예배 변화에 거부 반응을 보이는 예배 회중보다는 현재보다 더 훌륭한 예배가 되기를 바라는 회중들이 훨씬 더 많아 보이는 것이다.

그러기에 목회자들이 예배 변화를 조심스러워하는 것은 혹시 있게 될 예배 변화의 후유증 때문에 주저하게 되는 것이지 예배에 변화를 줄 수 있는 여건과 분위기가 조성되는데도 변화를 마다할 목회자들이 있을까 싶다. 예배 변화가 마치 시대적 요청으로 받아들여지고, 적극적으로 예배 변화를 시행하는 목회자들이 감각 있고 능력 있는 목회자로 인정받고 있을 수 있기 때문이다.

문제는 예배 변화의 방법 또는 효과와 결과만을 따지게 된다는 점이다. 예배 변화의 기준과 한계는 이차적 관심이 된다. 특별히 교단의 관습과 전통의 소리는 교회성장을 위한 계획과 결단에 묻혀 버리기 일쑤다. 이것은 한국교회만의 현상이 아니라, 현대교회의 공통적 현상으로, 블렌디드워십(blended worship) 또는 퓨전워십(fusion worship)이란 용어가 그 증거다.[16]

---

16. Blended worship에 관한 자세한 논의에 대해서는 Robert Webber의 「예배가 보인다 감동을 누린다」(*Blended Worship*), 김세광 역(예영, 2004)을 보라.

1. 미국장로교회의 예

미국장로교회(PCUSA)는 에큐메니컬 입장에서 현대 예전운동의 영향을 받아 「공동예배서」(*Book of Common Worship*, 1993)를 만들었지만, 또 한편으로는 급변하는 문화적 변화에 대응하는 모습도 보이고 있다. 위에서 언급한 최근의 이머징 예배에 대하여 연구 분과를 만들어 연구할 뿐 아니라 이머징 예배 컨퍼런스를 개최하여 예배의 변화를 파악하고 대처하는 진지한 자세를 갖추고 있다. 이러한 태도는 「헌법서」(*Book of Oder*)의 조항에 기초한 것이다.

> 미국장로교회는 회중 안에 있는 풍부한 다양성을 충분히 표현할 것이며 현대사회에 출현하는 삶의 방식을 총체적으로 포용하는 수단들을 제공할 것이다.[17]

2. 대한예수교장로회총회(통합)

현대문화에 따른 예배 변화는 한국교회에도 나타났다. 이러한 현대교회의 이런 흐름을 온누리 교회나 사랑의 교회 등에서 적극적으로 수용하였는데, 1990년대 후반에 들어오면서 점차 한국교회 전체로 확산되고 있다. 다음은 대한예수교장로회총회의 「21세기 교단발전을 위한 정책 제안서」에서 예배에서 현대문화의 적극적인 수용을 강조하고 있는 내용이다.

> 예배에서는 찬송이 차지하는 비중이 매우 크므로 찬송의 발전적 개발과 보급이 필요하며 드라마나 멀티비전의 사용 등 새로운 예배 의식의 개발이 필요하다. 21세기 교회는 균형 있는 교회 음악을 활성화시킴으로써 급변하는 현대 문화에 휩쓸리고 있는 성도들을 바른 찬송 생활

---

17. *Book of Order* : The Constitution of the Presbyterian Church (U. S. A.) Part II (KY : Louisville, Geneva, 2006) (G-4.0403).

로 인도해야 할 것이다. 삶에 지치고 고통에 찌든 성도들이 예배시간에 활력적인 찬양을 통해 새로운 삶의 용기를 얻고 일주일 내내 쌓였던 스트레스를 풀어내고 하나님의 임재를 감격적으로 경험하게 하는 찬송가가 많이 작곡되어 사용되어야 할 것이다. 흥겨운 우리 민족의 전통 가락의 과감한 도입이나 신세대 젊은이들이 흥미를 가질 빠른 템포의 현대적 음악 기법도 찬송가 작곡에 신중하게 선별되어 사용되어야 할 것이다. 아울러 드라마 예배라든지, 다중영상매체라든지, 멀티비전의 과감한 수용이라든지 현대인에게 적합한 예배의식의 개혁 가능성은 일일이 다 열거할 수도 없이 많다. 문제는 이들을 얼마나 효율적으로 성경적으로 활용하여 교회 성장과 교회 성숙과 연결시키느냐이다. 참된 예배 생활의 회복을 위해서 신세대를 위한 새로운 예배의 틀도 모색되어야 한다. 정보시대를 맞이하여 교회에 모이지 않고 자기 집에 앉아서 예배하는 첨단 영상매체들을 통한 교회(cyber church)의 예배가 머지않아 등장하리라는 예상까지 나오고 있는 현실이기 때문이다. 그리고 21세기의 교회를 이끌고 갈 바로 다음 세대만이 아니고 그때의 젊은 세대들을 예상하고 그들을 위한 예배의 틀도 연구, 개발, 보급되어야 할 것이다.[18]

이러한 보고서는 최근 전 세계적으로 문화에 대한 관심과 이해가 높아 가고 있는 것을 반영한 것으로, 예배와 회중을 둘러싼 현대문화의 현상에 대한 이해와 분석은 미래교회의 예배를 위해 절실히 필요하다는 것을 나타내고 있다. 위의 제안서는 이제 우리 모두의 과제가 되었다.

Ⅳ. 에큐메니컬 운동에 나타난 예배·예전

1. 예배의 본질[19]

예배 본질의 탐구는 그리스도교 교회의 역사와 함께 진행되어 왔고,

---

18. 대한예수교장로회 정책개발위원회, 「21세기 교단발전을 위한 정책제안서」(서울 : 한국장로교출판사, 1997), p. 17.
19. 이 부분은 「신학과 실천」(2011. 9.)에 실린 논문에서 발췌했다.

오늘 각 교단의 예배신학과 예전을 형성하는 데 가장 기본적인 역할을 하였다. 그런데 오늘 또다시 예배 본질을 탐구하려는 것은 한국교회 예배 변화의 속도와 폭이 감당할 수 없을 만큼 빠르고 넓어서 예배 갈등과 예배 전쟁의 양상까지 보이고 있기 때문이다. 올바른 예배를 찾는 노력은 예배 갱신, 예배 회복, 예배 개혁, 예배 부흥 등의 명칭에서 잘 나타나는데,[20] 이 모든 운동의 공통점은 예배 본질을 회복하려는 것이다.

20세기 후반의 예배 본질에 대한 논의를 가속화시킨 세 가지 동인은 교회 일치운동과 소통의 문제와 참여의 문제다. 교회 일치운동은 그동안 교단의 신학을 표현한 예배 안에 머물렀던 예배회중들을 밖으로 불러내었고, 소통의 문제는 현대 문화의 키워드 중의 하나로 예전 간의 소통, 예배의 요소들 간의 소통, 예배인도자와 예배자와의 소통의 주제를 제기하였다. 참여의 문제 역시 신령과 진정으로 드리는 능동적인 예배자에게 요구되는 요소로 강조되고 있다. 그 결과 리마 예식서와 BEM문서와 같은 에큐메니컬 문서들이 나오고, 예배 요소들 간의 소통, 즉 말씀과 성찬, 찬양과 말씀, 찬양과 기도를 연결하려는 시도들이 이루어지고, 특히 예배자들이 예배 회중들의 입장에서 예배를 이해하고, 예배 참여를 독려해야 한다는 책임감을 갖게 되었다. 이러한 흐름에서 예배에 관한 표어들이 등장하였는데, 역동적인 예배, 감동적인 예배, 행복한 예배, 하나님이 기뻐하시는 예배, 신령과 진정으로 드리는 예배 등이다. 이 모두가 예배 본질의 회복을 목표로 한 모습들이다. 그런데, 문제는 과연 예배 본질의 회복이 가능한가에 있다. 가능하다면 어떻게 찾을 수 있는가? 찾았을 때 예배 본질을 어느 정도까지 알고, 명시적으로 규정할 수 있는가? 이렇게 묻는 이유는 그만큼 예배 본질 탐구가 어렵다는 말이다.

예배 본질은 성경이나 신앙의 교리가 형성되기 이전부터 있어 온 제

---

20. 현대교회의 예배 변화에 대한 현상에 대해서는 필자의 책 「예배와 현대문화」 (서울 : 대한기독교서회, 2005)를 보라.

사 또는 예배에 담겨 있는 것인데, 종교학적, 인류학적, 비교종교학적 연구의 결과가 오늘 우리의 연구 목적에 그다지 만족스럽지 않을 것이다. 예배 본질 탐구의 또 하나의 어려움은 예배 본질은 하나님의 실재와 임재에 관한 존재론적 질문을 전제로 하는데, 실제 논의들은 인식론적 담론으로 전환되는 경향 때문이다.[21] 예배 본질 탐구 중에 나타나는 현상은 예배 안에 내재하는 하나님을 존재론적으로 증명하는 데 따른 어려움 때문에 예배 형태와 구조 또는 내용에 관심을 돌리게 된다는 것인데, 우리가 하려는 연구도 예외는 아니다.

그보다 더 큰 이유는 예배 본질의 탐구로 얻은 결론들이 다르다는 데 있다. 위에서 언급한 예배 갱신과 회복 운동들마다 목표로 제시하는 예배 본질이 다르다. 그럴 수밖에 없는 것이 그들이 말하는 예배 본질은 현대교회의 새로운 형태의 교회 패러다임에서 지향하는 각각의 교회 이해에 따른 것이기 때문이다. 그것들은 당연히 성서와 교회 전통의 근거를 가지고 있다. 필자는 이러한 어려움과 한계를 의식하며 최소한 공통적 요소, 그것을 예배 본질이라고 부르며 탐구하고자 하는 것이다. 그러므로 여기서 말하는 예배 본질은 예배 이해(understanding), 예배 원리(principle), 예배 정신(spirit), 예배 성격(nature), 예배 영성(spirituality) 또는 예배 표준(standard)과 구별 없이 사용된다.[22]

예배학자들의 예배학 연구에서는 예전 예배의 한 극단에 선 동방정교회에서부터 다른 극단에 있는 퀘이커 예배 모두를 포함하지만, 오늘 우리의 연구는 한국 개신교 안에 다양한 예배에 대한 것이다. 한국교회 예배는 세계교회의 다양한 예배 모습에 비해 교단을 초월하여 비교적 단순

---

21. 예배 본질 규명의 어려움에 대한 깊은 논의는 한재동 박사의 최근 논문, "예배갱신의 내포적 의미와 그 실현범위", 「신학과 실천」, 18호(2009), p. 36 이하에 언급되어 있다.
22. 그 이유는 이 용어들에 대한 범위와 이해가 교회마다 다르기 때문에 이 용어들의 내용과 범위를 각각 규정하기도 어렵고, 규정한다고 할 때는 더 이상의 발전된 논의를 하기 어려울 수 있기 때문이다.

하고 통일된 예배를 보이고 있지만, 예배 이해의 차이와 대립은 세계 교회 예배 연구와 별반 다를 바 없다. 세계교회의 경우 각 교단들의 엄격한 예배 차이에 대해서 상호 입장을 인정하고 자신들의 예배 전통을 유지해 나가는 분위기인데 비해, 유난히 교단을 초월한 연합 예배와 각종 행사들이 많아서 항상 일치된 예배 형식이 필요한 한국 교회는 사명을 가지고 하나의 모범적인 예배를 찾는 노력을 아끼지 않는다. 그러나 예전적 이해를 가지고 있는 기독교 장로교 예배, 비예전적 교회에 속하는 침례교회와 오순절교회, 중도적인 감리교회와 성결교회, 그리고 친문화적인 현대교회 예배의 예배자들이 모두 공감할 수 있는 공통적 요소들을 찾기란 오히려 더욱 어려운 작업일 것 같다. 따라서 무엇보다 먼저 예배 이해의 차이를 가져온 다양한 예배 연구 방법을 먼저 살펴봄으로 예배에 있어서 공통의 과제와 목표들을 찾아갈 필요가 있다.

2. 다양한 교회의 예배 속에서 일치(코이노니아)

다양한 교회의 예배 속에서 일치 또는 코이노니아를 추구하기 위해서, 「니케아신조」(325년)에 나타난 네 가지 교회의 요소, 즉 단일성(unity), 거룩성(holiness), 보편성(catholicity), 사도성(Apostolicity)은 중요하다. 예배학자 웨인라이트(Geoffrey Wainwright)는 이러한 니케아신조에 나타난 참 교회의 네 가지 요소를 예전적 신조로 보고 예배 상황 속에서 어떻게 나타나는지를 살펴보았다. 그의 예배 이해는 철저히 종말론적 관점을 지니고 있는데, 그는 참 교회의 네 가지 요소를 종말론적 긴장(eschatological tension)과 예전의 의미(ritual significance)의 틀 속에서 보고, 성서의 중요한 세 가지 신학적 주제, 즉 믿음에 의한 칭의(justification by faith), 형제 사랑(love of the brethren), 세상에 대한 소망(hope for the world)을 연결함으로, 종말론적 성격의 하나님 나라로서의 교회의 모습을 표현한다.[23] 종말론적 긴장을 가지고 이상적인 종말론적 교회에서 드려지는 예배의 모습에 대해 BEM 문서 이후에 나온 에큐메니컬 문서 중에 가장 최근 연구서에서 통찰을 얻을 수 있다. 「교회의 본질과 선교」(The Nature and Mission of the Church)라는 2005년 에큐메니컬 연구서에서 교회는 '하나님의 선물로서 말씀과 성령의 피조물'(The Church as a Gift of God : Creation of the Word and of the Holy Spirit)이라고 규정한다.[24] 이 연구서는 교회로 해석되는 성경의 이미지로 '무리'(요 10 : 16), '포도나무', '그리스도의 신부'(계 21 : 2 ; 엡 5 : 25-32), '하나님의 집'(히 3 : 1-6), '새 언약'(히 8 : 8-13), '거룩한 성, 새 예루살렘'(계 21 : 2)을 소개하면서, 이러한 이미지들을 삼위일체의 틀에 따라 네 가지 통찰로 정리했다. 즉, 하나님의 백성, 그리스도의 몸, 성령의 전, 코이노니아이다.[25] 이 연구서의 결과는 니케아신조의 네 가지 교회 지표와 함께 예배의 다양성의 코이노니아를 이룰 수 있도록 이끈다.

1) 단일성(unity) : 그리스도의 한 몸으로 코이노니아를 이루는 세계교회 예배

세계교회의 예배는 지역 교회 예배의 폐쇄성이나 무질서, 집례자 개인의 일시적 취향이나 편견으로부터 벗어나야 한다. 오히려 역사적, 우주적 교회의 예배 안에서 이해하고 대화를 시도함으로 그리스도의 몸의 지체임을 확인하는 것이 정당하다.[26] 세계 교회 예배가 다양성, 통일성,

---

23. op. cit., pp. 118-146. 기독교예전의 종말론적 성격에 대해서 웨인라이트 못지않게 강조한 학자는 돈 셀리어(Don E. Saliers)다. 그는 그의 책 *Worship as Theology* (Nashville : Abingdon Press, 1994)의 부제로 "신적 영광의 미리 맛봄"(foretaste of glory divine)라고 정할만큼 예전의 종말론적 성격을 강조한다.
24. *The Nature and Mission of the Chruch : A Stage on the War to a Common Statement* Faith and Order Paper 198 (Geneva : WCC, 2005), p. 4.
25. Ibid., pp. 6-9.
26. 그리스도의 한 몸된 세계교회가 고백해야 할 신앙고백에 대하여는 다음 서적을 참고하라. 이형기 역, 「세계교회가 고백해야 할 하나의 신앙고백(1991)」(서울 : 한국장로교출판사, 1996), pp. 128-130.

질서, 또는 포용성을 추구하는 것은 세계화 시대의 요청이기 이전에 초대 기독교 예배에서부터 지녀 온 예배적 유산이다. 역사적이고 우주적 교회는 예전적 예배와 비예전적 예배를 포함한다. 사도신경이나 니케아 신조의 신앙고백, 회중 개개인과 교회, 세계를 위한 중보기도, 시대와 민족의 신앙고백을 반영한 찬송, 그리스도의 생애를 기념하는 교회력, 세계의 정의와 평화, 선교를 주제로 하는 설교, 세례와 성찬에서 그리스도의 한 몸의 개념을 우주적 교회로의 확장, 세계로의 파송과 축도 등을 통해서 세계 교회와의 일치를 표현할 수 있다.

2) 거룩성(holiness) : 성령과 회중의 코이노니아를 이루는 예배

예배의 회중은 하나님의 선택을 받은 족속이요 왕 같은 제사장들이요 거룩한 나라요 그의 소유가 된 백성이다(벧전 2:9, 출 19:6). 성경에서 하나님의 백성들에게 거룩이란 형용사를 붙일 때는 죄가 없고, 흠 없고 정결한 백성이라는 의미만이 아니라, 하나님께서 구별하여 선택하셨다는 의미도 포함되어 있다. 하나님의 섭리 가운데 특별한 목적을 두고 선택하신 백성을 예배로 부르신 것이다. 그 예배에서 하나님께서 거룩하신 것처럼, 회중들도 거룩해야 할 것을 요구하셨다(레 11:34, 35 ; 벧전 1:16). 회중들의 거룩한 삶의 가능성은 성령과의 코이노니아에 달려 있다(빌 2:1).

3) 보편성(catholic) : 세상과 소통하며 변혁으로 이끄는 예배

회중이 속한 문화에 대한 정직한 이해와 대화의 결론을 예배에 수용하고, 전통적 유산과 진지한 만남을 시도하여 지역 교회의 문화에 적극적으로 응답하는 예배를 지향한다. 예배에서 회중은 한편으론 한 시대의 역사와 문화를 주도해 가시는 하나님의 섭리와 다른 한편으로는 회중을 하나님 나라의 백성공동체로서뿐 아니라 그의 가족의 한 식구로서 격려하시고 설명하시는 그분의 섬세한 손길을 바라볼 수 있어야 한다. 오늘날 중심을 찾기 어려운 문화의 격변기 속에서 예배의 도구로서의 문화에 대한 이해를 깊이 할 뿐 아니라, 문화 자체에 대한 하나님의 주도하심을 회복해야겠다. 무엇보다도, 역사의 수많은 문화적 변천에서 추출된 전통적 유산들을 지혜롭게 활용하는 것이 중요하다. 예배에서 문화 선도적 역할을 수행할 수 있을 때 세상과 소통하는 예배, 나아가 예배당의 울타리를 넘어 사회와 문화라는 큰 장소에 예배를 통합할 가능성을 갖게 되는 것이다.

4) 사도성(apostolic) : 복음을 위해 삼위일체 하나님과 코이노니아를 이루는 예배

교회의 사도성은 교회가 그리스도의 사건을 직접 목격한 이들의 증언과 활동을 지니고 있음을 말한다. 반복될 수 없는 그리스도의 사건의 경험자들인 사도들의 증언과 봉사는 모든 역사적 교회의 기초가 되어 왔다. 그러나 사도성의 강조가 사도와 제자들의 직분과 권리를 강화하는 것으로 잘못 이해될 경우에는 하나님의 주권이 실종된 예전, 또는 예수 그리스도의 구속사적 사건이나 성육신적 사건이 빠진 가르침이나 예전으로 경도될 수 있다. 사도성은 사도직 계승이 아니라 사도적 사명, 즉 복음 전파를 위한 것이다. 그러므로 사도성은 어느 교리보다 복음의 핵심인 삼위일체신앙 속에서 이해되어야 한다. 삼위일체 신앙 안에 교회, 특히 예배의 본질이 담겨 있다. 위에서 언급한 교회의 본질과 선교에 관한 최근 에큐메니컬 문서에서 제시한 신약성서의 네 가지 통찰, 즉 하나님의 백성으로서의 교회, 그리스도의 몸으로서의 교회, 성령의 전(temple)으로서의 교회, 코이노니아로서의 교회는 바로 삼위일체 하나님의 틀에 따라 작성된 것이다.[27]

---

27. *The Nature and Mission of the Chruch*, p. 6.

V. 에큐메니컬 운동에서 본 예배 이해

우리는 위에서 각 교회마다 예배에 대한 이해에 있어서 강조점의 차이와 그럼에도 불구하고 일치할 수 있는 가능성 있는 요소들을 정리해 보았다. 우리가 현대교회 예배를 정의하는 데 있어서 비록 교회마다 표현하고 싶은 점이 있지만, 그리스도교 예배로서 반드시 지녀야 할 요소들을 간과해서는 안 된다. 성서에서 표현된 예배의 개념에 충실하면서, 초대교회 이후에 교회의 전통으로 간직해 온 예배의 유산들을 반영하는 예배의 정의여야 한다. 또한 현대교회가 필요한 것은 급변하는 현대사회의 문화와 동떨어진 박물관 안의 골동품 같은 예배 이해가 아니라, 현대 문화의 중앙을 거슬러 올라가는 예배 이해다. 그런 의미에서 예배의 정의는 다음과 같은 요소들을 모두 포함한다.

그리스도교 예배는 본질상 다음과 같은 신학적 언어들을 기초로 세워져 있다. 건물로 비유할 때, 어떤 목적의 건물이든지 모든 건물은 기초와 기둥을 기본으로 하듯이, 리마 예전이든지, 경배와 찬양의 예배든지 기본으로 공유해야 하는 예배 이해는 다음과 같다. 예배란 하나님의 부르심을 받은 언약 백성들이 함께 모여 성령의 이끄심에 따라 구속사적 언약의 말씀과 성례전에 참여하고 새 창조 세상(하나님 나라)을 미리 펼쳐 보임으로 하나님께 영광을 드리고 그 나라에 살기에 합당한 그리스도의 몸의 지체로서 일치와 성숙을 이루는 시간이다. 이 이해는 다음과 같은 신학적 의미를 담고 있다.

1. 하나님의 부르심(주권)에 감사함으로 하나님께 영광

하나님께서 하나님의 백성을 예배로 부르신다는 것은 하나님의 주권을 표현한 것이다. 예배는 성삼위일체 하나님과 그의 백성 사이의 만남이요, 대화이지만, 이는 하나님의 솔선적 행동(주도권)을 인정할 때 가능하다. 다시 말하면, 예배는 하나님과의 만남이요 대화이지만 동역자나 파트너로서가 아니라, 순종과 복종의 관계라는 말이다. 예배에서 회중은 언제나 하나님의 역사하심에 대해서 수동적인 위치에 서 있음을 인식할 때 그의 모든 예배행위를 인정할 수 있다. 그러므로 예배는 하나님의 본성과 섭리의 계시를 먼저 인식할 때부터 시작되는 것이지, 예배자의 하나님 초대로부터 시작되는 것이 아니다.

2. 하나님 언약백성

구약에서 이스라엘은 호렙산에서 모세를 통해 하나님과 맺은 언약 백성으로 나타난다. 신약의 그리스도인들도 언약의 중보자이신 그리스도를 통해 하나님과 맺은 언약 백성이라고 불린다(히 9:15). 하나님께서는 구약의 이스라엘과 신약의 그리스도인들과 언약을 맺으셨던 것처럼, 예배로 부르신 예배자들로 하여금 이스라엘과 그리스도인들과 맺었던 언약을 상기시키신다.

이들이 함께 모일 때에 그리스도를 통하여 모두 다 같은 언약, 즉 사명과 꿈과 비전과 계시를 받은 한 몸(one body)임을 확인한다. 또, 그리스도를 머리로 한 한 몸이 되어 세상이라는 삶의 자리에서 함께 행동하는 것이다. 이들은 온전한 한 몸으로 이 땅의 세계관과 악한 관행과 어두운 문화에 맞서서 하나님의 나라의 언어로 말하고, 하나님 나라의 가치관을 확인하고, 하나님 나라 백성으로서의 의무와 권리를 행사한다.

3. 예배자를 거룩함에 이르게 하는 성령의 임재(Epiclesis)

회중의 적극적 참여와 성령의 활발한 활동은 초대 기독교 공동체 예배의 특징이었을 뿐 아니라, 시대가 바뀌면서도 예배 변화가 요청될 때마다 강조되어 온 요소였다. 성령의 임재의 방식에 대해서는 예전적 예배와 비예전적 예배 사이에 큰 차이가 있다. 즉, 기도문이나 예식문 안에 성령의 임재를 기원하고 확인하는 예전적 예배와 동시대적인 음악이나 즉석 기도를 통해 성령의 임재를 기대하는 비예전적인 예배 사이에는 형식에서는 차이가 있으나, 예배에서 성령과 회중의 일치를 주장하는 것은 같다.

이는 예배가 성령에 의해 인도될 때 모든 순서가 그 본래적 목적을 다할 수 있기 때문이다. 불신앙, 죄, 불결함을 회개하고 구원의 확신을 기대하는 것은 성령의 임재 때문이다.

특히, 성례전 예배는 예배에서의 성령의 중요성을 확인해 준다. 또한, 회중들이 다양한 삶의 자리로부터 나왔을지라도 예배에서 그리스도의 한 몸을 이룰 수 있는 것이나, 회중들의 개인적 성향의 차이 ― 감정적인가 지적인가 ― 에도 불구하고 예배의 목적을 이룰 수 있게 하는 것, 또한 회중의 한계를 극복하여 종말론적인 관점으로 세상을 보게 하며 나아갈 힘을 얻게 하는 것은 성령의 활동이다.

이 모든 것은 예배의 능동적이고 자발적인 참여에 의해 더욱 강화된다. 회중의 자발성의 강화는 종교다원화 시대의 선교의 어려움과 혼란 속에서 한 가닥 희망을 준다.[28] 예배에서 경험되는 선교적 파토스는 성령의 임재 속에서 더욱 강력해진다.[29] 그러므로, 예전적 표현이 어떠하든지 우선 지역 교회의 예배에서 성령의 임재에 대한 기대와 간구가 적절히 포함되었는지를 항상 살펴보는 것이 중요하다.

---

28. 종교다원화 시대에서의 예배의 선교적 성격에 관한 방향에 관한 보다 구체적 제안을 위해서는 G. Wainwright, op. cit., pp. 394-395를 보라.
29. 예배와 선교의 관계에 대해서는 J. G. 데이비스의 「예배와 선교」(서울 : 대한기독교서회, 1978)를 보라.

4. 그리스도의 구원사적 사건 : 말씀과 성례전(kerygma and Eucharist)

예배는 회중들에게 주신 하나님의 은혜의 선물이요, 신앙에 유익을 주고, 예수 그리스도의 구원사역에 직접 참여할 수 있도록 한다는 점에서 성례전적이다. 그러므로 예배의 회중은 예배 가운데 영적으로 임재하시는 예수 그리스도를 눈으로 보고 손으로 만질 수 있는 신비를 경험한다.

하나님 나라의 예배는 그리스도의 사건을 지향한다. 그리스도교 예배는 그리스도의 탄생, 사역, 죽으심, 부활, 재림의 사건을 요약하는 것이며(폰 알멘), 성육신의 신비에 참여하는 것이고(이블린 언더힐), 그리스도의 사건을 통한 하나님의 계시에 기도와 말씀으로 응답하는 것이다.[30] 예배가 성례전적 성격을 지니고 있다는 말이다. 세례와 성찬의 성례전은 예배의 많은 요소 중의 한 순서가 아니라, 예배를 예배되게 하며 예배의 본질을 규정하는 것이다. 성례전은 교회뿐 아니라, 종말론적 하나님 나라의 구조 속에서 올바로 이해된다. 세례는 그리스도의 몸에 접붙임 됨으로 법적으로 교회의 일원이 되는 것이고 성찬에 참여하는 자격을 얻은 것이면서, 또한 하나님 나라의 표시며 장차 올 세계의 삶의 표시다.[31] 그리고 그리스도의 몸과 피를 나누는 성찬은 영생의 양식(요 6장)이요, 하나님 나라 식사다(고전 10 : 21).

---

30. 예배를 하나님의 계시에 대한 응답으로 이해하는 것은 예배의 가장 기본적 이해인데, 예배가 구속사적 사건의 틀에서 응답되어야 함을 특별히 강조하는 것이 J. D. Crichton의 글에서 발견된다. "A Theology of Worship" in *The Study of Liturgy* (New York : Oxford University Press, 1978), p. 18. 이 글에서 크리톤은 구속사의 중요한 패턴은 삼위일체적이어야 한다는 것이다. 즉, 성령 안에서 성자를 통하여 성부에게 드려지는 것이라고 강조한다.
31. WCC, 「세례, 성찬, 목회」(*BEM*) (서울 : 한국장로교출판사, 1993), p. 24.

5. 새 창조를 미리 펼쳐 보임(Eschatology)

예배는 그리스도에 관한 모든 지식을 상기하면서 초대교회 성도들이 지니고 있었던 그리스도의 재림을 항상 기대하는 것이다. 예배의 회중은 그날에 이루어질 최후의 심판에서 책망받을 것이 없는 자로 서기 위해서, 그리고 완성된 하나님 나라에서 천상의 예배를 드리는 예배자로 서기 위해서 한편으로는 거룩과 순결로, 다른 한편으로는 영광과 기쁨으로 나아간다.

새 하늘과 새 땅을 향한 하나님 나라의 예배는 거룩함과 아름다움을 지향한다. 이는 창조 후에 하나님이 '보시기에 좋았더라'는 상태로의 회복, 그 이상을 위한 것이다. 참된 예배자는 하나님의 백성과 피조 세계의 본래적 가치와 아름다움을 발굴하고 드러내는 일에 참여한다. 여기서 중요한 것은 하나님의 백성과 피조 세계의 진정한 가치와 아름다움은 그리스도의 사건을 통해서 바라보아야 한다는 점이다. 예배에서는 그리스도의 성육신과 십자가, 부활의 사건이 예전적으로 재현됨으로써 "하나님이 세상을 이처럼 사랑하사 독생자를 주셨으니"(요 3:16)라는 메시지가 선포된다. 그리스도 사건과 관련이 없는 아름다움의 추구와 예술적 노력은 예배를 세속적인 예술행사와 구분하지 못하는 데서 비롯한다. 이는 고난의 시대를 사는 회중보다 풍족한 시대에 살며 세련된 문화를 추구하는 회중들일수록 빠질 수 있는 위험스런 현상으로, 저급한 문화와 세속화된 언어와 조잡함과 무질서의 예배보다 예배자들을 더욱 분별치 못하게 하고 혼란케 하는 예배의 방해물이고 적이다.

예배에서 세상은 심판과 약속의 대상으로 등장한다. 예배에서는 하나님 나라가 선포되면서 천지창조의 섭리와 아름다움을 보존하지 못한 피조물에 대한 질책과 심판의 경고가 주어질 뿐 아니라, 반대로 피조물의 회복과 구원, 나아가서 새 하늘과 새 땅의 도래의 약속이 재확인된다. 그러기에 하나님의 백성들은 예배에서 두려움과 희망을 동시에 맛본다.

그동안 세상은 하나님 백성에게 온갖 횡포를 저질러 왔다. 하나님의 백성들은 세상의 권세 잡은 자들의 책략과 힘, 그리고 세상의 풍조, 관행, 악행, 불신앙의 늪에 빠져 있으면서, 무기력한 자신들의 모습에 좌절하고 절망하거나 죄책감에 시달린다. 이때 하나님의 부르심의 음성이 들려오고, 그 음성을 좇아간 곳에서 먼저 부름받아 온 무리들과 함께 하나님 나라를 바라보며, 노래하고 함성을 외치는 그것이 곧 예배다. 폰 알멘은 예배의 이런 모습을 '세상에 대해 위협'을 가하는 것이라고 하고, '최후의 심판에 대한 서막'이라고 실감 있게 표현한다.[32] 예배가 세상에 위협을 가하고 심판을 경고하는 이유는 세상이 인간의 의나 능력을 절대시하는 세력이 되고 있기 때문이라는 것이다. 그러므로 그는 예배가 이런 세상의 교만과 절망에 대해 강력히 경고하고, 세상의 종말과 실패를 선포하고 있는 것이어서 '근본적으로 정치적 행동'이라고 통찰력 있게 해석한다.[33]

6. 그리스도의 몸의 지체로서 일치와 성숙(Grace-Doxology) 함으로 하나님께 영광

예배의 목표로서 하나님의 영광과 인간의 성화를 중요도와 우선순위로 구분하는 것보다 함께 논의하는 것이 더 적절하다. 하나님께 영광드리는 것과 예배자들의 한 몸 의식과 성숙을 따로 구분하려는 것은 방법으로나 내용적으로 가능하지 않기 때문이다. 구분하려고 할 때 하나님께 영광드리는 방법과 내용을 규정하는 것이 사람마다 달라서 혼란과 갈등을 일으키게 된다.

예배의 목표로서 하나님의 영광과 인간의 성화를 함께 생각하려는 또 하나의 이유는 성경은 하나님의 영광과 인간의 몸의 관계를 더욱 직접적

---

32. 폰 알멘, 「예배학원론」(서울 : 대한기독교출판사, 1979), pp. 59-61.
33. 위의 책, pp. 60-61.

으로 관련시키고 있기 때문이다. 바울은 고린도교회를 향한 편지에서 인간의 몸에 대한 노력을 하나님의 영광과 대립하는 이기적인 것으로 보아서는 안 된다는 점을 분명히 한다. 우리의 몸은 하나님께로부터 받은 것이므로 하나님의 소유물이고, 또 성령께서 거하시기까지 하는 건물(고전 6 : 19)이라고 의미를 부여하고 있다. 바울이 말하고자 하는 것은 몸의 거룩과 성숙을 위한 것은 결국 하나님께 영광(고전 6 : 20)이 된다는 것이다.

예배에서 예배의 회중은 그리스도의 몸의 지체임을 확인하고 표현한다. 예수를 구원의 주로 믿고 고백한 이들은 세례를 통해 그리스도의 몸에 접붙임을 받아, 그리스도의 몸의 지체가 되었다. 예배에서 회중은 한 몸이 되어 예배를 드린다. 아무리 많은 예배자가 모여도 그리스도를 머리로 한 한 몸의 지체다. "몸이 하나요 성령도 한 분이시니 이와 같이 너희가 부르심의 한 소망 안에서 부르심을 받았느니라 주도 한 분이시요 믿음도 하나요 세례도 하나요 하나님도 한 분이시니"(엡 4 : 4-6).

예배회중은 그리스도의 생각에 잠기고, 하나님 나라의 언어를 사용하여 한 입으로 찬양하고, 한 마음으로 같은 소망을 품고 기도를 드린다. 이기주의와 개인주의는 그리스도의 예배에 함께할 수 없는 이유가 바로 이것이다. 예배에 올 때는 내 생각과 내 소원과 내 언어를 가지고 왔지만, 예배의 순간, 하나님의 백성은 하나가 되어 하나님의 생각과 하나님 백성으로서 갖게 되는 소원과 하나님 백성다운 언어를 지니게 되는 것이다. 그리스도인은 예배에서 비로소 새로운 피조물이 되었고 온전한 그리스도의 지체임을 확인하고 표현한다. "우리가 다 하나님의 아들을 믿는 것과 아는 일에 하나가 되어 온전한 사람을 이루어 그리스도의 장성한 분량이 충만한 데까지 이르리니"(엡 4 : 13).

이 얼마나 놀라운 은혜인가! 그리스도의 몸의 지체로서 예배자는 자연스레 몸의 성장과 성숙을 위한 본능적 열망에 휩싸인다. 주의 전을 향한 열심이 나를 삼킨다는 예수님의 고백이 자신들의 고백이 된다. 그리스도의 심장을 지녔기에 이제는 이기적인 자신의 굴레에서 벗어나 하나님의 백성들을 살피고 하나님 나라 확장의 뜻을 품게 되는 것이다. 에베소교회에게 선포한 그리스도의 몸의 성장의 메커니즘의 메시지는 오늘 모든 예배회중들을 위한 것이다.

> "오직 사랑 안에서 참된 것을 하여 범사에 그에게까지 자랄지라 그는 머리니 곧 그리스도라 그에게서 온 몸이 각 마디를 통하여 도움을 받음으로 연결되고 결합되어 각 지체의 분량대로 역사하여 그 몸을 자라게 하며 사랑 안에서 스스로 세우느니라"(엡 4 : 15, 16).

VI. 한국장로교 예배 · 예전의 나아갈 방향

예배 변화의 요청과 수행은 어느 개인에 의해 이루어지는 것이 아니라, 교회의 일이다. 공동체성이 보장되는 한에서 변화의 가능성을 찾아야 한다.

1. 하나님께 영광 : 성령의 임재로 그리스도와의 한 몸을 추구하는 예배

회중의 적극적 참여와 성령의 활발한 활동은 초대 기독교 공동체 예배의 특징이었을 뿐 아니라, 시대가 바뀌면서도 예배 변화가 요청될 때마다 강조되어 온 요소였다.

2. 회중의 문화로 하나님의 섭리를 표현하는 선교지향적 예배

회중이 속한 문화를 깊이 이해하고 지역 교회의 문화에 적극적으로 응답하는 예배를 지향한다. 전통적 예배의 무조건적 답습은 현대 교회의 회중들로 하여금 수동적인 방관이나 현실과 괴리된 이중적 신앙생활을 허용할 가능성이 많다. 작은 부분이라도 예배 중에 현대 회중들의 입장에서 정서적으로나 이지적으로 이해되지 않는 부분들이 있을 때는 예배의 참여를 방해하는 것이 된다. 그러므로 예배의 집례자나 계획에 참여하는 자들은 회중의 삶의 자리의 변화에 민감해야 하며, 그들의 소리와 몸짓을 예의 주목해야 할 것이다.

그러나 다른 한편으로 회중의 입장의 무조건적 수용과 반영은 예배에서의 하나님의 주도적 행위를 약화시킬 가능성이 있음을 주의해야 한다. 특히 인간의 타락과 부패함과 하나님의 무조건적 사랑을 표현한 개혁교회 예배의 속죄적 성격에 비추어 볼 때, 회중의 편리함까지 이르는 지나친 배려는 예배의 본래적 위치로부터 이탈하게 할 수도 있는 것이다. 예배에서 예술적 표현도 회중 또는 예술가의 무대가 되어서는 안 될 것이다. 예술가의 심미적 세계에 찬사를 보내고, 그 아름다움과 긴장미에 매료되어, 음악회 무대의 축제성, 전시회의 화려함을 예배의 역동성과 혼동해서는 안 된다. 예배는 세상의 흥행이나 무리의 힘이나 인간의 천재성과 노력에 의해서 이루어지는 것이 아니라, 하나님이 베풀어 주시는 은혜, 즉 성례전과 말씀으로 이루어지는 것이므로, 그 은혜에 합당한 응답이어야 하기 때문이다. 은혜에 대한 깊은 명상과 체험 없이 표현하는 모든 축제적 응답은 일시적이고 경박하며 회중을 산란하게 할 뿐이다. 열린 시대를 맞이하여 온통 열린 것을 추구하는 마당에서 드려지는 예배가 열린 음악회나 열린 연극과 같은 흥행성에 춤추지 않도록 유의해야 한다. 예배에서의 역동성은 모인 회중들의 열기에서 나오는 것이 아니라, 한 사람도 포기하시지 않는 하나님의 마음을 알고 그것에 감격과 감사로 응답하는 데서 나오는 것이다.

Ⅶ. 21세기 한국교회 장로교 예배를 위한 실천적 제안

지금까지 장로교 예배의 역사를 고찰함으로 예배적 원리와 유산들을 정리했고, 오늘의 예배 변화를 가져오게 한 근래의 교회 운동들을 살펴보면서, 그에 대처하는 최근 장로교회의 모습을 확인한 후에 장로교 예배의 변화 방향을 제시했다. 이제 미래교회를 준비하려고 할 때 고려해야 할 주제에 대해 실천적 논의를 해 보자.

1. 하나님께 함께 감사함으로 영광 드림 : 성령의 임재로 그리스도의 생명 공동체로 함께 영광을 드린다

개혁교회 예배에서 회중은 하나님께로의 영광을 제일 목표로 선다. 이때 회중은 개개인으로서보다 하나님과 계약을 맺는 공동체로 서게 된다. 따라서 회개의 기도 및 중보의 기도와 같은 예배 속의 모든 기도는 공동기도문이 된다. 찬송도 모두가 함께 부르는 합창의 성격을 지닌다. 설교도 설교자 개인의 선포가 아니라, 설교자가 회중 공동체으로부터 나온 자이기에 설교의 주어는 기본적으로 복수적 성격인 것이다. 그러나 예배에도 개인의 성격이 있는데, 개인이 드리는 찬송과 헌금이 있고, 하나님의 역사하심에 대한 개인의 신앙적 이야기가 있다.

은사주의적 교회들은 바로 이러한 개인적 체험과 헌신을 강조하고 격려하기 때문에 역동적이고 활발한 분위기의 예배가 되는데, 통합측 교회들도 목회자의 신앙적 경험과 지역교회 전통에 따라 이런 모습을 띠고 있는 교회가 적지 않을 것이다. 장로교회가 이런 하나님에 대한 개인 체험과 하나님에 대한 개인의 헌신을 개혁교회의 공동체적 성격이라는 틀에 매여 포용하지 못해서는 포스트모던 사회 속의 회중들을 배제시키는 결과를 초래할 것이다. 개혁교회의 예배에서도 개인의 체험과 헌신을 귀히 여기고 수용할 수 있어야 한다. 수용하되 개인의 체험과 헌신을 공동체적으로 해석하고 승화시키는 노력이 있다면 개혁교회의 정체성을 유지하면서도 세계교회의 마당까지 넓히는 작업이 될 것이다.

개혁교회의 특징인 시편송이 그 가능성을 열어 주고 있는데, 개인의 경건과 영적 경험을 공동체적으로 해석할 때 공동예배의 중요한 자리를 차지할 수 있는 것이다. 어느 한 회중의 감사는 그 사람만의 감사가 아니라 예배공동체 모두의 감사를 표하는 의미로 해석해 주고, 한 회중의 실패와 고난에 대해서도 한 몸 된 공동체 전체의 아픔이요 고난으로 설명할 때, 모든 예배자는 그리스도를 머리로 한 한 몸 됨을 경험하게 될 것이다.

2. 교회 일치를 위한 말씀과 성례전의 연합으로 그리스도의 한 몸 의식 표현

말씀과 성례전의 균형이란 결국 성찬의 횟수를 증가시킨다는 의미인데, 이는 역사적 문서나 신학적 통찰이나 세계교회의 흐름으로 볼 때 간과할 수 없는 부분이다.[34] 그런데 목회 현장에서 그대로 실행하는 것은 대부분 부담스러워 하는 실정이다. 하나의 가능성으로는, 현재 주일예배가 몇 부로 나뉘어 있는 것을 활용하여 그중 한 부를 성찬이 있는 예배로 전환하는 방법이 있는데, 자주 행하기 위해서는 성찬예전을 단순화하는 것이 필요할 것이다. 성찬식의 중요 내용을 간결하게 정리하여 행함으로 시간으로나 분위기에 있어서 주일예배의 정해진 시간 안에 할 수

---

34. PCUSA의 예배서인 *Book of Common*의 부록서에서 정리한 예배에 대한 확신 중에서 '매주 성찬'을 강조한다. 이것은 개혁교회의 경험과 에큐메니컬 일치를 반영한 것이다. Peter C. Bower, ed., *The Companion to the Book of Common Worship*, op. cit., p. 7.

있도록 하는 것이 중요하다. 또, BEM 문서에서 정리된 대로 성찬의 폭넓은 의미를 기회 있는 대로 교육함으로, 그리스도의 수난뿐 아니라, 하나님께 드리는 감사의 식사요, 성도 간의 코이노니아의 식사, 성령의 충만한 임재를 확인하는 식사, 하나님 나라를 미리 맛보는 식사를 경험하게 한다면 좋을 것이다.[35] 대한예수교장로회에서 발간한 「예배예식서」(2009)에 이러한 의미를 담은 예전들이 실려 있다.

3. 예배자(성직자와 평신도)로의 참여가 삶의 변화를 이끎

성직자 주도적 예배인가 평신도 주도적 예배인가라는 질문은 예배의 근본적 성격을 오해한 데서 비롯된 것이다. 키에르케고르의 지적처럼 예배에서의 관객은 회중도 아니고, 더구나 성직자도 아니다. 예배를 받으시는 하나님이 관객이시라면, 성직자와 평신도는 관객을 위한 연기자로 활동해야 한다. 예배의 직능상 목사와 평신도의 역할 분담이 반드시 필요하지만, 같은 연기자의 입장에서의 역할 분담이라는 이해가 중요하다. 목사를 회중 자신을 위한 연기자로 오해하는 회중이 있어서도 안 될 것이며, 회중을 자기의 연기를 관람해 주는 관객으로 오해하는 목사가 있어서도 안 된다. 또 회중들의 기도와 찬송을 자신을 위한 연기처럼 바라보고 평가하는 목사가 있어서도 안 된다. 하나님께 영광을 돌리고, 하나님께서 감동하시는 예배를 이루기 위해서 각각 하고 싶은 역할에 대한 기대와 경험들을 내려놓는 자세가 필요하다. 또한 익숙하지 않는 역할에 대해서도 적극적으로 참여하는 자세가 귀한 것이다.

---

35. 세계교회협의회 엮음, 「BEM 문서 : 세례, 성만찬, 직제」(서울 : 한국장로교출판사, 1993), pp. 34-43. 그러나 현재 대한예수교장로회 예배를 비롯한 개혁교회 성찬 전통은 이 다섯 가지 성찬의 의미를 다 표현하지 않고 있다.

4. 가정 회복을 위한 세대통합예배의 다감각적인 예배

예배의 공동체성을 우주적 차원으로 볼 때, 예배는 현재, 과거, 미래의 예배자들이 지역, 문화, 나라를 넘어서서 그리스도의 한 몸임을 표현할 수 있는 신비의 현장이다. 존 웨스터호프가 말한 교회를 구성하는 세 가지 세대(generation), 즉 비전의 세대, 현재(present)의 세대, 기억(memory)의 세대[36] 중에 놓치기 쉬운 것이 기억의 세대인데, 바로 이것이 세대통합예배(cross-generation worship)를 보존할 수 있다. 하나님 나라의 사건에 대한 경험과 하나님의 약속은 세대를 거슬러 내려오면서 예배공동체의 엔진으로 예배를 살아 있게 원동력이 되는 것이다. 세대통합예배란 부활절이나 추수감사절에 어른과 젊은이들, 어린이들이 모여 수동적으로 또는 실험적으로 드리는 세대 간 연합예배(intergeneration worship)와는 구분하여 예배 회중들이 예배의 기획과 예배의 진행, 그리고 예배의 참여를 함께 하는 예배를 말한다.

무엇보다도 세대 간의 잠재력이 예배를 역동적으로 만들 수 있고 일생의 여정에서 배우는 순례자적 신앙을 담을 수 있기 때문이다. 또한 성서 인물들의 세대의 차이, 문화의 차이를 아우르는 하나님의 백성공동체의 삶을 표현하고 배울 수 있다. 나아가서 세대 간의 갈등의 경험이 오히려 성서의 깊은 진리로 이끌 수 있는 것이다. 믿음, 소망, 사랑은 편리함이나 형통함이나 자유의 환경보다는 불편함이나 환난이나 갈등에서 빛을 발한다. 균형 있고 인격적이며 속 깊은 성숙한 예배자는 갈등의 경험 속에서 길러질 수 있다.

세대통합예배는 그리스도교회 예배의 유산과 보물을 캐어 낼 수 있는 광산과 같다. 세대 간의 낯섦과 긴장, 오해와 불편함은 영원을 향해 걷

---

36. John Westehoff, *Will Our Children Have Faith*, Harrisburg (PA : Morehouse, 2000) in Terry W. York, "Cross-Generational Worship," *Journal of Family Ministry* 16.4(winter 2002), p. 40에서 재인용.

는 순례자들에게는 넘어설 수 있는 언덕들이다. 주 앞에서 어린이와 젊은이와 노인이 하나 되어 노래하고 기도하고 춤추는 만남의 광장에서 요엘 선지자(욜 2 : 28)에 의해 전해진 말씀을 다시 한 번 듣자. "하나님이 말씀하시기를 말세에 내가 내 영을 모든 육체에 부어 주리니 너희의 자녀들은 예언할 것이요 너희의 젊은이들은 환상을 보고 너희의 늙은이들은 꿈을 꾸리라"(행 2 : 17).

5. 선교를 위해 현대 문화와 윤리를 선도하는 종말론적 가치관

2006년 5월 26일 통계청 발표에 의하면 기독교인이 1995년 876만 명(19.7%)에서 2005년 약 861만 명(18.3%)으로 1.4% 마이너스 성장을 했다. 이에 비해 로마천주교회는 놀랍게도 295만여 명에서 514만여 명으로 219만 명이 증가하여 74.2%라는 경이로운 성장을 기록하였다.[37] 개신교회와 천주교회의 상반된 결과를 놓고 그 원인을 분석하는 글들이 쏟아지고 있다. 개신교회가 열정적으로 노력한 결과이기에 충격이 그만큼 크게 느껴지고 있는데, 그 원인으로는 개신교회의 대형화, 고급화, 상업주의화의 부정적 모습에다가 비상식적이고 비윤리적인 사건이 연속적으로 발생하고 있는 것과 관련 있다.[38] 이러한 현상은 거슬러 올라가면 결국 종말론적 가치관의 실종에서 비롯된 것으로 판단된다. 포퓰리즘과 성공주의의 함성에 산상수훈의 진리는 힘없는 노인들의 신음소리처럼 들리고, 좁은 길은 덜 발전되어 불편한 길로, 십자가의 핏방울은 소수의 변두리 인생들에게만 통하는 상황이 아닌가! 예배에서 이 세상의 종말

---

37) 「조선일보」, 2006. 12. 26. / 문화 A22면.
38) 목회사회학연구소에서 천주교로 개종한 15명을 심층 면접한 결과, 개종자들은 '개신교가 밀어내는 요인'으로 1) '표현'에 대한 지나친 강조, 2) 외형 치중, 3) 헌금 강조, 4) 직분 경쟁, 5) 사생활 침해 등을 꼽았다. 또 '천주교가 끌어들이는 요인'으로는 성스러운 분위기, 자유로움, 제사, 술·담배에 대한 융통성 등을 들었다. 「조선일보」, 2006. 11. 30. / 문화 A21면.

이 선언되고, 하나님 나라의 도래가 간구, 청원되는 영적 혁명이 일어나야 한다.[39] 이러한 종말론적 가치관 회복에 현대문화는 걸림돌이 아니다. 현대문화의 수용을 피상적으로 세속화나 상업주의화라고 폄하하여 배척하여서는 안 된다. 아이러니하게도 음악, 예술, 멀티미디어 등 현대문화적 요소들을 적극적으로 활용하는 그룹 중에는 복음적인 그룹이 더욱 많다. 윌로우크릭이나 새들백 교회를 보거나 현대문화에 대해 급진적인 성향을 띤 그룹들도 매우 복음주의적 메시지를 가진 경우가 많은 것이다. 종말적 가치관을 지닌 메시지와 신앙을 위해 현대문화를 적극적으로 선용하는 자세가 필요한 것이다.[40]

6. 지구촌 관점에서 새 하늘과 새 땅(하나님 나라)을 일구며 사랑과 정의를 구현하는 예배자

예배는 그리스도인들이 그리스도와 한 몸을 이루어 한 입으로 하나님 나라를 노래하고 청원하고 선포하는 곳이다. 예배에서는 인종, 이성, 나이, 빈부, 경험의 차이가 극복이 될 뿐 아니라 시대적, 공간적 한계도 초월된다. 예배에서 표현되고 지향하는 그리스도가 보편적이고 우주적 차원이 있기 때문이다. 그렇다고 해서 회중들의 민족과 나라의 정체성이 과소평가되어서는 안 된다. 우주적 그리스도의 개념은 어느 한 민족

---

39. 폰 알멘, 「구원의 축제」(서울 : 진흥, 1993), pp. 95-108.
40. 예배가 현대문화와 함께 종말론적 가치관을 유지한다는 필자의 주장에 대해서는 하워드 라이스의 관점이 도움이 될 것이다. 그는 개혁교회 예배의 중요한 3요소를 'worship trinity'라고 칭하면서 festival, mystery, rationality라고 함으로 축제성(문화)와 신비(종말론적 가치관)를 함께 이해하고 있다. Howard L. Rice and James C. Huffstutler, *Reformed Worship* (Louisville, KY : Geneva, 2001), p. 195. 또한 각주 26에서 언급한 서적 「세계교회가 고백해야 할 하나의 신앙고백(1991)」, 이형기 역(서울 : 한국장로교출판사, 1996), pp. 105-108, 139-148을 참고하라.

을 위한 그리스도로부터 시작될 수 있을 뿐 아니라, 반드시 그러해야 그리스도의 역사성과 일상성이 확보되어 그리스도에 대한 통전적인 이해를 가지게 될 것이다. 한국의 기독교 역사가 100년, 200년이 되지만, 아직도 결정적인 순간에 기독교는 외래종교이고 기독교문화는 외국문화로 홀대받는 형국이다. 오랜 세월이 흐르면 저절로 한국의 종교가 될 것이라는 생각보다는 유대 기독교가 유럽의 토착적 문화의 중심에 서서 유럽의 문화를 주도했던 것처럼, 한국의 토착문화의 중심에 서는 꿈을 꾸고 적극적인 연구와 시도가 필요할 때다. 6세기 삼국시대 한때 유행했다가 사라진 도교의 뼈아픈 실패의 경험도 살피고, 또한 전국의 유명 산의 절경의 요지에 불당을 지어 한국문화의 안방을 차지하고 문화재로서 국민적 성원을 받고 있는 것들을 주시하면서, 오늘 우리의 예배당의 건축과 예배 문화의 갈 길을 조망해 볼 필요가 있다. 우리의 예배의 분위기가 한국민족의 얼굴이 되고, 우리의 예배당이 마을의 자랑거리가 되고, 예배의 노래가 우리 민족의 노래가 되는 그날, 그리스도를 향해 한 마음으로 부르는 우리 민족의 노래는 모든 민족들이 부르는 노래와 합창을 이루어, 하늘의 천군 천사와 함께 천상의 예배를 이룰 것이다.

참 | 고 | 문 | 헌 |

- 제1장 1. 츠빙글리와 취리히 개혁교회의 예배

Assmann, Jan. Kulturelles Gedächtnis. München, 1999.
Bernoulli, Peter Ernst/Furler, Frieder (Hg.). Der Genfer Psalter : Eine Entdeckungsreise, Zürich, 2001.
Bittner, Joachim Wolfgang. Kirche-wo bist Du? Plädoyer für das Kirche-Sein unserer Kirche. Zürich, 1993.
Büsser, F. Zwingli und die Zürcher Reformation, hg. v. der Präsidialabteilung der Stadt Zürich aus Anlass des 500. Geburtstags von Huldrych Zwingli 1484-1984, Zürich 1984.
Bürki B., Das Abendmahl nach den Zürcher Ordnungen, in : I. Pahl (Hg.), Coena Domini, 181-199.
Courvoisier J., Vom Abendmahl bei Zwingli, in : Zwa XI (1962), 415-426.
Cornehl Peter, Art. Gottesdienst, in : Klostermann/Zerfass (Hg.), Praktische Theologie heute, München 1974, 449-463.
Ehrenperger Alfred, Die Theorie des Gottesdienstes in der späten deutschen Aufklärung (1770-1815), SDGSTh 30, Zürich 1971.
Ehrensperger Alfred, Gottesdienst : Visionen, Erfahrungen und Schmerzstellen, Zürich 1988.
Ehrensperger Alfred, Zwinglis Abendmahlsgottesdienst. Seine liturgietheologischen Voraussetzungen und seine Wirkungen auf die Abendmahlspraxis, in : LJ 41 (1991), 158-182.
Farner O., Die Lehre von Kirche und Staat bei Zwingli, Zürich 1930.
Gäbler Ulrich, Huldrych Zwingli im 20. Jahrhundert. Forschungsbericht und annotierte Bibliographie 1897-1972, Zürich 1975.
Halaski K., Die Zwinglische Gottesdienstordnung und die Abendmahlslehre Zwinglis im Rahmen dieser Gottesdienstordnung, in : RKZ 123 (1982), 317-319.
Jenny Markus, Bullinger als Liturg, in : U. Gäbler/F. Herkenrath (Hg.), Heinrich Bullinger 1504-1575, Zürich 1975, 209-230.
Josuttis Manfred, Gottesdienstreform im Katholizismus, in : Wintzer (Hg.), Praktische Theologie, Neukirchen-Vluyn ^{5}1997, 70-85.
Kellerhals E., Die Geschichte des Gottesdienstes in der reformierten deutschen Schweiz in einer gedrängten Übersicht, Rümlang 1973.
Koch E., Die Grundzüge der Liturgik Heinrich Bullingers, in : JLH 11 (1965), 22-34.
Lavater, Ludwig, Die Gebräuche und Einrichtungen der Zürcher hrsg. und erw. von Johann Baptist Ott, Zürich 1992.
Leuenberger Robert, Erwogenes und Gewagtes. Eine Sammlung seiner Aufsätze

als Festgabe zum 70. Geburtstag hg. v. F. Grünewald, Zürich 1986.
Liturgie hg. im Auftrag der Liturgiekonferenz der Evangelisch-reformierten Kirchen in der deutschsprachigen Schweiz : Bd. I : Gottesdienstordnungen (1972) ; Bd. II : Festgottesdienst (1974) ; Bd. Ⅲ : Abendmahl, mit Gemeindeheft (1984) ; Bd. IV : Taufe (1994) ; Bd. V : Bestattung (2000).
Loche G. W., Die reformatorische Katholizität Huldrych Zwinglis, in : ThZ 42 (1986), 1-13.
Locher G. W., Im Geist und in der Wahrheit. Die reformatorische Wendung im Gottesdienst zu Zürich, [„Nach Gottes Wort reformiert", K. Halaski (Hg.), Gruiten, Heft 11], Neukirchen 1957.
Locher G. W., Die Zwinglische Reformation im Rahmen europäischer Kirchengeschichte, Göttingen/Zürich 1979.
Locher, G. W., Die Zwinglische Reformation im Rahmen europäischer Kirchengeschichte, Göttingen/Zürich 1979.
McGrath A. E., The Eucharist : Reassessing Zwingli, in : Theology 93 (1990), 13-19.
Pollet J. V., Huldrych Zwingli et le zwinglianisme. Essai de synthèse historique et théologique mis à jour d'après les recherche récentes, Paris 1988.
Schärli Thomas, Wer ist Christi Kilch? Die sin Wort hört. Zürich im Übergang von der spätmittelalterlichen Universalkirche zur Staatskirche, in : Zwinglis Zürich, hg. v. Staatsarchiv Zürich 1984, 13-47.
Schimdt-Clausing, Zwinglis liturgische Formulare. Eingeleitet, übertragen und kommentiert, Frankfurt a. M. 1970.
Schindler Alfred, Zwingli und die Kirchenväter, Neujahrsblatt zum Besten des Waisenhauses Zürich, Zürich 1984.
Schmidt-Clausing F., Zwingli als Liturgiker : in : VEGL 7, Göttingen 1952.
Schmidt-Lauber H-Chr., Die Zukunft des Gottesdienstes. Von der Notwendigkeit lebendiger Liturgie, Stuttgart 1990.
Schulz Frieder, Die Struktur der Liturgie, Konstanten und Varianten, in : JLH 26 (1982), 78-93 .
Schweizer J., Reformierte Abendmahlsgestaltung in der Schau Zwinglis, Basel 1954.
Schweizer J., Zur Ordnung des Gottesdienstes in den nach Gottes Wort reformierten Gemeinden der deutsch-sprachigen Schweiz, Basel 1944.
Scribner R., Oral Culture and the Diffusion of reformations Ideas, in : ders., Popular Culture and Popular Movements in Reformation Germany, London 1987, 49-69.
Stephens P., Zwingli. Einführung in sein Denken, Zürich 1997.
Wandel P. L., The Reform of the Images : New Visualizations of the Christian

Community, in : ARG 80 (1989), 105-124.
Ziegler A. (SJ), Zwingli-katholisch gesehen, ökumenisch befragt, Zürich 1984.
Zwingli Huldrych, Schriften Bd. I-IV, hg. im Auftrag des Zwinglivereins von T. Brunnschweiler und S. Lutz, Zürich 1995.

• 제2장 1. 로마가톨릭교회의 예배

김세광, "동방정교회", "로마가톨릭교회" In 「예배학사전」. 서울 : 예배와설교아카데미, 2004.
맥스웰, 윌리암. 「예배의 발전과 그 형태」. 서울 : 교회커뮤니케이션연구원, 1994.
화이트, 제임스. 「예배의 역사」. 서울 : 쿰란출판사, 1993.
White, James F. "Roman Catholic Worship From the Council of Trent to Vatican Ⅱ," in *Twenty Centuries of Christian Worship*. Robert Webber ed. Nashville, TN : Star Song, 1994.
성베네딕또수도원. 「전례헌장」(The Constitution on the Sacred Liturgy). 서울 : 한국천주교중앙협의회.

• 제2장 2. 동방정교회의 예배

Douglas, J. D. Elwell, Toon, ed., *The Concise Dictionary of the Christian Tradition*. London : Marshall Oickering, 1989.
White, James F. *Protestant Worship*. Louisville : W/JKP, 1989.
강대용, 「동방정교회」. 서울 : 정교, 1996.
「기독교 대사전」. 서울 : 대한기독교서회, 1960.
「예배학사전」. 서울 : 예배와 아카데미, 2004.

• 제2장 3. 성공회의 예배

김기홍. 「이야기 교회사」 서울 : 두란노서원, 2010.
대한 성공회 선교교육원 편. 「성공회의 역사」 서울 : 대한 성공회 출판부, 2006.
대한 성공회. 「성공회 기도서」 서울 : 대한 성공회 출판부, 2004.
정장복. 「예배의 신학」 서울 : 장로회신학대학교 출판부, 1999.
정장복, 주승중 외. 「예배학 사전」 서울 : 예배와 설교 아카데미, 2000.
정철범. 「성공회 입문」 서울 : 성베다교회 인우회, 1989.
최철희. 「세계 성공회사」 서울 : 대한기독교서회, 1996.
고든 웨이크필드. 「예배의 역사와 전통」 김순환 역. 서울 : 기독교 문서선교회, 2007.
로버트 엔 쇼퍼. 「예배의식의 변천사」 김기곤 역. 서울 : 세종문화사, 1993.
빌리암 나아젤. 「그리스도교 예배의 역사」 박근원 역. 서울 : 대한기독교서회, 2006.
윌리엄 맥스웰. 「예배의 발전과 그 형태」 정장복 역. 서울 : 쿰란출판사, 1994.
제임스 화이트. 「개신교 예배」 김석한 역. 서울 : 기독교문서 선교회, 1997.
_____. 「예배의 역사」 정장복 역. 서울 : 쿰란출판사, 1997.

Thompson, Bard. *Liturgies of the Western Church*. Philadelphia : Fortress Press, 1961.
Gray, Donald. "Anglican Worship." in *The New Westminster Dictionary of Liturgy & Worship*. Paul Bradshaw ed. Louisville : Westminster John Knox Press, 2002.
Hatchett, Marion. "The Traditional Anglican Liturgy(166)." in *Twenty Centuries of Christian Worship*. Robert Webber, ed. Nashville : Star Song Publishing Group, 1994.

- 제2장 4. 루터교회의 예배

기독교 한국 루터회. 「예배의식문」. 서울 : 컨콜디아사, 1993.
김경진. "루터의 입장에서 본 한국교회의 예배 개혁," 「전통과 해석(2004-2006)」 부산 : 부산장신대학교출판부, 2007.
박성완. 「루터교 예배이해」. 서울 : 컨콜디아사, 2000.
정장복. 주승중 외 공저. 「예배학 사전」. 서울 : 예배와 설교 아카데미, 2000.
정장복. 「예배의 신학」. 서울 : 장로회신학대학교 출판부, 1999.
지원용 편역. 「마틴 루터의 종교개혁 3대 논문」. 서울 : 컨콜디아사, 2003.
F. E. 메얼. 「루터교 신학」. 지원용 역. 서울 : 컨콜디아사, 1985.
Jones, Ilion T. 「복음의 예배의 이해」. 정장복 역. 서울 : 대한예수교장로회총회 출판국, 1988.
White, James F. 「개신교 예배」. 김석한 역. 서울 : 기독교문서 선교회, 1997.
_____. 「예배의 역사」. 정장복 역. 서울 : 쿰란출판사, 1997.
Maxwell, William D. 「예배의 발전과 그 형태」. 정장복 역. 서울 : 쿰란출판사, 1994.
Thompson, Bard. *Liturgies of the Western Church*. Philadelphia : Fortress Press, 1961.
White, James F. "Lutheran Worship." in *Twenty Centuries of Christian Worship*. Robert Webber, ed. Nashville : Star Song Publishing Group, 1994.
Lathrop, Gordon. "Luther : Formula Missae : Order of Mass and Communion for the Church at Wittenberg,"(1523) in *Twenty Centuries of Christian Worship*. Robert Webber, ed. Nashville : Star Song Publishing Group, 1994.
Nelson, Paul. "Lutheran Worship." in *The New Westminster Dictionary of Liturgy & Worship*. Paul Bradshaw, ed. Louisville : Westminster John Knox Press, 2002.